范忠信　主编

法治中國化研究

FAZHI ZHONGGUOHUA YANJIU

（第一辑）

【杭州师范大学法治中国化研究中心　编】

中国政法大学出版社

2013·北京

图书在版编目（ＣＩＰ）数据

法治中国化研究（第一辑） / 范忠信主编. -- 北京 :中国政法大学出版社, 2013.9
ISBN 978-7-5620-4870-1

Ⅰ．①法… Ⅱ．①范… Ⅲ．①法治－中国－文集Ⅳ．①D92-53

中国版本图书馆CIP数据核字(2013)第214921号

书　　名	法治中国化研究（第一辑）
出版发行	中国政法大学出版社(北京市海淀区西土城路25号)
	北京 100088 信箱 8034 分箱　邮编 100088
	http://www.cuplpress.com (网络实名: 中国政法大学出版社)
	010-58908285(总编室) 58908334(邮购部)
承　　印	固安华明印刷厂
规　　格	720mm×960mm　　16 开本　　21.25 印张　　370 千字
版　　本	2013 年 9 月第 1 版　　2013 年 9 月第 1 次印刷
书　　号	ISBN 978-7-5620-4870-1/D · 4830
定　　价	53.00 元

法治/法制中国化研究工程
所为何事（代序）

◎范忠信

近年我一直在呼吁并推动"法治中国化"或"法制中国化"研究。

"法制中国化"或"法治中国化"，此话怎讲？你也许会问：中国制定的法制，当然是中国化的，怎么还要中国化？中国实行的"法治"，当然只能是中国化的，难道还能别的什么化？

我所说的"法制（治）中国化"，包括两方面涵义。一方面是法制中国化（本土化），亦即自国外移植的法律制度必须进行中国化（民族化）改造；另一方面是法治中国化（本土化），亦即"法治"或"宪政"的中国道路或中国模式的探索。总之我们要探讨百年中国法制"削足适履"之弊端的除弊之方，探讨外来法制在中国"水土不服"之窘境的改善之方，提出法治主义前提下的法制本土化具体实施方案。我们要强调的是：中国化或本土化，绝不是以任何方式恢复旧法制，而是要建设体现民族性格和文化传统的法制体系和法治模式。

—

我提出这样的主张，基于一个历史背景判断：中国近现代法制变革，是以移植外来法制为主要特征的，是一个以仿行先进国家法制为主的历史过程。在这一背景下形成的法制，当然有一个本土化民族化的问题。

为什么呢？因为近代中国是被动加入近代国际秩序的。近代史的帷幕打开，我们告别传统的"天下国"秩序，首次加入近代民族国家间"国际秩序"；当此之时，废除传统法制、移植先进法制、匆忙建构中国的新式法律体系，就成为我们加入世界秩序时不得不递呈的"投名状"。

在中国加入这一国际秩序之前，威斯特法利亚体系的国际秩序已经形成，后入伙的中国，不能不接受国际俱乐部已有的牌理或规矩。这是一个不得不接受的现实。那个国际俱乐部的已有牌理或规矩，当然不仅仅是所谓相互尊重领土主权的"国际法"，更包括所谓以人权自由为准则的"国内法"。

在中国接近这个俱乐部的大门时，发现自己既不懂作为万国公法的"国际法"，也不懂各国通行的"国内法"；发现中国固有法律制度与西方的国际法、国内法差距太大。于是，我们急匆匆开始变法修律。其实，近代以来的一切法制变革运动，不过都是为满足国际俱乐部的"市场准入"条件而已。从清末变法修律，到北洋政府时期全面模仿大陆法系，到南京国民政府六法体系建构，到今日中国兼容并包学习西方两大法系，都是这样一个过程。甚至，红色根据地时期和新中国前三十年"一边倒"地模仿苏联革命法制，也是这一过程的一部分。只不过，世界上一度从一个"国际社会"分裂成"社会主义"、"资本主义"两个国际社会，我们曾举国若狂地向挂着"社会主义"招牌的那个国际社会递呈"投名状"并与另一个国际社会全面对抗并为此付出了惨痛代价而已。

在这样一个历史背景判断下，我有另一个基本事实判断——移植法制与中国国情并不融洽。

为何如此？基于以下三点原因：第一，近代西方法律文明向中国的输出，是强势文明向弱势文明的输出，是工商业文明向农业文明的输出，是海洋文明向内陆文明输出。这种文明类型和程度的差异，导致了法制移植与本土条件之间的紧张。第二，近代中国开始移植西方法制，并非全民族真正认同和接受新文明，而是急于"改同一律"以显证自己跟上文明步伐，而是急寻救亡图存或富强之术。不认同其内在价值却移植其外在制度，势必龃龉。第三，近代中国的法律移植，其支配力量不外二者：强者的文明优越感和弱者的文化自卑感。两者结合，必然不能理性地顾及民族性或特殊国情。

二

基于以上两个基本判断，我主张一种"历史法学"路径的"法治/法制中国化研究"。关于这种"历史法学"路径的学术研究，我特别认同德国历史法学大师萨维尼（Savigny）的主张，认同"法律是民族精神体现"的基本判断，并结合当下中国现实做了一个研究路径关节点梳理。这种研究，我以为应该特别抓住六个环节。

第一，从现实生活中有争议的案例出发，总结其背后的法律困境或漏洞；

第二，阐发中国法律传统对此一问题的基本处理模式或伦理法理观念；

第三，阐发国外（尤其西方）法制对此一问题的基本处理模式和伦理法理观念；

第四，分析中外法律传统的相关处理模式及解决理念所赖以存在的社会基础；

第五，分析考察中国法律近现代化在此一问题上的利弊得失及其根由；

第六，在前述工作的基础上提出基于历史法学立场的新解决方案（修法方案）。

这六个环节，可以用以下示意图来大致说明。

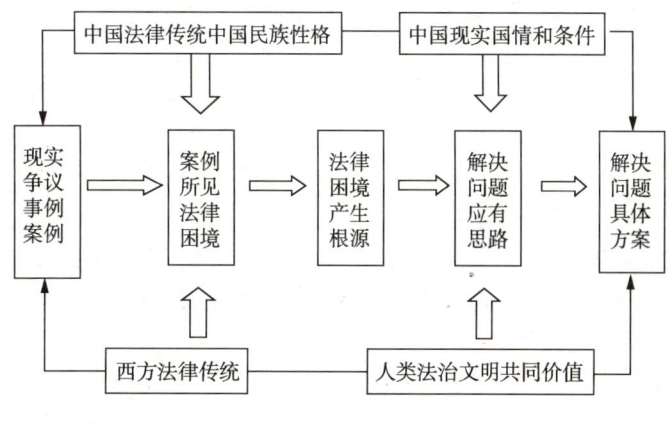

三

上述六个环节，结合我们的具体研究课题，大致可以作出以下粗略说明。

（一）从现实争议案例发现法律困境或漏洞

我们的研究工作，起步于现实争议案例。所谓"现实争议案例"，是有一定条件的。并非所有争议中的案例都能成为我们的分析对象。引起我们这一路径研究者关注的案例，必须符合三个条件：①造成现实痛苦，无论是观念痛苦还是物质痛苦；②痛苦跟国家现实法律、政策的具体内容或实施方式有关；③痛苦与国人的传统观念或民族性格之有关正当价值被侵害或扭曲有关。

这样的现实争议，在生命、自由、财产三大基本权益范围内其实很多很多。比如，生育权问题（有后权香火权问题），容隐权问题（对国与家的义务先后问题），孝亲义务问题（私德对公秩序的作用），家庭地位问题（家法人对于国的自治地位），家长权责问题（家长对家内、国家的权责），遗产继承权问题（遗产属于个人还是家庭），婚姻权益问题（国家对婚姻的干预范围），等等。

关于通过争议案例发现阐明法律的困境或漏洞，我们也要特别注意，法律的困境有四个层次：①部门法之间的矛盾；②部门法与政策之间的矛盾；③部门法、政策与宪法的矛盾；④法律、政策与民族伦理的矛盾。我们应尽可能看到更高层次的困境或漏洞，而不是仅仅停留于部门法层次的认识。在这里，我们特别应总结阐明移植法制、特型政策与民族伦理传统、民族性格之间的矛盾。特别总结移植而来的国家法制与中华民族"民族精神（同一的法）"之间的矛盾。

（二）阐明中国传统处理模式或观念

在总结现实争议案例中的法律漏洞或困境后，紧接着要做的，就是搜寻、总结、阐发传统中国法制对此一问题的处理模式（办法）或相应伦理法理观念。在这里，首先，我们特别要总结今日中国那个有困境或漏洞的法律所欲解决的问题具有超时代属性，说明古代中国曾经遇到同一个问题或相近似的问题。其次，梳理阐明古代中国法制（伦理）对这一问题的解决方式或解决办法究竟采取了哪一种或几种明确的取舍选择，明确厘清其具体做法。最后，作出关于此一问题解决方案的中国"民族精神"、"民族同一法"的最准确总结阐发。

具体说来，我们在这一环节要做的工作是：尽可能阐明古代中国做出此种特定取舍选择的理由、原因；阐明古代中国做出此种特定取舍选择的不得已或正当性；阐明古代中国做出此种特定取舍选择的伦理支撑，或者说出古代中国之此种特殊选择与当时伦理的某些矛盾；总结古代中国不同时代关于此一问题解决办法之取舍选择的变化规律。

（三）阐明国外传统处理模式或观念

人类政治社会生活面临的问题大致相同。中国人面对的问题，欧美人、阿拉伯人、印度人、拉美人、非洲人应该也大致遇到过。他们是怎么处理的？这是我们必须考虑的，也是我们解决问题的智慧来源。具体来说，我们要总结西方（欧美）国家传统和近代法制对此一问题的处理模式及法理伦理观念，要总结印度（南亚）国家法制对此一问题的处理模式及法理伦理观念，要总结中东（伊斯兰）国家法制对此一问题的处理模式及法理伦理观念，要总结苏东（社会主义）国家法制对此一问题的处理模式及法理伦理观念，最后要阐明国外法制就此一问题作出此种取舍选择的原因、理由及其正当性。

（四）阐明中外传统处理模式或理念赖以存在的社会基础

一种法制，能解决某一类社会问题，是与一定的社会基础联系在一起的。离开了那个社会基础，那个法制也许就成了一纸空文。不考察一种法制赖以存在的社会基础，就武断地说某某法制仍可以借鉴，那不是科学态度。所以法制赖以存在的社会基础，并不一定就是指生产力、生产关系、经济生活方式，其实是指法律制度所针对的社会关系，亦即社会生活方式的一个部分。只要那一种或一组社会关系继续存在，亦即关系并未因为时代变化而发生质变，关系的双方、内涵均无本质变化，那么就说明该法制所赖的社会基础继续存在。这种对法律制度所依赖的社会基础的深入分析判断，是历史法学基本要求。

具体说来，一项法制，针对某一社会问题，解决某一社会问题，都是基于一定的社会基础的。我们可以针对一项具体法制，考察中国特定处理模式或取舍选择赖以存在的社会基础，考察西方、印度、伊斯兰、苏东特定处理模式赖以存在的社会基础，考察各大法律传统关于此一问题的处理模式选择的必然性、正当性。然后，我理所当然地要问：同样的社会基础是否继续存在于中国？今日中国社会基础与历史上的社会基础有否根本变化差异？

（五）反省中国百年变法利弊得失及根由

我们的研究，推进一步，就是要梳理阐述中国170年法律近现代化在此一具体问题解决办法（取舍选择）上的演变轨迹。具体说来，要研究清末变法时的处理模式，北洋政府时的处理模式，南京国民政府的处理模式，中共革命根据地的处理模式，新中国前三十年的处理模式，改革开放后的处理模式。要对这些处理模式作一个全面的梳理。

在进行了这样的全面梳理以后，我们要总结归纳170年中国法制变革中关于此一问题之法律制度之具体变革的利弊得失。具体说，就是应该追问：第一，作为选择结果的那个特定法制的落实（实施）实效如何？原打算处理好的社会关系是否真的处理好了？第二，该法律制度与民族精神或民族个性之间是否吻合，是否存在明显的隔阂？第三，该法律制度与世界民主法治进步潮流（普世价值）之间是否有隔阂？

在这样的反省中，我们要特别总结反省中国百年法制近现代化弊端或失误的主要根由：比如，救亡图存、急于求成的工具性追求；好大喜功、盲目自大、找回面子的"后来居上"追求；对移植新式法制之宗旨或精神的极度生疏（社会生活基础的缺乏）；传统法制、传统伦理或思维模式的惯性作用；超前法制"以为法教"的理念导致的法制与现实脱节问题，等等。

（六）提出基于历史法学的法制改良方案

我们的研究，最后目标是当代法制的改良。要改良，当然要提出非常具体可行的改良方案。改良方案，实际上是多重追求的综合考虑：既要缓解现实困窘，使痛苦有所缓解，使法律漏洞有所弥补；又要尊重民族精神，尊重民族传统和民族心理；还要趋同普世价值，走世界文明发展的公认正道；最后是要使解决办法平稳更新，平稳过渡，不要变得太突然。最后落实在具体法律制度的完善上。这个完善，是历史法学路径的完善。

关于法律适度的完善，我们应该有系统的考虑。所谓法制修正的系统考虑，包括单行法规规章的考虑、部门基本法的考虑、宪法的考虑、政治国策的考虑等多个方面的配套改良。而不是仅仅头痛医头脚痛医脚地考虑。

关于变革（改良）步骤，也应作特别考虑：尽可能从易到难、从枝节到根本。

这一环节的最后工作，当然是直接形成相当具体的法律修订条文建议和理由书。

四

为了这一研究工程，我们有必要重温一下历史法学派的基本主张。这些主张，对我们的研究工程有特别重要的指导意义。历史法学派的主张大致可以总结为十点。

第一，法是实证的、实验的、实用的，不是理想、理念和逻辑推理的。法律就如医生治个案疾病之处方，是针对具体问题的办法或方略。

第二，法是民族的"共同法信念"（"同一的法"）的体现，"同一的法"是法之本质、原力、实体，是实在法的创造者。"民族精神"、"民族共同意识"才是一个民族法律背后的灵魂。

第三，法是进化发达的，恒在运动中。法随民族成长而成长，民族个性丧失则该民族的法亦消亡。

第四，法只能发现、总结，不能制定（制造）。法律本质上由习惯法而来。历史法学派反对自然法理论，亦反对法为命令说。

第五，法的所有者、创造者为民族全体人民（国民），不是神、个人、人类。历史法学派有"国族"、"族国"说，认为国族全体共同创造了自己的法律。

第六，法无好坏优劣之分，只有民族个性之差异。法是历史的、民族的，因此就不可简单论说法律的进步或落后。

第七，法律有两重生命形态：一是政治性法，国民共同信念和惯行，是永不消失的社会生命体的一部分；二是技术性法，法律家们总结整理运用的知识体系。

第八，"法信念"外化为法律要经过三个阶段：从习惯法，到法曹法（法律家法，即学说、法规、判例），最后到法典。英国法学家梅因的说法是，法律发现三阶段：判决 →习惯法 → 法典。

第九，法律的形成和存在类似于语言的生存和存在：法律靠语言传承。语言消失则法消亡。

第十，法可区分为"个人法"和"社会法"。前者是从主体自由出发规范个人相互平等独立关系的法；后者是将人视为社会整体的成员、分子、部分时的规范法。

五

我们的研究工程，是一个非常有历史意义的工程。这一工程，从前很多学者也许在各自的角度上部分地枝节地自发地做过，但我们有必要聚合力量将其上升为一个健全民族法制、复兴民族文化的自觉工程。这一工程，当然不是简单的贴标签的工作，不是在古代历史文献里找"可用"信息的工作，而是认真正视传统、正视民族个性、正视当下问题的复杂性、正视解决方案的实际效能的工作。中国人的民族个性、民族观念，并不因为接触西方后就突然变得野蛮愚昧和落后了。我们没有必要认为，一个移植的新式的法律在中国难以实施，不是法律本身错了，而是中国人的性格和观念错了。移植法律就如我们买鞋，如果鞋夹脚，我们不能首先怪我们的脚长错了。如果鞋不好，我们要做的工作是修鞋，而不是拿刀锯修脚。近代中国"削足适履"的法制变革再也不能继续下去了。

我们的研究，也许卑之无甚高论，是一件极其平凡或没有多少技术含量的工作，但确实是非常必要和重要的工作。救亡图存问题基本解决后的中国，三十年经济发展奇迹或多或少恢复了国人自信心后的中国，也许到了解决这一问题的时候了。

我们的《法治中国化》学术研究系列论集，就是为这一工作建立一个研讨园地。不管成效如何，总得有人开个头。

目录

婚约的地位和效力：古今中国
法制选择的历史考察[*]

◎陈会林^{**}

　　婚约（promise of marriage，marriage contract）是男女双方为结婚而作出的事先约定，订立婚约的活动称为订婚或定婚。订婚，自古至今，是国人走进婚姻殿堂之前的重要一步，或者说是国人婚姻成立的事实上的前置程序。作为一种社会现象，婚约不仅如西方社会法学派所言是"基本的社会存在事实"，[1]或制度法学派所言是"制度性事实"，[2]而且实际上成为事关社会生活稳定的重要因素。在传统中国，因为婚姻"合二姓之好，上以事宗庙，下以继后世"[3]，所以婚约被看得很重，历代法律和礼俗均有明确而系统的规定。我国现行《婚姻法》仅通过司法解释就婚约可能引起的财产纠纷有一点间接规定，没有关于婚约的直接专门规定。重要的社会关系客观存在，法律却视而不见，这种情形是值得反省的。马克思说过："法律应该以社会为基础，……应该是社会共同的、由一定物质生活方式所产生的利益和需要的表现。"[4]法律的使命是调整客观存在的社会关系，规制普遍存在的社会行为，

---

　　* 本文系"法治中国化研究基金项目"课题《婚约的地位效力及其伦理法理依据》（编号：丙A－09）阶段成果之一。

　　** 中南财经政法大学法学院副教授，杭州师范大学法治中国化研究中心兼职研究员。

　　〔1〕 例如法国的莱翁·狄骥（Leon Duguit）认为社会连带关系是社会存在的基本事实（第一因素）而不是某种道德观念。

　　〔2〕 英国的麦考密克（N. MacCormick）和奥地利的魏因贝格尔（Ota Weinberger）共同创立的制度法学派认为，"事实"有两种：一是纯物质事实（brute fact）或原始事实，二是制度事实（institutional fact）或受人制约的事实，后者如语言、合同、婚姻、比赛、习俗、法律等，它们是既有应然因素又有实然因素的"事实"。

　　〔3〕 《礼记·昏义》。

　　〔4〕 《马克思恩格斯全集》（第6卷），人民出版社1961年版，第291~292页。

在婚约纠纷普遍存在的时候，法律仍然视而不见，是极为不正常的。为什么不同时期不同政权的法律对婚约看待和处理不同？为什么新中国法制对婚约基本上视而不见？婚约在法律上到底应如何定位？据以定位的伦理法理依据何在？在对婚约问题进行法制反省的基础上，我们可否借鉴中外法律文化的智慧，就未来与婚约相关的法律问题找出一个合乎民族伦常的解决方案？这些都是当今法学研究应该严肃追问并回答的问题。本文拟就这些问题做一个初步的考察，以求教于方家。

一、"婚约"与订婚风俗

有学者指出："综观古今中外各国的结婚法，婚姻的成立在概念上有广义和狭义之别。从广义上来说，婚姻的成立包括订婚和结婚，法律是合二者为一体的。从狭义上来说，婚姻的成立专指结婚，不包括订婚。在婚姻的成立问题上，中国古代的礼俗、法律和古代外国法多采广义说，十分重视婚约效力，订婚是结婚的先行阶段和必经程序。近现代多采狭义说，订婚并非婚姻行为本身不可缺少的组成部分，事先未订立婚约者亦可径行结婚。我国现行婚姻法中并无婚约的规定，对婚姻的成立是持狭义说。"[1]

所谓婚约，是指男女双方以结婚为共同目的、通过一定的方式作出的事先约定，也就是关于婚姻的预约。在我国，婚约当事人，俗称未婚夫、妻；罗马法称婚约当事人为"婚约男"和"婚约女"。事实上，婚约并非简单的缔结婚姻的意向性合同，它是一种意涵丰富的文化现象。该如何认识"婚约"呢？

（一）婚约的定义

婚约是以结婚为目的的约定。婚约必须以结婚为直接目的。不以结婚为直接目的或最终目的的"结婚约定"，似乎不能视为婚约。比如，2005年，海南省儋州市新洲镇21岁的林姑娘为挽救哥哥的垂危生命，通过当地媒体声明："只要谁愿出5万块钱替我把哥哥病治好，我就愿意嫁给谁"。一位60岁的老者看到这则消息，前往林家表示愿意掏5万块救人，但林姑娘必须嫁给他。[2]这件事的最后结果不得而知，但若"典己救人"的女孩与老者达成了婚姻承诺，到底能不能算是婚约，是值得讨论的。因为林姑娘直接和真实的

---

〔1〕 王利明主编：《中国民法典学者建议稿及立法理由（人格、婚姻家庭、继承篇）》，法律出版社2005年版，第214页。

〔2〕 参见曾宪文："'典己救人'：亲情与法律的碰撞"，载《精神文明导刊》2006年第3期。

目的是救人，而不是结婚。当然，你也可以认为这不过是附履行条件的婚约。此外，婚前交往中的一般协议也不算是婚约。恋爱关系不等于婚约。婚约是指男女双方以结婚为目的的事先约定（当事人之间的预约旨在未来建立婚姻关系），而恋爱并不当然具有建立婚姻关系的目的。

订立婚约一般有特定的程式。婚约一般以特定的形式、程序或信物（彩礼）表现出来。事实上，婚约在很多地方都有一套特别的程序或仪式。这些形式主要有：①正式礼俗仪式。以古代中国的"六礼俱备"最为典型（下文详论）。②以订立婚书为中心的程序或仪式。婚书即男女订婚的文字凭证。[1]例如，民国时期黑龙江省兰西县"婚约之构成，从前系以定婚财礼为必要之方式，俗名过小礼。今则以凭媒约、双方缔结婚书为要件"。[2]江苏省太仓县"男女订婚，先请女家庚帖。庚帖所书，为年月日时之八字。问名曰卜吉，纳采曰小定，纳征曰行盘，请期曰道日。"[3]③彩礼媒证形式。民国时期"吉林全省，男女订婚仅凭媒证，多无婚书"。[4]彩礼是表明婚约成立的主要正式形式之一。④非正式仪式。虽无正式的程序仪式或婚书，但须有确定关系的特别表示，例如当代既是庆典又是公示见证的订婚仪式。男女双方以结婚为条件的特别赠与行为，例如婚前双方互赠礼物，只能算附条件（结婚）的赠与行为，不一定属于婚约行为。这种赠与只有达到双方认可的价值标准、通过足以体现公示或保障作用的特别方式，使之具有彩礼的本质属性，才能成为婚约形式。

违反婚约一般要承担责任，亦即婚约有一定法律意义。不管是法律、礼制明文规定还是风俗习惯不成文规定，一般都要求主动悔婚即违反婚约方向无过错的对方作出一定的赔偿或补偿。有时，甚至要承担刑事责任。此即以婚约具备相当的法律意义，承认其有法律效力。

（二）订婚作为民俗始终存在

订婚风俗，在殷墟甲骨文中就有反映。《甲骨文合集》中第536片甲骨中

---

〔1〕　"婚书"在古代中国有两种含义：一是婚姻占卜书，二是男女婚姻的文字凭证。后者包括订婚和结婚的文字凭证。参见郭松义、定宜庄：《清代民间婚书研究》，人民出版社2005年版，"前言"。

〔2〕　参见前南京国民政府司法行政部编：《民事习惯调查报告录》（下册），胡旭晟等点校，中国政法大学出版社1998年版，第772页。

〔3〕　徐珂编：《清稗类钞》，上海社会科学院历史研究所整理，海南国际新闻出版中心、诚成文化出版有限公司1996年版，第710页。

〔4〕　参见前南京国民政府司法行政部编：《民事习惯调查报告录》（下册），胡旭晟等点校，中国政法大学出版社1998年版，第770页。

就有订婚程序记载："辛卯卜，争，勿乎取奠女子。二告。辛卯卜，争，乎取奠女子。"这里记载的是与婚姻有关的卜辞。通过贞卜，决定是否订婚，反复贞卜以表慎重其事。《诗经·卫风·氓》："匪我愆期，子无良媒。将子无怒，秋以为期。"意思是说：不是姑娘我愿拖日期，是你无良媒订婚配（婚约）。请你别生我的气，凉秋季节为婚期。这里的主题就是婚约。《礼记》说"礼不下庶人，刑不上大夫"，并不是说"庶人"可以不讲订婚等礼制，只是说"贵族之礼不下庶人，庶人自有庶人之礼"。[1]《仪礼·士相见礼》说"庶人见于君，不为容，进退走"即为庶人礼。历代笔记小说、敦煌经卷等文献都有庶人婚约的记载。例如敦煌文献记载：男方写立婚书派专人送到女家，同时送给女家相当的礼物（束帛、羊、钱币等），女家受书，答婚书。[2]一般来说，庶人婚约习俗较为简化和灵活。订婚作为华夏民族的风俗，古今几乎一以贯之。这里仅以民国时期三大民族的婚约习俗为例来加以说明。

（1）汉族订婚习俗。奉天通化县"男女自幼结婚，以受小定礼为准（钱、布、耳环、头绳、腿带等物）。稍长，择吉过大礼，写婚束书，再取正式官婚书，过彩礼（如洋钱、布匹、衣服、猪肉等物）。纳小定礼后，即为结婚，男死退财礼一半，女死彩礼全没。如中途悔婚，即为理曲。……以纳小定礼后，写立媒束，即为婚姻预约已定，追取官婚书时，即将娶亲月日择定，至日成亲。"[3]这里的这里的"纳小定礼"相当于古代的"纳采"，特别重要。一旦纳小定礼，婚姻即告成立，不得反悔；"媒束"相当于"婚书"，其通用式样和内容为：

媒　束

　　　立婚书人某人，今有小女乳名（某某），年方几岁，凭冰人某说允，情愿许与某人第几子乳名（某某）为室。财礼束钱（若干）吊，大布、小布各几对，金银钳子各几付，单（双）猪，单（双）酒财礼钱先交一半，下余一半俟女长成出嫁过大礼时，完全交付。此系两造爱好结亲，双方情愿，邀同亲族及冰人到场，立此婚书

---

〔1〕 陈戌国：《中国礼制史》（先秦卷），湖南教育出版社 2002 年版，第 36 页。

〔2〕 参见陈戌国：《中国礼制史》（唐宋五代卷），湖南教育出版社 2002 年版，第 323~324 页。

〔3〕 前南京国民政府司法行政部编：《民事习惯调查报告录》（下册），胡旭晟等点校，中国政法大学出版社 1998 年版，第 766 页。

存证。

民国　年　月　日立婚书某人[1]

（2）满族婚约习俗。满族订婚习俗与汉族大同小异，例如都以纳小定礼和过大礼、立婚书为核心环节。但他们也有自己的特色，例如有两次问名，以如意、钗钏、羊、鹅等为礼物或彩礼。《清稗类钞》载："满洲氏族……男家主妇至女家问名，相女年貌，意既洽，赠如意或钗钏等物，以为定礼，名曰小定。择吉日，男家集宗族亲友，偕新婿往女家问名，女家亦集宗族等迎之中庭，位左右设。男族入，趋右位。有年长者致词……女族致谦词以谢。若是者再，始定婚。令新婿入拜神位前及外舅父母如仪。既进茶，女族趋右位，男族据宾筵，或设酒宴以贺。改月择吉，男家下娉，有酒筵、羊、鹅、衣服、绸缎诸物，曰过礼。女家款待如仪。"[2]

（3）藏族婚约习俗。藏族婚约的程序简明，讲求实际。"婚姻之始……男家例娉一媒，往说于女家。如允诺，则男家即送致哈达、酒及币等礼物。……媒则盛称新郎之善，女家乃言若不见弃，当商之亲友以报命。越数日，许配之言乃由媒以达于婿家，婿家乃致酒二十瓦或三十瓦于女家，女家即饮此酒，受哈达，并款戚友，将娉定之金银、绿松石戴女首，人各赠巾一方。"[3]

二、古代中国礼制律法关于婚约的规制

今天意义上的"法律"，在汉以前大致主要由"礼"和"律"（另有"刑"、"法"等名称）两部分组成。汉代以后，礼制不断入律，至唐朝基本上实现"礼法合一"。此后，律令格式等即相当于今天的"法律"，但仍有"礼典"如《开元礼》存在；不入律典和礼典的那部分"礼"，则作为民俗习惯或道德规范存世。作为法律形式的礼与律之间存在着"出礼入刑"[4]、

---

〔1〕　参见前南京国民政府司法行政部编：《民事习惯调查报告录》（下册），胡旭晟等点校，中国政法大学出版社 1998 年版，第 766 页。

〔2〕　徐珂编：《清稗类钞》，上海社会科学院历史研究所整理，海南国际新闻出版中心、诚成文化出版有限公司 1996 年版，第 708～709 页。

〔3〕　徐珂编：《清稗类钞》，上海社会科学院历史研究所整理，海南国际新闻出版中心、诚成文化出版有限公司 1996 年版，第 716 页。

〔4〕　所谓"礼之所去，刑之所取；失礼则入刑，相为表里"。见《后汉书·陈宠传》。

"礼主律辅"〔1〕、"礼导律禁"〔2〕等关系，二者都对婚约有一定的规制，关于婚约的规定是礼制和律法的重要内容。

（一）礼制关于婚约的规定

"礼"是中国古代社会长期存在的、旨在维护宗法等级制社会秩序的一系列原则和规范的总称。早期的"礼"与"刑"对称，内容以人事和亲属两方面为要，"礼者……人伦之至道。故用之家国，君臣以之尊，父子以之亲；用之婚冠，少长以之仁爱，夫妇以之义顺；用之乡人，友朋以之三益，宾主以之敬让。"〔3〕作为规范的"礼"是一种公开不平等的宗法等级习惯法，其中一部分内容相当于今天的民法。〔4〕"昏礼者，将合二姓之好，上以事宗庙，而下以继后世也，故君子重之"〔5〕，婚礼在古代中国是被认为是"礼之大本"，〔6〕婚约制度是古代中国的重要礼制。

1. 西周婚约之礼

按一般的说法，公元前11世纪初期"至周公而婚礼以备"。〔7〕当时的结婚制度主要是四大内容：一是"同姓不婚"，二是"父母之命，媒妁之言"，三是"六礼俱备"，四是男二十、女十五的婚龄。〔8〕这里的"六礼"即纳采、问名、纳吉、纳征、请期、亲迎，是婚姻成立的全部六道程序，所谓"六礼俱备谓之娉，六礼不备谓之奔"〔9〕，"娉则为妻，奔则为妾"〔10〕。"娉"是包括娉问和彩礼的正式订婚程序，"奔"指女子未经娉问而私自嫁人。"六礼"的名目首见于《礼记·昏义》，"昏礼纳采、问名、纳吉、纳征、请期，皆主

---

〔1〕　所谓"德礼为政教之本，刑罚为政教之用，犹昏晓阳秋相须而成也"，见《唐律疏议·名例》；"礼存则法可弘，法可弘则道可寻，"见《弘明集》卷十二，释慧远《答桓太尉书》。

〔2〕　"礼导律禁"，即礼重在教化，律重在惩罚，明朝朱元璋说："朕有天下，仿古为治，明礼以导民，定律以绳顽。"见《御制大明律序》。

〔3〕　《宋书·博隆传》，另见《宋本册府元龟》卷五七六，《掌礼部·奏议第四》。

〔4〕　民法大师梅仲协说："我国春秋之世，礼与刑相对立。刑为镇服庶民之工具，礼则为贵族生活之规范。礼所规定之人事与亲属二者，周详至极，远非粗陋、残酷之罗马十二表法所敢望其项背者。依余所信，礼为世界最古、最完备之民事法规也。"见梅仲协：《民法要义》，中国政法大学出版社1998年版，第14～15页。

〔5〕　《礼记·昏义》。

〔6〕　《礼记·昏义》："男女有别，而后夫妇有义；夫妇有义，而后父子有亲；父子有亲，而后君臣有正。故曰：'昏礼者，礼之本也。'"

〔7〕　怀效锋主编：《清末法制变革史料》（下卷），中国政法大学出版社2010年版，第742页。

〔8〕　参见范忠信、陈景良主编：《中国法制史》，北京大学出版社2007年版，第64～65页。

〔9〕　巫昌桢主编：《婚姻与继承法学》，中国政法大学出版社1997年版，第109页。

〔10〕　《礼记·内则》。

人筵几于庙，而拜迎于门外……所以合体而尊卑以亲之也"。[1] "六礼"的程序、礼物、套语等具体内容记载于《仪礼·士昏礼》。

（1）"六礼"的基本内容和程序：

纳采。"纳采"的意思是女方接纳男方的采选。纳即接纳，采即选择。纳采即是男方家长先托媒人向女方父亲提亲，征得女方之父同意，即正式委托媒人，以雁为贽礼，[2]前往女家正式求婚。女方收礼，即表同意求婚，否则，议婚就此结束。

问名。"问名"的意思是男家请媒人问清女方的名字和出生年月日等基本情况。男家确定女方纳采后，写好红帖，请媒人带着红帖和雁礼到女家，询问女子之姓名、排行、生辰八字等，带回家男占卜吉凶，以便确定是否可以合婚。

纳吉。"纳吉"的意思是男女双方共同接纳占卜所得吉兆。男家将"问名"所得信息放到宗庙祖宗牌位前卜算，若得吉兆，则男家请媒人携带礼物，前往女家告之女方父母愿结良缘；若不吉，则婚事就此作罢。

纳征。"纳征"的意思是女方接纳男方赠送的、作为婚约之证的娉礼。"征"即证。男家纳吉决定联姻之后，将娉礼送往女家（通常备用礼单），常用礼品有玄纁、丝帛、圭玉、谷物等。男方将礼品装入箱笼，或挑或抬，伴以鼓乐，在媒人护送下送至女家，作为纳婚之约证。女家受礼后回礼，或将娉礼中的食品部分退回，或将为男方准备之衣帽鞋袜送与男家。女方接受娉礼，婚姻即告成立，否则婚事告吹。

请期。"请期"的意思是男方请求女方同意自己择定的婚期。男女双方婚姻大事经纳征已定，男家择定完婚的佳日良辰，请媒人带着礼物告知女家，并征求意见。女方一般不持异议，倘若确实不便，也可与男家重议日期。

亲迎。"亲迎"的意思是新郎亲至女家迎娶新娘。结婚之日，新郎秉承父母之命，携带礼物和媒人一起到女家迎回新娘。迎亲所用交通工具有花轿、车、船等。迎亲之礼十分烦琐，迎亲队伍至女家须先拜见新娘之父母，再拜见女家之祖宗祠堂，奉献礼物，然后载新娘归至男家。至男家时，亦有迎轿、下轿、祭拜祖先、合卺、[3]入洞房等诸多仪式。

---

〔1〕《礼记·昏义》。

〔2〕 礼为雁鸟，乃取其随阳之鸟，以表妻从夫之义，或表夫妻恩爱、白首偕老。

〔3〕 "卺"是古代结婚时用作酒器的一种瓢。"合卺"是旧时结婚的一种仪式，把一个匏瓜剖成两个瓢，新郎新娘各拿一个饮酒，象征夫妻和合。此礼大约就是后世所谓"交杯酒"的由来。

从上述可见，"六礼"分为议婚、定婚、结婚三个阶段。纳采、问名、纳吉属于议婚阶段，纳征属于定婚阶段，请期、亲迎属于结婚阶段。前四礼属于广义的订婚阶段。"婚礼有六，而纳采、问名始事尤重"，[1]其中"纳吉"和"纳征"最为重要，"婚姻由纳吉而定，由纳征而成"，[2]至第四礼"纳征"，标志着婚约正式成立，两家就算正式结成了婚姻关系了。

（2）"六礼"仪式程序：[3]

纳采。（婿父）曰："吾子有惠，贶室某也。某有先人之礼，使某也请纳采。"（女方家长）对曰："某之子蠢愚，又弗能教。吾子命之，某不敢辞。"致命，曰："敢纳采。"

问名。曰："某既受命，将加诸卜，敢请女为谁氏？"对曰："吾子有命，且以备数而择之，某不敢辞。"

纳吉。曰："吾子有贶命，某加诸卜，占曰'吉'。使某也敢告。"对曰："某之子不教，唯恐弗堪。子有吉，我与在。某不敢辞。"

纳征。曰："吾子有嘉命，贶室某也。某有先人之礼，俪皮束帛，使某也请纳征。"致命，曰："某敢纳征。"对曰："吾子顺先典，贶某重礼，某不敢辞，敢不承命？"

请期。曰："吾子有赐命，某既申受命矣。惟是三族之不虞，使某也请吉日。"对曰："某既前受命矣，唯命是听。"

（3）"六礼"的实施与管理。"六礼"似乎仅在天子大夫贵族中得到全面实施。《周礼·地官·媒氏》云："中春之月，令会男女。于是时也，奔者不禁"。此处之"奔"系不备六礼之谓（非指"淫奔"），说明庶人之婚嫁，于程序要求上甚为松弛，主要原因是"庶人贫，无以为礼"。[4]因为民间不受礼制之严格约束，于是婚俗便日渐盛行，终演成礼、俗并行的局面。

按周礼，地方设官员"媒氏"负责登记和管理当地人的婚姻情况："媒氏掌万民之判。凡男女自成名以上，皆书年、月、日、名焉。令男三十而娶，女二十而嫁。凡娶判妻入子者，皆书之。……凡嫁女娶妻，入币，纯帛无过

---

〔1〕 嘉庆《江安县志》卷一，转引自郭松义、定宜庄：《清代民间婚书研究》，人民出版社2005年版，第23页。

〔2〕 陈顾远：《中国婚姻史》，上海书店1984年版，第156页。

〔3〕《仪礼·士昏礼》。

〔4〕《礼记·曲礼上》"礼不下庶人"孔颖达疏。

五两；禁迁葬者与嫁殇者。"媒氏"的职责主要是对已经成婚的男女进行事后登记，附带审查结婚是否违礼，督促男婚女嫁。这显然不同于今天的"婚姻登记"（合法婚姻关系成立的法定程序）。西周婚姻礼制是中国此后数千年婚姻制度之滥觞，婚姻"六礼"为后世所宗，尽管在后世因时代、民族、地域、文化不同而有所差异和变化，但基本原则、内容和程序没有本质变化。

2. 东周婚约之礼

东周（春秋战国）是"礼崩乐坏"的时代，反映婚礼具体状况的资料阙如，但从现有文献记载来看，婚约之礼存而未废。

《礼记·曾子问》载有公元前500年曾子与孔子的两段对话：曾子问曰："婚礼既纳币，有吉日，女之父母死，则如之何？"孔子曰："婿使人吊。如婿之父母死，则女之家亦使人吊。父丧称父，母丧称母。"又曾子问曰："取女，有吉日而女死，如之何？"孔子曰："婿齐衰而吊，既葬而除之。夫死亦如之。"这里曾子问的是，婚礼如果进行到"纳征"、"纳吉"时，女方父母或女子本人死了，男方该以什么规格的丧礼来对待。孔子的回答是，既然已经订婚，男女双方就等于有了夫妻名分，各自都要将对方父母当自己的父母相尊，双方之间也要以夫妻相待。女方死了，男方要以"齐衰"吊丧，等她下葬后才可脱去丧服。约200年之后，《孟子·滕文公下》载有孟子语："不待父母之命，媒妁之言，钻穴隙相窥，逾墙相从，则父母国人皆贱之。"[1]意思是说，男女双方即使情投意合，但如果不等父母同意，媒人说合，就钻洞扒缝互相偷看，翻过墙头私会，那么父母和社会都会贱看他们。这说明当时的订婚程序是必不可少的。

3. 汉代婚约之礼

汉初婚姻循礼而行，《通典》云："汉惠帝纳后，纳采雁璧，众马束帛，娉金二万斤，马十二匹"。[2]至儒术独尊之后，汉儒鼓噪，婚礼复兴。汉平帝元始三年诏光禄大夫刘歆等杂定婚礼。汉惠帝纳后，纳采雁璧，乘马束帛，聘黄金二万斤。东汉建初四年（79年），朝廷在洛阳白虎观组织召开了一次全国性的经学研讨会，汉章帝刘炟亲自主持，这次会议的记录以后由班固整理编辑成《白虎通德论》（简称《白虎通》）。《白虎通》因此成为统一儒家经义认识的权威文献，其中"嫁娶"一章重申并详释《礼记·昏义》和《仪礼·士婚礼》中的主要内容，影响深远。例如《白虎通》对"六礼"为什么

---

[1]《孟子·滕文公下》。
[2]《通典》卷第五十八。

要用雁和帛作为礼物的解释是："纳采、问名、纳吉、请期、亲迎，以雁贽（拜见时赠送的礼物）。纳征曰玄纁（黑色和浅红色象征天地两种颜色的布帛）。费用雁者，取其随时南北，不失其节，明不夺女子之时也。又取飞成行、止成列也，明嫁娶之礼，长幼有序，不相逾越也。……纳征，玄纁束俪皮，玄三法天，纁二法地也。阳奇阴偶，明阳道之大也。俪皮者，两皮也，以为庭实。庭实，偶也。"这一套说法，很可能是汉儒的附会，但也在情理之中。

4. 唐宋婚约之礼

婚礼于隋唐盖无大变。《隋书·礼仪志》云："后齐娉礼，一曰纳采，二曰问名，三曰纳吉，四曰纳征，五曰请期，六曰亲迎。皆用羔羊一口，雁一双，酒、黍、稷、稻、米、面各一斛，自皇子王以下至九品皆用，流外及庶人则减半"。这里订婚程序不变，但礼物类别有异。

逮至两宋，婚礼变动颇大。北宋太宗太平兴国七年（982年）定婚娶仪制，区别上下，规定诸王及品官仍具"六礼"，士庶则减六为四，即将纳采与问名合并，将纳征与请期归一。司马光（1019～1086）撰有论述传统礼制的书籍《司马氏书仪》，其中《婚仪》针对订婚的启动程序说："男子年十六至三十，女子十四至二十，身及主婚者无期以上丧，皆可成婚。必先例媒氏往来通言，俟女氏许之，然后遣使者纳采。"与司马光几乎同时的"二程"（程颢和程颐）曾撰"婚礼"专集具体解释各"礼"并转述套语，其中的解释多有新意，反映了宋代士大夫对"婚礼"的理解。例如二程对婚约之四礼的解释是："纳采，谓婿氏为女氏所采，故致礼以成其意"；"问名，谓问所娶女子之名，若今之小名也"；"纳吉，谓婿氏既得女名，以告神而卜之，得吉兆，又往告女氏，犹今之言定"；"纳征，征，证也，成也，用皮帛以证成娶妇之礼"。[1]

古代中国婚礼影响较大的变化始自朱熹。南宋朱熹（1130～1200）撰《家礼》，其中的"婚礼"吸纳当时婚礼程序的改革成果，将旧"六礼"变为新"七礼"：议婚、纳采、纳币（即纳征）、亲迎、妇见舅姑、庙见、婿见妇之父母。前三礼属订婚程序。原文不长，特迻录如下：

> 议婚：男子年十六至三十，女子年十四至二十。身及主昏者无期以上丧乃可成昏。必先使媒氏往来通信，俟女氏许之，然后纳采。

---

[1]《二程集·河南程氏文集》卷十，中华书局1981年版，第620～622页。

纳采：主人具书，夙兴，奉以告于祠堂。乃使子弟为使者如女氏，女氏主人出见使者。遂奉书以告于祠堂。出，以复书授使者，遂礼之。使者复命婿氏，主人复告于祠堂。

纳币：纳币具书，遣使如女氏。女氏受书，复书，礼宾。使者复命。并同纳采之仪。[1]

朱熹"家礼"实际上是将原六礼减之为三：纳采、纳币、亲迎。订婚程序在省掉"问名"、"纳吉"的同时增加"议婚"。作者的解释是"古礼有问名、纳吉，今不能尽用，止用纳采、纳币，以从简便。"[2]结婚程序省掉"请期"，将"亲迎"扩展为"亲迎"、"妇见舅姑"、"庙见"、"婿见妇之父母"四礼。朱熹"家礼"为后世沿用，奠定元、明、清六百余年婚礼的基础。

5. 元朝婚约之礼

声称"诸色人同类自相结婚者，各从本俗法"[3]的元朝，厘定士庶婚礼，皆袭"文公（朱熹）家礼"，所谓"照得朱文公《家礼》内'婚礼'，酌古准今。"[4]依此原则，《大元通制条格》和《元典章》所定婚礼程序与朱熹家礼基本相同。[5]但元朝婚约之礼仍有两大变化：一是婚书格式统一。"凡婚书……须要明写娉财礼物，婚主并媒人各各画字。女家回书亦写受到娉财礼数目，嫁主并媒人亦合画字。仍将两下礼书背面大书'合同'字样，分付各家收执。如有词语朦胧，别无各各画字及合同字样，争告到官，判同假伪。"[6]二是媒妁职业化、官方化。《元典章·户部·礼婚》："媒妁由地方长老保送信实妇人，充官为籍"，表明民间媒人须进行行政登记注册，由官方统管。为杜绝违法婚姻，又令媒人学习法律，具结保证依法行媒："令各处官司使媒人通晓不应成婚之例，仍取本管不违甘结文状，以塞'起讼之源'"。《通制条格》更申："今后媒妁，从合属官司、社长、巷长、耆老人等推举，

---

〔1〕 朱杰人等主编：《朱子全书》（第7册），上海古籍出版社、安徽教育出版社2002年版，第895~897页。

〔2〕 朱杰人等主编：《朱子全书》（第7册），上海古籍出版社、安徽教育出版社2002年版，第896页。

〔3〕 《元典章·十八·户部四》"嫁娶娉财体例"条。

〔4〕 《大元通制条格》"户令·婚姻礼制"条。

〔5〕 参见《大元通制条格》"户令·婚姻礼制"条，《元典章·三十·礼制三》"婚姻礼制"条。

〔6〕 《元典章·十八·户部四》"嫁娶礼书"条。

选保信实妇人充之；官为籍，记姓名；仍严切约束，无得似以前多取媒钱及滥余设立。违者治罪。"[1]

6. 明清婚约之礼

明清两朝婚约之礼总体上依宋元之旧。明朝按成婚对象不同将婚礼分为六大类："天子纳后仪、皇太子纳妃仪、亲王婚礼、公主婚礼、品官婚礼、庶人婚礼"。[2] 这里主要考察"品官婚礼"和"庶人婚礼"。关于品官婚礼，《明史·礼志九》记载说："周制，凡公侯大夫士之婚娶者，用六礼。唐以后，仪物多以官品为降杀（增加）。"婚礼内容系西周"六礼"与朱熹"家礼"杂成，大致有议婚、纳采、问名、纳吉、纳征、请期、亲迎、庙见等程序。其中订婚程序的主要内容是：①议婚。即"使媒氏通书"。②纳采。"凡品官婚娶，或为子娉妇，皆使媒氏通书。女氏许之，择吉纳采。"仪式中对答辞为：媒人对女方父亲说："某官以伉俪之重施于某，某率循典礼，谨使某纳采。"意思是某官将结婚重任交给我，我将遵循典礼，使您家纳采。主婚者（女方父亲）回答说："某之子弗娴姆训，既辱采择，敢不拜嘉。"意思是说我的女儿不熟悉女师的训诫，既然你屈尊选取，岂敢不答应您好的美意。③问名。仪式中对答辞为："主婚者曰：'某官慎重婚礼，将加卜筮，请问名。'主婚者进曰：'某第几女，妻某氏出。'或以红罗，或以销金纸，书女之第行年岁（排行年龄）。"④纳吉、纳征、请期。"纳吉如纳采仪"、"纳征如纳吉仪"、"请期亦如纳吉仪"，三者的仪式都与纳采基本相同，核心内容是如果男方带来婚书，则女方也要以书答之。[3] 明朝的"庶人婚礼"仿品官婚礼而加以简化变通："六礼之行，无贵贱一也。朱子《家礼》无问名、纳吉，止纳采、纳币、请期。……其纳采、纳币、请期，略仿品官之仪。有媒无宾，词亦稍异。"[4]

清朝的婚礼分类以及品官婚礼和庶人婚礼的仪式内容，从《清史稿·礼志八》的记载来看，与明朝大致相同，但更为简化。[5]

（二）律法关于婚约的规定

关于古代中国制定法对婚约的规定，陈顾远在《中国婚姻史》中说："古律散佚多不可考，于晋律仅知其'崇嫁娶之要，以下娉为正，不理私约'而

---

〔1〕《大元通制条格》"户令·嫁娶"条。

〔2〕《明史·礼志九》。

〔3〕《明史·礼志九》。

〔4〕《明史·礼志九》。

〔5〕参见陈戍国：《中国礼制史》（元明清卷），湖南教育出版社2002年版，第683页。

已。唐律堪当婚约者，为'许婚之书'，即'许嫁女已报婚书'是，盖女家已承诺纳采、问名而又为纳吉之答也。"[1]今天我们所能见到的系统规定婚约的律法始于唐律。

1. 唐宋律的规定

《唐律疏议》是中国现在所见最早的完整律典，其与婚约相关的规定相当全面，共有四条，其中直接规定的有两条：

第175条"许嫁女报婚书"："诸许嫁女，已报婚书及有私约（约谓先知夫身老幼、疾残、养庶之类），而辄悔者，杖六十（男子自悔者不坐，不追娉财）。虽无许婚之书，但受娉财，亦是（娉财无多少之限，酒食非。以财物为酒食者，亦同娉财）。若更许他人者，杖一百；已成者，徒一年半。后娶者知情，减一等。女追归前夫，前夫不娶，还娉财。后夫婚如法。"[2]此条主要规定"婚约"及其"婚书"的法律效力，包括对婚约缔结中违礼行为的惩治。"许嫁女已报婚书"的意思是婚姻由父母操办，男方备具财礼，写立婚书送请女方同意。"报"即"回复"，"婚书"即婚约文书，"报婚书"即女方回复允应男方的联姻要求。"私约"指双方对彼此的年龄、身体、身世等个人情状都已经事先了解，同意或默认结为夫妻的约定，这种约定可以是婚书内容中未写明的，故可称"私"。"老幼"指男女双方年龄相差一倍以上，"疾残"即瞽盲及肢体不全之类，"养"即收养而非亲生，"庶"指非妻（即妾）所生之子，"不坐"即不依本条治罪，"更许"即一女许嫁两家。对婚约缔结中的违礼行为，此条规定的罪名有四个：许嫁已报婚书辄悔、许嫁有私约辄悔、许嫁受娉财辄悔、许嫁更许他人。从这里可以看出，"婚书"是婚姻关系成立的法律文书，报婚书之后只存在嫁娶的问题，婚姻关系的确认不受影响。

第176条"为婚女家妄冒"："诸为婚而女家妄冒者徒一年。男家妄冒加一等。未成者依本约；已成者离之。"此条规定婚约的诚信原则。"妄"即欺骗，"冒"即假冒。此条是说，凡是结婚过程中，女方弄虚作假欺骗男方的，判一年徒刑。男方欺骗女方，罪加一等。这里的妄冒，显然是指桃僵李代之类顶替情形。没有成婚的，原婚约无效；已经成婚的，必须离婚。

还有两条是与婚约相关的规定：

---

[1] 陈顾远：《中国婚姻史》，上海书店1984年版，第156~157页。

[2] 译文：凡允应嫁女，已经回复认同婚书以及私下约定的对方情况，而又擅自反悔的，处杖刑六十（男方如悔婚约，可不按本条治罪，但不得要求女方返还娉礼）。虽然没有允应婚姻的文书，只要接受了娉财，也与已允应婚书相同。若重新许配别人的，处杖刑一百；已经成婚的，处徒刑一年半。后娶者知情的，减轻一等。所嫁之女追还给前夫，前夫不愿娶的，收回娉财，后夫婚姻依法确认。

第188条"尊长与卑幼定婚":"诸卑幼在外,尊长后为定婚而卑幼自娶妻已成者,婚如法。未成者,从尊长,违者杖一百。"[1]这是说,卑幼在外地与家人没有联系娶妻之后,尊长代为订婚的,如果已经成婚的,婚姻合法;没有成婚的,服从尊长的订婚安排,违者杖一百。此条规定的是特别情形下的定婚。

第193条"违律为婚":"诸违律为婚,虽有媒娉而恐喝娶者,加本罪一等;强娶者又加一等;即应为婚,虽已纳娉,期要未至而强娶,及期要至而女家故违者,各杖一百。"这是说:结婚中虽有订婚(有婚约),但如果存在恐吓而娶的行为,依"违律为婚"各种本罪加重一等处罚;强迫而娶的又加重一等。虽然已经定婚并收取了娉礼,但婚期未到而男方强娶,婚期已到而女家故意不嫁,都要各杖一百。此条再次规定婚约的法律效力,维护婚约的权威性。

唐律的上述规定得到此后各代法典的承袭。宋代基本法典《宋刑统》中婚约规定的条文安排有所变化:第78条"婚嫁假冒"系唐律"许嫁女报婚书"条和"为婚女家妄冒"条合并而成,第83条"和娶人妻"包括唐律"尊长与卑幼定婚"条内容,唐律"违律为婚"条变成第85条"违律为婚"。

2. 明清律中的规定

明律对婚约的规定主要见于《大明律》和《大明令》,内容与唐律基本相同,但处罚有所减轻,体现了明朝"轻其所轻"的法律原则。

《大明律》对婚约的规定主要是第107条"男女婚姻":"凡男女定婚之初,若有残疾、老幼、庶出、过房、乞养者,务要两家明白通知,各从所愿,写立婚书,依礼娉嫁。若许嫁女已报婚书及有私约,谓先已知夫身残疾、老幼、庶养之类。而辄悔者,笞五十。虽无婚书,但曾受娉财者,亦是。若再许他人,未成婚者,杖七十;已成婚者,杖八十。后定娶者,知情,与同罪,财礼入官;不知者,不坐,追还财礼,女归前夫。前夫不愿者,倍追财礼给还,其女仍从后夫。男家悔者,罪亦如之,不追财礼。其未成婚男女,有犯奸盗者,不用此律。若为婚而女家妄冒者,杖八十。谓如女有残疾,却令姊妹妄冒相见,后却以残疾女成婚之类。追还财礼。男家妄冒者,加一等。谓如与亲男定婚,却与义男成婚;又如男有残疾,却令弟兄冒相见,后却以残疾男成婚之类。不追财礼。未成婚者,仍依原定;已成婚者,离异。其应为婚者,虽已纳娉财,期约未至,而男家强娶,及约期已至,而女家故违期者,并笞五十。若卑幼,或仕宦,或买卖在外,其祖父母、父母及伯叔父母、姑、

---

[1] 这里的"尊长"包括辈分较高的亲属(祖父母、父母、叔伯父母等)和同辈但年岁较大的亲属(姑、兄、姊等)。"卑幼"是尊长的对称,指子孙、侄、弟、妹等辈分较低或年纪较小的亲属。

兄、姊，后为定婚，而卑幼自娶妻，已成婚者，仍旧为婚；未成婚者，从尊长所定，违者杖八十。"《大明令·户令》也有关于婚约的规定，例如：①规定订婚中的尊长主婚权："嫁娶皆由祖父母父母主婚，祖父母父母俱无者，从余亲主婚，其夫亡携女适人者，其女从母主婚。"②规定订婚之后纠纷处理："若已定婚未及成亲，而男女或有身故者，不追财礼。其定婚夫作盗及犯徒、流移乡者，女家愿弃，听还娉财。其定婚女犯奸，经断，夫家愿弃者，追还娉财。五年无故不娶及夫逃亡过三年不还者，并听经官告给执照，别行改嫁，亦不追财礼。"③规定招婿的婚约问题："凡招婿须凭媒妁，明立婚书，开写养老或出舍年限，止有一子者，不许出赘。"

"大清律即大明律改名"，[1]《大清律例》中"律"这一部分内容与《大明律》基本相同，只是表述形式略有差异。[2]

（三）礼律双重指导下的婚书

如前所述，婚书即男女订婚的文字凭证。婚书在古代的订婚程序中是否必须有，似乎因时而异。[3]从唐律"虽无许婚之书，但受娉财亦是"的规定来看，授受娉财之事实行为，同样具有婚约成立的意义，婚书在唐宋时期并非订立婚约的必备要件。《大元通制条格》和《元典章》规定"今后但为婚姻，须立婚书，明白该写元仪娉财。"[4]结婚程序至元朝更趋规范，婚书不仅是订婚之不可缺少之要件，而且格式须统一，内容须完备，否则视为无效。明律规定，凡定婚，务须"写立婚书，依礼娉嫁"。[5]明清两代均承元制，以婚书为订定婚约的必备形式。

古代婚书的样式繁多，不仅古代"六礼"每道程序都各有文书，而且不同时期的婚书各有其俗，其程式亦无相对统一的规范。下面仅举唐、元、清三朝纳采和纳征之婚书较为流行的格式之例：

1. 唐朝纳采所用婚书

通婚书

厶（某）顿首顿首：阔叙既久，倾瞩良深。时候，伏惟体履如

---

〔1〕（清）谈迁：《北游录·记闻》。

〔2〕《大清律例·户律》"男女婚姻"条。

〔3〕现在学界主流观点认为婚书在整个古代不仅成婚必须有，而且具有法律效力，这种观点是不严密的。

〔4〕参见《大元通制条格》"婚姻礼制"条，《元典章·十八·户部四》"婚礼"条。

〔5〕《大明律》"男女婚姻"条。

何？馆舍清休。即此厶蒙恩，厶第几男未有伉俪，伏承第几小娘子令淑有闻，愿托高援，谨因媒人厶乙，敢以礼请。厶限以官守，展叙末由，伏增翘咏，谨遣书白，不宣，谨状。厶月厶日厶郡厶乙状　厶官位阁下。

答婚书

厶顿首顿首：乖展已久，眷仰弥深，忽得书示，增慰延伫。时候，伏惟所履佳胜，馆舍伏宜。厶第厶女，四德无闻，未闲礼则，承贤第厶男未有婚媾，谨因媒人厶乙，敢不敬从？厶属以公务，末由言叙，但增倾瞩。谨遣书白，不宣，谨状。厶月厶日厶乙状　厶官位阁下。[1]

2. 元朝的纳娉书

纳娉即纳征。元刻本《新编事文类聚》收录的婚书格式、内容如下：

纳娉书式

某州某县某处姓某，今凭某人为媒，某人保亲，以某某男名某，现年几岁，与某处某人第几令爱名某姐，现年几岁，缔亲，备到纳娉礼若干。自娉定后，择日成亲，所愿夫妻偕老，琴瑟和谐。今立婚书为用者。

年　月　日

婚主姓某押启

女婿姓某押

保亲姓某押

媒人姓某押

回娉书式

某乡贯姓某，今凭某人为媒，某人保亲，以某第几女名某姐，现年几岁，与某处某人几男名某，现年几岁，结亲，领讫财礼若干。自受娉后，一任择日成亲，所愿夫妻保守，嗣续繁昌。今立婚书为用者。

年　月　日

---

〔1〕原文见张齐：“新集诸家九族尊卑书仪”，转引自郭松义、定宜庄：《清代民间婚书研究》，人民出版社2005年版，第26页。原文中的"厶"即"某"或"几"。

婚主姓某押启

女姓某押

保亲姓某押

媒人姓某押

以上之纳娉书及回娉书皆书有"合同婚书"字样。

3. 清朝纳征之定贴

纳征之时下定贴标志着男女两家娉定关系的正式确立。交换定贴与送达娉礼是同时进行的。清代定贴有大贴、大八字贴、鸳鸯书、鸾书、礼书、龙凤贴等很多名称，也有直呼为"婚书"、"婚启"的。定贴的内容主要是男女出生的年月日与时辰，男家开出的称"乾书"，女家答书称"坤书"。书贴一般是四折六面。封面书"天赐良缘"或"鸾凤合鸣"、"龙凤呈祥"等字样。内页 1 为"伏以天作之合，伉俪成礼，乾坤定矣，宜室宜家"之类的吉祥语；内页 2 为结婚当事人的籍贯地址，内页 3 为乾坤两造出生年月日时，内页 4 为结婚日期及媒证姓名。下例光绪末年的一则定贴，由红纸折叠成几页，封页用金字书"鸾凤合鸣"字样，然后依页写：

乾造　　　螽斯振振
戊子年二月二十五日子时建生
林姓　　　光前

坤造　　　瓜绵绵
辛卯年五月二十日午时端生
陈姓　　　裕后[1]

（四）小结

古代中国对婚约进行了较为系统的规制，这些规制的内容可以归纳如下：

（1）对婚约的规制是通过礼制和律法全方位进行的。婚约之礼制主要体现于西周"六礼"和南宋"七礼"。按照"礼不下庶人"的原则，大约在宋代以前，婚约之礼主要通行于皇室、贵族士大夫阶层，庶人则只有婚俗，形成礼俗并行的局面。宋代以降，礼制下移，婚礼始有皇室之礼、品官之礼、

---

[1] 郭松义、定宜庄：《清代民间婚书研究》，人民出版社 2005 年版，第 48 页。

庶人之礼的官方分类。婚俗或庶人之礼，并非不受法定礼制约束，而只是较为简化而已，内容主要是托媒和娉礼，女方一经收下娉礼婚姻就算定下来。[1]律法对婚约的规制在今天看来主要是以刑法的形式进行的，违背婚约要承担刑事责任。共同规制婚约的礼制与律法是通过"出礼入刑"、"礼主律辅"、"礼导律禁"之内在机理构成的有机整体。

（2）订立婚约是婚姻成立的必经程序，而非可有可无。所谓"为婚之法，必有行媒。男女嫡庶长幼当时，理有契约。"[2]未订婚者其婚姻无效。

（3）婚约具有法律效力。婚约一经缔结，即具有履行成婚之义务，无故违约须承担法律责任。女子许嫁，不许其反悔，更不能再与他人定婚或成婚。女方违约，往往可强制履行。陈顾远说："婚姻……在律之方面亦以交换婚书或收受娉礼为婚约成立要件。此种婚约既蝉蜕于六礼，其性质乃婚姻行为之一部，固非准备，亦非预约，盖由是即取得一定之身分，而可以强制履行其约，与今不同。"[3]这不仅与今不同，而且与古罗马也不同，古罗马法不主张婚约具有强制履行的效力，违约行为只发生财产法上的后果，男方悔约将失去娉礼，而女方悔约则加倍课罚。

（4）男方"礼下于人"原则。尽管订婚中的"纳采"、"纳吉"、"纳征"之"纳"是女方接纳，但实际上不管定婚的意向出自何方，正式的仪节都是自男方邀媒议婚开始。先求而后许，先采而后纳，许亲而后娉，是普遍的准绳。

（5）订婚主导权不完全属于当事人，而是以双方家长的意志为主。订婚原则上由主婚人（主要是父母）为之，无论是议婚、许嫁，还是写立婚书、授受娉财，均首先以尊长的名义进行，男女当事人"私订终身"在通常情况下是无效的。但订婚权并非完全由父母包办。[4]

（6）婚书在元代以前的订婚中可有可无，但从元朝开始必须有婚书。古代的婚书具有法律效力，纳征环节的婚书是婚姻关系成立的法律文书，"已报婚书"即定告婚姻关系确立。这也与现在的婚书不被法律认可，而只是一种民间习俗完全不同。

（7）诚实信用与娉币为证原则。婚约制度安排本身即为当事人表达诚信

---

〔1〕 参见郭松义、定宜庄：《清代民间婚书研究》，人民出版社2005年版，第14页。

〔2〕 《唐律疏议》"为婚女家妄冒"条疏议。

〔3〕 陈顾远：《中国婚姻史》，上海书店1984年版，第156~157页。

〔4〕 至少从历代婚书必须由家长（父亲）、男女当事人、媒人等共同署名来看，订婚权并非完全属于家长或父母，男女当事人绝不完全是"安心顺从"而毫无自主的权利。

提供程序载体。"币必诚，辞无不腆，告之以直信"[1]。婚约诈欺行为不但为礼制所排斥，而且为法律所禁止。含诈欺因素的婚约被明文规定为无效婚约。诚信的表达方式一是婚书或礼辞，二是财礼相随。娉礼是订婚绝不可少的要素，例如西周六礼中纳征以玄纁为礼物，其余五礼以雁为礼物。这种"礼物"的主要意义在于信证（具有定金或保证金的意义），而非买卖婚姻。[2]婚姻目的既在于"合二姓之好"、"承万世之嗣"，那么订婚就是一种身份法上的行为而非财产法上的行为，婚约与一般的财产契约不能相提并论。

（8）天命作合原则。"婚姻由纳吉而定，由纳征而成"，"纳吉"即卜得吉凶，成为订婚是终止抑或继续的基础。婚约仅有双方的合意并不能导致必然缔结的后果，卜问天意使婚约蒙上了天意神秘色彩。

（9）婚约唯一原则。即一名未婚配的男女不能同时与两个或更多的人订立婚约，否则即构成准重婚罪，须承担刑事责任。

三、近代中国法制中的婚约地位变化

大清尽头是民国。现在考察 20 世纪初期清末新律、上半叶的中华民国和 20 世纪中期至今台湾的法律对婚约的处置情况。这里的法律总体上可归属于资本主义性质的法律。"清末修律"所产生的民法和抗战期间中共根据地的法律，我们也认为属于此类（下文具体说明）。

（一）过渡性法典《大清现行刑律》对婚约规定袭古未改

清末修律是当时封建政权主持的、为挽救大清王朝统治服务的法制全面改革运动，但它主观上模仿西方资本主义法律形式，客观上有利于中国资本主义的发展，其建立起来的法律体系，性质上大致属于资本主义法律，应该是没有问题的。

清末修律在正式制定和颁行民法典之前，删修《大清律例》成《大清现行刑律》作为过渡性法典，1910 年 5 月颁行。《大清现行刑律》内容不脱旧律窠臼，例如婚约规定所在的"男女婚姻"条规定与《大清律例》完全相同，但近代化倾向端倪初露，[3]其中"民刑有别"更加明晰，分出旧律中的

---

〔1〕《礼记·郊特牲》。

〔2〕 传统观点认为古代"婚姻论财"、通行买卖婚姻，这是值得再研究的。

〔3〕 例如，律名改为"刑律"；体例折衷新旧法典（取消六篇律目）；民刑有别，分出旧律中的纯民事内容的条款；改革刑罚，旧五刑改为罚金、徒、遣、流、死新五刑，充军改为安置，军流徒改为习艺，笞杖改为罚金，禁止刑讯，满汉同刑等；删除民族异制等过时条款；增加破坏铁路、电讯罪，私铸银元罪，妨害国交罪等新罪名。

继承、分产、婚姻、田宅、钱债等纯属民事内容的条款且不再科刑,"婚姻"专列一门,"男女婚姻"条中的处罚由笞五十至杖八十改为"处五等罚"至"处八等罚"。这部法典断续适用长达二十年之久,其中的民事部分后来实际上沿用至 1929 年《中华民国民法典》颁行。

(二) 清末新律《大清民律草案》没有直接规定婚约事宜

1907~1911 年清廷完成中国历史上第一部专门的民法典草案《大清民律草案》的起草,[1]这部体现当时最先进民事立法水平的民法草案,删除了《大清律例》和《大清现行刑律》中有关直接规定"婚约"的内容。第四编"亲属"[2]第三章"婚姻"第一节"婚姻之要件"共 9 条,主要规定了三方面内容:一是"男未满十八,女未满十六岁者,不得成婚"(第 1332 条);[3]二是"结婚须由父母允许"(第 1338 条);三是"婚姻,须呈报于户籍吏而生效力"(第 1339 条),也就是说,"婚姻必呈报于户籍吏方可为正式结婚,否则不为正式",户籍吏"于收受婚姻呈报后,有审查其违法与否之权。若其婚姻有违法律规定之要件者,得拒不受理"。[4]这里没有"婚约"的具体规定,自然更谈不上赋予婚约是婚姻成立的法律要件而具有强制效力了。强调父母同意和登记同为婚姻取得法律效力的要件,基本上实现了从"订婚"向"登记"的本质转变。新律为什么对"婚约"不作规定?立法者自己的解释是:当时世界上的婚姻形式有"掠夺婚"、"买卖婚"、"娉娶婚"、"允诺婚"、"自由婚"五类,只有"允诺婚"和"娉娶婚"适于中国。[5]允诺婚是除本人愿意外还要父母允诺的婚姻形式,对此新民律草案有第 1338 条"结婚须由父母允许"予以规定,但并不直接包括婚约内容。"娉娶婚",包括"定婚

---

〔1〕 体例仿《德国民法典》分为总则、债权、物权、亲属、继承五编,前三编由修订法律馆聘请日本人松冈义正起草,后两编由礼学馆起草。

〔2〕 "亲属编"共七章:通则、家制、婚姻、亲子、监护、亲属会、扶养之义务。

〔3〕 笔者见到的《大清民律草案》整理版有两个:一是杨立新点校、吉林人民出版社 2002 年出版的《大清民律草案民国民律草案》,二是怀效锋主编、中国政法大学出版社 2010 年出版的《清末法制变革史料》(下卷)所载。前者五编的条文全部统一编号(第 1~1569 条)。后者是"总则"、"债权"、"物权"三编的条文一起编号(第 1~1316 条),而"亲属"(第 1~143 条)和"继承法"(第 1~110 条)两编则分别编号。这种差异的成因待考,本文所引暂依前者,即全草案统一编号。

〔4〕 "掠夺婚"强暴野蛮;"买卖婚"是乡曲陋习;"自由婚"(只要本人愿意,无需征得父母的同意)过于随便,形同儿戏,"泰西至今尚不能实行"。三者皆"非法律所得而及",即法律既不规定也不保护。见怀效锋主编:《清末法制变革史料》(下卷),中国政法大学出版社 2010 年版,第 743~746 页。

〔5〕 原文是:"自由婚者,不惟不愿父母之干预,并(且)不受法律之制裁,其结合与变更当事人之契约,均由男女自由意思而定。"见怀效锋主编:《清末法制变革史料》(下卷),中国政法大学出版社 2010 年版,第 743 页。

制"，是中国最传统最流行的婚姻方式，不能禁止，但现行法律不再加以直接规定，而是由"礼制所定"，也就是说由民俗习惯或道德规范加以规制。"娉娶婚者，彼以礼来，此以礼往，初不论仪物之多寡，而苟不背乎婚姻之节，则两家初无异言。……原本于六礼，实为中国历史之留遗。……自庖牺以来固无逾于娉娶者"；"今日而定婚制，固舍娉娶而莫由。……使命之往来，仪文之稠叠，六礼是否，从俗居丧，若何禁婚，则一视乎礼制所定。"[1]

新民律草案虽然对婚约没有直接规定，但从相关规定中仍可推论出有关内容，例如，根据第 1 条"民事本律所未规定者，依习惯法；无习惯法者，依法理"的规定，作为民间习俗的"婚约"不仅不为国家法律所禁止，而且有被作为法律适用的可能。又例如，根据第 1338 条"结婚须由父母允许"的规定，父母操持的婚约具有法律效力。《大清民律草案》并不是一部成熟的法律草案，整体结构具有前沿性，但内容大多脱离本国实际，对婚约突然完全不作规定，似有矫枉过正之嫌。

（三）北洋政府《民国民律草案》中恢复对婚约的规定

民国在制颁民法典之前沿用《大清民律草案》和《大清现行刑律》。南京临时政府司法部颁行的《中华民国暂行民律草案》，实际上就是《大清民律草案》之移作。[2]后来北洋政府将《大清现行刑律》中的民事部分改为《现行律民事有效部分》（或称《现行律民事继续有效部分》）加以沿用。1914 年北洋政府成立法律编查会（1918 年改为修订法律馆）开始修订新的民律草案，至 1925 年完成起草，此即中国"第二次民草"——《民国民律草案》。《民国民律草案》的体例与《大清民律草案》基本相同（仅将"债权编"改为"债编"），但内容发生很大变化，其中"亲属编"恢复了一些传统礼制和法律内容，包括婚约制度。第三章"婚姻"第一节"婚姻之成立"的第 1 款即"定婚"，内容如下：

> **第 1092 条**　定婚，因交换婚书或已纳娉财而生效力。第 1105 条于定婚准用之。[3]
>
> **第 1093 条**　男女双方虽经定婚，仍不得以之提起履行婚约之

---

[1]　怀效锋主编：《清末法制变革史料》（下卷），中国政法大学出版社 2010 年版，第 743 页。

[2]　现在北京图书馆分馆馆藏的民国元年（1912 年）刊行的两部《民国暂行民律草案》，其基本体例和主要条文与《大清民律草案》没有区别。

[3]　此条主要内容是结婚须经父母允许，年满三十者不在此限。

诉。但父母或监护人于定婚后反悔，而当事人两相情愿结婚者，不在此限。预定违反婚约之罚款者，无效。本条第一项但书之请求权，以六个月为限。

　　第 1094 条　定婚后，男女之一方有下列情形之一时，他之一方得解除婚约。一、定婚后又为他之定婚或结婚者；二、故违结婚期约者；三、定婚后致成残疾者；四、男女之一方为奸盗者；五、有其他之重大事由者。

　　第 1095 条　定婚之无效或撤销或解除时，除退还婚书或娉财外，无过失之一方，对于有过失之一方，得请求赔偿损害或抚慰金。

　　第 1096 条　定婚之无效或撤销或解除时，男女双方，对于相互之赠与物，得请求返还。赠与物如已不存在，得依不当得利之规定，请求回复原状。因男女一方亡故而解除婚约者，其相互之赠与物，若无特别意思表示，不得请求返还。

　　第 1097 条　有第 1095 条末段之请求权者，对于娉财及其他相互之赠与物，有留置权。

　　第 1098 条　第 1095 条、第 1096 条之请求权，自定婚无效或撤销或解除时起，经六个月而消灭。[1]

　　这些内容是《德国民法典》相关内容与中国传统的结合，[2]不完全是古代规定的恢复，而是重新规定，这里婚约不具有强制效力。《民国民律草案》完成之时，正值北洋政府发生北京政变，因而未能公布，但该法律草

────────────

　　〔1〕《大清民律草案　民国民律草案》，杨立新点校，吉林人民出版社 2002 年版，第 349～350 页。
　　〔2〕1896 年通过、1900 年生效的《德国民法典》第四编"家庭法"第一章"婚姻"第一节即为"订婚"，内容如下：第 1297 条 [不得起诉]：①不得因订婚而提起要求成婚之诉。②对于婚姻未成之情形支付违约金的允诺无效。第 1298 条 [退婚时的赔偿义务]：①订婚人如果退婚，则必须向另一方订婚人及其父母或替代父母行事的第三人就因对婚姻的期待所为之费用或所生之债务给予损害赔偿。此外他还必须赔偿另一方订婚人因为出于对婚姻的期待而采取的其他影响其财产或职业地位的措施而受到的损害。②对于此种损害，仅在根据上述费用、债务和其他措施的具体情况而为适当的范围内予以赔偿。③若因为重要理由退婚，则不产生赔偿义务。第 1299 条 [因一方的过错而退婚]：订婚人若因其过错而使另一方订婚人退婚，而该过错构成退婚的重要理由，则依据第 1298 条第 1 款和第 2 款的规定承担损害赔偿义务。第 1300 条（已废除）。第 1301 条 [返还赠礼]：如果婚姻未成，则每一方订婚人皆可依照关于返还不当得利的规定而要求对方返还所赠礼物或作为订婚标志所给之物。在订婚因一方订婚人死亡而解除的情形，倘有疑义，推定返还请求被排除。第 1302 条 [时效]：在本法第 1298 条至 1301 条中所规定的请求权时效为二年，自解除订婚之时开始。

案经司法部通令各级法院作为条理适用，在实践中起到了统一民事司法的作用。

（四）南京政府《中华民国民法》（沿袭至台湾）中有婚约专门规定

1927 年南京国民政府建立后暂用北洋政府的《现行律民事有效部分》等民商法规。1929 年 5 月开始制定新的民法典，1930 年 12 月完成并公布，是为《中华民国民法》。这是中国历史上正式颁行的第一部民法典，至今仍在台湾地区适用。这部民法典以北洋政府"第二次民律草案"为基础，传统礼制方面的内容有所减少，但典权、永佃权、婚约等具有合理性的传统民法制度仍以保留。《中华民国民法典》有总则、债、物权、亲属、继承共五编，第四编"亲属"第 972～979 条即是有关"婚约"的规定，这些规定比起北洋政府《民国民律草案》又有较大变化。其内容如下：

第 972 条　婚约，应由男女当事人自行订定。

第 973 条　男未满 17 岁，女未满 15 岁者，不得订定婚约。

第 974 条　未成年人订定婚约，应得法定代理人之同意。

第 975 条　婚约，不得请求强迫履行。

第 976 条　婚约当事人之一方，有左列情形之一者，他方得解除婚约：一，婚约订定后，再与他人订定婚约或结婚者。二，故违结婚期约者。三，生死不明已满一年者。四，有重大不治之病者。五，有花柳病或其他恶疾者。六，婚约订定后成为残废者。七，婚约订定后与人通奸者。八，婚约订定后受徒刑之宣告者。九，有其他重大事由者。

依前项规定解除婚约者，如事实上不能向他方为解除之意思表示时，无须为意思表示，自得为解除时起，不受婚约之拘束。

第 977 条　依前条之规定，婚约解除时，无过失之一方，得向有过失之他方，请求赔偿其因此所受之损害。

前项情形，虽非财产上之损害，受害人亦得请求赔偿相当之金额。

前项请求权不得让与或继承。但已依契约承诺，或已起诉者，不在此限。

第 978 条　婚约当事人之一方，无第 976 条之理由而违反婚约者，对于他方因此所受之损害，应负赔偿之责。

第 979 条　前条情形，虽非财产上之损害，受害人亦得请求赔偿相当之金额。但以受害人无过失者为限。

前项请求权，不得让与或继承。但已依契约承诺或已起诉者，不在此限。

(五) 中共抗日根据地法律有关于婚约的直接规定

1937~1947 年国共第二次合作的十年中，中共建立和执政的陕甘宁边区和抗日根据地是作为中华民国的地方政权而存在的（陕甘宁边区是国民政府行政院的直辖行政区）。根据协议，中共政权认同并实行"三民主义"，适用中华民国法律（《六法全书》）。[1]陕甘宁边区政府和其他抗日根据地在民事审判中援用《六法全书》的同时，还根据《中华民国民法》的精神自行颁行适用于本地区的婚姻条例，[2]这些婚姻条例对婚约问题作出了直接规定，主要内容如下：

(1)《陕甘宁边区婚姻条例》（1946 年 4 月 23 日通过）：首先赋予婚约具有强制力。第 7 条规定："男女预定婚约者，在未结婚前，如有一方要求解除婚约的，得向政府提出解除之。"[3]这一规定中解除婚约的程序近似离婚程序，实际上是重新赋予婚约具有一定的强制力。其次规定了婚姻自由、订婚自愿等原则。第 1 条规定"男女婚姻以自愿为原则，实行一夫一妻制"；第 2 条规定"禁止强迫、包办及买卖婚姻"；第 4 条规定"男女结婚，应向当地政府（乡、市）申请登记，领取结婚证"。

(2)《晋冀鲁豫边区婚姻暂行条例》（1942 年 1 月公布）中专设两章规定婚约的订立和解除。第 3 条规定"订婚须男女双方自愿，任何人不得强迫"；第 4 条规定"男不满 17 岁，女不满 15 岁者，不得订婚"；第 5 条规定"订婚时，男女双方均不得索取金钱或者其他物质报酬"；第 6 条规定"订婚时，男女双方须在区级以上政府登记方为有效"；第 7 条规定"订婚男女，有一方不

---

〔1〕 陕甘宁边区在 1942~1943 年较为经常地援用国民政府《六法全书》，但 1943 年下半年因为开展整风运动而停止援用《六法全书》。参见胡永恒："陕甘宁边区民事审判中对六法全书的援用"，载《近代史研究》2012 年第 1 期；胡永恒："1943 年陕甘宁边区停止援用六法全书之考察"，载《抗日战争研究》2010 年第 4 期。

〔2〕 例如 1943 年 2 月 4 日公布的《晋察冀边区婚姻条例》第 1 条规定："本条例根据中华民国民法亲属编之立法精神，适应边区具体环境制定之。"见《中国法制史参考资料汇编》（第 3 辑），西南政法学院法制史教研室 1979 年编印，第 244 页。

〔3〕 此段引文见《中国法制史参考资料汇编》（第 3 辑），西南政法学院法制史教研室 1979 年编印，第 244~245 页。

愿继续婚约或者结婚者，均得请求解除婚约。但对抗战军人提出解除婚约时，须经抗战军人本人同意，倘音信毫无在 2 年以上者，不在此限。抗日军人订婚后，多年有音信但不能回家结婚，而女方年龄已超过 20 岁，可请求解除婚约，但在此项修订办法颁布后，女方年龄已达 20 岁者，得延长一年"；第 8 条规定"解除婚约时，须向区级以上政府声请备案"；第 9 条规定"在本条例施行前订立之婚约解除后，曾收受对方之金钱财物者，应如数退还。如一次不能退还时，得订定契约分期偿还，倘确实无力偿还，而对方亦非贫困者，不在此限"。

（3）《晋察冀边区婚姻条例》（1943 年 2 月 4 日公布）特别强调"本条例根据中华民国民法亲属编之立法精神，适应边区具体环境制定之"（第 1 条）。第 6 条特别规定"婚姻不以订婚为手续"。另有第 2 条与婚约相关："男女婚姻须双方自主、自愿，任何人不得强迫。禁止奶婚、童养媳、早婚及买卖婚姻。"[1]

中共在抗战时期特别制定的婚姻法规中，有关婚约的规定有如下特点：其一，大部分法规赋予婚约具有一定的强制力。对于解除婚约，《陕甘宁边区婚姻条例》规定得向政府提出，《晋冀鲁豫边区婚姻暂行条例》规定须向区级以上政府声请备案，解除婚约的程序近似离婚程序。其二，将婚约与"男女平等"、"婚姻自由"原则结合起来。这些条例一方面宣称遵循"中华民国民法亲属编之立法精神"，另一方面又直接规定《中华民国民法》中所没有的"男女平等"原则以及没有直接表述的"婚姻自由"原则。例如《陕甘宁边区施政纲领》（1941 年 5 月 1 日）提出"依据男女平等原则……坚持自愿的一夫一妻婚姻制"；[2]《晋冀鲁豫边区婚姻条例》（1942 年）、《山东省婚姻暂行条例》（1945 年）都宣布"本条例根据平等自愿、一夫一妻之婚姻原则制定"。其三，优先保障军婚之婚约中军人的权利，规定对抗战军人提出解除婚约时，须经抗战军人本人同意。

（六）小结

综观近现代整个中国资本主义法制对婚约的处理过程，我们发现这个过程在形式上经历了"有—无—有—完备"的曲折历程。就最后形成的相对完

---

〔1〕《中国法制史参考资料汇编》（第 3 辑），西南政法学院法制史教研室 1979 年编印，第 244 ~ 245 页。

〔2〕《中国法制史参考资料汇编》（第 3 辑），西南政法学院法制史教研室 1979 年编印，第 181 页。

备的规定来看，这一时期法律对婚约的处理模式主要有以下特征：①订立婚约不是结婚的必经程序，此与古代根本不同。②中西结合。例如一方面规定婚姻自由、订婚自愿，另一方面又规定解除婚约需到政府登记或备案。前者似为西方因素，后者似为传统因素。③强调婚约的契约性质，规定婚约作为人身性质的契约不得强制执行，但无正当理由不履行婚约的，应承担违约责任。

四、苏维埃与新中国法制对婚约的刻意回避

中国共产党在近现代以国家政权名义建立和领导的工农民主专政政权（抗日根据地政权在名义上是国民政府的地方政权除外），大致分为四个阶段时期：①1931～1937年中华苏维埃共和国（工农民主专政政权）时期，这期间制定和颁布了《中华苏维埃共和国宪法大纲》和《婚姻法》等法律；②1947～1952年新民主主义（工人阶级为领导的、包括资产阶级在内的各革命阶级的联合专政）[1]时期，这期间颁行了新中国的第一部法律、也是新中国第一部婚姻法的《婚姻法》；③1953～1956年新民主主义向社会主义过渡时期，这期间颁行了新中国第一部宪法（1954年宪法）；④1956年至今，社会主义时期，这是中国特色社会主义法律体系建立和完善时期，这期间颁布了三部宪法（1975年、1978年、1982年）和第二部《婚姻法》。下面我们主要考察上述三部《婚姻法》对婚约的规制情况。

（一）中华苏维埃共和国婚姻法强调"婚姻自由"而无婚约规定

1931年11月，第一次全国苏维埃代表大会在江西瑞金召开，中华苏维埃共和国宣布成立，实现对全国各红色割据政权的统一领导。中华苏维埃共和国是中国第一个人民民主政权。1934年月1月第二次全国苏维埃代表大会通过的《中华苏维埃共和国宪法大纲》规定："中华苏维埃所建设的，是工人和农民的民主专政国家。苏维埃政权是属于工人、农民、红色战士及一切劳苦民众"，"这个专政的目的，是在消灭一切封建残余，赶走帝国主义列强在华的势力，统一中国，有系统地限制资本主义在中国的发展……同中农巩固的联合，以转变到无产阶级的专政"，首要任务是打倒帝国主义、国民党在中国

---

〔1〕 新民主主义社会是资本主义与社会主义混合在一起的特殊社会形态，是近代中国从半殖民地半封建社会走向社会主义社会的中介与桥梁，政治上实行以工人阶级为领导的各革命阶级联合专政的人民民主专政（民族资产阶级在国家政权中占有一定地位）；经济上实行国营经济主导的包括合作社经济、个体经济、私人资本主义和国家资本主义五种经济成分并存的新民主主义经济制度。

的统治，在全中国建立苏维埃共和国。"中华苏维埃共和国之最高政权，为全国工农兵苏维埃代表大会，在大会闭会期间，全国苏维埃临时中央执行委员会为最高政权机关"。[1]此《宪法大纲》有关婚姻的规定有：中华苏维埃政权保证"全力发展和保障工农革命在中国的胜利"，"保证彻底的实行妇女解放"，"承认婚姻自由"。[2]

1931 年 12 月 1 日临时中央政府制定颁布了中共政权最早的婚姻法规《中华苏维埃共和国婚姻条例》，该条例共 7 章 23 条，没有直接规定婚约的内容，其中 3 条与婚约相关：第 1 条："确定男女婚姻，以自由为原则，废除一切封建的包办强迫和买卖的婚姻制度，禁止童养媳。"第 4 条："男女结婚，须双方同意，不许任何一方或第三者加以强迫。"第 8 条："男女结婚须同到乡苏维埃或城市苏维埃举行登记。领取结婚证，废除娉金、娉礼及嫁装（妆）。"[3] 1934 年 4 月 8 日中央执行委员会颁布《中华苏维埃共和国婚姻法》，共 7 章 21 条，内容与《条例》基本相同，同样没有婚约的直接规定，与婚约有关联的规定除了上述 3 条外，增加 1 条（第 9 条）"凡男女实行同居者不论登记与否均以结婚论"，[4]即承认事实婚姻的有效性。

（二）新中国第一部《婚姻法》的法律解释规定订婚自愿和保护军人婚约

抗战时期中共领导的边区政府及其领导下的根据地，名义上是中华民国地方政府，适用中华民国的"六法"。解放战争初期，老解放区基本上沿用抗日民主政权的婚姻法；新解放区大都参照老区的规定制定自己的婚姻法规，例如《辽北省关于婚姻问题暂行处理办法（草案）》、《关东地区婚姻暂行条例（草案）》，以及发布针对当时干部、战士中新出现的婚姻问题的命令、通令。

1949 年 2 月中共中央发布《废除国民党的六法全书与确立解放区的司法原则的指示》，此后国民政府规定的订婚法律制度随着"六法全书"的废除而废除。1950 年 4 月 13 日新中国中央人民政府制定颁布了自己的《婚姻法》，这部婚姻法既是中华人民共和国的第一部婚姻法，也是中华人民共和国成立后颁布的第一部法律。这部婚姻法没有对婚约作出专门的规定。关

---

〔1〕《中国法制史参考资料汇编》（第 3 辑），西南政法学院法制史教研室 1979 年编印，第 94 ~ 95 页。

〔2〕《中国法制史参考资料汇编》（第 3 辑），西南政法学院法制史教研室 1979 年编印，第 94 ~ 95 页。

〔3〕原载《红色中华》1931 年 12 月 18 日。

〔4〕"中华苏维埃共和国中央政府文件选编"，载《江西社会科学》1981 年第 S1 期（增刊）。

于婚姻成立的相关规定主要有 3 条：第 1 条："废除包办强迫、男尊女卑、漠视子女利益的封建主义婚姻制度。实行男女婚姻自由、一夫一妻、男女权利平等、保护妇女和子女合法利益的新民主主义婚姻制度。"第 3 条："结婚须男女双方本人完全自愿，不许任何一方对他方加以强迫或任何第三者加以干涉。"第 6 条："结婚应男女双方亲到所在地（区、乡）人民政府登记。凡合于本法规定的结婚，所在地人民政府应即发给结婚证。凡不合于本规定的结婚，不予登记。"为了广泛宣传和实施新的婚姻法，1953 年 3 月中共中央和政务院发动领导了的一场旨在"从法律制度和思想观念上与过去彻底决裂"的"贯彻婚姻法的运动月"活动。这次运动不是很成功，"不仅进行贯彻婚姻法运动的地区不普遍，即在进行贯彻婚姻法运动的地区内还不是也不可能普遍地做到了深入"，[1]但婚约或订婚制度从此在国家制定法中消失成为事实。

婚约的内容在婚姻法中没有，但在立法解释和司法解释中有。1950 年 6 月 26 日中央人民政府法制委员会在《有关婚姻法施行的若干问题与解答》中指出："订婚不是结婚的必要手续。任何包办强迫的订婚，一律无效。男女自愿订婚者，听其订婚，订婚的最低年龄男为 19 岁，女为 17 岁。一方自愿取消订婚者，得通知对方取消之。"1953 年 3 月 19 日中央人民政府法制委员会颁布的《有关婚姻问题的解答》以及 1958 年颁布的有关司法解答中都重申上述原则（但没有规定订婚年龄的限制）。司法解释还特别规定现役军人的婚约受法律保护。最高人民法院在 1979 年 2 月 2 日发布的《关于贯彻执行民事政策法律的意见》中指出："现役军人的婚约关系，应予保护。凡是双方经过一定时期的了解，同意建立、保持婚约关系，家庭、群众和所在部队都认为是婚约关系的，才能确认为婚约关系。婚约基础比较好，没有解除婚约的重要原因，有恢复和好的前途的，应说服教育不予解除。婚约关系不巩固，没有结婚前途的，应通过军人所在组织，对军人进行说服教育工作，予以解除。"

（三）新中国第二部《婚姻法》及其法律解释都没有婚约问题的规定

新中国于 1980 年 9 月 10 日废除 1950 年《婚姻法》，通过并公布新的《婚姻法》（自 1981 年 1 月 1 日起施行，2001 年作重大修订）。这是新中国颁行的第二部婚姻法，这部婚姻法沿用 1950 年《婚姻法》的立法模式，也不直

---

〔1〕　刘景范："中央贯彻婚姻法运动委员会关于贯彻婚姻法运动的总结报告"，载《党的文献》2010 年第 3 期。

接规定婚约问题。与婚约相关的婚姻成立规定主要有 4 条：第 1 条："实行婚姻自由、一夫一妻、男女平等的婚姻制度。保护妇女、儿童和老人的合法权益。"第 3 条："禁止包办、买卖婚姻和其他干涉婚姻自由的行为。禁止借婚姻索取财物。"第 4 条："结婚必须男女双方完全自愿，不许任何一方对他方加以强迫或任何第三者加以干涉。"第 7 条："要求结婚的男女双方必须亲自到婚姻登记机关进行结婚登记。符合本法规定的，予以登记，发给结婚证，取得结婚证，即确立夫妻关系。"

新中国第二部婚姻法的两个司法解释中也没有婚约的专门规定，仅涉及与婚约间接相关的一些问题。2003 年 12 月 26 日颁布的《最高人民法院关于适用〈中华人民共和国婚姻法〉若干问题的解释（二）》，[1] 对与婚约有关联的同居关系和彩礼纠纷的诉讼问题作了规定。第 1 条规定："当事人起诉请求解除同居关系的，人民法院不予受理。……当事人因同居期间财产分割或者子女抚养纠纷提起诉讼的，人民法院应当受理。"这意味着婚约关系甚至同居关系不受法律保护。第 10 条规定："当事人请求返还按照习俗给付的彩礼的，如果查明属于以下情形，人民法院应当予以支持：①双方未办理结婚登记手续；②双方办理结婚登记手续但确未共同生活；③婚前给付并导致给付人生活困难的。适用前款第 2、3 项的规定，应当以双方离婚为条件。"显然，这里的彩礼返还有两大前提或限制：一是彩礼是依据习俗给付的，二是当事人发生纠纷时存在同居关系或婚姻关系。也就是说，这一规定的适用范围是有限的，并不包括婚约纠纷的全部情形。此外，这里似乎将彩礼纠纷视同一般财产纠纷，不完全是传统意义上的婚约纠纷。

2011 年《最高人民法院关于适用〈中华人民共和国婚姻法〉若干问题的解（三）》[2] 中有关婚前财产问题的规定也间接涉及到婚约纠纷问题。第 6 条："婚前或者婚姻关系存续期间，当事人约定将一方所有的房产赠与另一方，赠与方在赠与房产变更登记之前撤销赠与，另一方请求判令继续履行的，人民法院可以按照合同法第 186 条[3] 的规定处理。"

以上两个司法解释的出台，意味着新中国的法律开始特别关注婚约中的

---

〔1〕《最高人民法院关于适用〈中华人民共和国婚姻法〉若干问题的解释（二）》，2003 年 12 月 23 日通过，2004 年 4 月 1 日施行。

〔2〕《最高人民法院关于适用〈中华人民共和国婚姻法〉若干问题的解释（三）》，2011 年 7 月 4 日通过，2011 年 8 月 13 日起施行。

〔3〕《合同法》第 186 条规定：赠与人在赠与财产的权利转移之前可以撤销赠与。具有救灾、扶贫等社会公益、道德义务性质的赠与合同或者经过公证的赠与合同，不适用前款规定。

财产问题，但这种处理模式在总体上属于"头痛医头，脚痛医脚"的应急之举，并不意味着婚姻法回避婚约现象的立法模式有什么根本改变。

(四)《未成年人保护法》规定禁止未成年人订立婚约

在法律层面，婚姻法中没有直接规定婚约的内容，但未成年人保护法有直接涉及。1991 年 9 月通过的《未成年人保护法》第 11 条规定："父母或者其他监护人不得允许或者迫使未成年人结婚，不得为未成年人订立婚约。"此条在 2006 年 12 月修订后变成第 15 条。这一规定意味着法律不禁止成年人订立婚约。

(五) 小结

在中国共产党建立和领导的民主专政政权法律中，订婚自愿，法律对婚约不提倡又不禁止的态度是明朗的，其规制婚约的基本模式是总体上回避、间接规定一些应急性内容。①婚姻法在提出"婚姻自由"原则的同时，不直接规制婚约。这表明一般的婚约在我国没有法律上的拘束力，结婚只承认登记的法律效力。订婚不是婚姻成立的必经程序，不是婚姻成立的必要条件。如果订婚，一方要求解除婚约，如果没有财产纠纷，径行通知对方即可，无须征得对方的同意，更无须经过诉讼程序。②婚约仅在法律解释中涉及。其内容主要在两个方面：一是军人的婚约在一定时期受法律保护；二是与婚约相关的财产纠纷诉讼法院应当受理。法院不受理以解除婚约为诉讼请求的案件，但因婚约引起的返还财产案件应该受理。

虽然现有法律不直接规制婚约，但订婚制度由于其特别的社会作用以及悠久的历史，仍存在于我国广大地区特别是农村地区，作为一种习惯法制度对人们的实际生活发生重大深刻的影响。法律表达与现实需要的距离，法律解释对立法规定的补充，让婚约的法律地位多少给人以"妾身未明"的感觉，"法不禁止即允许"的法理依据不足以应对一直普遍存在的婚约纠纷，而应急之举导致的立法基础不协调可能又会在其他地方滋生新的问题。

五、婚约在中国历代法制中的地位变迁

婚约习俗在中国根深蒂固，源古流今。不同时期、不同政权的法律对婚约的处理模式多有差异，针对上述流变，我们可作以下综合分析：

(一) 历代法律对婚约的四种处理模式

对中国婚约法律处理模式流变进行类型化解读，可以发现古代法律规制始终较为完备，资本主义法律规制是从无到有，民主专政政权法律基本上不予规制。这三者反映着四种特别的处理模式：

（1）系统规定且赋予婚约以强制效力。这是古代法律、香港法律的处理模式。[1]古代中国礼制和律法都有婚约内容，这些内容主要包括三个方面：一是婚约的内容与程序；二是婚约的效力，订婚是结婚的先行阶段和必经程序，婚约是婚姻成立的要件；三是婚约纠纷如何解决。这种模式是宗法社会必然的模式。

（2）系统规定但不赋予婚约以强制效力。这是民国时期及台湾法律、澳门法律的处理模式。[2]中华民国民法典系统规定了婚约制度，基本精神是订婚自愿，婚约不得强制执行，但无正当理由不履行婚约的，应承担违约责任。这种模式是在继承传统与移植西法中创生新法的模式。

（3）法典不直接规定但通过法律解释调整涉及婚约的部分关系。这是中国第一部资本主义性质的民法草案（《大清民律草案》）和抗日民主政权法律的处理模式。这里仅通过法律解释的方式对军人婚约以及与婚约相关的财产纠纷问题作出规定。这是一种想与传统决裂、但又无法完全决裂而不得不"头疼医头、脚疼医脚"的被动应急模式。

（4）完全回避，法律及法律解释全无规定。这是工农民主专政政权婚姻法（《中华苏维埃共和国婚姻条例》、《中华苏维埃共和国婚姻法》）和新中国《婚姻法》的处理模式。这是一种矫枉过正、有欠成熟的非理性模式。

（二）中国历代婚姻法制中的三种婚约

陈顾远曾从法律规制或立法模式的角度将世界上的婚姻立法模式分为事实婚主义和形式婚主义，亦即事实婚和形式婚两大类。[3]事实婚占少数，较为任意，一般来说没有婚约。形式婚占多数，婚约存于其中。根据社会承认

---

〔1〕 根据香港回归时制定的《婚姻制度改革条例》，香港的有效婚姻分为"旧式婚姻（customary marriage）"和"认可婚姻（新式婚姻）"两类，两者均在政府分别登记获得结婚证书，其中"旧式婚姻"是按照 1843 年 4 月 5 日之前的中国法律与习俗所缔结的婚姻，包括了传统的婚约制度。此外，香港现行法律中有关"拟结婚通知书"的规定似乎也有承认婚约效力的因素。香港《婚姻条例》规定："凡拟结婚者，拟结婚的其中一方……直接或透过婚姻监礼人向登记官发出拟结婚通知书"；"拟结婚通知书发出后，经过最少 15 天及不超过 3 个月，登记官须随时应拟结婚任何一方的要求，发给……婚姻登记官证明书"；"如发出拟结婚通知书后，双方不在 3 个月内结婚，则该通知书及一切就之而进行的程序即作废，必须发出另一拟结婚通知书，双方始可缔结婚姻"。

〔2〕 现行《澳门民法典》"亲属法"卷第二编"结婚"第一章即为"婚约"专章，其内容与台湾地区现行的《中华民国民法》的规定基本相同。

〔3〕 参见陈顾远：《中国婚姻史》，上海书店 1984 年版。又见李桂梅、禹芳琴："试论中国传统婚姻习俗的文化内涵"，载《常德师范学院学报》2000 年第 4 期。

形式的不同，形式婚又可分为习俗婚、宗教婚和法律婚。[1]①习俗婚没有宗教和法律等强制规范的规制，国家产生以前的婚姻多属于这一类。②宗教婚即由宗教认可的婚姻，其中婚约的成立也是宗教认可的，例如1215年基督教教会决定订婚仪式必须在教堂的神父面前宣誓。中国没有宗教婚，自然亦无宗教婚约。③法律婚即由国家法律认可的婚姻。法律婚又分为仪式婚、登记婚、仪式婚兼登记婚三小类。[2]仪式婚以履行法律认可的特定仪式为婚姻成立的程序要件，其仪式是有订婚程序；登记婚以履行司法的或行政的登记手续为为婚姻成立的程序要件，婚约程序在登记婚中可能有也可能没有；仪式与登记结合制或仪式婚兼登记婚是指仪式与登记二者兼行者。以上分类内容可以图示小结如下：

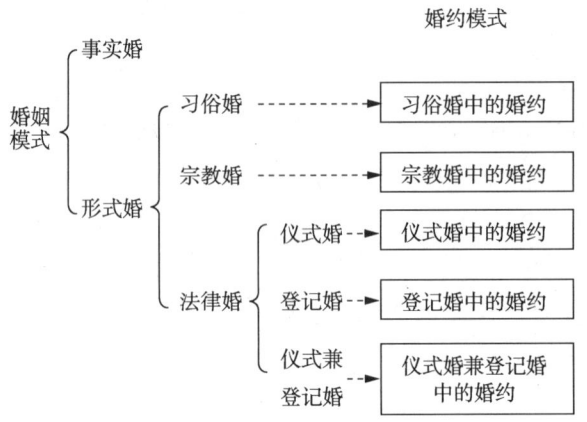

根据以上分类，中国的婚约主要有以下三类：

（1）仪式婚中的婚约。中国古代通行仪式婚制（主要是六礼或七礼），只需仪式不需登记，国家也不设专门登记机构。[3]中国古代礼、律和近代《大清现行刑律》规制的婚约都是仪式婚中的婚约，这种婚约具有表示婚姻成立的法律效力。

---

〔1〕 一般认为，西方的宗教婚自中世纪开始，婚礼必须在教堂举行，神父主持，二三人证婚，新郎新娘在神父面前公开表示婚姻意愿并得到神父的祝福。法律婚是从法国大革命后开始的。1791年法国颁布宪法宣布"婚姻不过是民事契约"，此后绝大多数国家开始实行法律婚。

〔2〕 这里陈顾远从中国古代礼律并行的事实出发，将仪式婚和法律婚并列，对此笔者不敢苟同，因为自今日视之，中国古代的"礼"特别是婚礼也是一种法，故作如此修正。

〔3〕 西周地方官"媒氏"负责的婚姻状况登记，实际上是当事人结婚之后的户口登记。户籍变更是结婚的后果，而非结婚的先决条件。

（2）登记婚中的婚约。登记婚对于婚姻的成立，只承认登记的效力，订婚不是必需的，订婚自愿，婚约只产生财产上的效力。清末《大清民律草案》和近现代民主专政政权三部婚姻法不直接规制的婚约，《民国民律草案》、《中华民国民法》规制的婚约属于这一类。

（3）仪式婚兼登记婚中的婚约。仪式婚兼登记婚中订婚和婚姻登记都产生效力，婚约也受法律保护，这种情况一般比较少。新中国对军婚的特别保护属于这一类。此外《陕甘宁边区婚姻条例》（1946）、《晋冀鲁豫边区婚姻暂行条例》（1942）等规定解除婚约须经政府同意或备案，这种婚姻近似仪式婚兼登记婚。

（三）各种处理模式的深层原因

为什么古代法律对婚约十分看重？近现代资产阶级专政与民主专政政权的法律规则总体上呈现出相反的走向？这些都是耐人寻味的问题。

法律对普遍客观存在的婚约现象是适当规定还是加以规避，采取何种处理模式，从立法程序上讲，这是国家对订婚习俗是否认可的结果；从法理上讲，这是国家法与民间法长期博弈的结果。其原因是多方面的。

（1）古代中国法制重视婚约的原因大致有四：①伦理原因。在中国古代特定的历史环境或以亲缘关系为基本纽带的宗法社会之下，"家"具有特别重要的地位，婚姻制度被看成全部社会制度的根基。"婚礼者，万物之始也"。[1] "昏礼者，将合二姓之好，上以事宗庙而下以继后世也，故君子重之"。[2] 婚约是在双方家庭之间进行的，它始终不是当事人个人间的事情，婚约受到重视乃是一种必然。婚约是整个婚姻过程中保证婚姻"必由父母"、各方家族充分参与，做到"男不自专娶，女不自专嫁"[3] 的必要程序。古代中国的礼制与律法共同作用，使婚约成为父母操控子女婚事的程序制度保障。②婚约有公证功能，可以"示人纪之大防"，防止男女两性关系的随意泛滥。这就是古人说的："婚礼享娉者，所以别男女、明夫妇之义也"；[4] "须媒妁何？远耻防淫佚也"；[5] "轻佻子弟或逾名教之大闲，即使礼义自持"。[6] ③婚约有助于婚

---

〔1〕《礼记·郊特牲》。
〔2〕《礼记·昏义》。
〔3〕《白虎通·嫁娶》。
〔4〕《大戴礼记·盛德》。
〔5〕《白虎通·嫁娶》。
〔6〕 怀效锋主编：《清末法制变革史料》（下卷），中国政法大学出版社 2010 年版，第 743 页。

姻的稳定。古代中国大都实行早婚,[1]"以少年未更事之人,使之自相择配,其智虑不必视父母为密设或遇人不淑,遂致一朝失足,终身仳离,此亦事所常有也"。[2]"盖婚姻为男女终身大事,若任其自由结合,往往血气未定,不知计及将来,卒贻后悔。"[3]订婚可以使父母等尊长——最了解子女而自身经验阅历丰富的人——充分参与子女的婚姻过程,有机会在关键环节上为子女提供有益的建议,帮助年轻子女理性择偶。④国家将婚姻管理委之于民间自治的需要。古代法律全面规制婚约,规定婚约具有法律效力,这样一来,婚姻的有效成立无须官府登记程序,这是国家委之于民间自治婚姻的反映。

(2)中国第一个具有资本主义性质的民法典草案,中国第一个"全国性"民主政权制定的婚姻法,都对婚约问题完全不作规定,这是特别有意思的现象。其原因固然与意识形态有关,但更主要的原因可能是矫枉过正、立法经验欠缺的结果。其中《大清民律草案》完全规避婚约问题的原因可能有三:其一,受日本的影响。当时这一法律草案有日本人参与起草(婚姻所在的"亲属编"由中国人起草),整部法典直接受到《日本民法典》的影响,而《日本民法典》中没有婚约的规定。其二,立法者们对传统婚约制度与西方婚约习俗的差异缺乏全面的认识和理性的比较,简单地认为中国过去的"娉娶婚"与西方流行的"允诺婚"、"自由婚"不接轨。其三,在制度设计中将"律法"与"礼制"进行分工。此时作为习惯法的礼制中有婚约规定,法律不予规定并非国家完全不管,更不等于禁止婚约。[4]

(3)民国时期的法律对清朝的民事法律具有极强的继承性。《中华民国民法》对婚约作出新的专门规定,是回归传统和与西方法律接轨的反映,是西方式婚姻自由及民主法治在婚姻法中的体现。

(4)人民民主专政政权在法律层面没有婚约的规定,我们注意到这是在规定"婚姻自由"、"男女平等"原则时出现的情况。之所以出现"自由平等"一强调,婚约地位就消失的情形,其主要原因可能是立法者认为婚约与自由平等原则是冲突的,认为婚约是封建婚姻制度的残余,被用来干预他人婚事,损害婚姻自由。

---

〔1〕 汉代鼓励早婚,规定"女子年十五以上至三十不嫁,五算",见《汉书·惠帝纪》。

〔2〕 怀效锋主编:《清末法制变革史料》(下卷),中国政法大学出版社2010年版,第743页。

〔3〕 怀效锋主编:《清末法制变革史料》(下卷),中国政法大学出版社2010年版,第746页。

〔4〕 参见怀效锋主编:《清末法制变革史料》(下卷),中国政法大学出版社2010年版,第743页。

（四）对婚约认识的三大误解需要澄清

1. 误解一：法律规制婚约就是赋予婚约以强制力

法律是否规制婚约与婚约是否具有强制力并不是一回事。同样是婚约规定，古代礼律规定婚约具有强制力，而近现代资本主义法律规定婚约不具有强制力。婚约入法与法律如何规定婚约是两回事情。正如有学者所说的："法律上规定婚约，并不意味着提倡当事人订立婚约，更不意味着订婚是结婚的必经程序，是否订立婚约完全由当事人协商确定，并且即使订立了婚约，婚约也不具有法律效力。"[1] 其实，不具有法律效力的说法是错误的。只要规定违反婚约者应承担一定的违约责任，规定无过错一方有赔偿请求权，那就是赋予了婚约以一定法律效力。只是没有法律效力中的最高层次——强制执行效力而已。

2. 误解二：婚约与婚姻自由冲突

婚约与婚姻自由并非必然发生冲突。传统主流观点认为，婚约干预婚姻自由，体现男尊女卑，这是一种误解。传统婚礼中订婚或婚约成立的每个环节都没有强制，这些程序贯穿着媒人两往两复、双方当事人及家长达成合意的精神，以此体现当事人慎重对待婚姻的制度保障。这里仅以六礼之首"纳采"为例。

《仪礼·士昏礼》说："下达纳采"。郑注云："达，通也。欲与彼合昏姻，必先使媒氏下通其言，女氏许之，乃后使人纳其采择"。实际上"纳采"分为两步：第一步是媒妁传言，即邀约程序，如果对方许诺，才进入正式仪节的第二步。"下达"是预备程序，"纳采"是正式程序。此外，从实际情形看，婚姻的提起并非绝对是男方主动、女方承受。《诗经·国风·摽有梅》："求我庶士，迨其吉兮"，[2] 即为女父择婿之诗；《大雅·韩奕》："蹶父孔武，靡国不到。为韩姞相攸，莫如韩乐"。[3] 疏曰："女家意相许可，然后遣媒，女家亦择男也"。春秋时期女家择婿之例颇多，例如陈侯妻女于郑，齐侯欲以文姜妻郑太子忽之类。只是即便女家主动，仍由男家遣媒而已。

宋代程颐曾对婚约问题发表灼见，其中说："纳采，谓婿氏为女氏所采，故致礼以成其意。"[4] 依此说法，则订婚为女氏选婿，女方占有主动权了。另

---

[1] 王丽萍：《婚姻家庭法律制度研究》，山东人民出版社 2003 年版，第 68 页。

[2] 此二句可译为："追求我的男子汉，快择吉日作婚期"。

[3] 这几句可译为："蹶父威武又勇健，出使各国全走遍。为女韩姞找婆家，莫似韩国最如愿。"

[4] 《二程集·河南程氏文集》卷十，中华书局 1981 年版，第 620 页。

外有的学者在对宋代《定亲书》和《答求婚书》进行考证研究后得出的结论：婚约实际上正好是男择女、女择男的程序，"纳采"、"言定"是双方互为对方所采，而不是单方面的"采"和"定"。[1]所以订婚实际上是男女双方各自邀约和承诺充分互动的过程，而非完全是男方主动女被动的不平等情形。《清稗类钞》是关于清末掌故遗闻的汇编，是链接传统与现代的重要文献，其中的"婚姻类"之"文明结婚"条也说："文明婚礼，实有三长。一，以父母之命，媒妁之言，而取男女之同意，以监督自由。其办理次序，先由男子陈志愿于父母，得父母允准，即延介绍人请愿于女子之父母，得其父母允准，再由介绍人约期订邀男女会晤，男女同意，婚约始定。二，定婚后，男女立约，先以求学自立为誓言。三，婚礼务求节俭，以挽回奢侈习俗，而免经济生活之障碍。"[2]这里说的订婚，完全看不出其中有婚姻不自由的情形。

当今中国台湾和西方国家的婚约立法现实也表明，婚约与婚姻自由不仅可以一致，而且可以是婚姻自由的表现形式乃至外在保障机制之一。总之，婚约并不必然妨碍婚姻自由，认为婚约入法妨碍婚姻自由的看法具有臆想成份。

3. 误解三：婚约导致买卖婚姻

订婚有财礼相随，这是事实；"婚姻论财"、"娉币（币即财物）为定"是传统婚姻的原则，而且娉礼随时代而改变，逐渐金钱化（娉礼变成娉金）。但是，这些皆由原始习惯演化而成，婚约并不必然导致买卖婚姻。

（1）婚约中财物往来因订婚而引发。婚约财物关系依附于婚约，随着婚约关系的产生而产生，随着婚约关系的延续而发展，而婚约关系一旦解除，婚约财物关系也就不复存在，即使双方继续发生财物关系，那也不属婚约财物关系的范畴。

（2）彩礼或娉币兼有程序上和实体上的意义。就程序而言，纳征是订婚的关键环节，是婚约订定的标志；就实质而言，彩礼或娉币具有信证、定金或保证金的意义。所谓"男女非有行媒，不相知名；非受币，不交不亲"，[3]意思是说，男子和女子如果没有媒人提亲，双方就不知对方的姓名；如果女

---

[1] 陈戌国：《中国礼制史》（宋辽金夏卷），湖南教育出版社2002年版，第288页。

[2] 徐珂编：《清稗类钞》，上海社会科学院历史研究所整理，海南国际新闻出版中心、诚成文化出版有限公司1996年版，第707页。

[3] 《礼记·曲礼上》。

方不接受男方的娉礼，就意味着女方不同意这门婚事，双方就不会继续往来，婚姻程序就此终断。只要收受了娉财，即使缺少其他要件，婚约亦为有效。

（3）婚约中的财礼约定与财产契约不是一回事。即使是传统婚约，既然婚姻的目的在于"合二姓之好"，"承万世之嗣"，那么订婚乃是一种身份法上的行为而非财产法上的行为，婚约与一般的财产契约不能相提并论。除了行为主体、主旨及内容上的重大区别外，二者在缔约程序、约定的效力和违约责任等方面皆不相同。清代学者俞樾的《群经平议》将西周的婚约视为"质剂别傅"，实有不当。[1]

（4）即使在古代，国家或法律也不提倡当事人过于看重订婚中的财礼。唐太宗李世民要求庶人订婚赠送财礼要量力而行，其诏令曰："其庶人男女无室家者，……以礼娉娶，皆任其同类相求，不得抑取。男年二十，女年十五已上……并须申以婚媾，令其好合。若贫乏之徒，将近匮乏，仰于亲近乡里富有之家，哀多益寡，使得资送。"[2]明太祖朱元璋在洪武五年下诏曰："古之婚礼，结两姓之欢，以重人伦。近世以来，专论娉财，习染奢侈。其仪制颁行。务从节俭，以厚风俗。"[3]

结　语

婚姻在本质上以爱情为基础，但须以特定的形式表现出来。法律不能调整感情，但能调整表达感情的行为方式。婚约是爱情的表现形式，法律自然可以进行调整。我国婚约法律处理模式的流变，最突出最醒目的现象莫过于传统处理模式在近现代一分为二：走上了两条不同的道路——婚约法制在资本主义政权法律（中华民国和今天中国台湾）中的蝶化新生，在民主专政政权法律（中华苏维埃共和国和中华人民共和国，包括工农民主政权、新民主主义政权、社会主义政权）中总体消失。新中国成立以来，历次婚姻法均无关于婚约的规定，婚约问题被列为习俗道德调整的对象，被排除在法律规制之外。对此我们认为是不当的，主要理由如下：

---

〔1〕 质剂是一种官方制作的买卖契券，是重要财物交易的凭证，属于纯粹财产关系领域的文书之列，与婚约相去甚远。《周礼·地官·质人》："质人掌成市之货贿，人民、牛马、兵器、珍异，凡卖买者质剂焉，大市以质，小市以剂；掌稽市之书契，同其度量，壹其淳制，巡而考之；犯禁者，举而罚之。凡治质剂者，国中一旬，郊二旬，野三旬，都三月，邦国期，期内听，期外不听"。

〔2〕《唐会要》卷八十三《婚嫁》。

〔3〕《明史·礼志九》。

第一，"法的关系正像国家的形式一样，既不能从它们本身来理解，也不能从所谓人类精神的一般发展来理解，相反它们根源于物质的生活关系。"[1]现实中大量存在的婚约习俗或婚约纠纷，作为现代社会或法治社会秩序控制主要手段的法律不能回避。正如一位学者所说："由于人民群众在实际生活中存在大量的婚约，并且因解除婚约产生的纠纷也较多，因而法律上应就婚约问题作出规定，以解决无法可依的现状。"[2]撇开中华民族具有悠久的婚约立法传统不说，婚约立法业已成为社会发展的需要。"法无明文规定即允许"的法理不足以作为解决当今婚约问题的法律依据。

第二，婚约在本质上是具有身份意义的特殊契约，基于婚约所产生的社会关系错综复杂。婚约当事人在订婚之后负有各种特定的义务，婚约关系的存在在诉讼法上产生特定的效果，婚约虽无法律约束力，但在司法实践中，因婚约引起的财物纠纷案件屡见不鲜。现在婚姻法的司法解释将婚约中的财物纠纷从婚约中剥离出来，这无论是从法理上讲，还是从现实上讲都是不当的。以此为原则的司法解纷很难达到目的，最后的结果可能是反而恶化纠纷。

第三，以现代婚姻的标准来看，婚约习俗确实存有糟粕因素，但婚约制度本身并无过错，有过错的是实践中对待婚约的人，是订婚中的某些环节发生了人为异变，例如婚约中父母的过于干预和彩礼的异变之类。这种过程不能由婚约制度承担责任，此种情形如同八股文的过错不能由科举制度承担责任一样。再说，婚约中越是有问题越是需要法律的规范。

第四，只要我们追求的特色社会主义自由民主与西方的自由民主没有本质区别，中西婚约法制就是可以接轨的。

---

〔1〕 "《政治经济学批判》序言"，载《马克思恩格斯选集》（第2卷），人民出版社1972年版，第82页。

〔2〕 王丽萍：《婚姻家庭法律制度研究》，山东人民出版社2003年版，第68页。

义绝制度与中国传统婚姻法制的精神[*]

崔兰琴^{**}

离婚制度往往能反映一个国家或一个法系中最具民族性的特征。在何种情况下允许离婚、在何种条件下不能离婚、又在何种前提下限制离婚，不同法系会针对不同情况作出不同回答。这不仅涉及该法系对婚姻制度的独特认识，更能彰显不同法律制度的独特价值。义绝制度是解读中国传统婚姻法制的一个切入点。在与古罗马和古巴比伦婚姻法制的对比中，我们可以看出：中国传统婚姻的基础是夫妇之义，义是婚姻的连接点。一旦恩断义绝，婚姻就必须断绝。本文拟通过比较分析中外所认识的"婚姻之义"，认识中国传统婚姻法制的特殊精神，特别解读传统中国将婚姻视为"对祖宗负责"、"合二姓之好"、关系国家政治之事的法律精神。

一、传统法典中的义绝制度

义绝制度是中国传统法制中的一种强制离婚制度。[1]义绝主要指出现了伤害婚姻大义的一系列行为，包括两个家族之间的伤害或奸淫行为，以及夫妻双方的互伤行为。婚姻中一旦出现法律所列举的义绝情形，当事人如不主动离婚，国家就会进行干预，强制其离婚。夫妻以感情尚在而拒不离婚者，法律要追究当事人的刑事责任。一旦判决离婚，绝对不能重新结合。即使遇到赦免，夫妻也要离异。义绝制度是中国传统婚姻法制中极富民族特色的强

---

　* 本文系"法治中国化研究基金项目"课题《感情破裂作为离婚理由的伦理限制问题》（编号：丙 A 二 04）阶段性成果之一。

　** 浙江工商大学法治与伦理研究中心副教授，杭州师范大学法治中国化研究中心兼职研究员。

　〔1〕 有关义绝制度的理论基础、立法和司法演进以及演进规律的初步探究，参见拙作"中国古代的义绝制度"，载《法学研究》2008 年第 5 期。

制离婚制度。[1]

（一）唐律关于"义绝"的规定

"义绝"作为一种观念起源于何时已经无法考证。从汉代流传的"有义则和，无义则离"来看，义绝当离异至少在汉代已经被广泛接受。[2]但在法典中开始出现，据目前的史料考证是在唐律中。

《唐律·户婚》"妻无七出而出之"条及疏议曰："诸妻无七出及义绝之状而出之者，徒一年半。"疏议曰："义绝，谓'殴妻之祖父母、父母及杀妻外祖父母、伯叔父母、兄弟、姑、姊妹，若夫妻祖父母、外祖父母、伯叔父母、兄弟、姑、姊妹自相杀及妻殴詈夫之祖父母、父母，杀伤夫外祖父母、伯叔父母、兄弟、姑、姊妹及与夫之缌麻以上亲，若妻母奸及欲害夫者，虽会赦，皆为义绝'。"[3]

疏议解释的义绝情形主要包括以下三类伤害行为。第一类是"殴杀"行为，丈夫殴妻子的父母、祖父母，杀妻子外祖父母、伯叔父母、姑和兄弟姐妹等亲属的行为；妻子殴詈丈夫的父母、祖父母，杀丈夫的外祖父母、伯叔父母、姑和兄弟姐妹等亲属的行为；夫族和妻族的父母、祖父母、外祖父母、姑和兄弟姐妹等亲属之间的自相残杀行为。第二类是"奸非"行为。对妻子来说，指与丈夫缌麻以上的亲属相奸；对丈夫来说，仅限于与妻的母亲相奸；第三类是"谋杀"行为，只限于妻子意欲谋害丈夫。法律同时认定上述三类行为为犯罪行为，在承担刑事责任外，虽逢会赦，夫妻之间仍然视同"义绝"，官府仍应强制解除其婚姻关系。即使妻子未曾庙见，行成妇之礼，如有

---

[1] 就笔者的阅读视野来看，无论古东方法制文明的代表《汉穆拉比法典》、《摩奴法典》甚或《古兰经》，还是西方古代法制文明的典范——古希腊罗马的婚姻制度，都没有与中国的义绝制度相同或相似的离婚制度。

[2] 比如《列女传》、《汉书·孔光传》均记载有义绝。刘向所撰《列女传》中已有义绝之礼："黎庄夫人者，卫侯之女，黎庄公之夫人也。既往而不同欲，所务者异，未尝得见，甚不得意。其傅母闵夫人贤，公反不纳，怜其失意，又恐其已见遣，而不以时去，谓夫人曰：'夫妇之道，有义则合，无义则离。今不得意，胡不去乎？'"《汉书·孔光传》则开始有义绝判例：时值淳于长坐大逆诛，"光议以为：'大逆无道，父母妻子同产无少长皆弃市，怨后犯法者也，夫妇之道，有义则合，无义则离。长未自知当坐大逆之法，而弃去赢始等，或更嫁，义已绝，而欲以为长妻欲杀之，名不正，不当坐。'有诏，'光议是'。"

[3] 唐律有关义绝制度的规定如此详尽，这应该不会是空穴来风，据此可以推断，至少在隋朝时义绝制度已经比较成熟了。因为学界目前比较认定，唐律的最初版本《武德律》几乎是隋律的翻版，连条目的数量都基本相同。故而唐代义绝制度也应该是对隋朝义绝制度的继承，只是由于现存史料所限，我们无法看到隋律义绝制度的相关内容而已。

犯者，亦为义绝。即"义绝，妻虽未入门，亦从此令。"[1]

从唐代立法的这些规定可以看出：第一，义绝的规定是以维护家族亲属关系为中心，为巩固封建伦常观念和封建家庭秩序而设。丈夫一旦有殴打妻子一方亲属的行为，仅限于祖父母、父母，就构成了婚姻解体的缘由。而对于妻子的其他亲属，如外祖父母、伯叔父母、兄弟、姑、姊妹，则要有严重的杀害行为才能构成义绝。这与儒家的尊卑相犯，以血缘关系的远近来论罪的原则是一致的。对妻子的要求更为苛刻，对舅姑，妻子只要有辱骂的行为，对外祖父母、伯叔父母、兄弟、姑、姊妹有杀伤的行为，就足以构成义绝了。夫妻双方之间的亲属互相残杀，也会伤害夫妇之义，直接导致婚姻关系解体。第二，除了第2条双方的亲属互相伤害以外，唐代的义绝制度对夫妻双方的法律责任的要求并不对等。夫明显轻于妻的责任，尤其是妻欲害夫为义绝，而夫欲害妻则不见于律文。

从司法程序上看，唐代属于官府判决的义绝制度。唐律规定"皆为官司判为义绝者方得此坐，若未经官司处断不合此科。"婚姻是否义绝需要官府判决，否则不适用该条。一旦官府判决义绝成立，夫妻就必须离异，"诸犯义绝者离之，违者徒一年"。如夫妻双方都不愿离异的，则按造意为首，随从者为从的原则处罚。"离者既无'各'字，得罪止在一人，皆坐不肯离者；若两不愿离，即以造意为首，随从者为从"。[2]即使遇到赦免，夫妻也要离异。

（二）明律对"义绝"的新解释

随着社会的发展，义绝制度也有所变化，比较明显的是明律重新解释了义绝的情形。《大明律·户婚》"出妻"条后有："凡妻无应离及义绝之状，而出之者杖八十，……犯义绝，应离，而不离者杖八十"。对于何谓义绝的情景律文并没有具体的规定，但在明律的诉讼门，干名犯义条小注中作出了列举性的规定："义绝之状，谓如婿在远方，其母亲将妻改嫁，或赶逐出外，重别招婿，及容止外人通奸；又如本身殴妻至折伤，抑妻通奸，有妻诈称无妻，欺妄更娶者，以妻为妾，受财将妻妾典雇，妄作姊妹嫁人之类。"[3]大清律关于义绝的规定基本沿袭明律，此不赘述。

从上述法律规定中可以看出，明清的义绝情形主要有两大类，前一类是侵害丈夫的利益，比如妻子的母亲趁女婿出远门时将女儿改嫁、重新招婿或

---

〔1〕《唐律疏议·户婚》"妻无七出而出之"条及疏；"义绝离之"条及疏。
〔2〕《唐律疏议·户婚》"义绝离之"条疏。
〔3〕《大明律·刑律五》"诉讼门"。

容忍女儿与外人通奸等情形，可由丈夫提出离婚。后一类为侵害妻子的利益，比如丈夫殴打妻子至折伤，采用欺诈手段重新娶妻，以及典妻、卖妻等之类，可由妻子提出离婚。由此可见，有关"义绝"的立法重心在悄然改变，从唐代重视家族事务为主，逐渐转向重视夫妻个人事务的趋势演变。

无论唐律中的义绝情形，还是明律中的义绝新释，均不影响考察义绝制度中所体现的中国传统婚姻法制的精神。对于传统婚姻法制的精神，从中至少可以得出这样的结论：婚姻是"对祖宗负责"之大事，保证祖宗血脉的纯洁，重孝道并保证祖宗永享祭祀；婚姻是"合二姓之好"之大事，由家长决定而非当事人合意，是双方家族的事务而非个人的感情；婚姻是关系国家政治之大事，婚姻的和谐决定国家政局的安定，国家着力维护婚姻伦理秩序。

二、"义绝"与"对祖宗负责"的婚姻

义绝情形中的"奸非"是从伦理的角度出发，以保证祖宗血脉的纯洁。尽管男女双方的义务要求并不对等，但其本质上还是相同的，即防止奸淫内乱行为的发生。至于义绝中的"妻欲杀夫"的谋杀行为，是因为此种行为危及夫家香火的延续，会破坏祖宗永享血食。

（一）保证祖宗血脉的纯洁

唐律"义绝"所列的"奸非"行为，从根本上有损祖宗血脉的纯洁性。虽然明清在立法上重新定位义绝情形，但对身份伦理的重视丝毫不减。从义绝可断离和不可断离的态度上体现得很清楚，"义绝而不许不离者，如纵容抑勒与人通奸及典故与人之类。"[1] 对这些挑战人伦风化的行为严惩，重在保证祭祀的圣洁、家族血脉的纯洁。国家强制此类婚姻解体，对不解除婚姻关系的人给予处罚，即为"理想"的纠正方式。传统婚姻涉及双方家族的合好，要想维持家族联姻的稳定秩序，就要求婚姻中男女的一切行为举止以有利于家族关系的和睦为出发点和最终归宿，切实维持夫妻名分。对妇女来说，保有妇德尤为重要，保有妇德首要的就是对丈夫的忠贞。

（二）保证祖宗永享血食

义绝情形中规定"妻欲杀夫"，是因为谋杀夫就不能保证祖宗永享祭祀，危及了祖宗的千秋大业。婚姻要真正实现上"上以事宗庙，下以继后世"的功能，夫妻感情必须服从祖宗千秋大业，周代已经奠基了中国古代婚姻制度的模式。周族作为西方部落的小邦，带有浓厚的氏族部落的色彩，周礼带有

---

[1] 《大清律例增修通纂集成》"出妻"条注。

鲜明的伦理法特色，是一种强调父权至上、推崇孝道的家族法。这是由于周代地处内陆平原的大河流域，缺少与外界交流的机会，刀耕火种的生产方式决定了延续生产方式、传播生产技术都需要借助父辈、甚至祖辈，敬祖、孝道、妇德自然就是教化的重点，婚姻目的中的家族观念较重，特别强调宗法的观念、重视血脉的传承。在周时的婚姻六礼中，从最初的纳采、问名、纳吉、纳征到请期、亲迎，都是家长及媒人在运作。即便这些程序完成也远没有结束，迎娶对女子来说才只是入门，只有庙见和成妇之礼都举行完了才可能登堂、入室，真正成为夫家成员。否则，婚姻关系不能算是完全成立。可见，已故的祖先仍然对世间卑幼的婚姻具有一定的支配力量，从坟墓里行使着统治。

西方则走上了不同的道路，以罗马为例，虽然古罗马也脱胎于以血缘为纽带的氏族公社，在婚姻制度建立的基础上与周代具有相似性，但发展的趋势却不完全相同。古罗马的婚姻在体现服从性、血缘关系的同时，毕竟还留有余地给婚姻当事人，以发挥其主观性。早在《十二铜表法》第6表第4条中就规定："妻不愿意依一年的实效而成立有夫权婚姻的，则应每年连续外宿三夜以中断时效的完成。"这被有些学者认为是古罗马无夫权婚姻的开始，因妻既可不受夫权的支配，但与夫又非姘合关系，显然是另一种合法婚姻——无夫权婚姻，又称自由婚。尽管在罗马法中女子没有严格意义上的人格权，但毕竟还是有表达意愿的空间，这也许就是合意制度的种子。后来由于宗亲关系的废止、夫权的衰落，自由婚逐渐取代了夫权婚，婚姻就由男女之间神法和人法的结合逐渐演变成为一男一女永续共同生活为目的的结合。[1]这昭现出古罗马婚姻观念的变化历程，已不再强调宗族和家族的利益，而着重于婚姻当事人的利益，并尊重当事人本人的意志。尤其随着经济的发展和军事的扩张，古罗马与地中海沿岸国家的贸易极为频繁，商业急剧发展，大量的外邦人进入罗马，这对罗马的家族观念、市民权都产生巨大的冲击。应和社会经济的发展趋势，适应宏大帝国的政治形势的需要，务实智慧的罗马人就不断调整各种制度，这当然也包括婚姻制度在内。婚姻制度中的民主性和合理性在逐渐增强，女性的社会地位也随之不断地上升。"主宰婚姻的特权已下降为一种有条件的否定权，我们已十分接近最后流行于现代世界的各种观念的边缘。"[2]

---

〔1〕 周枏:《罗马法原论》(上册)，商务印书馆1994版，第164页。

〔2〕 [英]梅因:《古代法》，沈景一译，商务印书馆1984年版，第79页。

三、"义绝"与"合二姓之好"的婚姻

义绝把双方家族之间的相互伤害行为作为离婚的必须条件，完全印证了中国传统婚姻"合二姓之好"的重要目的和功能。

（一）婚姻是双方家族的事务而非个人的感情

"义绝"在唐代载入律典，其目的是从法律上维护家族关系。自然地，唐代把对双方家族成员及成员之间的伤害行为作为打击的重点，否则任由其发展，必然会使婚姻的纽带"义"的联结作用断开，最终动摇国家的基础。从汉代开始的引礼入律，到唐代基本上完成，唐律以"一准乎礼"而得"古今之平"。[1]这种美誉说明了家族伦理法律化在唐代达到了极致。"在家族制度下，男女婚姻即限之以'必告父母'、复拘之以'非媒不得'，循致故千年来恒河沙数之青年男女，一变为受命结婚之工具，伉俪之爱，仅为婚姻之副产品而已"。[2]

建构在市民社会基础上的现代婚姻本质上是作为个人的私务来处理的，婚姻中强调的是男女双方的感情，重视的是其自由性和独立性。上述婚姻理念是随着社会的不断发展逐渐发展起来的。而中国的传统婚姻则完全相反。"在中国的婚姻制度中，男女本人之个性的情爱的要素，被极端的忽视，尤其是女性一直处于被压迫的地位"。从《礼记·昏义》中婚姻"合二姓之好，上以事宗庙，下以继后世"可以看出，既有对祖先的考虑，也有千秋万代的子孙兴旺，唯独没有男女双方的个人感情，更没有对浪漫爱情的考虑。这并不是说古人没有对浪漫爱情的追求，因为《诗经》的很多篇章都记载着刻骨铭心的爱恋。从《诗经·汉广》中就可以看出主人公对汉水游女的爱慕之情，即便是为她牵鞍、喂马也在所不惜，但由于整个社会都没有给予男女双方婚姻的自主权，其结果只能是"不可求思"。同时在"聘则为妻，奔则为妾"为主流意识的社会中，男女双方终究难逃包办婚的命运。在聘娶婚制度下，青年男女要正式结婚，非得有媒人在中间牵线、撮合不可，否则只能自取其辱。正如太史敫对自定终身的女儿说："女不取媒因自嫁，非吾种，污吾世。"[3]终身不睹君王后。到了战国时代，孟子总结性地说"不待父母之命，媒妁之言，

---

〔1〕《四库全书·唐律疏议提要》。

〔2〕陈鹏：《中国婚姻史稿》，中华书局1993年版，第13、6页。

〔3〕《史记·田敬仲完世家》。

钻穴隙相窥，逾墙相从，则父母国人皆贱之"。[1]

结成正当合法的婚姻只能由两个家庭来完成，通过第三者媒人的穿插协调，不断进行沟通联结，双方的门第、身份、聘财、嫁资都在考虑之列。几个回合的辛苦斡旋之后，才可能达成正式的契约，婚姻宣告成立。这对于两个家庭来说是件大事，妻子的名分、地位具有不可动摇性，所以，明清律有关义绝的立法才会把"以妻为妾"作为法定的离婚原因。这里面关注的不仅仅是妻子作为婚姻主体本身应享有的那份正当权利，更是因为妻妾失序就会导致两个联姻的家族外交的失谐。春秋时期的秦晋之好、宋楚结盟等都是以世代联姻的形式来达到政治势力的扩张。有时即使妻子被休弃，双方也会继续维持姻亲。所以在《刑案汇览》才会有即使夫死妻嫁，妻子也不能义绝于夫之父母，一旦有什么侵害行为发生就必须以服制来定罪，以幼犯尊加倍处罚。[2]

（二）婚姻由家长决定而非当事人合意成立

义绝情节不仅涉及夫妻双方间的伤害行为，更包括媳对舅姑，婿对翁亲的伤害。义绝从反面证明了家长的尊严是凛然不可侵犯的。明代以后的干名犯义中直接规定了"义绝之状，谓如婿在远方；其母亲将妻改嫁，或赶逐出外，重别招婿，及容止外人通奸"进一步显示了家长是义绝构成的主体。家长不仅享有主婚权，决定着整个婚姻的成立，而且其某些行为会成为法定的强制离婚的要件。

既然婚姻是两姓间的结交，婚姻决定权就操纵在两个家长之手。"父母之命，媒妁之言"的结婚原则在周代已经形成，并成为后世遵循的标准。婚姻中家长的权力和地位是至高无上，不可动摇的，任何对家长权威的破坏都是对婚姻之义的破坏，正如《白虎通·嫁娶篇》所言"悖逆人伦，杀妻父母，废绝纲常，乱之大者，义绝，乃得去也"。对于妻子来说，即使是辱骂尊长都属于义绝所列举的对夫妇之道的破坏。

中国在传统婚姻制度的建构上着力维护家长的权力，从婚姻制度的起源上看是与世界同步的，古罗马的婚姻制度在最初也是与宗教、家族密切相关，作为具有完整人格权的家父决定着婚姻的成立。古罗马的人法中，只有家父权才享有完全意义上的人格权，作为被监护人的子女是要受家父的监护的，

---

〔1〕《孟子·滕文公下》。

〔2〕参见（清）祝庆祺等编：《刑案汇览》卷四十，北京古籍出版社 2004 年版，第 145 ~ 146
页。

他权人或子女结婚必须获得家长或监护人的允许。但是到了七世纪以后，唐代义绝的有关立法还如此关注家长的权力，煞费心机地维护尊亲的地位，压抑婚姻男女的个体地位，倒与罗马后来的婚姻制度形成了鲜明的对比。

罗马在帝国后期，随着万民法的发展，"无夫权婚姻"成了婚姻的主要形式，[1]其婚姻成立和解除的要件是合意。这种合意最初当然不排除家父的同意权，但家父的同意绝不是婚姻成立和解除的唯一要件，男女双方当事人的同意更为重要。合意，就是指在男女之间建立起一种持久而亲密的同居关系，并且共同生育和抚育子女的共同意思表达，用罗马法学家的话说，叫做"结婚意愿"或"婚意"。"至少从古典法时期开始，在符合前述的条件下，婚姻的基本构成要件是配偶间的合意"，保罗（Julius Paulus）在《论告示》中称"精神病患者不能结婚，因为婚姻需要同意的意思表示"。[2]保罗对精神病患者不能结婚的断定是基于其无意思自治的能力，无法表示合意。这也印证了尼古拉斯（Bary Nicolas）的观点"一切合法的婚姻均要求具备希望结婚的共同意愿表示"。[3]如果说古代法时期，在家父权的包办下，当事人的合意仅是补充要件的话，到了帝政以后，"子女的人格在法律上逐步得到确认，男女当事人的同意才成了婚姻成立的要件。任何人既不能被强迫缔结婚姻也不能被强迫重新恢复一个业已离异的婚姻。"[4]这种合意不仅仅限于起始的意愿，必须以某种行为加以表示，特别是在缔结"无夫权婚姻"中，如何判断合意的达成及婚姻的成立，这就涉及另一个条件"婚姻待遇"，即：配偶双方在各方面以夫妻名分相互对待，并且达到使婚姻关系在社会上得到承认的程度。这种待遇的标志就是女方改变其未婚的生活环境而移住于男家，即使男子作战经常不在家也承认双方存在合意而缔结了婚姻。因为婚姻不是基于男女交媾，而是基于结婚的合意而产生，婚姻效力一旦产生就有持续性，不可随意撤销。"合意"可以称得上古罗马结婚制度中最富有积极性的因素，正是由于合意种子的埋入，使其最终成为当事人意思自治的体现，使婚姻具有了契约上的效力，最终成了现代婚姻制度这棵参天大树的主干之一——当事人双方合意。1804 年的《法国民法典》第 146 条即规定"未经合意不得成立婚姻"。离婚

---

〔1〕 亦有称"无夫权婚姻"为"自由婚"，参见林秀雄：《夫妻财产制之研究》，中国政法大学出版社 2001 年版，第 25 页。

〔2〕 黄风：《罗马私法导论》，中国政法大学出版社 2003 年版，第 31 页。

〔3〕 ［英］巴里·尼古拉斯：《罗马法概论》，黄风译，法律出版社 2004 年版，第 86 页。

〔4〕 ［意］桑德罗·斯奇巴尼选编：《婚姻家庭和遗产继承》，费安玲译，中国政法大学出版社 2000 年版，第 49、45 页。

也是基于双方的合意，即合意离婚，强调的是双方的意思自治。离婚时考虑的首要因素是财产，特别是对于女方来说，离婚时是否能获得返还的嫁资往往起决定作用。[1]这与唐代的双方亲属相伤就会导致强制离婚的理念是截然不同的。

四、"义绝"与关系国家政治的婚姻

婚姻中一旦出现了义绝的情形，婚姻的和谐就遭到破坏，双方家族的矛盾升级必然危及国家政局的安定。国家以强制干预的方式，矫正破坏婚姻之义的义绝行为，是为了从更大范围内维护社会的整体和谐。故而，婚姻是关系国家之大事。

既然婚姻是家的起点，又是国家的重要关系成分，在婚姻伦理中孝和德是首先要提倡的。在家族制度下，一家之权，统于父祖。"子孙崇先报本，生养死祭，所谓孝业，故娶妻者，父母存，则奉侍舅姑，舅姑殁，则供祭祀"。[2]而完成祭祀，必须保证后继有人，婚姻的功能自然须传宗接代。《白虎通·嫁娶》篇云："人道所以有嫁娶何？……重人伦，广济嗣世。"到了唐时，又有"衣者蚕桑也，食者耕农也，男女者继祖之重也"。[3]当时有御史大夫上表曰："夫妇之道，王化所先，婚姻之礼，人伦攸尚，所以承绍家业，嗣继祖先，静而思之，安可不敬"。[4]为了家族时间上后继有人，空间上庞大兴盛，婚姻的稳定是保证。

这与两河流域的文化是不同的，虽然两河流域也属于农业文明，但到了汉穆拉比时，国家统一，加上地中海沿岸的有利地理位置，其商业已经相对繁荣，婚姻中更重契约。当然，这种契约并非西方意义上的个人意思自治的契约，而是父权、夫权之下的契约，宗法伦理与财产相比显然已屈居次要地位，因婚姻两族间的侵害行为而解除婚姻，这并不是汉穆拉比为代表的立法者所首要考虑的，而如何最大限度地防止女方家长因婚姻交易失败带来的损失，令男方及时赔偿，以实现对女方的救济则至为重要。

虽然中国的婚姻也有契约的因素，聘财婚也决定了婚姻的买卖性，但这与巴比伦的商业婚姻是截然不同的，如《汉穆拉比法典》第128条规定："取

---

[1] 有关罗马法上嫁资返还制度的变化，可以参见拙作"古罗马法中的嫁资返还制"，载范忠信、陈景良主编：《中西法律传统》（第5卷），中国政法大学出版社2006年版。

[2] 《礼记·昏义》。

[3] 《新唐书·李叔明传》。

[4] 《唐会要·贞观六年》。

妻而为缔结契约者"。在巴比伦，婚姻为一种庄重之商业交易，妻子就如同取得的商品一样，没有契约的缔结，就不具有合法性。与其他商业事项相同，婚姻契约亦应以完整的书面形式来表达。法典规定"子女之婚嫁为父母之责任。求婚者或求婚者之家属应以合意之金额给付女父，作为聘礼，此项金额当分期缴纳之。"可见聘财不仅必不可少，还可以采取分期付款的方式给予。一旦婚姻解体，夫有无限之离婚权，其唯一的条件仅为夫应予离婚之妻以某数额之金钱。在巴比伦婚姻中，财产是唯一考虑的因素，作为商品的女子，在商业行为中是没有任何地位的，亦不享有任何发言权。商业交易的主体是男子与女方的家长，整个交易行为由双方合意而达成。男子对于"取来的商品"使用时间的长短完全取决于自己的好恶，唯一的考虑是支付赔偿金。在他们看来，婚姻就是交易，取我喜爱之商品，如此直白。和巴比伦的婚姻相比，中国传统婚姻的买卖性、契约性质算作"小巫见大巫"，而身份伦理性更得以彰显。国家把婚姻伦理秩序的建构视为政治要务之一。

矜老传统与古今中国法制的伦理选择[*]

黄晓平^{**}

　　"矜老"原则或制度，是指古代中国法制中对老年人加以特别矜恤、宽宥、照顾的一系列规定或制度。本文所言的矜老传统，主要是指关于老年人犯罪刑事责任减免与行刑宽恤方面的制度和认知传统。

　　对老年罪犯适当宽宥，本是中国古代刑事法制的一项重要而悠久的传统。但在近 160 年的法制变革中，这一传统在刑事法制中经历了断裂到复苏的曲折历程。今天，重新探讨矜老传统，无疑具有十分重要的现实意义。主要原因之一在于，中国正快速进入老龄社会。[1]而随着老龄社会的来临，老年人比例的提高，以及现有养老保障滞后、贫富差距拉大等问题的存在，老年人犯罪率正因之明显上升。[2]所以，能否处理好老年人犯罪问题，关乎老年人合法权益的维护，关乎社会的和谐与稳定。探讨古代矜老传统和当代老年人犯罪问题，正是近些年来理论界的热点话题，相关成果从数量上看已经相当

---

　　* 本文系"法治中国化研究基金项目"课题《国家敬老养老矜老制度的法律完善问题》（编号：乙 A24）之阶段性成果。

　　** 杭州师范大学法学院讲师，法学博士，法治中国化研究中心研究员。

　　〔1〕 全国老龄办于 2006 年 2 月 23 日发布《中国人口老龄化发展趋势预测研究报告》。报告认为，21 世纪的中国将是一个不可逆转的老龄社会。到 2020 年，老年人口将达到 2.48 亿，老龄化水平将达到 17.17%，其中，80 岁及以上老年人口将达到 3067 万人，占老年人口的 12.37%。到 2050 年，老年人口总量将超过 4 亿，老龄化水平推进到 30% 以上，其中，80 岁及以上老年人口将达到 9448 万，占老年人口的 21.78%。

　　〔2〕 据《法制日报》2011 年 8 月 10 日报道，北京、江苏、山东三地老年人犯罪案均呈明显上升趋势。仅江苏省江阴市人民检察院 2011 年截至目前受理的老年人犯罪案就有 15 件 17 人，已超过 2010 年该院受案数的总和。

可观。[1]很多学者已经从多视角对矜老制度进行了研究，但他们对导致矜老制度或传统在近现代中国发生巨变之成因等并未进行深入探讨。而这正是研究矜老传统问题之要害所在。当代中国欲复兴中华民族的优秀法制传统，就不能不解答这一核心问题。

本文尝试从中国刑事法制之民族伦理传统变迁的视角，来考察自古至今矜老传统在中国刑事法制中传承、断裂和复苏的法理和伦理成因，并以此为线索简要梳理百年法律移植背景下中国刑事法制之变迁的伦理取舍线索，重点检讨这一变迁过程中的疏忽与不足。厘清了这些问题，将会有利于我们在未来法治建设中重新考虑"矜老"问题，以健全的法制传承和广大中华法系的矜老法律传统。

一、历代法制的矜老传统及其伦理成因

（一）历代法制中的矜老传统

自西周至明清，历代刑事立法皆有矜老规定。法律上的矜老传统源于西周，《周礼·秋官·大司寇》记载有"三赦之法"："一赦曰幼弱，二赦曰老耄，三赦曰蠢愚。"一般认为，这是中国刑法史上最早的矜老规定。《礼记·曲礼上》对此解释道："八十九十曰耄，七年曰悼。悼与耄，虽有罪不加刑焉。"可见，西周已确立了对老幼犯罪减轻或免除刑罚的原则。春秋战国时

---

〔1〕 由于上述原因，近些年来，对老年人犯罪相关问题的关注，已经成为我国刑事法制研究的一个热点。代表论文有陈永革、李缨的"老年人犯罪的刑罚问题刍议"[《西南民族大学学报》（社科版）2003 年第 12 期]；赵静的"从我国古代赦免制度谈老年人刑事责任"（《江苏警官学院学报》2004 年第 4 期）；王春林的"论中国古代法律中的矜老恤幼原则"（《广西青年干部学院学报》2006 年第 4 期）；丁旭的"老年人犯罪的预防及刑罚"[《西北工业大学学报》（社会科学版）2009 年第 1 期]；徐光华的"老年人犯罪立法的宽容度度衡"（《求索》2010 年第 2 期）；郭晓红的"老年犯罪从宽处罚论"（《法学杂志》2010 年第 10 期）；赵秉志、袁彬的"论特殊群体从宽制度的完善——以《中华人民共和国刑法修正案（八）（草案）》为视角"（《法学杂志》2010 年第 12 期）；张先昌、刘新媛的"中国传统法中老龄犯罪宽宥的考察"（《法学》2011 年第 11 期），等等。这些研究不仅回顾了我国古代刑事法制中的矜老传统，而且从法理视角论证了当代对老年犯罪从宽从轻处罚的必要性和合理性。他们认为，从刑事责任能力来看，老年人刑事责任能力随着年龄逐渐衰退，这意味着出于对弱者人权保障需要，有必要对老年人犯罪的刑事责任适当从宽从轻，这也符合法治精神；从犯罪社会危害性来看，老年人犯罪一般社会危害小、重犯律低，适当从宽符合罪刑相应的刑法原则；从刑罚改造效果来看，老年人，尤其高龄者，由于生命有限，对其依照正常人进行刑事处罚，大多失去了改造的意义；从刑事司法成本来看，老年人犯罪适当从宽有助于节约国家司法成本，提高刑罚的经济性。这些研究言之有理有据，甚至可以说，这些研究对推动《刑法修正案（八）》重新纳入"矜老"规定，功不可没。

期，亦有类似规定，如《管子》记载当时："老弱务刑，参宥而后弊（判）。"
两汉法制亦同样矜免老年罪犯，[1]西汉宣帝曾下诏曰："朕念夫耆老之人，发
齿堕落，血气既衰，亦无暴逆之心，今或罹于文法，执于囹圄，不得终其年
命，朕甚怜之。自今以来，诸年八十非诬告、杀伤人，它皆勿坐。"[2]东汉光
武帝亦曾下诏："凡八十以上，十岁以下者，不加拘禁。"[3]这个传统历代传
承，至隋唐之时，矜老规定趋于完备，《唐律·名例律》规定："诸年七十以
上、十五以下及废疾，犯流罪以下，收赎。八十以上、十岁以下及笃疾，犯
反、逆、杀人应死者，上请；盗及伤人者，亦收赎；余皆不论。九十以上，
七岁以下，虽死罪不加刑；即有人教令，坐其教令者。若有赃应备，受赃者
备之。诸犯罪时虽未老、疾，而事发时老、疾者，依老、疾论。若在徒年限
内老、疾，亦如是。"[4]所谓"收赎"，即古代法律规定，凡老幼、废疾、笃
疾、妇人犯徒流等刑者，准其以银赎罪，谓之收赎。《唐律》对刑事责任年龄
作了细致的阶段划分，这种完备规定标志着矜老传统在古代刑事法制中的正
式形成。自此直至明清，各朝刑律的相关规定基本相同。由上可知，"矜老"
一直都是古代中国刑事立法的重要传统之一。

不仅立法如此，"矜老"同样是古代刑事司法的重要传统之一。在涉及老
年人的刑案审判中，司法官基本上严格依照矜老律条定谳。虽然现存的古代
判例判牍中涉及老龄犯罪的刑案十分鲜见，增加了我们从司法角度考察矜老
传统的难度。但通过耙梳史料，我在《清嘉庆朝刑科题本》[5]中发现了十余
件老年人犯罪的案例，这为从司法视角考察矜老传统提供了可能。由于历代
皆有成文律典，中国传统法因此具有一定的罪行法定主义的风格。但传统司
法讲究情理法的平衡，有时还有类推和比附，这使得司法判决常又具有一定
的不确定性。有学者认为，"中国自古以来的法定主义本身也不一定是那种严
格意义上的法定主义。"[6]这种司法特色是否亦会体现在老年犯罪的审判之中

---

〔1〕《历代刑法志》，群众出版社 1988 年版，第 22 页。

〔2〕《历代刑法志》，群众出版社 1988 年版，第 22 页。

〔3〕《后汉书·光武帝纪》。

〔4〕《唐律疏议》，刘俊文点校，中华书局 1983 年版，第 80～85 页。

〔5〕 题本，为明清时期臣工向皇帝报告政务的主要文书之一。在清朝，题本一般只限于高级文
武官员使用，如清代的总督、巡抚、将军、都统及各部院尚书、侍郎等，少数负有言责的科道官亦可
具题谏言。清末由于奏折普遍使用，鉴于题本繁复迟缓，遂于光绪二十七年废止。刑科题本，即是清
代全国各省及京师就人命案件向中央刑部、皇帝请示判处的详细案情报告。

〔6〕 ［日］仁井田陞：《中国法制史》，牟发松译，上海古籍出版社 2011 年版，第 58 页。

呢？通过检索《刑科题本》，我发现，在所见十余件老年人犯罪案件中，清代司法官均严格依法判决。如"直隶南乐县民郭三听从父亲喝令殴伤大功堂兄郭短脖身死案"，最终判决为："郭子宁系郭短脖期亲服伯，合依伯叔殴杀侄者，杖一百徒三年律，拟杖一百徒三年，年逾七旬，照律收赎。"[1]又如"浙江泰顺县民胡期旦致伤胞弟胡期位身死及胡陈氏自缢死案"，最终判决为："胡期位系胡期旦胞弟，胡期旦合依殴期亲弟至死者，照本律满徒加一等例，杖一百流二千里。该犯年逾七旬，照例收赎。"[2]而在"奉天铁岭县孙学魁被外乡人张均殴伤身死案"[3]中嫌犯张均，"河南嵩县二龙庙道人赵仁秀因争寺产打死孙义贵案"[4]中嫌犯赵仁秀，二人虽皆年过七旬，因被判处死刑（绞监候）而未能受到宽宥。因为与《唐律》一样，《大清律例》亦规定："凡年七十以上、十五以下及废疾，犯流罪以下，收赎。"[5]年龄在七十至八十之间的老者犯流罪以下可以收赎，但犯死罪则不得宽免。

在严格依法之外，司法官偶尔也会根据具体情况作出灵活处理。在极少数特定情况下，即便对符合律典所规定的矜免条件的老年罪犯，亦并不矜免。同样在清代，也有对年虽七十智虑未衰的老年罪犯不准收赎的案例。《刑案汇览》记载有，乾隆年间地方督抚向中央咨询这种老年案件如何处理的情形："贵抚咨：许朝升教唆词讼，拟流，年已七十，可否收赎，请示一稿。奉谕令查有无办过似此之案，并应否收赎，核准回覆。遵查年老之人律准收赎者，原因其精力已衰，不致复犯，故特曲加原宥，以示矜全。至以毫不干己之事教唆诬告，其年虽老，智虑未衰，若亦准予收赎，幸免治罪，仍得扰累乡愚，似非所以儆刁健而息讼端也。检查各司虽无办过此等成案，而军流情重之犯，声明年老不准收赎者，亦所时有此例，既据该抚声称该犯情罪较重，似应不准收赎。乾隆五十七年说帖。"[6]这个案子的最终处理结果，很可能是对许朝升并未给予宽宥。这种个案，亦可视为矜老制度在司法适用中的一种必要的

〔1〕杜家骥主编：《清嘉庆朝刑科题本社会史料辑刊》（第1册），天津古籍出版社2008年版，第213～214页。

〔2〕杜家骥主编：《清嘉庆朝刑科题本社会史料辑刊》（第1册），天津古籍出版社2008年版，第276～277页。

〔3〕杜家骥主编：《清嘉庆朝刑科题本社会史料辑刊》（第1册），天津古籍出版社2008年版，第902～903页。

〔4〕杜家骥主编：《清嘉庆朝刑科题本社会史料辑刊》（第1册），天津古籍出版社2008年版，第1124～1125页。

〔5〕马建石、杨育棠主编：《大清律例通考校注》，中国政法大学出版社1992年版，第264页。

〔6〕（清）祝庆祺等编：《刑案汇览三编》（一），北京古籍出版社2004年版，第120页。

变通适用法律或自由裁量，也是矜老传统的有机体现。

（二）矜老传统的伦理成因

矜老传统基于西周的"明德慎罚"，春秋战国的"重德轻刑"，以及西汉以降的"德主刑辅"这样的主流法制理念。汉宣帝曾言："汉家自有制度，本以霸王道杂之，奈何纯任德教，用周政乎？"[1]他道出了古代中国统治术或治国方略的实质，即讲究王道霸道兼用，具体体现为"阳儒阴法"或曰"外儒内法"，表现在法制精神上就是"德主刑辅"。一般而言，儒家尊崇人伦、道德，重仁政、教化；法家则以法为教，重视赏善罚恶、以刑去刑。这导致古代中国刑事法制的特色是，"以慎刑思想为表、以重刑思想为里"。[2]在所犯为反逆等"十恶"危及君主统治之重罪时，不仅不能矜免，还要大肆株连和杀戮，但同时律典为了彰显君主的仁政和王道，又不得不表现出温情、人道的一面，对老、幼、残等特殊群体给予一定的宽宥。对老者的法律优待或宽宥，所维系的正是宗法伦理。

这根源于古代中国"家国一体"的治国模式。宗法伦理是治家，亦是治国的基本准绳，尊老敬老、维护老者的权威，则是宗法伦理的核心内容之一。刑律自然要特别保护这种人伦纲常。比如，为了保证老者的赡养和生存的实际需要，就有了诸如"存留养亲"、"禁止别籍异财"等规定；为了维护老者的权威，亲属间尊卑相侵之时，一般而言，根据服制关系远近，尊长侵害卑幼，相应减轻处罚，相反则加重处罚。这种法制对老者赡养、地位、权威等多方面的特殊保护和尊重，延伸下去，自然就会对犯罪老者，也给予一定的特殊优待和照顾。"中国传统社会的尊老、敬老、养老政策，直接促成了老龄犯罪减免刑罚条款的入律，反映了封建法律人性化和人道主义的一个侧面。"[3]对老者的特殊优待和照顾，让古代中国刑事法制充溢着伦理精神，简直可以称之为伦理刑法。

古代中国刑事法制之伦理精神的逐步张扬，其实伴随着所谓的"法律儒家化"过程。一般认为，古代中国法律（尤其是刑律）儒家化，"始于魏、晋，成于北魏、北齐，隋、唐采用后便成为中国法律的正统。"[4]但若就司法而言，在汉代业已肇端，"春秋决狱"即是儒家伦理渗透司法的典型体现。

---

〔1〕《汉书·元帝纪》。

〔2〕 孟祥沛：《中国传统行刑文化研究》，法律出版社 2009 年版，第 13 页。

〔3〕 张先昌、刘新媛："中国传统法中老龄犯罪宽宥的考察"，载《法学》2011 年第 11 期。

〔4〕 瞿同祖：《中国法律与中国社会》，中华书局 1981 年版，第 346 页。

《汉书·刑法志》记载，（景帝）三年下诏曰："高年老长，人所尊敬也；鳏、寡不属逮者，人所哀怜也。其著令：年八十以上，八岁以下，及孕者未乳，师、朱儒当鞠系者，颂系之。"犯罪不加刑具，这是矜老伦理精神在司法中的体现。一定程度而言，"法律儒家化"的过程，其实就是"法律伦理化"的过程。唐代是法律儒家化的完成之时，因此，《唐律》也正是对矜老规定最完备的律典。简言之，矜老传统的形成，乃至历代传承，是古代中国法律儒家化、伦理化的主要产物之一。

二、矜老传统的近代法制传承及其伦理认知背景

（一）矜老传统在近代中国法制中的遗存

先看在清末刑事法制中的遗存。1910 年 5 月，沈家本根据《大清律例》删改而成的《大清现行刑律》正式颁行，其《名例》保留了古代刑律之"老小废疾收赎"条款，并且其两"条例"规定：每年秋审人犯，现在年逾七十，经复核拟以可矜，蒙恩宥免减流者，俱准其收赎；凡年七十以上、十五以下及废疾，犯流罪以下者，准其收赎一次，详记档案。若收赎之后，复行犯罪，除因人连累、过误入罪者，仍准其照例收赎外，如系有心再犯，即各照应得罪名，按律治罪，不准再行收赎。[1]这体现了沈家本反对重刑苛法，主张刑罚轻缓的人道主义倾向。[2]1911 年颁布的《大清新刑律》第 50 条规定："未满十六岁人或满八十岁人犯罪者，得减本刑一等或二等。"[3]矜老规定趋于简化，符合近代各国刑法一般趋势。[4]

再看在民国刑事法制中的遗存。1912 年 4 月颁行的《暂行新刑律》，是

---

〔1〕 怀效锋主编：《清末法制变革史料》（下卷），中国政法大学出版社 2010 年版，第 285 页。

〔2〕 参见高绍先：《中国刑法史精要》，法律出版社 2001 年版，第 119 页。

〔3〕 怀效锋主编：《清末法制变革史料》（下卷），中国政法大学出版社 2010 年版，第 473 页。

〔4〕 这些对老年和未成年人的优待规定，是晚清修律者经过对本国传统刑律矜老恤幼沿革，以及对外国诸多刑事法典考察后而制定的，尤其是对未成年人，在《大清新刑律草案》中列明的立法理由是："本条系规定凡未满十六岁之行为，不问大小、轻重，均无刑事上之一切责任。罪之成否，以年岁为标准。在中国刑律，原分十五以下、十岁以下、七岁以下三项矜恤之例，各国亦皆有幼者无罪或减轻之规定，惟此制尚有四种区别也。"为此，草案罗列了俄罗斯、葡萄牙、罗马尼亚、西班牙、奥地利、丹麦、日本等十个国家的刑法对刑事责任年龄的相关规定。参见怀效锋主编：《清末法制变革史料》（下卷），中国政法大学出版社 2010 年版，第 77 页。只是遗憾的是，晚清修律者，似乎并未详细考察国外刑事法典对老年犯罪的相关规定，据此，我们可以认为，《大清新刑律》依然保留了矜老规定，这主要还是一种本民族传统的遗存现象，但就法条形式而言，显然受了近代国外刑律的影响，因为相比传统律典，规定比较简省。

北洋政府成立之初，对《大清新刑律》稍加删改而制定的刑事法规，一如原律，对矜老规定依然保留。其第 50 条："喑哑人或未满 16 岁人或满 80 岁人犯罪者，得减本刑一等或二等。"[1] 1928 年 9 月施行的《中华民国刑法》第 30 条规定："满 80 岁人之行为得减轻本刑1/2。"[2] 1935 年 4 月公布的《中华民国刑法施行法》第 5 条规定："刑法施行前未满 18 岁人或满 80 岁人犯罪经裁判确定处死刑或无期徒刑者，应报由司法行政最高官署呈请司法院提请国民政府减刑。"[3] 1935 年 7 月施行的《中华民国刑法》第 18 条规定："满 80 岁人之行为，得减轻其刑。"第 63 条规定："满 80 岁人犯罪者，不得处死刑或无期徒刑。本刑为死刑或无期徒刑者，减轻其刑。"[4]台湾地区刑法至今仍保持着这个法制传统。[5]

最后看在工农革命法制中的遗存。在新民主主义革命时期，革命根据地政权所颁行的一些刑事法规也有老年人犯罪从轻处罚的内容。如第二次国内革命战争时期（1931 年）颁行的《赣东北特区苏维埃暂行刑律》第 29 条规定："喑哑人或未满 12 岁或满 80 岁人犯罪者，得减本刑一等或二等。"[6]抗日战争时，1939 年《陕甘宁边区抗战时期惩治汉奸条例（草案）》第 10 条规定："犯第 3 条各款之罪，年龄在 14 岁以下 80 岁以上者得减刑或免除其刑。"[7]同年《陕甘宁边区抗战时期惩治盗匪条例（草案）》第 9 条规定："犯第 2 条各款之罪，年龄在 14 以下 80 岁以上者得减刑。"[8]可见，近代工农革命法制同样延续了矜老传统。

（二）矜老传统近代遗存的伦理认知背景

中国传统伦理在近代中国法制变革中依然有着重要影响，这是矜老传统

[1]《中华民国暂行刑律释义》，上海商务印书馆 1913 年版。
[2] 蔡鸿源主编：《民国法规集成》（第 65 册），黄山书社 1999 年版，第 260 页。
[3] 蔡鸿源主编：《民国法规集成》（第 65 册），黄山书社 1999 年版，第 258 页。
[4] 蔡鸿源主编：《民国法规集成》（第 65 册），黄山书社 1999 年版，第 240、242 页。
[5] 现行《台湾刑法》（2002 年修正）第二章"刑事责任"第 18 条规定："满 80 岁人之行为，得减轻其刑。"第八章"刑之酌科及加减"第 63 条规定："未满 18 岁人或满 80 岁人犯罪者，不得处死刑或无期徒刑，本刑为死刑或无期徒刑者，减轻其刑。"
[6] 韩延龙、常兆儒主编：《中国新民主主义革命时期根据地法制文献选编》，中国社会科学出版社 1981 年版，第 36 页。
[7] 韩延龙、常兆儒主编：《中国新民主主义革命时期根据地法制文献选编》，中国社会科学出版社 1981 年版，第 57 页。
[8] 韩延龙、常兆儒主编：《中国新民主主义革命时期根据地法制文献选编》，中国社会科学出版社 1981 年版，第 59 页。

在近代遗存的社会基础。

近代世界刑法变革的总体趋势之一是刑法与伦理道德分离；近代中国的大规模法律移植也深受这种趋势的影响。主要表现为，在制定新法律的过程中，人们有意对传统法制的伦理道德内容逐步加以剔除。但是，由于历史惯性的推动，社会意识的滞后，不少国人，包括法制变革的参与者，依然有着不同程度的传统伦理观念。在清末修律中，出现的"礼法之争"，即是以沈家本为首的法理派与劳乃宣为首的礼教派，围绕《大清新刑律》是否应当适度保留固有伦理纲常而展开的论争，诸如"干名犯义"条存废、"存留养亲"存废、子孙卑幼能否对尊长行使正当防卫等伦理问题。论争的结果，是妥协，法部在新刑律后加上了五条《附则》，称《暂行章程》。《暂行章程》规定：无夫妇女通奸有罪；对尊亲有犯不得适用正当防卫；加重卑幼对尊长、妻对夫杀伤罪的刑罚，减轻尊长对卑幼、夫对妻杀伤等罪的刑罚等。[1]从上述伦常争议之立法背景来看，《大清新刑律》对于矜老这样的伦理条文予以部分保留，的确在情理之中。何况，矜老所优待的老者，其实也是弱者，其辨控能力随着年龄逐渐衰退，对老年罪犯适当优待与近代保障人权、尊重人道的刑法精神实有暗合之处，换言之，矜老伦理并不抵触近代刑法精神。由于多少经受了近代刑法精神的影响，在新刑律中保留矜老规定，争论双方都不会有太大异议。这种法律与伦理分离不彻底的状况，正是矜老传统在清末法制中得以保留的重要成因。

民国初期，传统伦理精神对法制的影响虽总体在削弱，但同样不可低估。甚至在袁世凯统治时期，还出现了加重现象，这是矜老传统继续存在的重要原因。1914年袁世凯阴谋复辟帝制，为了以重典威慑人民而隆礼重刑，颁布《暂行新刑律补充条例》15条，不仅恢复了清末《暂行章程》中的部分内容，而且增加了部分新伦理条款。前者如第1条规定，对尊亲属不适用正当防卫；第6条规定，和奸无夫妇女处刑等。后者如第8条规定，尊亲属致卑亲属轻微伤，可免除其刑；第11条规定，享有亲权之父母，有权请求法院对其子女施以六月以下监禁。[2]南京国民政府时期，1928年《中华民国刑法》、1935年《中华民国刑法》，虽然大量吸收了符合现代法律精神的诸多原则和观念，大幅废除了旧刑法中受传统伦理影响的内容，比如废除了依亲等疏近确定惩

---

〔1〕 参见曾宪义主编：《中国法制史》，北京大学出版社、高等教育出版社2009年版，第254～257页。

〔2〕 蔡鸿源主编：《民国法规集成》（第65册），黄山书社1999年版，第264、265页。

罚程度的旧原则，确立了在刑事惩罚方面一律平等，但仍然保留了不少传统伦理规定，如第 162、167 条保留了古代亲属间的"容隐"制度。[1]按此理，在民国刑法之中，具有一定时代价值的矜老伦理条款得以继续遗存，实属自然而然。

晚清以来的法制变革，由于大规模采纳西方法理和移植西方法制，新法律中的民族伦理传统或精神因之大大削弱。不过，传统伦理依然有部分得以保留下来，这是矜老传统遗存的重要原因。与古代刑律的矜老规定相比，近代刑事立法之相关内容已经大大简化，这与法制的伦理精神已经削弱相适应，本文将之称为"遗存"正是基于这个缘由。

三、矜老传统在新中国法制中断裂的伦理认知原因

（一）矜老传统的断裂

在 1949 年至 2010 年期间，我国大陆刑事立法一直缺少矜老内容。大陆刑法、刑诉法（含草案）和单行刑事文件，一般只有对未成年人犯罪从轻处罚的规定，如 1950 年中央人民政府法制委员会起草的《中华人民共和国刑法大纲草案》第 11 条规定："犯罪人未满 14 岁者，不处罚；14 岁以上未满 18 岁者，得从轻处罚。"[2]但对老年犯罪，未有任何刑罚减免规定，也无任何刑事程序上的优待规定。后来的 1979 年刑法、1997 年刑法均未改变这个状况。这意味着，一直延续了几千年的矜老传统在中国现代刑事法制中有将近 60 余年处于断裂状态。

需要说明的是，自新中国成立以来，有几部法规就服刑中的老年罪犯优待问题作了一些规定。如 1954 年《中华人民共和国劳动改造条例》第 60 条规定："年龄在 55 岁以上，已失去对社会危害可能的，可以准许取保监外执行。"1982 年 2 月公安部发布的《监狱、劳改队管教工作细则》第 18 条规定，服刑改造期间的罪犯，年龄在 60 岁以上，身体有病，已失去危害社会可能的，除判处死刑缓期两年执行期间，以及民愤很大的以外，都可以准许监外执行刑罚。这些零星的规定，虽然局部体现了中国传统法制的"矜老"用意，但毕竟仅仅是在刑罚执行环节以便利执行为主要宗旨的规定，不妨碍我们关于新中国矜老传统已经发生断裂的一般判断。

---

〔1〕 蔡鸿源主编：《民国法规集成》（第 65 册），黄山书社 1999 年版，第 247 页。
〔2〕 高铭暄、赵秉志主编：《新中国刑法立法文献资料总览》，中国人民公安大学出版社 1998 年版，第 139 页。

（二）传统断裂与阶级斗争理念

矜老传统断裂与建国前后废除国民党"伪法统"、"六法全书"，施行"一边倒"外交政策，并推行法制苏俄化密切相关。

苏联刑事法制的显著特征，就是特别强调刑法的阶级性，认为刑法任务在于保护国家组织，以刑罚手段排除一切触犯统治阶级利益及其特有社会秩序的犯罪行为。很显然，在这种刑事法制中很难有对老年罪犯的宽宥对待。与其他部门法一样，新中国的刑事法制（立法与司法）也是在彻底否定旧法统，抛弃民国时期形成的大陆法系刑法模式，转而接受苏联的刑法理论，并借鉴苏联刑事立法经验的基础上开始起步的，如 1950 年《苏联刑法典总则（草案）》第 1 条规定："苏联刑事立法所负有的任务为保卫工农的社会主义国家，公民的人身和权利及社会主义法律秩序以防止犯罪的侵害，而对于实施犯罪侵害之人适用本法典所定的刑罚。"[1]直至 20 世纪 80 年代，苏联刑法教科书依然认为："刑法是同私有制、社会划分为阶级和国家一起产生的。刑法从它产生的第一天起就是统治阶级用来镇压被剥削者反抗的工具。"[2]在这刑法思想之下，苏联刑事法一直均未有对老年犯罪的宽宥规定，例如 1922 年苏联刑事诉讼法和 1926 年苏联刑法典，二者相配套一直实施到 1960 年，除了对未成年人犯罪有所优待外，并未有针对老年犯罪的特殊规定。[3]受之影响，我国 1950 年《中华人民共和国刑法大纲草案》第 1 条规定："中华人民共和国刑事立法的目的为保卫人民民主主义的国家，人民的人身和其他权利及人民民主主义的法律秩序，防止犯罪的侵害，对于世纪侵害之人适用本大纲所规定的刑罚或其他处分。"[4]刑法的阶级性，一目了然。受苏联刑事法制的直接影响，以及出于建国初期稳定政权的现实考虑，人们很难再将矜老传统纳入刑事立法。

苏联的刑事司法制度对新中国影响同样巨大，诸如在公审公判制度、人民陪审制度、镇压反革命的重刑观念等方面，皆留下了苏联法制的浓重痕迹。

---

[1] 转引自何勤华、李秀清主编：《外国法与中国法——20 世纪中国移植外国法反思》，中国政法大学出版社 2003 年版，第 433 页。

[2] ［苏］Н. А. 别利亚耶夫、М. И. 科瓦廖夫主编：《苏维埃刑法总论》，马改秀、张广贤译，群众出版社 1987 年版，第 1 页。

[3] 1926 年苏联刑法第 16 条对未成年人犯罪有相应优待规定，参见《苏俄新法典》，顾树森编译，中华书局 1928 年印行，第六编"苏俄刑法"。

[4] 高铭暄、赵秉志主编：《新中国刑法立法文献资料总览》，中国人民公安大学出版社 1998 年版，第 137 页。

尤其是重刑观念（正好契合了古代中国长盛不衰的重刑传统），对带有慎刑色彩的矜老传统的消灭起了直接作用。俄国十月革命之后，出于巩固新生的社会主义政权的需要，对外部敌人的破坏和内部人员的贪污渎职行为，均采取了重刑镇压的手段。新中国建立初期，所谓的"阶级斗争"形势也十分严峻，以刑罚镇压反革命和打击敌对势力的指导思想，遂同样成为主流刑法思想。[1]这种重刑观念首先体现在建国初在全国范围内开展的镇反运动之中，而且随着把人民内部矛盾视同"阶级矛盾"，阶级斗争扩大化和法治虚无主义盛行，这种重刑观念在"反右运动"和文化大革命中愈演愈烈，在文争武斗之中，对人性、人道、伦理已然全然不顾，像矜老这样具有伦理内涵和慎刑精神的法制传统当然没有了立足之地。

可以讲，建国以来大陆刑事法制苏联化的严重后果之一，就是过于重视刑事法的阶级镇压功能，并且在建国以来接踵而至的政治运动推动下，人们有意或无意地抛弃了刑事法本应有的基本人伦精神和民族伦理传统，这是矜老传统在现代中国刑事法制中半个多世纪处于断裂状态的主要成因。

四、矜老传统的当代复苏及其历史背景

（一）矜老传统的当代复苏

改革开放以来，随着人伦精神、人权观念、法治主张的逐渐兴起，矜老传统才开始受到关注，并出现了司法先行、立法滞后的状况。

其中开现代中国刑事司法矜老先河的案例是 2002 年 87 岁韦有德故意杀人案。在此案的审理过程中，湖南省高院最终考虑到韦有德年事已高，将死刑改判为死缓。这在我国司法实践中可谓一个不小的进步，并开创了矜老的先例，时人认为该判决体现了中华民族尊老敬老的传统美德。[2]

矜老传统在刑事立法中复苏的真正拐点是《刑法修正案（八）》的颁布。2011 年 5 月 1 日正式实施的该修正案涉及矜老的共有三项：①在刑法第 17 条后增加一条，作为第 17 条之一："已满 75 周岁的人故意犯罪的，可以从轻或者减轻处罚；过失犯罪的，应当从轻或者减轻处罚。"②在刑法第 49 条中增加一款作为第 2 款："审判的时候已满 75 周岁的人，不适用死刑；但以特别

---

〔1〕 何勤华、李秀清主编：《外国法与中国法——20 世纪中国移植外国法反思》，中国政法大学出版社 2003 年版，第 521、522 页。

〔2〕 参见"湖南高龄老人杀邻居获死刑 省高院终审改判死缓"，载新浪网，http：//news.si-na.com.cn/s/2004 - 02 - 20/02322907552.shtml，访问时间：2011 年 11 月 18 日。

残忍手段致人死亡的除外。"③将刑法第 72 条修改为："对于被判处拘役、3 年以下有期徒刑的犯罪分子，同时符合下列条件的，可以宣告缓刑；对其中不满 18 周岁的人、怀孕的妇女和已满 75 周岁的人，应当宣告缓刑：犯罪情节较轻；有悔罪表现；没有再犯罪的危险；宣告缓刑对所居住社区没有重大不良影响。"本文之所以将之称为矜老传统的"复苏"，既是因为这是断裂传统的恢复，也是因为与清末民国时期的法制相比，《刑法修正案（八）》对老年犯罪的宽宥规定，条款内容相对较多。就这点而言，似乎在向民族悠久传统靠近。

（二）当代复苏的历史背景

矜老传统在当代刑事法制中之所以能够复苏，是对当代中国社会日益老龄化现实的积极回应，也是顺应现代世界刑法发展之伦理回归的趋势。世界刑法之伦理精神回归的主要体现之一，就是越来越多国家的现当代刑事法对老年犯罪刑事责任实行适当减免，如现行《法国刑事诉讼法典》、《墨西哥刑法》、《俄罗斯联邦刑法典》、《日本刑事诉讼法》、《西班牙刑法典》等法典皆有减免内容。《西班牙刑法典》第 92 条规定："虽然不符合前条（假释）规定，但如果服刑人年满 70 岁或者在服刑期间将满 70 岁，并符合除已服完 3/4 或者 2/3 之刑罚以外的各项规定的，可以予以假释。"[1]这种伦理回归，无疑是对近代刑法与伦理分离现象的一种矫正和修补。刑法与伦理在古代世界相互混合，在近代出现急剧分离；但随着社会发展，现当代刑法与伦理又开始重新融合。之所以如此，是因为刑法本来无法疏离伦理，因为刑法是最富伦理性的法律，"刑法在公法体系中最富伦理性格"[2]，"刑法所保护之对象为公序良俗，无处不与国民道德及伦理观念密切相关。"[3]而且，伦理既是刑事法律最重要的价值追求之一，也是最主要的运用准据之一，"国家刑罚权系直接以社会伦理价值观念为运用之准据，……国家赖此始可彰是非之公，匡正人民生活而维正义。"[4]因此，在刑法立法和司法中，应注重法、理、情的和谐统一，尽量避免刑法与社会通行的伦理规范的过度相悖离。对耄耋老者，如同对待一般罪犯施之同等刑罚，就是与我们民族尊老敬老传统伦理相悖离的行为。

---

[1] 《西班牙刑法典》，潘灯译，中国政法大学出版社 2004 年版，第 37 页。

[2] 韩忠谟：《刑法原理》，北京大学出版社 2009 年版，第 8 页。

[3] 韩忠谟：《刑法原理》，北京大学出版社 2009 年版，第 57 页。

[4] 韩忠谟：《刑法原理》，北京大学出版社 2009 年版，第 8 页。

另外，世界刑法之伦理回归现象，正顺应了世界刑罚轻缓化潮流。"20世纪以来，围绕如何更加有效地保障人权，世界上很多国家和地区都进行了大规模的刑法改革。"[1]改革的重要内容，就是实行刑罚的轻缓化。"只有实施人道主义的轻缓宽和的刑罚，公众对刑法才没有疏远和敬畏；只有在这种社会普遍的刑法情感氛围中，刑法最终才能找到其自身正当性与合理性的真正基础与根源；也只有在这个基础和根源当中，刑法才能获得真正的、有普遍社会感召力的神圣性。"[2]矜老传统本身即具有轻刑的意旨，具有人道、人性的内涵，今天恢复这个传统实属必然。

总体说来，中国大陆百年刑法近现代化过程，实即"去伦理化"过程，这个过程既是顺应近代世界刑法与伦理分离的大趋势使然，也是有意剔除传统法制中诸多有悖近代法理之伦理条款使然。可惜矫枉过正，一些优秀的、基本的民族伦理规范也被消除了，以致在当代中国法制中尚有诸多违背民族基本伦理传统的内容，比如当前刑法之通奸罪的缺失、刑诉法之尚未纳入亲属拒绝作证权（"容隐"）等，但"刑法的诞生、发展历程，向我们昭示了'刑法不得违背伦理'这一绝对法则"[3]。对此，当代中国人实有反思与矫正的必要。矜老传统在刑事法制中的复苏，可以视作反思与矫正的肇端。

五、矜老传统回归的特别意义与使命

《刑法修正案（八）》已经开启了刑法之民族伦理传统回归的序幕。对当代中国法制、中国社会而言，矜老伦理传统回归，有着特别的现实意义与使命。

（一）有助于凭依刑事法制来保障老者合法权益、塑造良风美俗

矜老有助于保障人权，彰显人道，塑造良俗。老年人犯罪大致可分为三种情形：情有可原、法有可恕；情有可原、法无可恕；罪不容诛、法无可恕。对前两者给予优待，人们不会存有异议。对第三者，或许有人会持反对意见。当前有个热议的话题，就是因老人跌倒在地，有人前去扶助而被讹上的例子屡屡发生，于是人们对该不该扶议论纷纷。换个角度看，我们之所以热议，原因在于绝大多数人还是有一颗同情弱者的善良之心，具有起码的人道精神，以及尊重长者的人伦情怀，不然大可坦然置之不理。因此，对违法犯罪的高

---

[1] 《芬兰刑法典》，肖怡译，北京大学出版社 2005 年版，"译序"，第 12 页。
[2] 《芬兰刑法典》，肖怡译，北京大学出版社 2005 年版，"译序"，第 12、13 页。
[3] 张武举：《刑法的伦理基础》，法律出版社 2008 年版，"内容提要"，第 7 页。

龄老人，我们是不是也应该这样呢？因为这些犯罪者何尝不是另一种"跌倒"或"失足"的老人？即使面对那些情非可原、罪大恶极、法不可恕的老年犯罪者，或许我们不必在刑种、刑期上给予优待，但在审理、刑罚执行等过程中还是应当给予适当的人道对待。因为，作为非正常的犯罪个体，可以无情无义，残忍下流，但作为正常、健康和理性的社会，理应保持适当的人道精神。假若人们能对犯法犯罪的老人都还能予以适当的尊重和同情，那么我们对一般老人则更加会去尊重之、善待之，有利于整个社会形成养老、敬老、矜老的"老吾老以及人之老"良风美俗。

（二）有助于加强和提升我国刑事法制的社会管理功能

刑事法制崇尚"矜老"精神，有助于加强当前中央所推行的社会管理的效率与作用。其实，不管是维稳，抑或社会管理，其核心都应当是正义得到伸张、公平得到体现、人权得到保障、人伦得到尊重。因为，对老年罪犯及其家属而言，尽管自己或自己家长者犯了罪，但还能受到一定的人道对待，他们一定会对我们的法制、对立法和司法、对国家和社会充满信心。这无疑既有助于罪犯自身改造，也有助于家属协助国家机关改造老年罪犯。反之，对这些古稀之年的老年罪犯，有的甚至身患多种疾病，如同青壮年罪犯一样对待，让人情何以堪！对年迈老人粗暴对待，施以严刑峻罚，不仅不会让公众信服，而且还可能激起公愤，甚至引发更多的社会犯罪问题，以至于影响社会稳定，不利于加强社会管理。著名刑法学者高铭暄教授即认为，刑事法治需要对加强和创新社会管理的要求做出回应，其中一个重要就是，"赋予刚性的刑事法治以强烈的人文关怀，可以强化公众对刑法规范的亲近感和认同感，奠定公众对刑法规范的内心忠诚而非心理恐惧，从而保证现代刑事法治在社会管理中发挥应有功效。例如对未成年人犯罪的从宽和对老年人犯罪的从宽政策，对精神病人、盲人、聋哑人和妇女的特殊保护。"[1]对这些特殊犯罪群体给予一定的优待，本是中国既有的优秀伦理、法制传统，这些传统的复兴、重振与创新，一定有助于增强当代刑事法制的社会管理功能。

（三）有助于加强和提升刑事法制的民族基因与实施效果

具有本民族优秀伦理传统的刑事法制是具有"民族基因"的刑事法制，这样的法制一般而言，会具有较好的社会适应性和实施效果。"只有以维护社会正义为价值取向，以常识、常理、常情为刑法立法、刑事司法的指导思想，

---

〔1〕　参见高铭暄："刑法如何为社会管理创新护航"，西北刑事法律网，http://xbxsf.nwupl.cn/cdsy/xsf6/201112/3056.html，访问时间：2011年12月8日。

才能赋予表面上充满刚性的刑法以丰富的道德温情，强化社会公众对刑法规范的亲近感和认同感，使人们对刑法的遵守建立在对规范的忠诚上，而不是建立在对刑罚的畏惧或者对刑法的厌恶情绪之上。"〔1〕借助本民族的伦理文化传统，适当充实刑法的伦理基础，有助于增强当代中国刑法的认同感，减少百年法律移植以来刑法对本土的不适和人民对之的陌生与疏离。这是"法制本土化/中国化"的题中之义。这种"本土化/中国化"的刑事法制，将具有自己的民族特色、民族基因，具有宽和、人道和谦抑的品格，并最终为人民所信奉、所遵守，并最终建构起中国的具有人道精神、人伦底蕴的刑事法治。

余论：法律文化自觉与矜老传统的重振和创新

由上，可以有充分的理由说，我们要有复兴矜老传统的使命感，要有重振与创新矜老这样的优秀法制传统的文化自觉。"文化自觉"是费孝通先生晚年的一个重要思想贡献。其核心有两点：一是正确认识自己的文化；二是正确对待别人的文化。费先生的意旨在于：各个国家、民族或文化群体，既要充分认识和坚守自己的优秀文化，也要善于学习和借鉴他人的优秀文化。〔2〕我国法律传统或文化，大致可以一分为三：必须整体抛弃的，如酷刑、株连；可以批判吸收的，如息讼、调解；应当继承和发扬的，如矜老恤幼。即中国传统法律文化的历史遗产大致可分为三类：劣性遗产、中性遗产和良性遗产。〔3〕正如有论者所言："西方现代刑法向伦理方向的复归，向我们昭示了发扬中国传统刑法特色的绝对意义。"〔4〕重人伦、重伦理，本为中国传统刑法文化的主要特色，尽管有其糟粕，但亦有其符合人性、人道的闪光之处，因为总有一部分伦理准则是人类社会无论发展到何种程度、何种阶段均不得不遵守的"普世性"准则。尊老、敬老、矜老就是这样的经久不变的伦理准则。在当代的法制/法治建设中，我们应当秉持法律文化自觉的态度，坚守和发扬优秀传统法律文化，在法制方面，"维护民族文化的基本元素"，建设共同的

---

〔1〕 张武举：《刑法的伦理基础》，法律出版社 2008 年版，"内容提要"，第 4~5 页。
〔2〕 参见王能宪："我们需要什么样的'文化自觉'"，载《中国社会科学报》2011 年 11 月 8 日。
〔3〕 参见武树臣等：《中国传统法律文化》，北京大学出版社 1994 年版，第 737~757 页。
〔4〕 武树臣等：《中国传统法律文化》，北京大学出版社 1994 年版，第 240 页。

法律精神家园。[1]同时，也要正确认识和汲取外域优秀法律文化。总之，"酌采中外法制法理精华，追求'中西会通'、'中西合璧'才是中国法变革当循之正途。"[2]

最后需要强调的是，本文大致梳理了矜老传统在我国刑事法制中的表现、变迁及其伦理原因，阐明了矜老民族伦理传统回归对当代中国法制、社会的特别重要意义。这一工作，是重振与创新矜老传统的最重要根源与基础，也是中国法治建设的一个重要环节。重振与创新矜老法制传统的核心宗旨在于：让矜老成为立法、司法、执法等护法主体和社会各界皆完全认同的一种当代法律意识、法律文化，以此来因应现在和未来中国法制发展、社会发展的迫切需要。至于重振与创新矜老传统的可行路径，拟另文予以专门探讨。

---

[1] 2011 年 10 月 18 日，中共第十七届六中全会通过的《中共中央关于深化文化体制改革推动社会主义文化大发展大繁荣若干重大问题的决定》，要求建设优秀传统文化传承体系，继承和弘扬优秀传统文化，维护民族文化的基本元素，建设共同的精神家园。

[2] 范忠信：《中国法律传统的基本精神》，山东人民出版社 2001 年版，第 401、402 页。

传统中国出嫁女奁田权益实现模式及启示[*]

李永伟[**]

自 20 世纪 90 年代以来，我国的土地政策与市场日渐开放，土地所蕴含的巨大财富价值成为支撑各地方经济发展的重要支柱。集体经济组织控制下的集体所有制土地也开始进入市场，并以各种形式得以开发利用。在这一背景之下，我国农村地区出现了大量的出嫁女土地权益纠纷案件，此类纠纷的引起多是由于农村集体经济组织仍然"保存了宗法社会的身份界定规则"，外嫁女的身份被其宗族乃至村落"严格的他者化"之后，最终导致其在母家及夫家的土地权益就此被轻易抛弃或忽略。[1]尽管学界对此讨论热烈，但无论是在制度层面（如"增人不增地、减人不减地"政策），抑或是实践层面（如"随夫居"习俗），在当前司法与行政救济通道不畅的困境下，仍然难以找到一个普适的有效解决方案。

相比较现代社会的此类纠纷，传统中国在宗法为本、诸子均分的继承法原则下，尽管出嫁女的身份确实被"严格的他者化"了，但却并不妨碍传统

---

　*　本文系"法治中国化研究基金项目"课题《出嫁女土地承包经营权纠纷的伦理法理考察》（编号：丁 B13）成果之一。
　**　武汉科技大学文法与经济学院法律系副教授、法学博士，杭州师范大学法治中国化研究中心兼职研究员。
　〔1〕　媒体关于此类案件的报道极多，相关的方案讨论也在各种期刊中反复刊载，不能详述。可参考陈端洪："排他性与他者化：中国农村'外嫁女'案件的财产权分析"，载《北大法律评论》（第 5 卷），北京大学出版社 2003 年版。严云翔："家庭政治中的金钱与道义——北方农村分家模式的人类学分析"，载《社会学研究》1998 年第 6 期。

国家或家族具有尊重、维护出嫁女土地权益的制度与习俗，[1]即出嫁女随嫁妆奁中之奁田权益的实现模式。本文拟对传统中国出嫁女之奁田控制权及权益实现模式做一个历史梳理，进而为当前出嫁女土地纠纷的解决提供些许参考。尽管奁田权益的实现模式也并无定制，但传统的解纷智慧或许也可以给当下的此类纠纷提供一定的借鉴或启示。

一、历代出嫁女之随嫁奁田一般情形

在传统中国，由于"生分"（父母生前进行分家析产）现象普遍存在，出嫁女之随嫁妆奁多被定义为："在诸子平均析产方式中给女儿留下的间接参与娘家家产分配的主要方式和机会"[2]。而随嫁妆奁除了具有家产分割的功能，更被视作是提高出嫁女在夫家地位的重要凭借。如果随嫁单薄，"翁姑夫婿或以奁薄而轻其妇"[3]，甚至导致"舅姑因此以虐其媳，夫以此薄

---

〔1〕 从现有研究成果来看，学界对于中国古代妇女的继承权、财产权（如妆奁）的讨论已是相当充分，特别是宋代妇女财产权问题。代表性成果如［日］滋贺秀三：《中国家族法原理》，张建国、李力译，法律出版社 2003 年版；［美］伊沛霞：《内闱：宋代的婚姻和妇女生活》，胡志宏译，江苏人民出版社 2010 年版；［美］白凯：《中国的妇女与财产：960～1949》，林枫译，上海书店出版社 2003年版；邢铁：《唐宋分家制度》，商务印书馆 2010 年版；刑铁：《家产继承史论》，云南大学出版社2000 年版；刑铁：《宋代家庭研究》，上海人民出版社 2005 年版。还有陈顾远：《中国婚姻史》，上海书店出版社 1984 年版；陈鹏：《中国婚姻史稿》，中华书局 1990 年版；李淑媛：《争财竞产：唐宋的家产与法律》，五南图书出版公司 2005 年版；张晓宇：《奁中物：宋代在室女"财产权"之形态与意义》，江苏教育出版社 2008 年版；阿凤："明清时期徽州妇女在土地买卖中的权利与地位"，载《历史研究》2000 年第 1 期，等等。上述研究多以"在室女"、"出嫁女"、"归宗女"、"嫠妇"等不同身份阶段的妇女获得财产权的范围、独立支配程度及制度支撑等为讨论对象，单独以妇女妆奁中之奁田为主题的研究相对较少，主要有邢铁："宋代的奁田和墓田"，载《中国社会经济史研究》1993 年第 4期。毛立平："论清代奁田"，载《中国社会经济史研究》2007 年第 2 期；"清代的嫁妆"，载《清史研究》2006 年第 1 期；"清代妇女嫁妆支配权的考察"，载《史学月刊》2006 年第 6 期；《清代妆奁研究》，中国人民大学出版社 2007 年版。张佩国：《近代江南乡村地权的历史人类学研究》，上海人民出版社 2002 年版；宋东侠："宋代厚嫁述论"，载《兰州大学学报》（社会科学版）2003 年第 2 期；高楠等："宋初的嫁妆立法——以《宋刑统》为中心"，载《社会科学论坛》2009 年第 8 期；高楠："宋代家庭中的奁产纠纷——以已婚女为例"，载《中国社会经济史研究》2004 年第 3 期；严云翔："家庭政治中的金钱与道义——北方农村分家模式的人类学分析"，载《社会学研究》1998 年第 6 期，等等。这部分研究对于妇女的随嫁奁田如何从母家转移至夫家，出嫁女如何实现其随嫁奁田之应有权益，特别是出嫁女所得随嫁奁田的所有权权能（如占有权、收益权、处分权）与边界是否确定、完整等问题较少触及，而这恰恰是本文主要关注的问题。

〔2〕 邢铁："从家产继承方式说我国古代的所有制形式"，载《中国经济史研究》2007 年第 3 期。

〔3〕 《威远县志》（第 8 卷），1776 年刻本。

其妻"[1]。

从历史渊源看，"女子出嫁，母家陪送妆奁，其制已见于春秋"[2]。至汉代，陪嫁成风，"遣女满车，富者欲过，贫者欲及"[3]。汉代之后，社会更是"弥漫财婚之风气，娶妇嫁女莫不以索聘取奁为时尚，致使嫁女奁资之数有日益激增趋势"[4]。魏晋到宋代更是厚嫁成风，元明之后方有所萎缩。

从妆奁的范围和种类看，主要可分为日常生活用品、奢侈品、田地、丫环等，其中日常生活用品主要有服饰、首饰、帐被、器物等生活用具。这一从母家提前分割出的家产份额，历朝历代也并无定制，各地各家差异极大。所谓"妆奁丰俭，各称其家"[5]，"多寡以贫富为差"[6]。"物品之丰啬，视其家境；富者嫁女，妆奁动值万金；贫家只服饰数事而已"[7]。从现存地方乡县志来看，处理模式大体类似。

陪嫁的土地，即"奁田"，或称"胭粉地"，"妆奁田"，"伴嫁田"，"女户田"等，作为母家同时也是出嫁女随嫁妆奁中最为重要的财产。尽管并非普遍存在，但在不同年代的史料及案例中也是随处可见，并非罕事。

学界多公认，早在春秋时期，《左传·哀公十一年》记载"陈轩颇为司徒，赋封田以嫁公女"一事，应为奁田之最早记载。[8]张家山汉简《二年律令·置后律》中关于奁田的记载是汉代奁田存在的典型例证："女子为父母后而出嫁者，令夫以妻田宅盈其田宅。宅不比，弗得。弃妻，及夫死，妻得复取以为户。弃妻，畀之其财。"[9]

---

〔1〕《合江县志》（第6卷），1929年铅印本。

〔2〕陈鹏：《中国婚姻史稿》，中华书局1990年版，第580页。

〔3〕《盐铁论·国疾》。

〔4〕李淑媛：《争财竞产：唐宋的家产与法律》，五南图书出版公司2005年版，第217页。

〔5〕《通州志·婚礼》（第10卷），清光绪五年刻本。

〔6〕《房山县志·婚礼》（第8卷），1928年铅印本。

〔7〕《海城县志·婚礼》（第6卷），1937年铅印本。

〔8〕陈顾远先生提出，此处"封田"，究竟是"纯为嫁资"，还是"嫁奁"，尚难以确定，并认为即使妆奁制度起于周，"仍不能认为妻之私有财产"。见陈顾远：《中国婚姻史》，上海书店出版社1984年版，第195页。

〔9〕关于这一问题，学界讨论较多，可参考李均明："张家山汉简所见规范继承关系的法律"，载《中国历史文物》2002年第2期；徐世虹："张家山二年律令所见汉代的继承法"，载《政法论坛》2002年第10期；尹在硕："睡虎地秦简和张家山汉简反映的秦汉时期后子制和家系继承"，载《中国历史文物》2003年第1期；威知非："张家山汉简所见西汉继承制度初论"，载《文史哲》2003年第6期，等等。

此后，奁田的随嫁现象在历朝历代始终存在，尤其是到宋代达到顶峰。学界的研究表明，宋代由于土地买卖盛行，土地所有权转移频繁，并成为宋代社会之特殊现象。所谓"人户交易田土，投买契书，及争讼界至，无日无之"[1]。如此密集的地权流动现象，奁田的转移亦是重要缘由之一。[2] 如《名公书判清明集》中大量关于奁田的土地纠纷案例就是很好的说明。而南宋时期对随嫁奁田以田产交易名义收取"嫁赀"税的做法[3]，也充分说明了奁田存在的普遍性。甚至有家庭直接把所有权并不确定的承典田产作为随嫁奁田，而官府对此也表示认可。如金厅所断之"妄赎同姓亡殁田业"案：

> 照得江氏儿父江朝宗，于淳熙十五年用见钱一百贯足，典得江通宝田共三段，又于绍兴四年内用见钱一百贯再典田一片，共二段，续于嘉定五年拨与女江氏儿，随嫁黄主簿。自典至今已经四十八年，江朝宗并出业人江通宝并已亡殁，在官司不当受理，此其一也。[4]

到元明清乃至近代，奁田现象在史料中仍是屡见不鲜。如费孝通先生言及妆奁的功用和分析时说："在我们农村中固然很少有把土地陪嫁给女儿的，但是市镇上的离地地主，在不受土地经营的限制时，土地也时常是嫁奁的一部分。"[5] 但也有学者认为，由于土地在宗族财产中的重要地位，清代多数家

---

〔1〕《宋会要辑稿·食货·营田杂录》。其他如"千年田换八百主"（辛弃疾：《稼轩词编年笺注》卷三《最高楼》）；"贫富无定势，田宅无定主"（袁采：《袁氏世范》卷三《富室置产当存仁心》）；"人家田产，只五六年间，便自不同，富者贫，贫者富"（朱熹：《朱子语类》卷十九《论取士》）；等等。可参看朱瑞熙：《宋代社会研究》，中州书画社1983年版，第三章。

〔2〕美籍汉学家伊沛霞曾详列涉及奁田的史料及案例，例如，叶盛《水东日记》所载1264年郑庆一案例：嫁妆中含有"奁租五百亩"；蒋氏嫁妆10～15亩；璩氏25亩；陈氏奁田120亩；张氏10余亩；石氏得到叔叔赠送的奁田，出卖后得钱400多贯；蔡氏奁田典当后得钱20贯。洪迈《夷坚志》案例：独生女奁田价值一万贯。韩元吉《南涧甲乙稿》所载范氏（1143～1222）案例；张氏（1146～1195）五亩奁田案例。刘宰《漫塘集》所载赵悟真（1154～1224）奁田赠与夫家案例及《名公书判清明集》中的部分案例等。参见［美］伊沛霞：《内闱：宋代的婚姻和妇女生活》，胡志宏译，江苏人民出版社2010年版，第87～88页。

〔3〕参见邢铁："宋代的奁田与墓田"，载《中国社会经济史研究》1993年第4期。

〔4〕《名公书判清明集》卷九，《妄赎同姓亡殁田业》。

〔5〕费孝通：《乡土中国 生育制度》，北京大学出版社1998年版，第244页。另可参考该书第十三章。

庭没有陪送土地的习惯，甚至认为陪送土地属于"非礼"行为。[1]

二、随嫁奁田之归属权与支配权流变

与其他妆奁财产类似，出嫁女奁田之归属权与支配权在不同年代存在着不同程度的差异。陈顾远先生认为，"妆奁之制，或兴于古，初仅赠与夫家。后世，被嫁者或在事实上亦有相当支配之权。"[2]实际上，在唐宋及之前，奁田多被国家法律界定为出嫁女之"私产"，出嫁女享有相对独立的自由支配权，如汉代女子离婚后可卷奁归宗。再如，在唐显庆四年（659年），唐高宗针对李义府向士族求婚不成事下诏：

> 仍自今已后，天下嫁女受财，三品已上之家不得过绢三百匹，四品、五品不得过二百匹，六品、七品不得过一百匹，八品以下不得过五十匹，皆充所嫁女资妆等用，其夫家不得受陪门之财。[3]

但历代法律并没有排除丈夫的使用权，更多时候只是明确规定，奁田不在夫家财产分割之限。如《宋刑统》卷一二"卑幼私用财"条引唐开元年间《户令》条文：

> 诸应分田宅者及财物，兄弟均分。其父祖亡后，各自同居，又不同爨，经三载已上；逃亡经六载已上。若无父祖旧田宅、邸店、碾硙、部曲、奴婢见在可分者，不得辄更论分。妻家所得之财，不在分限。妻虽亡末，所有资财及奴婢，妻家并不得追理。兄弟亡者，

---

[1] 毛立平："论清代奁田"，载《中国社会经济史研究》2007年第2期。但作者在"清代的嫁妆"（《清史研究》2006年第1期）一文中，又列举了不少清代家庭陪送土地、宅院等不动产的事例。如《清史稿·列女》载，桐乡濮氏之女的嫁妆中，"田宅、奴婢、什物皆具"；何秉仪聘妻刘氏（农家女）得"父母畀田百亩"。此外，作者之《清代嫁妆研究》一书对清代随嫁奁田还做了不完全列表统计，资料多来自地方志，包括《武阳镇志》、《平坝县志》、《宜阳县志》、《石首县志》、《永兴县志》、《清稗类钞·婚姻类》、《清史稿·列女传》、《阮陵县志》等。同时作者又认为，清代奁田的随嫁现象并不多见，多为富户人家所为。且限于礼法约束和土地权限的复杂，许多宗族禁止嫁女时随嫁土地。见毛立平：《清代嫁妆研究》，中国人民大学出版社2007年版，第22~23、147~158、189~192页。

[2] 陈顾远：《中国婚姻史》，上海书店出版社1984年版，第196页。

[3] 《旧唐书·礼志》。陈顾远先生对此评论，"是陪嫁之财虽禁，而赍妆则仍女之私有也。"见陈顾远：《中国婚姻史》，上海书店出版社1984年版，第196~197页。

子承父分。继绝亦同。兄弟俱亡，则诸子均分。其父祖永业田及赐田，亦均分；口分田，即准丁、中、老、小法。若田少者，亦依此法为法。其未娶妻者，别与聘财。姑姊妹在室者，减男聘财之半。寡妻妾无男者，承夫分；若夫兄弟皆亡，同一子之分。有男者，不别得分，谓在夫家守志者。若改适，其见在部曲、奴婢、田宅不得费用，皆应分人均分。[1]

在上述材料中，唐高宗"夫家不得受陪门之财"之说固然清晰界定了妆奁的归属权，但唐宋律中"妻家所得之财，不在分限"的规定，却并不十分清晰。因而，《名公书判清明集》所载宋时期案例表明，尽管法律规定"妻家所得之财，不在分限"。但奁田的归属权与控制权实为夫妻共有，所谓"妇人财产，并同夫为主"[2]。另一起"孤女赎父田"案也有吴恕斋之判词如下："照得诸妇人随嫁资及承户绝财产，并同夫为主。"[3]美籍汉学家伊沛霞也提出，尽管宋代法律要求，家庭财产以户为单位注册在户主（男性）名下，妇女看似不可能在法律上单独拥有财产，包括其嫁妆。但嫁妆需要单独标示，即所谓"妻财"，不在夫家财产的分家范围之内。因而尽管妻子并不可能绝对地享有其嫁妆的所有权，但作者仍然认为宋代是传统中国妇女在财产权利保障方面最好的一个时代。[4]

而妇女一旦改嫁，则奁田更是难以随时自带。同期案例之判词云："妇人随嫁奁田，乃是父母给予夫家田业，自有夫家承分之人，岂容卷以自随

---

〔1〕《宋刑统·户婚律·卑幼私用财》。

〔2〕《名公书判清明集》卷五，《妻财置业不系分》。案例全文："陈圭诉子仲龙与妻蔡氏，盗典众分田业与蔡仁，及唤到蔡仁，则称所典系仲龙妻财置到。执出干照上手，缴到阿胡元契，称卖与陈解元装奁到分明，则不可谓之众分田矣。在法：妻家所得之财，不在分限。又法：妇人财产，并同夫为主。今陈仲龙自典其妻装奁田，乃是正行交关，但蔡仁实其妻蔡氏之弟，则踪迹有可疑者。又据陈某称，被蔡仁积计赁屋钱叕卖。拖照系端平三年交关，系在三年限外，不应诉理。上件田元典价钱二十贯文足，争端在务限内，虽不当听赎，但蔡仁乃仲龙妻弟，其父陈圭既已有词，则蔡仁自不宜久占，合听备钱、会，当官推赎。今蔡仁愿以田业还其姊，官司自当听从。案须引问两家，若是陈圭愿备钱还蔡氏，而业当归众，在将来兄弟分析数内；如陈圭不出赎钱，则业还蔡氏，自依随嫁田法矣，庶绝他日之争。责状附案。"

〔3〕《名公书判清明集》卷九，《孤女赎父田》。

〔4〕[美]伊沛霞：《内闱：宋代的婚姻和妇女生活》，胡志宏译，江苏人民出版社2010年版，第88页。

乎?"[1]这一表述更是强调奁田实为夫家财产，而与出嫁女无关。但在宋人袁采之《袁氏世范》中却有相反记载：

> 亦有窃盗众财，或寄妻家，或寄内外姻亲之家，终为其人用过，不敢取索及取索而不得者多矣。亦有作妻家、姻亲之家置产，为其人所掩有者多矣。亦有作妻名置产，身死而妻改嫁，举以自随者亦多矣。[2]

而在另外一起案例中，判官（巴陵赵知县）则认为，丈夫对于妻子奁田之诉求有违道统，不值得予以支持。即"娶妻论财，夷虏之道，大丈夫磊磊落落，肯视妻孥房奁中物为欣戚也"[3]。但该案显然回避了奁田之归属权与

---

〔1〕《名公书判清明集》卷五，《继母将养老田遗嘱与亲生女》。案例全文："蒋汝霖之事久而不决者，盖缘叶氏不曾到官。今准本州岛押下，方见底蕴。盖叶氏乃蒋森后娶之妻，蒋汝霖乃蒋森元养之子，子可以诉继母乎？蒋汝霖自合坐罪，然亦其继母之舅有以使之。契勘蒋森家业有田谷二百九十硕，蒋森在时，自出卖三十二硕，蒋森死后，叶与其兄叶十乙秀合谋，擅割其田业为三：汝霖得谷一百七十硕，叶氏亲生女归娘得谷三十一硕随嫁，叶氏自收谷五十七硕养老。归娘既是叶氏亲生，又许嫁叶氏姊子郑庆一，由是叶、郑合为一党，而汝霖之势始孤。使汝霖能尽孝以回其母心，谨礼以守其父业，岂不尽善。今乃遽将分到之业，节次卖破，其母、妹安得不疑惧而防闲之？母、妹之情既隔，于是汝霖始敢不逊而生讼矣。已分之业，已卖之田，官司难以更与厘正。只据见在，则归娘三十一硕谷田，自合还归娘随身，汝霖不得干预。叶氏五十七硕谷田，叶氏尚在，岂外人敢过而问。但叶氏此田，以为养老之资则可，私自典卖固不可，随嫁亦不可，遗嘱与女亦不可。何者？在法：寡妇无子孙年十六以下，并不许典卖田宅。盖夫死从子之义，妇人无承分田产，此岂可以私自典卖乎？妇人随嫁奁田，乃是父母给与夫家田业，自有夫家承分之人，岂容卷以自随乎？寡妇以夫家财产遗嘱者，虽许行，但户令曰：诸财产无承分人，愿遗嘱与内外缌麻以上亲者，听自陈。则是有承分人不合遗嘱也。今既有蒋汝霖承分，岂可私意遗嘱，又专以肥其亲生之女乎？仰蒋汝霖今后洗心改过，奉事叶氏，不得咆哮；叶氏亦当抚育男女，勿生二心。及不得使叶十乙秀干预蒋家事务，以离其母子。汝霖且略加惩戒，决小杖二十，再犯重治。申州照会。"另可参考《名公书判清明集》附录二，《郭氏刘拱礼诉刘仁谦等冒占田产》；卷八，《利其田产自为尊长欲以亲孙为人后》等案例材料。

〔2〕（宋）袁采：《袁氏世范·睦亲·同居不必私藏金宝》。

〔3〕《名公书判清明集》卷六，《诉奁田》。案例全文："石居易念其侄女失怙，且贫无奁具，批付孟城田地，令侄石辉求售，为营办之资。为石辉者，自当遵乃叔之命，怜女弟之孤，极力维持之可也。今不遵眼恤，乃以上件田产卖与刘七，得钱四百余贯，多以还在前自妄为之债负。廖万英，其妹婿也，来索房奁，且无所得。今石辉以为得刘七买田之钱，被其结托曹旺等人胁取之，殊不思节次支拨批贴，皆石辉亲书，欠债还钱，理势然也，奚可诬其罪于刘七邪？以士自称，乃变诈反复，仿盗贼小人之所为，尚可以士名哉！女弟昏嫁，托孤寄命，非石辉之责，谁之责哉？既无毫发之助，反以乃叔助嫁之田，卖田归己，是诚何心哉？今无以塞万英之请，祇持刘七欺骗之说以自解，以事理观之，刘七欺骗，未之见也，石辉之昏赖，则彰彰矣。本自正当，盖交易得钱而慕还债，不可以准折偿负者并论也。但元来批贴该载，毕竟称办石氏嫁资，即廖万英杌上肉，刘七所欠者审思耳。生此厉阶，石辉之罪，不可胜诛，决竹篦二十，引监日旦纳上项价钱，交付刘七，赎回田产付廖万英，契仍寄库。虽石辉固失矣，而廖万英亦未为得也。娶妻论财，夷虏之道，大丈夫磊磊落落，肯视妻孥房奁中物为欣戚也。今刻舟寻剑，何不广耶，纵使得膏腴沃壤以自丰，尽失亲戚辑睦之义，所得不偿所丧矣。更请思之。"

支配权问题。

上述不同的案例及判词风格恰恰反映出，唐宋时期出嫁女奁田的归属与支配问题正处于历史的过渡与中转阶段，支持与反对的立场同时存在。

元明清之后，随着国家权力逐渐走向集中，出嫁女对奁产的独立支配权多被法律限制乃至剥夺，特别是禁止妇女携田改嫁，奁田多被看做是母家赠与夫家的财产。如元大德七年（1303 年），元政府作出明确规定：

> 随嫁奁田等物，今后应嫁妇人，不问生前离异、夫死寡居，但欲再适他人，其随元嫁妆奁财产，一听前夫之家为主，并不许似前般取随身。本省参详，若准所言，相应送礼部。议得：除无故出妻，不拘齿例。合准。已拟相应都省，准呈咨请，照验施行。〔1〕

《大明会典》规定："其改嫁者，夫家财物及原有妆奁，并听前夫之家为主。"〔2〕《大清律例》"立嫡子违法"条也规定："妇人夫亡无子守志者，合承夫分，须凭族长择昭穆相当之人继嗣。其改嫁者，夫家财产及原有妆奁，并听前夫之家为主。"〔3〕

上述条文多是对妇女改嫁的财产权限制，即奁田不能离开夫家。但如果排除改嫁情况，奁田的归属权与支配权仍与此前类似，奁田仍被看做是夫妻共有财产，而非夫家集体财产。夫家分家析产，仍须先行独立划出奁田，不能在诸子中平均分割。如明代洪武七年福建福州郭氏支谱（同治十三年刊，隆庆六年序）所记载的分家文书所载：〔4〕

> 母亲扬氏嫁事郭四公，生下二男一女，长曰贵卿，次曰子贵，女曰每小，各已婚嫁。夫在日，常往建宁府经商，辛卯年间，与本府管下水吉村吴佛小，生一男曰建郎。后佛小身故，癸卯年再往建宁，乃取建郎回家恩养。夫先时并无祖业，田产系长男贵卿将伊媳妇妆奁，变为财本，与夫外商置立家产。贵卿备历险阻，多受劳苦。夫治命每欲优待，及拨还冢妇原本，不幸癸卯年外亡莫遂厥

---

〔1〕《元典章·户部·嫁娶》。

〔2〕《大明会典》卷十九，《户口一·户口总数》。

〔3〕《大清律例·户律·户役》，"立嫡子违法"条。

〔4〕所引案例出自〔日〕仁井田陞"明清族谱中所见的家产和租佃关系文书"一文，转引自郑显文："唐代家庭财产继承制度初探"，载《中国文化研究》2002 年秋季卷。

志。今请宗眷相议，从公品派，将所置田园，共计贰拾伍石肆斗种
地内，拨出三石伍斗，还贵卿原入资本，余作三分均分，……分析
之后，各宜思念创业艰难，毋得非理破浪，亦不得叠行反悔，互异
紊乱。如违准不孝忤逆情罪。遂立福禄寿三字号阄书，各收执为
照者。

洪武七年六月　书在见弟五郎

此外，出嫁女独立支配随嫁奁田的现象仍然经常发生。如元代有史料记
载，朱夫人韩氏"嫁时，得分田二十亩，其后，韩氏贫，悉以归其兄弟"[1]。
即朱韩氏自己将其随嫁奁田赠与了其兄弟。另如道光年间，安徽泾县王氏
"捐所存养膳萧家壩田四十八亩，尽助入宗祠，以终夫志"[2]。即随嫁奁田被
出嫁女独立捐献为族田。因而，有学者直接提出，明清时期妇女的继承权和
财产权与宋代相比并没有明显不同。[3]

关于出嫁女财产权的这种模棱两可的状态一直延续到近代中国，直至北
京政府大理院时期，始正式承认："为人妻者应有财产"，"嫁女妆奁应归女
有"，"妻于婚前或婚后所得之赠与及遗赠，皆归妻有"等。[4]

三、出嫁女之奁田权益实现模式

学界关于出嫁女之奁田权益实现模式的讨论相对其他问题较少，得出的

---

〔1〕（元）贡师泰：《玩斋集》卷十，《朱夫人韩氏墓志铭》。

〔2〕《泾县续志》卷四，《人物志·懿行》。转引自王志龙："近代安徽族田来源渠道的多元化"，
载《中国社会经济史研究》2009年第3期。该文同时还列举了大量妇女捐献名下土地，充当族田的史
实。此外，如道光年间，乾隆名臣于敏中之女于氏在遗嘱中对自己奁田的独立支配："所有我养赡各
庄，进粮食共入约有千金，滋阳厂一年约有五百金，沱河屯约有京钱五百千，将此两处并东园共给媳
妇毕氏。吴寺、泉头、石井三处，是汝外祖与我治的私产三处，一年不过有京钱四百五千，三处着给
孙媳方氏掌管，以作房内使用。"见李鹏程、王厚香：《天下第一家——孔子家族的历史变迁》，经济
日报出版社2004年版，第179页。清人龚炜之《巢林笔谈》亦载事例：龚炜的妻子由姑母王夫人养育
成人，"夫人爱之甚"，将田产50亩作为龚妻的奁田。王夫人去世后，"嗣君不类，从博徒游，不三年
赀尽。"龚炜怜悯王夫人之子贫困，想将田产归还，但他无权对妻子的嫁妆作出决定而征求妻子的意
见，龚妻"欣然从之"。见（清）龚炜：《巢林笔谈》，中华书局1981年版，第23页。上述两个案例
载于毛立平之"清代妇女嫁妆支配权的考察"（《史学月刊》2006年第6期）。

〔3〕邢铁："宋元明清时期妇女的继承权问题"，载《河北师院学报》1996年第1期。

〔4〕大理院判例：二年上字第33、35、208号判例；七年上字第147、665号判例。转引自陈顾
远：《中国婚姻史》，上海书店出版社1984年版，第198页。

部分结论也显得过于仓促或偏于简化。[1]部分学者对此也曾提出过质疑，如毛立平认为出嫁女嫁妆中的奁田问题最为复杂，作为一种特殊的土地转让形式，奁田既不同于土地买卖，又在土地权属方面纠缠不清，出嫁女所享有的土地权益存在明显的不确定性与不完整性，因而经常引发土地纠纷，不能简单地给予某种普适性结论或判断。[2]邢铁先生也提出，"奁田所体现的妇女财产所有权的不完整性特征"，"总的看来，奁田所有权在多数情况下归丈夫，只有少数场合（主要是夫亡后，改嫁前）才归妻子所有。对妇女来说，奁田所有权只是一种不完整不稳定的所有权。"[3]张佩国先生所言："对于奁田来说，其所有权归属并不是十分明确的。""从发生学上看，'奁田'所有权边界在女儿出嫁时就不甚明确，出嫁女与娘家人的是项纠纷由以产生。"[4]

结合上述学界的典型性观点，下文试图对我国古代出嫁女之奁田权益实现模式进行归结，但愿对我国现存出嫁女土地纠纷有所助益。

（一）奁田所有权（含田底、田面）之完全转让模式

此种完全转让奁田所有权的权益实现模式，究属"赠与"抑或"买卖"，在不同的年代和不同的语境中，结论明显不同。但学界公认，该转让模式可以保证土地权属的完整性转移，不易在日后引发争端。因而无论是官方还是民间，多对此持支持立场。如在南宋高宗绍兴三十二年（1162 年），就有官员针对奁田纠纷建议将女儿的嫁妆独立出来，将奁田转让视作正常的田土交易，到官府登记并取得正式的契书，以绝后患：

> 繄繄五月三日，四川总领王之望言：契勘人户将田宅遗嘱与人，
> 及妇人随嫁物产与夫家管系。在法：田宅止于出母生母。原书天头

---

[1]　此类典型观点如："在中国，奁田的产权也是分割的；如所有权在娘家，使用权在夫家。""妇女出嫁的奁田占有权在娘家，支配和收益权在婆家等。"见张小军："象征地权与文化经济：福建阳村的历史地权个案研究"，载《中国社会科学》2004 年第 3 期。"奁产陪嫁就是在父房财产中留出一份给女儿出嫁时带走。奁产通常为民间习惯所认可，是妇女在婆家有权处置的财产。"见张小也："从分家继产之讼看清代的法律和社会——道光、光绪年间陕西相关案例分析"，载《清史研究》2002 年第 3 期。"大多数母亲普遍掌控奁产的大众做法，及其对自己嫁妆的管理权、使用权、处置权和所有权。""在民间习惯上，宋代的大多数母亲拥有对奁产的绝对所有权，能够独立管理、自由使用陪嫁妆奁。"见高楠等："母亲生前的奁产权利——以宋代为中心"，载《云南社会科学》2007 年第 5 期。

[2]　毛立平："清代的嫁妆"，载《清史研究》2006 年第 1 期；《清代嫁妆研究》，中国人民大学出版社 2007 年版，第 189~192 页。

[3]　邢铁："宋代的奁田和墓田"，载《中国社会经济史研究》1993 年第 4 期。

[4]　张佩国：《近代江南乡村地权的历史人类学研究》，上海人民出版社 2002 年版，第 236 页。

注云：'于出母生'一作'与出母嫁'。按本书食货六九之二六作
'与出母嫁'。方合免税。若与其余人，并合投税。今四川人户遗嘱、
嫁资，其间有正行立契，或有止立要约，与女之类，亦合投税。缘
得遗嘱及嫁资田产之人依条估价投契，委可杜绝日后争端。若不估
价立契，虽可幸免一时税钱，而适所以启亲族兄弟日后诉讼。[1]

对此户部亦表示：

人户今后遗嘱与缌麻以上亲，至绝日，合改立户。及田宅与女
折充嫁资，并估价赴官投契纳税。其嫁资田产于契内分明声说，候
人户赍到税钱，即日印契置历，当官给付契书。[2]

实践中，随嫁奁田完全转让的案例也是随处可见，但多数并未如上文所
言，比照田土交易处理，而只是在相关文契中作出完全转让的特别声明，明
确土地权属，杜绝争端。而出嫁女及其夫家对此类奁田亦可全权处置，包括
再次交易。如：

二十七年都立批遗祖父朱廷鹏，因次男世学早丧无嗣，只有一
女名西英，身今年老，将土名坑底租壹拾砠零拾斤，批与西英，以
为遗念，永远收用。立此批遗存照。

崇祯五年五月 日 立批遗祖

父 朱廷鹏 押

同男室宝 押

侄 世杰 押

世芳 押

侄孙 宗良 押

宗礼 押

代书侄 世传 押转

乾隆八年八月，其田因路途遥远，收租不便，原（愿）转与本
家朱□名下为业，当得价银四两整。

---

〔1〕《宋会要辑稿·食货》卷十一之二十。
〔2〕《宋会要辑稿·食货》卷十一之二十、二十一。

陈晋升批　押〔1〕

再如下述奁田契约的绝权转让描述：

立永远妆奁字父□□□，窃谓男女原为一体，父母固无二心，余有长女名□□，性质纯良，善事父母，未字之时代理家政，克勤克俭，余颇积囊资，半藉助焉！兹当于归在即，托配与西门外家罗□□者，余夫妇妥议，愿将买过□□□□庄刘□□水田壹宗，址在打猫好收庄拔仔林洋，又买过□□庄何□□水田壹宗，坐落土名充吉庄后，此二宗界址具载上手契内明白。保此二宗之田永远归长女及女婿□□□掌管，子子孙孙世守勿替，后日兄弟不得争较生端滋事。合给永远妆奁字壹纸，连二宗田契共拾纸，付交媒人送执熠。

光绪十一年六月廿三日

代笔人□□□

婚配媒人□□□

立永远妆奁字父□□□〔2〕

此类案例较多，如以下福建地区的两份奁田文书：

立据字父弘庆，己手置有民田数号，坐落十二都新乾田中地方，土名上确头、左福坪、墙头等处，年载租米陆石，应受苗米六斗，立在淳化乡陈君威户下的价银陆拾陆两纹广（银）正。今拨与长女为妆田，向胡处前去收租管业，俟后原主或凑或赎，胡家自行理论，其粮色口即割入户，不得负累。今恐无凭，立据字并承佃叁纸，统付为照。

外兄水牛姆并仔姆并仔统付再照。

计开

佃户池德受，年载租米陆石正

年例田牲贰只，中旦壹席

---

〔1〕　案例出自章有义：《明清徽州土地关系研究》，中国社会科学出版社1984年版，第75页。

〔2〕　"台湾私法人事编"，载《台湾文献史料丛刊》（第9辑），台湾大通书局1987年版，第382～384页。转引自毛立平："论清代奁田"，载《中国社会经济史研究》2007年第2期。

乾隆拾玖年柒月

立字据父弘庆（花押）

代字舅公德义（花押）

立嫁女妆奁字人郑茂炳，有名买过王湖田园壹宗，大小合共玖丘，抽出契内田壹丘，受种子壹分零壹毫三丝正，蕃薯种叁仟捌佰余种。东至宵太路，西至郑本田，南至郑本园，北至郑本田、吴田、埔仔乾，四至明白为界，交过李学官掌管收成，以为祀业之物，与房叔兄弟侄无干，亦无交加来历不明，保此田果系是郑茂炳大契内抽出作嫁女妆奁，日后子孙不得争讨。恐后来反心无凭，今欲有凭，苟立嫁女妆奁田业字壹纸，交过女婿李学官，付执存照。

咸丰拾年二月

立嫁女妆奁字人　郑茂炳

代书人　自笔[1]

此外，在台湾之土著部落中，土著妇女出嫁亦享有一份完整产权的"番丁田"。台湾岸里社通事潘明慈认为，这与汉人嫁女之奁田类似，系母系社会继承之习惯。[2]

但问题在于，按照上述田契文书所载，如若奁田之转让是比照田土交易规则而界定的，那么这种完全转让行为就会立即遭遇传统中国地方普遍存在之亲族优先权。[3]因而，更多时候，奁田是以"赠与"而非"买卖"的形式实现转让的。如在《名公书判清明集》之"争山"案中，吴恕斋所写之判词就认定，出嫁女奁田的转让不同于普通田土交易，而只是亲属内部之"与之"，亲邻取赎土地之优先购买权在此处不适用。判词全文如下：

---

〔1〕 转引自卢增荣："清代福建契约文书中的女性交易"，载《东南学术》2000年第3期。

〔2〕 陈秋坤：《清代台湾土著地权——官僚、汉佃与岸里社人的土地变迁，1700～1895》，中央研究院近代史研究所1997年版，第128～129页。

〔3〕 古者如宋初对亲邻先买权之规定："凡典卖物业，先问房亲，不买，次问四邻。其邻以东、南为上，西、北次之，上邻不买，递问次邻。四邻俱不售，乃外召钱庄。"《宋会要·食货》，三二之十。近者如直隶省高阳县习惯："买地须先尽去业主亲族及地邻留买，但其亲族及地邻声明不愿留买时，应由去业主任意出卖"（所谓"业不出户"）；吉林省榆树县习惯：族邻优先留买权；河南省中牟、巩县习惯：田地出卖先尽四邻。见前南京国民政府司法行政部编：《民事习惯调查报告录》（下册），胡旭晟等点校，中国政法大学出版社2000年版，第17、39、128页。

牛大同乃钱居茂之婿，钱孝良乃钱居洪之子，居茂、居洪嘉定六年置立分书，异居析产，已三十年。淳祐二年，大同葬其母于居茂祥禽乡之山，孝良乃称大同伪作居茂遗嘱，强占山地，有词于县。县不直之，再词于府。今官合先论其事理之是非，次考其遗嘱之真伪。照得大同所葬之山，居茂之山也。居茂虽死，其妻汪氏、其子孝忠见存。大同若果是伪作遗嘱，强占山地，汪氏、孝忠诉之可也。今汪氏、孝忠俱无词，而孝良有何干涉，乃指为伪而诉之。此无他，小人无知，因其造坟，疑可为风水，始欲含糊沮挠，继于状词裁埋亲邻取赎之说，惟欲觊觎而攘之。殊不知同分之产，若卖与外人，则亲邻可以吝赎，今大同为居茂之婿，居茂既以遗嘱与之，而汪氏、孝忠俱不以为非，孝良其何词乎？况将遗嘱辨验，委是居茂生前摽拨，与女舍娘充嫁资，其辞鄙俚恳切，虽未为当理，却是居茂亲笔书押，与嘉定年间分书比对，出于一手，真正自无可疑。又况居茂、居洪今（疑为'合'）同分书内该载，极是分晓，居茂得山而不得田，居洪得田而不得山，孝良虽欲觊觎，无一而可。欲连契案帖县，令牛大同凭遗嘱管业，庶几是非别白，予夺分明，乡村小人，各安其分，不致嚣讼，重伤亲谊。[1]

此外，如在湖南各地，"凡富家女出阁除具备一切妆奁之外，尚有由父母指定某处田亩若干书立付约赠与其女带至男家者，俗谓之伴嫁田。"[2]民国《民事习惯调查报告录》所载："胭粉地：父母赠与其女之地，名为胭粉地，有立字据者，有不立字据者，果有赠与之证明，即不立字据亦属有效。"[3]在江西省赣南各县习惯的调查中出现了更为细致的不动产赠与记载（赠与之拨约）：

赣南民俗，赠与虽不以书据为要式行为，而以不动产为赠与之目的物者，则往往书立字据，以资遵守，名曰'拨约'或称'言明合同字'。至赠与之原因，虽不一端，而其大要则不外下列三种：

---

〔1〕《名公书判清明集》卷五，《争山》。

〔2〕毛立平："论清代奁田"，载《中国社会经济史研究》2007年第2期。

〔3〕前南京国民政府司法行政部编：《民事习惯调查报告录》（下册），胡旭晟等点校，中国政法大学出版社2000年版，第20页。

（一）因与受赠者有亲属关系；（二）因受赠者家资难以度日；（三）
因平日曾蒙受赠者照顾家务。……至赠与之性质，亦各有不同，有
单纯赠与，有条件附赠与。所谓单纯赠与者，一经书立字据，引渡
产业，自不发生何种问题。惟条件附赠与，其性质较为复杂，例如，
约定受赠者死亡之日为止，或言明受赠者对于所赠之物不能典卖，
或言卖价仍应归赠与者取得之类，在此场合，一有不慎，即易启争
端矣。[1]

而赠与与买卖同时存在的案例也可以看到。据《民事习惯调查报告录》
记载，山东省汶上县的地方习惯中，有奁田赠与的同时附买卖契约。即"父
母赠与亲女田地，必立卖约与其婿或外孙。按：无棣习惯名为胭粉地，乡俗
不谙赠与契约，立给卖契较为坚固，出诸本人之意思，自是有效"[2]。即为
了保证奁田权属的确定性，通过买卖契约掩饰赠与行为就成为一种经常性的
选择。[3]

当然，奁田的完全转让使得出嫁女获得了一份权属清晰的财产，但这种
转让模式的清晰化对家族及政府而言是否就仅仅是纠纷的减少呢？有学者指
出，依厚嫁之风引导下的宋代嫁妆法规，"农民家庭通常除了土地以外很少有
其他的财产，……给未嫁女儿一半份额家产的法令要求会对他们本身及后代
的生计造成灾难性的后果。""而且这样的法律和国家的税收利益也是冲突的，
和其他的朝代一样，宋代的田赋和徭役制度的效率也取决于财产之坐落和其
业主之居所两者间的同一。财产坐落和业主居所之间的距离越远，赋役的登
记、评估和征收就越困难，宋代的官员大多抱怨地理上分散的土地所有权搞
乱了国家规定的以村庄社区为基础的评估和征收。而由于陪嫁所造成的财产
转移会使国家了解民间财产状况变得特别困难。""这对国家的税收来说不啻
是一场恶梦。"[4]

〔1〕　前南京国民政府司法行政部编：《民事习惯调查报告录》（下册），胡旭晟等点校，中国政
法大学出版社 2000 年版，第 563 页。

〔2〕　前南京国民政府司法行政部编：《民事习惯调查报告录》（下册），胡旭晟等点校，中国政
法大学出版社 2000 年版，第 139 页。

〔3〕　俞江："论分家习惯于家的整体性——对滋贺秀三《中国家族法原理》的批评"，载《政法
论坛》2006 年第 1 期。

〔4〕　[美] 白凯：《中国的妇女与财产：960～1949》，林枫译，上海书店出版社 2003 年版，第
28 页。

（二）奁田的附条件转让模式

在实践中经常看到的奁田转让模式还有附条件转让。不同地方或案例中，所附条件也有所差异。

第一，奁田所附之出嫁女生子条件。如《民事习惯调查报告录》所载福建省建阳县习惯——养膳田：

> 建阳女子出嫁，母家若有随嫁田亩，必由其主婚者（父或母）亲笔立契，载明数量、坐落并出嫁女之名字。该契用红纸膳就以后，该田租谷即归其女收用。至女生外孙周岁时，父母再将该田官契及上手老契一并送与其女管业。倘出嫁女终身不生外孙，则不能取得官契及老契，至死亡后，母家并得将随嫁田亩如数收回。此项田亩名为'养膳田'，但有外孙继承，或原议作为妆奁田、非养膳田者，不在此限。[1]

松江县关于"奁田"的习惯亦有"须出嫁之女生有外孙，方将田单交与过户"的记载。[2]此处地方习惯的记载说明，出嫁女最终获得奁田的完整产权是以生育男性继承人为条件的，否则，在出嫁女过世之后，母家将收回这份田产。

道光四年在四川巴县发生的朱太贵案，也间接说明了奁田的权属完全转移与出嫁女所生亲子之间的紧密关联：

> 情蚁父早逝，蚁母朱曹氏单生蚁姐，适陈以谦为室，所赠妆奁服饰不少。及蚁姐生子陈庆美，蚁母因以谦赤贫无业，虑甥成立无资，于嘉庆二十年三日，用银四百七十两，置买曾家岩戴姓田业一分，每年收租谷二十八石，契注甥名，仅存蚁家。次年姐故，埋葬一切，又挪借蚁银二百一十九两五钱五分。蚁母年迈，恐后来郎舅争执，凭亲族乡戚酌议，将红契给甥领执，其田业不准甥父子私当私卖，其租谷每年以一半给甥攻读用费，以一半存蚁家为甥男聘娶

---

[1] 前南京国民政府司法行政部编：《民事习惯调查报告录》（下册），胡旭晟等点校，中国政法大学出版社 2000 年版，第 632~633 页。

[2] 前南京国民政府司法行政部编：《民事习惯调查报告录》（下册），胡旭晟等点校，中国政法大学出版社 2000 年版，197 页。

之需，立有合约各执。否以谦每年侵租，颗粒不存。去九月，蚁母
甫故，以谦乘丧，将田募卖，获价在手，连挪借埋葬之银，估借不
还。冬腊两月，激蚁以乘丧募卖等词三叩恩案，批：侯开期
另呈。[1]

第二，奁田所附之拒绝典卖条件。即在文契中约定，如若出嫁女之夫家
典卖随嫁奁田，则母家将会收回奁田。此处所附条件多是拒绝田产流入外姓，
保证母家维持对奁田的适当控制与监管。如四川巴县档案中之"嘉庆六年节
里九甲刘连俸诉状"：

情雍正六年，蚁祖君辅将业一份附与姑爷张九安以作奁业。议
明世守为业不问，倘有典卖，业仍还刘姓。业内祖冢三所，不幸九
安夫室俱丧，去腊遭九安之子张世文忘恩负义，不令蚁知，听棍刘
永亮等主摆，蓦将业私售与土豪陈文桂，立定价银一千二百六十两。
蚁知，去腊二十五日蚁以蓦买蓦卖事控木洞，批：开期唤讯。今正
初九日伊等立契。初十日蚁禀木洞，批：唤讯详夺。……今木洞司
主案送宪辕，理合诉究。切蚁祖念婿如子附业，遭世文忘恩，串棍
违议蓦卖，祖冢何保？蚁心不甘，愿照价买，又遭刁棍歧控，理法
昊容。诉电查木洞卷详察劈讯究，当堂立契税粘保冢，存均沾。[2]

（三）奁田之田面收益权转让模式

自宋元以来，我国土地开始大面积出现"一田二主"现象，即土地之所
有权与使用权开始分离。地主之土地所有权即"田骨权"或"田底权"，佃
农之土地使用权为"田皮权"或"田面权"。[3]而这一权属分割模式也出现
在了奁田转让过程中。

如前文所述，春秋时期《左传·哀公十一年》所载"陈轩颇为司徒，赋
封田以嫁公女"一事，杜预注曰："封田之内，悉赋税之，即以赋税充妆奁之

---

[1] 四川大学历史系、四川省档案馆编：《清代乾嘉道巴县档案选编》（下册），四川大学出版
社1996年版，第464页。

[2] 四川大学历史系、四川省档案馆编：《清代乾嘉道巴县档案选编》（下册），四川大学出版
社1996年版，第459页。

[3] 可参见［日］仁井田陞："明清族谱中的家产关系文书和租佃关系文书"，载《徽州社会经
济史研究译文集》，刘淼辑译，黄山书社1987年版，第204页。

资可无疑矣。"[1]此即强调所谓奁田收益权归出嫁女所有。

《民事习惯调查报告录》所载安徽省贵池县习惯曰："妆奁田不得变卖"，"殷实之家有批发产业与其女携归夫家，但此项产业只能归其女收息，不能由女变卖，其女故后，仍由母家收回，夫家不得干涉。"[2]即出嫁女只享有田面收益，而不享有田地权，出嫁女故世之后，田底田面又会重回其母家。此外，如广西《平乐县志》载："崽吃田底，女吃田面"；[3]"筹办嫁奁，大而床、橱，小而杯箸，举凡服饰、器用，应有尽有。即供给客用之帐被亦为之备。惟东粤人流寓者嫁女，其花床由男家备办。又其甚者，于嫁奁外拨田产以供其收租，曰养姑田"[4]。即随嫁奁田之田底归儿子，田面租谷收益归女儿。贵州《平坝县志》记载：凡是用土地做嫁妆的，"苟无特别契约"，"其效力只及于嫁女之生前。谚所谓'姑娘田，姑娘土，姑娘死了归旧主'是也。"[5]即奁田之田面收益权只及于出嫁女有生之年，出嫁女过世后母家所保留之田底权将吸收通过奁田转让之田面权。清代台湾地方习俗亦有类似规定。所谓妆奁中若含有一块田地，则"表示分配一份田租"[6]，而土地之田底权不变。毛立平在其《论清代奁田》一文中也提供了几处台湾的案例，论述了台湾地方存在的几种奁田田面权益实现模式，即由出嫁女直接获取租谷，或获取与租谷价值等同的银两。而出嫁女过世后，此类奁田显然会被其母家完全收回。这几个案例是：

案例一：

立对妆奁租字人叶际昌，有承父明买过林辉显、彭煌赞等水田贰所，坐落土名大店槟榔庄，四至界址印契内载明。现耕佃人林天顺、彭堪。兹因小女锥者婚配林家，其衣食等用饶足可知，但自己针线花粉，时或需用淡薄，爰将该田每年六月早季对佃人林天顺踏出小租谷六拾贰石，又对佃人彭堪踏出小租谷参拾四石，计共七十六石正，付锥者对佃收去，以便自己零星费用。此系喜悦，亦须有

〔1〕《春秋左传注疏》，杜预注，广东书局 1871 年重刻本。

〔2〕前南京国民政府司法行政部编：《民事习惯调查报告录》（下册），胡旭晟等点校，中国政法大学出版社 2000 年版，第 557 页。

〔3〕《平乐县志·风俗》，1940 年铅印本。

〔4〕《平乐县志·社会·嫁奁》，1940 年铅印本。

〔5〕《平坝县志·风俗》，贵阳文通书局 1932 年铅印本。

〔6〕《台北市志·社会志·风俗篇》，1957 年至 1980 年铅印本。

凭，合立对妆奁租字壹纸，付执为照。

批明：每年六月早季踏出小租谷计七拾六石正，付锥者对佃人林天顺、彭堪支收足讫，再炤。

光绪二十二年丙申十月日

在场人　叶宣记

立对妆奁租字人　叶际昌

案例二：

立喜添妆奁租谷字人魏贤森，今因遵慈亲遗命，即将祖父遗置田业一所，址在六张犁庄，愿将此处租谷拨出五拾石正，以付胞妹妍记，借作历年花粉之需。至早季收成之日，自当依时结价，统算银项若干，一齐支付胞妹收入。合应喜立妆奁租字一纸，付执为照。

光绪十九年葭月二十七日

立喜添妆奁租字人　魏贤森[1]

台湾《南投县志稿》所载当地奁田习俗规定：在陪嫁女儿土地时，如果"用一量斗内装一块土"，就表示"其陪嫁的田地永远属于此女，即使此女死亡后仍可属于男方所有"；如果"量斗里放一束稻禾"，则表示"此女陪嫁的田地仅给女有使用权，直到此女死亡后，此田地仍然需归还女方"。[2]而另一份地方习俗材料表明，台湾汉人之奁田，在妇女离婚后，有契据的田业是永久性的嫁妆，必须留在夫家。如果不附契据，只能收取租谷的田业，可以带回娘家。[3]

（四）奁田权属之不确定转让模式

此种奁田转让模式之效力最为不确定。即奁田转让时对权属之分割和获益之时间都没有明确约定，而母家又可以随时以各种缘由收回奁田，因而在奁田完成转让之后，极易引起土地权益纠纷。如发生在1912年4月江苏省常熟地方审判厅受理的一件"仓田"纠纷案[4]，即较为典型地反映了这一不确

---

〔1〕　上述案例出自"台湾私法人事编"，载《台湾文献史料丛刊》（第9辑），台湾大通书局1987年版，第381~382页。转引自毛立平："论清代奁田"，载《中国社会经济史研究》2007年第2期。

〔2〕《南投县志稿·风俗志》，1954年至1979年铅印本。案例出自毛立平：《清代嫁妆研究》，中国人民大学出版社2007年版，第154~155页。

〔3〕　台湾惯习研究会所编：《台湾惯习记事》，台湾省文献委员会1984年版。转引自赖慧敏，徐思泠："清代旗人妇女财产权之浅析"，载《近代中国妇女史研究》1996年第4期。

〔4〕《江苏司法汇报》第8期，1912年12月1日。转引自张佩国："近代江南乡村妇女的'财产权'"，载《史学月刊》2002年第1期。

定的法律权属关系。该地方审判厅民事判词之事实表述如下：

> 原告浦金氏为被告易浦氏即浦银妹之继母。银妹父浦浩贤前室
> 王氏生两女，先故，无子。前清光绪三十年，浩贤嫁长女银妹于易
> 五保，赠奁田五十亩，有奁帖为证。三十一年银妹丧夫，仅遗一女，
> 浩贤因其食指无多，减奁田十六亩九分，以三十三亩一分写立过粮
> 凭字，由浩贤亲自签押，过易浦氏奁银记户名，有三次粘呈粮串可
> 证。浦浩贤后娶金氏，生有子女。上年冬间，浩贤病故，浦金氏、
> 浦仁芝等屡令银妹将奁田改回浦姓户名，银妹不允，并呈民政署备
> 案，请禁擅自过粮，以防盗卖，经民政署批示，无论何人，不得觊
> 觎在案。浦金氏、浦仁芝亦诉其私过奁户，毁议欺母，请移送核办，
> 旋以浩贤遗嘱令银妹过户正名等语来厅呈控。本厅初令邀同亲族理
> 处，该民固请传究，并据西徐市公民缪缟等十人、浩贤舅母陈钱氏、
> 公亲王银保、浦企棠等七人先后代易浦氏申诉，指称原告捏写遗嘱、
> 饰词攘夺。……陈钱氏为浩贤亲舅母，时常往来，未闻浩贤有收回伊
> 女奁田之说；王银保为浩贤亲内侄，日侍浩贤病榻，直至临终，从未
> 见写遗嘱；陈佛根系浩贤亲表弟，浦企棠系浩贤亲侄，浦柏棠系浩贤
> 从侄，遗嘱上列名签押，而本人均不知情，声明实被捏名，万不承认。

判决意见如下：

> 易浦氏于奁田三十三亩一分内提田七亩给与浦金氏，为贴补伊
> 父丧费，余田二十六亩一分，由浦金氏、浦仁芝交还易浦氏执业，
> 讼费着原被告分缴。

在另一起江阴地方审判厅民庭之"判决范倪氏呈诉离婚案"中，范倪氏请
求离婚，其与其母倪胡氏都同意将家族拨付的两亩一分奁田贴于女婿，作为
"女儿离婚之费"，如官方不许离婚，其母即要求夫家将奁田由单交出由其领回。
对于该案，江阴地方审判厅的最后判决是："不得离婚，奁田也不得收回"。[1]

在"仓田"案中，所涉奁田的法律权属显然很不明确，出嫁女之父亲及

---

〔1〕《江苏司法汇报》第 6 期，1912 年 10 月 1 日。转引自张佩国：《近代江南乡村地权的历史人类学研究》，上海人民出版社 2002 年版，第 238～240 页。

其亲族对随嫁奁田可以随时主张收回。而在"范倪氏呈诉离婚案"中，其母的主张尽管未能得到支持，但也表明，其母家认为奁田可以随时收回。江苏扬州胥浦101号汉墓出土的封检中也记载有案例如下：[1]

> 妪言公文年十五去家，自出为姓，遂居外，未尝持一钱来归。妪予子真子方自为产业，子女仙君弱君等贫毋产业，五年四月十日妪以稻田一处桑田二处分予弱君，波田一处分予仙君。于至十二月公文伤人为徒，贫无产业，于至十二月十一日仙君弱君各归田于妪，让予公文，妪即受田以田分予公文，稻田二处，桑田二处，田界易如故，公文不得移卖田予他人。

在《清史稿·列女》所载的一则案例中，浙江桐乡濮氏女由于违背其母之意愿为其父置妾生子，"母憾女，尽收田宅、奴婢、什物，驱就他舍，屏勿复相见"。其女"乃骤贫"。[2]

该上述汉代案例中，仙君、弱君二女是将所得奁田"归田"于其母家，而濮氏女案例中，其母是强行收回其随嫁奁田，这都反映出出嫁女所得奁田之法律权属的不清晰、不确定性，而奁田最终回归母家都属偶然。即母家保留了随嫁奁田的最终处分权。

从本文的研究可以看出，在传统中国，尽管出嫁女之奁田权益实现模式从未能形成定制，但多种类型的奁田收益权的存在，至少也可以为当前出嫁女土地纠纷提供些许思考乃至解决问题的空间。限于篇幅，基于本文对现代出嫁女权益纠纷的可资借鉴的讨论将另文详述。

---

〔1〕　李均明、何双全编：《散见简牍合辑》，文物出版社1990年版，第106页。
〔2〕　《清史稿·列女》。

传统中国强制作证制度及其价值追求[*]

蒋铁初[**]

在证据技术不发达的中国古代社会，证人证言对于诉讼中查明案件事实有着非常重要的作用。但在古代中国，人们又以"无讼"为信条，不愿在诉讼中充当证人。于是矛盾就出现了：一方面，大量的诉讼事实需要有证人作证才能查清；另一方面，证人又普遍不愿意作证。面对这一矛盾，古代中国司法官员运用传统法智慧做出了自己的探索。而证人不愿作证对诉讼活动的消极影响直到今天依然存在，因此研究古代中国如何解决证人不作证问题，具有重要的现实意义。本文将从强制证人到堂制度、刑讯证人制度两个方面来考察古代强制证人作证的制度与实践，进而分析这一制度背后的价值基础及其对现今司法的借鉴意义。

一、古代中国强制证人作证的制度与实践

（一）强制证人到堂的制度与实践

1. 强制证人到堂的相关制度

在通常不接受书面证言的古代社会，证人作证的前提是审判进行时证人能够在公堂出现。因此，强制证人到达审判场所，就是强制证人作证的第一步。中国古代的司法实践中虽然很早就有强迫证人到堂的记载，但相关的制度规定却难得一见。最早专门规范强制证人到堂的制度，笔者目力所及的是在宋朝的法律中确立的。《宋会要》载："北宋天禧二年诏，如勘罪人供出重要证人时，军巡院应该据公文呈报，并具姓名，人数及所证事状，申府勾追，

---

　　* 本文系"治中国化研究中心基金项目"课题（编号：乙 A33）之阶段性成果。
　　** 浙江财经学院法学院副教授，法学博士，博士后，杭州师范大学法治中国化研究中心兼职研究员。

候诏证毕，无非罪者，即时释放。"[1]

对证人到堂，宋代实行勾追制度。具体执行机构是军巡院，批准机关是地方各府。宋徽宗下诏称："品官犯罪，三问不承，即奏请追摄；若情理重害而拒隐，方许枷讯。"[2]这说明对于高官犯罪的案件，若欲追摄证人，还需皇帝批准。从上述规定看，勾追制度与逮捕囚犯的制度还是有所区别的。一方面逮捕囚犯的制度是在法典《捕亡律》中规定的，而勾追制度是通过诏书体现的；另一方面，逮捕囚犯可以由最基层的司法机关决定实施，而勾追证人则须经过较高级别的司法机关——府的批准方可实施。立法的差异表明立法对于勾追证人持较为谨慎的态度，以防止勾追制度伤及无辜，毕竟证人与囚犯还是有区别的。不过，宋代的军巡院只在京师地区及少数重要的地区才设立，对于没有军巡院的地区，其勾追证人是如何实施的，则缺乏制度性规定。

清代法律中亦有强制证人到堂的制度，但与宋代法律不同的是，清律将证人到堂的程序规定与犯人到堂程序作出了相同的规定：

> 应讯犯证人等，如实系患病，该管官亲验属实，出具印结，先期报部展限。如有在屯居者，计程远近，给限送部，仍先期报明。如限满不到，亦将该管官及该差派领催一并参处办理。案内要犯要证，如果患病沉重，势难鞫讯起解者，该管上司委正印官确验，将所患何病，具结申报，方准展限，每案统计病限，总不得逾三个月。

立法既然将证人与犯人视同一体，因此其到庭的方式应与犯人一样，即通过官府的逮捕方式来实现的。这是清代法律忽略证人与囚犯不同诉讼地位而导致的结果。

2. 强制证人到堂的相关实践

证人虽然早在秦代以前的诉讼中就已发挥证明作用，但是一直到秦代的司法实践中，都未见强制证人到堂的记载，汉代司法实践中才有逮捕证人到堂作证的情形。《史记·张耳陈余列传》载：

> 汉九年，贯高怨家乃上变告之。于是上皆并逮捕赵王、贯高等。贯高独怒骂曰："谁令公为之？今王实无谋，而并捕王；公等皆死，

---

[1] 《宋会要·刑法三》。
[2] 《宋史·刑法一》。

谁白王不反者！"乃槛车胶致，与王诣长安。治张敖之罪。上乃诏赵
群臣宾客有敢从王皆族。贯高与客孟舒等十余人，皆自髡钳，为王
家奴，从来。贯高至，对狱，曰："独吾属为之，王实不知。"吏治
榜笞数千，刺剟，身无可击者，终不复言。

本案中刘邦要审查赵王张敖谋反之罪，将贯高与孟舒等十余人全部逮捕，
可见当时有逮证做法。不过，本案有一定的特殊性，因为贯高与孟舒等十余
人本身亦可能参与谋反，他们对于赵王谋反案而言既是证人，亦可能是共犯，
逮捕他们与逮捕被告人并无区别是自然的。但是另外一份记载表明汉代对普
通证人亦实行逮捕到堂作证。《史记·酷吏列传》载："杜周为廷尉，章大者
连逮证案数百，小者数十人；远者数千，近者数百里。会狱，吏因责如章告
劾，不服，以笞掠定之，闻有逮者皆亡匿。"一次审案逮证数十乃至数百，这
些被逮者不可能都是嫌疑犯或污点证人。由此可以看出汉代诉讼中逮证具有
普遍性。当然，若证人具有特殊身份，如欲使其作证，只能依其自愿，而不
可以逮捕到堂。《史记·绛侯世家》载："人有上书告勃欲反，廷尉逮捕勃治
之。勃以千金与狱吏，狱吏乃书牍背示之，曰'以公主为证'。"本案中犯人
所引证人贵为公主，史书虽未载具体的讯问方式，但从史料载廷尉逮捕周勃
治之，却无逮捕公主的记载，可见司法中无此做法。

通过逮证保证证人到庭的做法在很多时候都存在，明代证人到庭的方式
也是如此。《明史·王献臣传》载：

> 谢迁言："事当从众，若一二人言，安可信？"（刘）健等言众
> 证远，不可悉逮。帝曰："此大狱，逮千人何恤。苟功罪不明，边臣
> 孰肯效力者？"健等再四争执，见帝声色厉，终不敢深言。

对于众证到庭，用的方式是逮捕，与被告人到庭的方式相同。当然，强
制证人到场并不一定非得用逮之法，如案件并不重大，司法者亦会通过传唤
的方式令证人到堂作证。《折狱龟鉴》载：

> 唐李德裕镇浙西。有甘露寺主僧诉交割常住物，被前主事僧隐
> 没金若干两，引证前数辈，皆还相交割，文籍在焉。新受代者已服
> 盗取之罪，然未穷破用之所。裕疑其非实，僧乃诉冤曰："居寺者乐
> 于知事，前后主之者，积年以来空交分两文书，其实无金。众人以

某孤立，不狎辈流，欲乘此挤排之。"因流泣，不胜其冤。德裕恻然
曰："此不难知也。"乃以兜子数乘，命关连僧入对事。坐兜子中间，
门皆向壁，不得相见。各与黄泥，令模前后交付下次金形状，以凭
证据。而形状皆不同。于是劾其诬枉，一一伏罪。[1]

本案证人到堂的方式为命令。官府通过被告人叙述案情，确立了证人身
份，然后命令相关证人到堂作证。

（二）关押证人的制度与实践

欲保证证人在堂审时能够作证，仅有强制证人到堂制度是不够的。由于
诉讼不大可能在证人到堂当日就完结，因此为了保证已到堂的证人能够随时
候审，古代的司法中还有证人关押候审的制度与实践。这一做法至迟在秦代
便已存在。《史记·樊郦滕灌列传》载："高祖戏而伤婴，人有告高祖。高祖
时为亭长，重坐伤人，告故不伤婴，婴之。后狱覆，婴坐高祖系岁余，掠
笞数百，终以是脱高祖。"夏侯婴作为刘邦伤人一案的证人，被关押岁余，说
明当时关押证人的制度是存在的。汉承秦制，亦是如此。东汉会稽人戴就作
为证人被"被幽囚拷掠"[2]。可见关押证人与关押囚犯无异。当然，本案有
特殊性，即司法者是有意通过迫使证人作伪证来陷被告人入罪。一般情况下，
对普通证人的关押与被告人还是有区别的。

《三国志·吴书·是仪传》载："吕壹诬白刁嘉谤讪国政，收嘉系狱，悉
验问。时同坐人皆怖畏壹，并言闻之。"本案中的刁嘉是诬告案的被告人，时
同坐诸人则为证人，司法官虽对证人皆验问，但系狱的仅有刁嘉一人，可见
在关押方面，证人与被告人有异。

明清时期的法律明文允许对某些证人进行关押。《大清律例·故禁故勘平
人》条及例文规定："如有公事干连平人在官，误禁至死者，杖八十。有文案
应禁者，勿论。其余干连人证，即令地保保候审理。"意即平人干连在官，有
不当禁与当禁两种，何种情形属于当禁，沈之奇认为是指"紧要干证难以保
候而应禁者"[3]。说明清律对证人的关押采取了区别对待的做法，对紧要证
人可以关押，而对普通证人则可不予关押。

---

[1] （宋）郑克：《折狱龟鉴译注·李德裕劾僧》，刘俊文点校，上海古籍出版社1988年版，第130页。

[2] 《汉书·戴就传》。

[3] （清）沈之奇：《大清律辑注》，怀效锋等点校，法律出版社2000年版，第987页。

（三）刑讯证人的制度与实践

1. 刑讯证人相关制度

刑讯证人制度始于何时，目前尚缺少权威的资料，但据笔者对早期刑讯的考察，发现当时的法律并未明确规定刑讯只能嫌疑犯，亦有可能刑讯证人。《云梦秦简·封诊式》载："治狱，能以书从迹其言，毋治（笞）谅（掠）而得人请（情）为上；（笞）谅（掠）为下，有恐为败。"[1]文中提到了刑讯，但却未规定刑讯的对象。法律既然将刑讯视为得人情之手段，在笔者看来，刑讯就不应限于被告人，因为刑讯证人或原告亦可能获得案情真实。

到了唐代，法律明确表明证人可以拷讯。《唐律·斗讼·诬告人引虚》规定："诸诬告人流罪以下，前人未加拷掠，而告人引虚者，减一等，若前人已经拷掠，不减，即拷证人亦是。"

宋刑统承袭唐律，因此宋代法律也允许对证人拷讯。不过宋代的诏令关于拷囚制度有了新的变化。宋太祖时诏令"诸州获盗，非状验明白，未得掠治"[2]。而太宗时又诏令"自今系囚，如证佐明白而捍拒不伏，合讯掠者，集官同讯"[3]。被告人在证佐明白的情况下还捍拒不伏，法律才允许对其刑讯。这样的条件是否可以适用到对证人的刑讯方面，是值得怀疑的。我们知道，唐律刑讯囚犯的前提是其罪处在疑似之间，在这样的情况下，刑讯证人亦是可以的，因为刑讯证人亦可能获得证明囚犯之罪的证据。在宋代强调囚犯被刑讯时其罪已经证佐明白，那么，此时若还刑讯证人，则显得多余。倘若在刑讯被告之前，证人的证词是通过刑讯获得的，那么，对证人则显得不公平。连刑讯被告都须证佐明白，而刑讯证人却无需这一条件，显然不合情理。由此可以看出，依据宋代的诏令，证人受刑讯的可能性要低得多。明代亦未见刑讯证人的制度记载。《明会典》记载刑讯条件如下：

> 如各执一词，则唤原告被告干证人一同对问，观其颜色，察听情词，其词语抗厉、颜色不动者，事理必真，若转换支吾，则必理亏，略见真伪，然后用笞决勘，如又不服，然后用杖决勘。[4]

---

[1] 睡虎地秦墓竹简整理小组编：《睡虎地秦墓竹简》，文物出版社 1978 年版，第 246 页。

[2] 《宋史·刑法志》。

[3] 《文献通考》卷一六六。

[4] 《明会典·刑部十九·问拟刑名》，上海古籍出版社 2003 年版，第 155 页。

刑讯前提是受讯人不服，所谓不服，当然是被告对指控其罪不服，证人不存在不服的情形，因此，依据这一规定，明代的证人似亦不受刑讯。清代法律又有刑讯证人的明确记载。清律规定刑讯证人的条件是"犯罪人赃仗证佐皆已明白，干连之人相助匿非，则与不服招承之人俱当用刑"。沈之奇解释，"相助匿非，亦事须鞫问之一端也"。刑讯证人是因为司法者相信证人隐瞒被告人之罪，其目的在于让证人证明被告人之罪。

2. 刑讯证人相关实践

秦时已有刑讯证人的实践。前文引述的刘邦戏伤夏侯婴一案，夏侯婴作为证人，因证明刘邦无罪，而受到掠笞数百的刑讯，可见当时是可以刑讯证人的。汉代也有刑讯证人的做法。前述汉初贯高作为赵王谋反案的证人，受到残酷刑讯。虽然贯高本人参与谋反，属有罪之人。但贯高已承认自己谋反，仍难免刑讯。因此刑讯的目的在于让他证明赵王参与谋反之罪，而不是交代自己的谋反事实。可见贯高是作为证人受到刑讯的。东汉戴就受刑讯时的身份纯粹是证人，相关史料没有记载他有任何犯罪嫌疑，但他作为证人被"幽囚考掠，烧鋘斧，使就挟于肘腋。以大针刺指爪中，使以把土，爪悉堕落"，可见汉代刑讯证人成为常态。三国时期诉讼中证人显然也是可以刑讯的。《三国志》载：

> 礼迁冀州牧。太傅司马宣王谓礼曰："今清河、平原争界八年，更二刺史，靡能决之；虞、芮待文王而了，宜善令分明。"礼曰："讼者据墟墓为验，听者以先老为正，而老者不可加以榎楚，又墟墓或迁就高敞，或徙避仇雠。如今所闻，虽皋陶犹将为难。若欲使必也无讼，当以烈祖初封平原时图决之。"[1]

孙礼在回答司马懿的回话中透露了一个信息，即当时的诉讼若以先老为证，对这些证人是不可以拷讯的，但由此亦表明拷讯普通证人在实践中是广泛存在的。到了隋唐以后，立法已明文允许刑讯证人，相关实践的探讨不再赘述。

（四）强制证人作证的例外

1. 立法上的例外

目前所能见到的在立法上较早规定某些特殊人员不得被强制作证的资料，

---

[1]《三国志·魏书·孙礼传》。

是唐律中的"老幼不拷讯条"。该条规定："其于律得相容隐,即年八十以上,十岁以下及笃疾者,皆不得令其为证。"律疏解释这一规定的理由是："其八十以上,十岁以下及笃疾者,以其不堪加刑,故并不许为证。"对于这些特殊证人,因其不能接受拷讯,因此立法禁止强迫其作证,要求司法者不得强迫其到堂并关押这些证人。除了对老幼疾作为证人禁止强制其作证外,清代立法还规定对于非关键证人亦不必强制其作证。清代法律规定:

> 承审官于听断时,如供证已确,纵有一二人不到,非系紧要犯证,即据见在人犯成招,不得借端稽延,违者议处。[1]

从这一规定可以看出,在供证已确的情况下,对于非关键证人,司法官不得强制其到堂作证。至于何为紧要证人,应指那些若不到堂,主要事实就无法查清之人。

2. 实践中的例外

实践中不得强迫证人作证的做法比立法规定还要早,前述三国时期孙礼的观点表明当时不得刑讯年老证人已成为司法共识。就整个司法实践看来,笔者亦未发现一起强迫年老证人到堂供证的记载。即使有些案件中证人对于事实认定的作用非常重要,官府也通知其到堂,但若证人不到堂,官府亦不会采取强制措施。清人吴宏在审理苏搏先告苏振鹏析产一案中,两造各执一词,需要证人到堂作证。而关键证人查若篯、苏可章却远在芜湖。吴宏便派人到芜湖传两人到庭,但两人年皆八十以上,且住所距案件审理地点非常遥远,司法官员多次发出通知要求其出庭,因为客观情况所限,二人最终没有到庭。[2]本案中证人属紧要证人,不到堂则关键事实无法认定,因此官府才多次传唤其出庭,但证人年过八旬,且路途遥远,确实难以到堂,官府最终亦未强制其到堂。当然,司法实践中有年老之人到堂呈供的情形。中国第一历史档案馆收藏了一份明代民事判牍资料:在谢玉澄、谢道本告争山木的案件中,证人谢祖谋,年七十九岁,且身有眼瞎、疯疾。明律规定,年八十以上或笃疾者不得令其为证。谢祖谋虽年不足八十,但同时患有眼瞎、疯疾两样缺陷,可以算是笃疾。不过本案中的证人到堂方式并不是官府强拘,而是

---

〔1〕《大清例律·刑律·诉讼·诬告》。

〔2〕(清)吴宏:"纸上经纶",载《明清公牍秘本五种》,郭成伟、田涛点校,中国政法大学出版社1999年版,第174页。

应当事人邀请到堂作证，并不违反法律中"不得令其为证"的规定。至于清代立法中对于非关键证人不应强制其作证的规定，在实践中亦得到了遵守。巴县档案记载：

> 同治元年，巴县民人王兴成具报其妹贾王氏被其夫家殴伤致死，在呈词中列王海山为干证。夫家称贾王氏是自缢，王兴成遂具结请验。在检验前依律例应讯问尸亲、证佐与凶犯，但干证王海山不到。不过官府并未因干证不到就停止检验，依然在王兴成具结后实施检验，检验的结果贾王氏为自缢，遂掌责王兴成结案。[1]

本案证佐王海山属控状有名之人，依法应予讯问。但干证不到场，官府的检验并不受影响，原因是本案争议事实——贾王氏的死因通过检验即可查明，证人并非不可或缺，因此其到场与否不影响案件的审理。这是证人作用具有弹性的表现。

二、强制证人作证制度的价值追求及现实意义

（一）强制证人作证制度的价值追求

1. 发现真实

发现真实是中国古代诉讼中的重要追求，是证据法的主要追求。在侦查技术还不发达的古代社会，证人对于事实真相的发现作用远大于现今社会。许多案件事实的认定都是依据证人证言。《隋书·裴政传》载：

> 右庶子刘荣，性甚专固。时武职交番，通事舍人赵元恺作辞见帐，未及成。太子有旨，再三催促，荣语元恺云："但尔口奏，不须造帐。"及奏，太子问曰："名帐安在？"元恺曰："禀承刘荣，不听造帐。"太子即以诘荣，荣便拒讳，云无此语。太子付政推问。未及奏状，有附荣者先言于太子曰："政欲陷荣，推事不实。"太子召责之，政奏曰："凡推事有两，一察情，一据证，审其曲直，以定是非。臣察刘荣，位高任重，纵令实语元恺，盖是纤介之愆。计理而论，不须隐讳。又察元恺受制于荣，岂敢以无端之言妄相玷累。二人之情理正相似。元恺引左卫率崔蒨等为证，蒨等款状悉与元恺符

---

[1] 《巴县档案》，卷宗号：6-5-1401。

同。察情既敌，须以证定。臣谓荣语元恺，事必非虚。"太子亦不罪荣，而称政平直。[1]

　　上述案例表明关键证人能够对事实查明起到不可替代的作用。因此，古代法律特别强调知情者应到堂作证。古代法律对于强制证人到庭的及关押乃至可以刑讯的规定，其目的只有一个，就是为了保证证人能够陈述实情，从而有利于案件真相的查明。可见，发现真实的价值追求是强制证人作证制度的形成动因。因此在证人不愿意作证时通过强制手段迫使其作证就有了法理上的依据。

　　证人到堂并关押证人的制度已能保证证人作证，却为何还有拷讯证人的制度设计？在考察古代的立法以后，笔者认为是因为立法者认为倘若证人不可以拷讯，则其证言的真实性没有保证。前引《三国志》所载孙礼的言论即表明这一观点，后来立法禁止老幼疾之人作证都是出于同样的理由。至于立法者为何认为证人不经拷讯便很难言实情，是因为证人言实情会给某一方当事人带来不利后果，担心受到该方当事人报复，因此不敢言实情。而对证人刑讯则给证人提供了言实情的理由——不言实情便会受到刑讯。《牧令书》记载：

　　　　证佐不言者，非不言也，不敢言也。言则情见者必出而与之为难，是则代人受祸，故不敢言。然则如之何而可，曰："再三鞫之，摔而下之，将杖而不的决焉，或者犹敢言乎，何者，彼有词于情见者，曰：'吾固不言'，而杖及之，固不得不言，如是情见者其谅之乎。"[2]

　　司法官员以将欲刑讯迫使证人陈述实情，这一做法成为证人对抗当事人的借口，有利于促使证人陈述实情。证人不如实作证还有另外一种可能，即证人出于袒护一方当事人而故意作伪证。证人之所以袒护一方当事人，既可能是因为他们有亲属关系，也可能是受到一方当事人的贿赂。诚如清人袁守定指出的那样："如证佐可凭也，而多贿托"[3]，鉴于证人会因偏袒而作伪

---

〔1〕《隋书·裴政传》。

〔2〕（清）徐栋：《牧令书·卷十七·刑名上·听讼》，引自《官箴书集成》（第7册），黄山书社1997年影印本，第382页。

〔3〕（清）徐栋：《牧令书·卷十七·刑名上·听讼》，引自《官箴书集成》（第7册），黄山书社1997年影印本，第382页。

证，立法者选择刑讯证人来抵消其作伪证的倾向。既然作伪证可能会受到刑讯，证人就得在作伪证获利及受刑讯两者之间作出选择。相反如没有刑讯，证人则更可能倾向于作伪证。尽管古代立法有证人作伪证的事后处罚，但证人对此种潜在处罚的担忧远不及眼前的刑讯更能影响他的选择。既然证人只有在拷讯后其陈述才是可信的，那么，为了保障证言的真实，制度上允许对证人进行拷讯同样具有了合理性。为此，实践中迫使证人作证的做法自然会屡见不鲜。有时司法者甚至会违反立法强制性规定，迫使依法享有拒绝作证特权的证人作证，以发现案件真实。清人蓝鼎元在《鹿州公案》中记载：

> 杜宗城之妾郭氏投水身死，验郭氏有被殴之伤，讯之杜宗城之幼女阿端："阿贵因何事得罪汝母，汝母因何事捶打阿贵，汝不实言，割汝舌矣。"拔小刀置案上。言因偷糖被宗城之妻林氏用棍殴，官据阿端词在林氏房门后将小木棍携出，与郭氏所受伤相验符合。讯问林氏，坚不吐实。命刑之，林神色不变；拶其指，拷之二十亦不承。宗城乃谓妻曰："事已难欺，实言可也。"于是林氏乃据实直言："因郭氏偷糖四五斤，我怒以掌连批其左右颊，郭氏犹强辩，乃以木棍击其左手、右臀、两脚腕。"[1]

本案中的证人阿端只有 5 岁，属不得令其为证的老幼疾之人；且又为被告人林氏亲生女，享有同居相隐不为证的特权。但司法者不仅迫使其作证，而且还通过恐吓的手段迫使其陈述实情，与立法精神严重相违，但非如此不足以发现真实。可见，正是对发现真实的追求才导致司法者突破立法规定向特殊证人取证。

2. 获得结案证据

发现真实是强制证人作证制度的主要价值追求，但并非全部。我们知道，在明清立法中，法律规定在当事人之罪已被查到赃仗证佐明白的时候还允许刑讯当事人及相关证人。此时司法官对事实已有认定，但证人证词与其认定的事实不一致，故而须强迫证人作证，以保证证据材料一致，从而使案件得结。古代诉讼中尤其是刑事诉讼的事实认定，很少认可优势证据标准。事实的认定都强调供认不讳，众证已明，那么，若有个别证人证词相反，则可能导致案件无法审结。刑讯证人只是为了让其证明被告之罪成立。《徐公谳词》

---

[1]　（清）蓝鼎元撰：《鹿州公案·尺五棍》，群众出版社1985年版，第229页。

记载：

> 刘隐贤自缢身死，其弟刘隐芳控是因与蒋又恒争坟界而于蒋家门口自缢，蒋则反诉刘隐贤死于自家，是刘隐芳扛尸图赖，并引查尔顺为证。县审定刘隐芳图赖之罪。招解到府后，致府提审，徐士林认为刘蒋两家相距二十余里，抬尸远行，岂无他人看见，而独一异乡之查尔顺于恰好撞遇？即其悬梁室内，扛移出门，妻子宁不悲号，邻佑何无知觉，县隐贤既无沉疴之疾，又无横逆之加，何至家中自缢。扛尸图赖之说诞而不经。刑讯查尔顺，查尔顺始则茹刑狡展，及加严讯，则以昏夜错看为词，游移混供。遂否定了县审事实。[1]

本案中徐士林已经认定蒋又恒反诉刘隐芳扛尸图赖的主张诞而不经，但因查尔顺作证称见到刘隐芳扛尸于途。案件的证据没有取得一致，案件无法结案。因此刑讯查尔顺，最后证人否定了自己的证言，从而致案件得结。可见本案中强制证人作证只是为了完善结案所需要的证据体系，而非是为了发现真实。

（二）强制证人作证的现代意义

在中国古代的诉讼中，因证人对于案件真相的发现具有无可替代的作用。因此，为了保证证人能够作证并且不作伪证，立法允许强制证人到庭、适当关押证人并且在一定情况下刑讯证人。反观现代社会的诉讼，由于侦查技术及物证技术不断提高，证人的作用与古代社会相比明显减小，但无论如何，证人作用都不是可有可无的。有些案件事实的认定依然需要证人作证。因此，古代社会强制证人作证的制度与实践在现代社会就仍具借鉴作用。不过，对中国古代的强制证人作证制度我们应一分为二的分析，不可盲目照搬。在借鉴这些制度时应考虑与其相关的法律制度。具体而言，可以从三个方面来考察中国古代强制证人作证制度对于现今诉讼的意义。

1. 刑讯证人绝不可行

刑讯证人制度在古代存在的前提是刑讯合法。既然嫌疑人可以刑讯，那么刑讯证人也就并非不能容忍。在中国古代，刑讯证人的目的有二，一是发现真实，即通过刑讯迫使证人陈述实情。考察古代司法的历史，我们发现，

---

[1] （清）徐士林撰，陈全伦等主编：《徐公谳词》，齐鲁书社 2001 年版，第 146 页。

虽然刑讯证人的现象在古代非常普遍，但我们很少看到普通案件中证人因为受刑讯而陈述真实。从史料记载来看，古代刑讯证人多发生在司法者欲陷人入罪的场合或至少是有罪推定的场合。可以这样认为，刑讯证人对发现真实的意义极小。而且，若证人不堪刑讯，则很可能作出伪证，从而更不利于事实真相的发现。至于刑讯证人的另一个目的，补充有罪证明的证据体系。这一点在现今的诉讼中已无存在的空间。因为现代诉讼强调无罪推定，司法者不得因为事先存在一个预判而要求证人必须作出某种他们需要的陈述。这样一来，刑讯证人以获得有罪证据的目的便不允许在诉讼中存在。况且，现代法律已明确禁止任何形式的刑讯，因此，刑讯证人这一做法在当代绝不可行。

2. 强制证人到庭可以试行

对于诉讼中涉案证人的到庭方式，目前的做法是通知其在开庭时出庭作证。这一做法适用的前提是证人愿意作证。若相关证人不愿意作证，则要视情形采取相应的措施。

首先，若证人确实目睹纠纷事实，与当事人之间亦无利害关系，作证对其本人亦无风险，不作证仅因为证人缺乏法律意识及公德意识，奉行事不关己、高高挂起的态度，对此种证人应首先进行说服教育，强调证人作证是义务而非当事人的自愿行为。若说服教育效果微弱，则可采取强制措施，在开庭当日拘传证人到庭作证。其次，若证人不愿意作证是因为具有可以同情的理由，如惧怕当事人报复或者证人与当事人具有某种特定关系或者证人因自身原因作证非常困难，那么则不能一刀切地强制证人到庭作证，而应区别对待。现今诉讼法强调凡是知晓案件事实的人皆有义务作证，这一做法与中国传统法律精神相冲突，亦与西方国家的法律要求不一致。在中国古代法律中，证人与当事人有亲属关系的，对当事人的不法行为可以拒绝作证，这是符合人之情理的规定。2011 年刑诉法修正案已经正式规定司法机关不得强迫近亲属出庭作证，这是一个历史的进步。在实践中还应注意不得在出庭以外的场合强迫证人作出对其亲属不利的证言。将来在考虑强制证人作证时，在立法上应明确赋予与当事人有亲属关系的人拒绝作证权。至于中国古代不得令老幼笃疾之人作证的规定，在今天亦不能照抄照搬。古代法之所以强调不得令他们作证，是因为他们不可拷讯，因此证言不可信。今天的法律禁止拷讯任何证人，因此老幼笃疾之人与普通证人的区别已不复存在。故对于那些重要证人，即使属老幼笃疾之人，只要其身体状况允许，依然可以强制其到庭作证。另外，对于那些担心当事人报复的证人，司法者应为他们提供必要的保障措施，让其消除作证的顾虑，减少证人的作证风险。若证人还是拒绝作证，还可以对他们强制措施，迫使其到堂作证。

中国古代强制证人到堂措施的辅助措施是关押证人，这一做法在当今已无实施必要。因为当代社会交通工具发达，证人居所与审判机关所在地并非远不可及，只要在开庭当日对不肯作证的证人采取强制措施，就可以保证证人到庭作证。

3. 惩罚不作证者亦可试行

强制证人到庭，仅是强制证人作证的第一步。一般来说，证人若被强制到庭，通常能感受到国家法律的威严，因此大都会做出真实的陈述。但亦不能排除证人到庭后依然保持沉默或者信口开河。保证到庭证人做证及做出真实陈述，古代社会是通过刑讯来实现的。但是在现代社会，刑讯断不可行。对于证人做伪证，我国现行立法是有应对措施的。但是伪证罪仅限于刑事诉讼中，对于民事诉讼中证人作伪证却无对应措施。另外，证人仅是作出伪证才承担责任，倘若证人拒绝作证，在法庭上保持沉默，现行法亦无可奈何。如何解决证人到庭亦不作证或在民事诉讼中作伪证的行为。笔者建议可设立保证金与罚款制度。具体的做法如下：对于那些接受当事人请求而作证者或是被法院强制拘传而作证者，在其作证前要求其做出保证，前者要保证陈述实情；后者如不愿意作证，则应保证其确实不知情。法院同时告知其知情不作证的后果或作伪证的后果，并向其收取保证金若干。在案件审结后或者经过一个法定期间后，若证人确因为不知情不作证或作出了真实陈述，则返还保证金。若查明证人知情而拒绝作证或故意作出虚假陈述，则保证金不予返还，没收充公。若作伪证的情节严重到触犯刑律的，则依据刑法给予制裁。

传统中国赋役减免制度的
亲属伦理旨趣及启示*

胡荣明**

今日中国已悄然进入了一个"税感"时代。这种"税感"既有纳税人权利意识觉醒，更有民众的"税感焦虑"。由纳税所引起的"税痛"，对纳税人及其家庭的切身利益构成了严峻而直接的影响，已然成为人们日常生活中必须面对的主要痛感之一。从近年民众对个税减除费用标准调整的高度关注，到个税以家庭为征收单位的极力呼吁，再到去年对"月饼税"、"加名税"的争论，都一定程度上反映了这么一个问题：国家税收政策缺乏对纳税人家庭情势的考虑，引起民众普遍不满。[1]如何消弭民众的不满和抵触，方法自然不止一种。但不论何种方法，未来中国个人税负法制建设一定要能"善体人情"、"原情立法"。

"体"什么"情"？就是中国儒家所倡导的"父慈子孝"、"夫义妇顺"、"兄友弟恭"的亲属伦常之情，或曰亲属伦理。这"情"因为与社会关系、秩序、风俗、习惯、观念意识紧密相连，是社会结构的粘合剂，其地位和作用之重要自然是不言而喻的，因而也是立法者不得不正视的。那么，这种"情"如何具体贯彻到个人税负法制建设中去呢？西方民主法治国家对此已有很好的举措，近现代以来中国的个人税负法制建设也积累了很好的经验，笔者均另有专文论及。其实传统中国君主专制政体下的赋役制度，虽因种种弊

---

* 本文系"法治中国化研究基金项目"课题《公民纳税义务的伦理审定及其法理依据》（编号：乙 C06）之阶段性成果。

** 杭州师范大学法治中国化研究中心研究人员，史学硕士。

〔1〕"与购房契税重复、婚前房产证加名征税有违公平"，载 http://house.china.com.cn/bookview_432296.htm，访问时间：2012 年 9 月 12 日。林文俏："'月饼税'应考虑人文关怀"，载 http://theory.people.com.cn/GB/15591026.html，访问时间：2012 年 9 月 12 日。

端而备受近人诟病[1]，但也有许多人道的人伦的良制值得我们认真借鉴。基于对父母子女之间双向的慈孝、亲爱、尊敬、依恋的关系和感情的尊重，历代统治者乃"因势利导"，设计制定了一系列涉及亲属伦理的赋役减免制度或惯例。这些制度或惯例所体现的理性和价值，并不因为它们曾为"封建君主专制统治"所利用而失去其意义。在举国皆感"税痛"而纳税人意识日渐觉醒的今天，重新检视传统中国赋役减免制度中亲属伦理旨趣，省思其中所体现的价值与理性的现代意义，无疑能为未来中国的个人税负法制建设提供重要的参考借鉴。

一、传统赋役减免制度的亲伦选择

在传统中国，父母子女之间的"慈孝"之情（亲情）是整个社会政治体制的现实情感基础。这种亲伦之情可以说注入、渗透甚至主宰了中国古代各种政经体制的设计。而传统中国的赋役制度特别是相关减免制度正是贯彻此种亲伦之情的产物。一方面，这种"慈孝"之情讲究的是父母子女之间物质上的抚育和供养，用中国古人的话说就是"仰足以事父母，俯足以畜妻子"；另一方面，传统中国更将此种亲情推而及于五服以内之亲属。所以，国家为考虑百姓家户"仰事俯畜"之事，便设计制定了一系列相关减免规定，而为了奖励亲属间的节孝及大家族的"同居义居"等，国家不仅对这些善言嘉行给予很高的道德奖励，而且以减免赋役作为手段而试图将此种道德伦理观念推广开来。以下我们先来讨论国家为使百姓仰事父母而实行的赋役减免制度。

（一）因"仰事父母"义务的减免

中国古代养老免役或曰侍丁免役之制度长盛不衰，格外受到历朝历代的重视，且著为常式。[2]古代中国可能早在周代就出现了免征其子孙力役以便侍养老人的行政制度或惯例[3]，但给侍免役奖励之制在汉代则显然已经成了一种主要的赋役减免制度。如汉文帝时期为礼待高年之人，而规定"九十者一子不事，八十者二算不事"[4]。汉武帝建元元年（公元前 140 年）夏四月

〔1〕 参见李炜光："皇权专制的赋税之弊"，载 http://www.tecn.cn/homepage/liweiguang.htm.

〔2〕 长期以来，史学界对于养老免役或侍丁制度进行了比较细致的研究，这些研究梳理了各朝代侍丁制度的发展演变情况，同时更将此制视为中国古代尊老敬老养老之孝亲文化观念的重要表现，相关论文非常多。但是，本文将从赋税理论的角度对侍丁免役等相关制度作出新的解释和评价。

〔3〕《礼记·王制》载："八十者，一子不从政（征）；九十者，其家不从政（征）；废疾非人不养者，一人不从政（征）。"

〔4〕《汉书·贾山传》。

己巳诏规定"年八十复二算，九十复甲卒"。以上"一子不事"与"复甲卒"大致同义，也就是免除包括徭役在内的"土徒役"。可见，汉初年入九十可配给一名侍丁，而年届八十亦可免除子孙一定差役，而留在家里侍养。三国孙吴时期也有年八十给侍"复算"的制度。北魏时的侍丁免役之制更为宽松，有"民年八十以上，听一子不从役"之制，即年入八十就配给一名侍丁。北周时亦然，更规定："百年者，家不从役；废疾非人不养者，一人不从役。"〔1〕北周的免役规定的特殊之处倒不在于有百岁之人可举家不从役，而在于如果父母有残疾生活不能自理的话还可以免除一人劳役以便照养，这与以前的免役制度相比，似乎与《礼记》之教义更为接近。

　　唐代的侍丁免役之制更为完善，而且还定于常令之中，而非依皇帝临时恩诏之减免，即所谓"依令，侍丁免役，惟输调及租"〔2〕。唐制规定，双亲年老，应有一丁不役而留家侍养："男子七十五以上，妇人七十以上，中男一人为侍。八十以上以令式从事。"这里所谓"令式"就是《户令》："诸年八十及笃疾，给侍一人；九十，二人；百岁，五人。皆先尽子孙，听取近亲，皆先轻色。无近亲，外取白丁，若欲取家内中男者并听。"〔3〕但须将此侍丁绘出图像在官备案，并且须三年一重绘。这种特殊身份核查甚为严密〔4〕。《旧唐书·食货志上》又有所谓"其侍丁孝假，免差科"，盖即指此。但"孝假"不知何指，大概是指为父母守丧三年期内免役，因为《新唐书·食货志一》也有所谓"侍丁孝者免徭役"，所指大约类似。宋朝在侍丁免役或曰给侍制度方面很大程度上沿袭了唐制。明道二年（1033 年）二月诏："其父母年八十者，与免一丁，著为式。"〔5〕嘉祐四年（1059 年）十月诏："民父母年八十以上复其一丁。"〔6〕侍丁被免除了赋役。《宋刑统》指出："侍丁，依令免役，唯输调及租。"〔7〕其中，"役"即力役、职役。事实上，宋代免除侍丁的不仅是"役"，有时还包括一些赋役。南宋孝宗淳熙二年（1175 年）诏："应人户有祖父母父母年八十以上，与免户下一名身丁钱物。"〔8〕

---

〔1〕　以上均参见《南朝齐会要·民政·复除》。

〔2〕　《唐律疏议·名例三》疏议。

〔3〕　《新唐书·食货志一》，《唐令拾遗·户令》。

〔4〕　《唐会要》卷八十五。

〔5〕　（宋）李焘：《续资治通鉴长编》卷一一二，中华书局 1992 年版，第 2605～2606 页。

〔6〕　（宋）李焘：《续资治通鉴长编》卷一九〇，第 4595 页。

〔7〕　（宋）窦仪等：《宋刑统》卷三《名例律》，法律出版社 1999 年版，第 53 页。

〔8〕　《宋会要辑稿·食货》六十六之十五。

明清两朝也沿用了侍丁制度。明朝建国之初，洪武元年（1368 年）八月便宣布："民年七十以上者，许令一子侍养，免其差役。"[1]明太祖之后的几代朝廷也延续了这一政策。永乐二十二年（1424 年），扩大了保障范围，规定"民年七十以上及笃废残疾者，都许一丁侍养。不能自存者有司赈给"。天顺八年（1464 年）又强调，"凡民年七十以上者，免一丁差役，有司每岁给酒十瓶，肉十斤"[2]。清朝统治者也延续了这一政策，清政府规定："军民七十以上者，许一丁侍养，免其杂派差役。"[3]另外，赋役减免之重养老还表现在子孙居丧期间亦可以免役。总的来看，传统中国的养老免役之制乃是越来越宽松，享受侍养的年龄总的来说呈放宽的趋势。接下来让我们继续讨论国家为满足百姓俯畜妻子而施行的减免制度。

（二）因"俯畜妻子"义务的减免

就现有资料看，管子是第一个提出要运用赋役减免制度以达到"恤幼"目的的思想家。《管子·入国》谓："有三幼者，妇无征，四幼者尽家无征，五幼又予之葆，受二人之食，能事而后止，此之谓慈幼。……士人死，子孤幼，无父母所养，不能自生者，属之其乡党知识故人，养一孤者，一子无征。养二孤者，二子无征。养三孤者，尽家无征。"可见，此处所谓"恤幼"行为包含两个不同层面，一种称为"慈幼"，一种称为"养孤"。因此，慈幼免役可以理解为国家着意减轻百姓征役之负担以帮助其完成抚育婴幼的任务，而养孤免役则旨在特别奖励那些领养"孤幼"的行为。当然，这里的孤幼似乎仅限于士人之后。

在管子提出慈幼免役、养孤免役之后，历代也推行过一些相应制度。如汉代有怀孕产子而免除一定赋役的规定，汉高祖七年（公元前 200 年）春，诏"民产子，复勿事二岁"[4]。又据《晋书·食货志》谓，汉光武帝时有"民有产子者复以三年之算"的政策。章帝元和二年（公元 85 年）时，"令诸怀妊者赐胎养谷，人三斛，复其夫勿算一岁。"[5]一般来说，所谓"复"，如不具体注明"复租税"或"复勿事"时，应指兼免赋役徭役二者。这种减免往往带有奖励性质，一般是为鼓励人口增殖而采取的临时性政策。又如南

---

〔1〕《明实录》明太祖实录卷三四之三。

〔2〕（明）李东阳等纂：《大明会典》卷八十，《养老》。

〔3〕雍正官修：《大清会典》卷六十八。

〔4〕《汉书·高帝纪》。

〔5〕《后汉书·章帝纪》。

齐有新婚、产子免除一定赋役的规定。[1]南宋也有在孕妇妊娠期内，可蠲免
其丈夫的杂色差役的制度。如高宗绍兴十一年（1141 年）就规定："乡村之
人，无问贫富，凡孕妇五月，即经保申县，专委县丞注籍，其夫免杂色徭役
一年，候生子日，无问男女，第三等以下给义仓米一斛，县丞月给钱十千，
专掌附籍。"[2]宋代杂色差役名目较多，孕妇丈夫蠲免杂色差役，就可更专心
地照顾产妇，这对鼓励生育发挥了重要作用。但总的说来，恤幼免役之制一
般较为凌乱，且为鼓励人口增殖而施行的临时政策。历代废行不一，缺乏一
贯性。

（三）因"同居义居"嘉行的减免

除了前两种减免规定外，中国古代对"同居义居"或孝子顺孙、义夫、
节妇等嘉行也都有减免的惯例与规定。如汉惠帝四年（公元前191 年），令
"举民孝弟、力田者，复其身"[3]。隋代亦有"有品爵及孝子、顺孙、义夫、
节妇并免课役"[4]之制。唐代对孝子顺孙节妇及其同籍者等也是规定可以免
役，但并未见免赋之说。所谓"……孝子、顺孙、义夫、节妇、同籍者，皆
免课役"[5]。此制《通典》亦有类似记述，"诸孝子、顺孙、义夫、节妇，
志气闻于乡闾者，申尚书省闻奏，表其门闾，同籍悉免课役"[6]。在这个规定
中，有一点值得我们特别的注意，就是同籍者可以"免课役"。此为开元七年
（公元719 年）及二十五年（公元737 年）所定之制，但"其同籍者并免课
役"[7]似为前代所无。此后，唐代政府为奖励多丁同居而减役。天宝元年
（公元741 年）令"其一家之中，有十丁以上者，放（免）两丁征行赋役；
五丁以上放一丁"。广德元年（公元763 年），又放宽为"三丁放一丁"。盖
因在此之前"户高丁多"者徭役负担太重，人民纷纷以"别籍异居"来"规
避丁役"，故有此改革，旨在"令同籍共居以敦风教"[8]。宋代也对孝子顺孙
节妇及其同籍者等实行免役而不免税。《天圣令·赋役令》记到"诸孝子、顺
孙、义夫、节妇，志气闻于乡闾者，具状以闻，表其门闾，同籍悉免色役"。

---

〔1〕《南朝齐会要·民政·复除》。
〔2〕（宋）李心传：《建炎以来系年要录》卷一三九，中华书局1956 年点校本，第1484 页。
〔3〕《汉书·惠帝纪》。
〔4〕《隋书·食货志》。
〔5〕《新唐书·食货志一》。
〔6〕《通典》卷六，《赋税下》。
〔7〕《唐六典》卷三，《户部郎中员外郎条》。
〔8〕《唐会要》卷八十三。

这些制度与唐代相比虽然有这些小的变动,[1]但其基本精神仍是一贯的,就是通过力役减免奖励孝节。另外,宋代对于"同居共财"及"义居"风尚的倡导更是不遗余力,并特别通过减免差役等方法奖励"同居共财"及"义居"。[2]

传统中国的道德鼓励大家族聚族而居,不仅有所谓"十世同居"之"义民"嘉奖,与此同时,国家更于法律内专门设置了"别籍异财"这一罪名来打击那些闹分家析产的"小人"。对此,学术界也是多有讨论,但我们从上面有关"同居","义居"免役等规定来看,国家实际上还在试图通过一种道德化色彩浓厚的赋税优惠政策来达到醇化世风民俗的目的。

二、传统赋役减免制度的亲伦旨趣

就赋役之性质来看,赋役的征收必然影响到家户生产的延续和生活的提高,而更为关键的则是,赋役制度的苛重或不合理很可能会使得百姓"仰事俯畜"之不能完成,从而造成家庭的重负和伦理的危机。因此,如何平衡这征、减之间的关系,便成为封建国家必须思考解决的问题。当然,中国古代的事实是,虽然赋役繁复苛重,但国家仍推行了一系列诸如孝悌力田减免、孝子顺孙节妇减免、养老减免、义居减免、产子减免、丧葬减免等考虑家庭"仰养俯畜"之事以及力求以"敦风教"的减免制度。这些制度的设计与施行大体来说可以看成是封建国家统治者出于以下理由而制定的。

(一) 重视家义务或亲伦义务,赋予家庭亲伦义务一定的优先权或豁免权

中国古代赋役制度的基本原则是"有田则有赋,有丁则有役",但无论是赋是役,都被视作为编户齐民对朝廷的一种贡纳,它们的共同基础是朝廷对编户齐民的人身控制与役使。一般说来,常税或曰赋税是基于耕种国家土地而产生的义务,而劳役则是基于人身依附而产生的义务,其核心是国家对劳动者的直接役使与剥夺。这种役使与剥夺在某种程度上比起常税来说,对于家庭生活的冲击可谓是更直接的,特别是繁重的征役之直接后果就是家庭完整生活的破坏。因为,对国家的劳役义务与对家庭的亲伦义务在这里是有直接冲突的,两者是此消彼长的关系。

人之所以为人,是因为一出生甚至还没有出生便有家庭和亲属关系之法

---

〔1〕　参见戴建国:"天一阁藏《天圣令·赋役令》初探"(上),载《文史》2000 年第 53 辑,第 143、144 页。

〔2〕　参见柳立言:《宋代的家庭和法律》,上海古籍出版社 2008 年,第 351~352 页。

则的保护与束缚。此法则要求人类要完成的第一义务，即相生相养，因为这是人类繁衍、种族生息之所必须。为了保护、帮助家庭实现此种相生相养之义务，或曰培植一种符合国家之整体长远需要的、"守望相助，出入相扶持"的理想人际关系和人际感情，国家就需要在征收赋役过程中，以维持家庭关系的和谐与保证血缘伦理义务的实现为目标，主动地考虑民户之家庭，在国家赋役制度面前赋予个人亲伦义务一种优先权或豁免权。孟子就说过："彼夺其民时，使不得耕耨以养其父母，父母冻饿，兄弟妻子离散。彼陷溺其民，王往而征之，夫谁与王敌！故曰：仁者无敌。"[1]显然，孟子认识到了徭役的弊端，因为征发破坏农时，干扰家庭生产的正常进行，并扰乱了整个家庭生活。正是从这个意义上说，统治者才特别注重减免徭役。

　　以侍丁免役之制为例，在中国传统社会，孝道是第一位的，所谓"孝子之于亲也，爱之以心，事之以财"。但与财养相比，其实更重身养，即陪在父母身边以终其老。而徭役则意味着将子女从父母身边临时性的抢走，这被认为是对孝道的一种很大的亏欠，常税或曰土地税如果征收过于苛重当然也会被指责破坏百姓家庭生活，但终究不如徭役所带来的冲击直接。所以，封建国家为了满足民众孝亲义务的实现，对与此种孝亲义务直接冲突之劳役、差役给予特别的豁免权。实际上，在对涉及"妻子"义务的劳役、差役进行减免时，也多是徭役之减免。又比如中国古代特别鼓励累世同爨，并一次次大规模地表彰累世同居的义门，可以说，这种"以累世同堂、通财合食为美的道德观，在中国的确由来已久"。[2]但是，累世同居亦面临诸多难题，而差役就是同居共财的大敌之一。以宋代为例，由于同居的人数和物业累积愈多，户等就愈高，要负担的差役就愈重，于是就出现了"孀母改嫁"，"亲族分居"、"骨肉不敢义聚而惮人丁"、"兄弟析居以求免"等现象。事实上，政府也知道差役对同居共财的不利影响，因而不惜免除同居家庭一定赋役以倡之。如在言者请禁止父母在子孙别籍异财之时，宋高宗就说："此固当禁，然恐行法有弊。州县之吏，科率不均，民畏户口大而科率重，不得已而为，诚可怜者。"于是，为了鼓励同居乃减免差役。[3]这实际上是国家出于对亲伦义务优先权的考虑而做出的一种差役豁免行为。

---

〔1〕《孟子·梁惠王上》。

〔2〕 参见范忠信、郑定、詹学农：《情理法与中国人》（修订版），北京大学出版社2011年，第260~263页。

〔3〕 参见柳立言：《宋代的家庭和法律》，上海古籍出版社2008年，第352页。

（二）视家为自治团体，保留家自治和血脉延续之最低限度的资源

从广义上讲，亲属团体或亲属圈也是一种社会组织。在家庭消灭以前，国家大概不得不与这个"自治体"长期共存，不得不正视它为完成血脉延续的必须，当然，完全无视或否认它也是不可能的。因此，国家乃在一定程度上尊重家庭的需要，不将国家的意志和利益完全强加给家庭，并在最低限度内允许家庭保留家自治和血脉延续之最低限度的资源，特别是人力资源。

传统赋役减免制度中的涉亲属伦理规定可以看成是国家把一定的亲属圈视为一个自治团体，视为在一定程度上与国家平等的主体。而且，我国古代思想家在论述赋役制度时，固然承认国家享有绝对征税权，但同时吁请国家应该重视家户"养父母妻子"之实际需要，而对自我的征税权予以一定的节制，并实行赋役减免制度。如孟子便特别强调明君"制民之产"，"必使仰足以事父母，俯足以畜妻子"，与此同时，孟子也特别强调"取于民有制"[1]，也就是说国家赋役取之于民，只能取劳动者的剩余劳动部分，而不能侵犯劳动者仰事俯畜的必要劳动部分，即恒产部分。在孟子看来，赋役对家庭生产的影响有两个方面，首先是赋敛过多，剥夺了百姓的必要劳动产品，劳动力无法维持其再生产。其次就是徭役的征发破坏农时，干扰家庭生产的正常进行，并扰乱了整个家庭生活。正如前引孟子所言，从保护生产、促进家庭生活出发，徭役的征发就必须"不违农时"。

汉武帝的发布"己巳诏"，更是明确地从人类关爱亲属的本性上解释了税赋减免的立法宗旨。诏书说："今天下孝子、顺孙愿自竭尽以承其亲，外迫公事，内乏资财，是以孝心阙焉，朕甚哀之。民年九十以上，已有受鬻法，为复子若孙，令得身帅妻妾遂其供养之事"。[2]可见，朝廷显然认识到民间供养父祖之难、孝心之缺，往往是因为经济上"外迫公事，内乏资财"的缘故。因此，为了使天下孝子、顺孙能"竭尽以承其亲"，朝廷发布"民年九十以上"，其子或孙免除徭役的诏令，从而实现"遂其供养之事"的目的。

（三）家国一体，以家为国之根基，不以国害家，为国家长远利益甚至亏国全家

综合来看，传统赋役涉亲属伦理减免制度不论是出于重视家义务或亲伦义务，而赋予个人亲伦义务一定的优先权或豁免权，还是视家为自治团体，而保留家自治和血脉延续之最低限度的资源，其逻辑起点都是中国古代社会

---

〔1〕《孟子·滕文公上》。

〔2〕《汉书·武帝纪》。

组织的"家国同构"以及由此而来的"忠孝同义"理念。所谓"家国同构"，是指家庭、家族和国家在组织结构方面具有共同性，均以血亲——宗法关系来统领，存在着严格的父权家长制。家族是家庭的扩大，国家则是家族的扩大和延伸。在家国同构的格局下，家是小国，国是大家。父为"家君"，君为"国父"，君父同伦，家国同构。在这个家国结构之中，"孝"被视为一切道德中最根本的道德，所谓"百道之行孝为先"。偌大一个"国"，实际上只是一个"家"（因此才有"国家"或"家国"语）：皇帝是大家长，臣民是子孙；其中官吏又是"子孙"中身份较高偶尔能代"家长"传令者。对这个大家长的"孝"，就叫做"忠"，此即"移孝作忠"。因此，小家之子民为向大家长尽孝尽忠，就必须"出粟米丝麻以奉其上"。

但同时，正如我们上面提到过的，赋役的征收对百姓小家来说毕竟意味着某种财富的减少，甚至会使百姓小家面临"父子夫妇不能相养"之虞而产生某种程度的家庭伦理危机。但在家国同构的社会格局之下，朝廷国家的长远的根本利益乃在于小家之"家君"能完成"父母妻子皆有所养"的责任，更在于百姓家户能仰事父母，孝养父母。因为，一个在小家庭中孝顺家长的人，当然对皇帝这个大家长也能孝顺，所谓"事亲孝，故忠可移于君，是以求忠臣必于孝子之门"。对此，传统中国朝廷为向"子民们"灌输"子道"（即"孝"），除了通过褒奖孝子贤孙，为他们树碑立传，选拔"孝廉"为官或旌表等方式奖励"孝行"外，还通过法律手段严厉打击"不孝"者，这方面的法律非常多，但打击"供养有阙"、"委亲之官"特别值得我们注意。先说"供养有阙"，父母祖父母年老有病，成年子孙应供给饮食，给予生活料理，这是"孝"道的最起码要求。古人认为，羊羔尚知跪乳，乌鸦亦知反哺，人如不能供养父母，则是禽兽不如了。所以，对那种不供养父母、遗弃老人的"违反天常、悖逆人理"行为，历代法律都规定了一定的惩罚。再说"委亲之官"，中国古代的道德教义认为，当父母达到一定年龄需要侍养时，做儿子的不管身居何等高位，哪怕远在天涯海角，都应主动弃官回乡孝养父母，以尽天职。"委亲之官"也是"不孝"罪的内容之一。但是，假如百姓不能供养、不能侍养的情况是国家的行为造成的，国家又该如何呢？因此，封建国家既需要臣民为官，为国家服务，又要出于维护孝道这一根本原则的需要而有"委亲之官"、"丁忧"之制的实行。同时，古代中国在制定赋役制度时，除了考虑政治伦理，本着国家利益而向百姓征收"皇粮国税"以外，对家庭"仰事"之事亦格外重视，而有养老给侍、侍丁免役、节孝免役等赋役减免制度。

另外，家国同构之社会结构还使得传统中国以"孝"道为核心，形成了一种道德观念暨规范体系：孝、慈、忠、礼、顺、和、义、听、友、恭……这些规范与人际关系之准则亦仰赖各种政经制度的维护，正因为如此，国君在赋役征收过程中，于"仰事"之外，也于家庭"俯畜"之事而推行养孤免役之制，还有义居免役，等等。这些减免制度都是国家通过主动放弃一部分赋役收入，以便民众家庭得自养之情。这些减免无疑会在一定程度上减少国家之岁入，但国家仍愿意采行。其原因也只有从"家国同构"的政治结构出发才能得到解释。因为"家国同构"，所以就格外讲求"忠孝相通"、"移孝作忠"，讲求"求忠臣于孝子之门"，这种讲求的结果便是传统赋役制度在某种程度上重视家庭关系远胜于重视国家关系，重视亲属伦理远甚于重视政治伦理。

三、未来中国个人税负法制改良的亲伦选择

中国传统的赋役制度对中国社会造成的创伤自不必说，其中的一些减免规定当然也是封建国家为维护自身统治利益而做出的牺牲，但是，这些制度多少也是封建国家重视亲情、重视家庭、重视和谐，强调亲属之爱的崇高性、正当性，反对以物欲害亲情的产物。而且，这些规定多少也还主张国家政治应像家庭生活一样有人情味，主张给人们更多的保护亲属的权利，主张责人们以更多的敬、爱亲属的义务。甚至认为在国家利益和亲属利益发生矛盾时，适当承认"舍国为家"的正当性。从这种角度来看，这种赋役伦理为人类最基本的人类关系和最基本的爱提供了很好的策划和解释，为人类生活的温情化、感情化提供了动力，为人类社会的和谐做出了贡献。这种主张，在尚未夸谬到主张家庭利益而无视国家义务责任的限度以内，它是合理的、优越的，是值得未来中国个人税负法制改良学习借鉴的。但是，由于古今政治制度的不同、社会经济发展的差距和家庭结构的变迁，这种借鉴不是简单的模仿，而应该是其中所体现的重视亲属伦理实现之精神的延续和贯彻，这可以从两个方面来看。

（一）从家庭利益或国家长远利益来看，未来中国个人税负法制改良必须重视亲属伦理的维护

中国古代国家因"家国同构"而格外讲求"忠孝相通"，"移孝作忠"讲求"求忠臣于孝子之门"，其结果便是传统赋役制度在某种程度上重视家庭关系远胜于重视国家关系，重视亲属伦理远甚于重视政治伦理。并出于维持家庭关系的和谐与保证血缘伦理义务的实现的需要，往往主动考虑民户之家庭

情事需要，而赋予个人亲伦义务在国家赋役制度面前具有一种优先权或豁免权，以保留家庭为实现自治和血脉延续所需之最低限度的资源。这种重视或许有出于维护封建统治的需要，或许也延续了封建制度的命脉，但其之所以能如此，则说明那些涉亲属伦理的赋役减免制度在那个时代，不仅符合子民之小家利益也符合封建国家之大家的利益。

这里虽然讲的是中国传统时代的做法。但是只要我们认识到，亲属团体或亲属圈是这样一种社会组织——在这个社会组织里，或多或少像一个以"亲情规则"为宪法的"自治体"。在家庭消灭以前，国家大概不能不与这个"自治体"长期共存，不能不正视它的存在和需要，不能不正视它对自己财产的安排和处理，完全无视或否认它也许是不可能的。只要我们从这种认识出发，我们就不难得出未来中国个人税负法制改良必须对家庭需要、亲属伦理做出符合一般税收原理的安排这一结论。

因为，个人税负法制的亲伦改良实际上是要求国家在一定程度上尊重个人之家庭利益的需要，不将国家的意志和利益完全强加给家庭。这一方面是出于保护人类最早最基本最重要的团体的内部稳定、安宁和基本利益的需要，国家也好，政治也好，总不能危害这个最基本的生活圈和生活秩序，总得让在国家出现之前业已存在的权益和规则得到保存。它在国家出现之前业已存在的权益和规则是什么？最根本的，就是亲属之间的相养扶持关系及与此相关的种种权利和义务。如果一进入国家状态就取消这些权益，把任何人仅仅规定为法律上完全独立的、互不相关的个体，彻底瓦解血缘、姻缘的法律意义，这既不可能，又非常有害。另一方面，是要限制国家权力的过分膨胀，确定家和国之间的分际或划定国家权力的最后疆界（最大范围），特别是要限制国家对财富的欲望过度膨胀而无限制地侵及个人家庭。通过这种疆界的划分给国家以约法，确定家和国之间的分际，令国家不得逾越，以维护在有国状态下人类群体的传统安宁和利益。这种疆界的划定除了能给国家征税权力以羁绊外，更能鼓励人民承担家庭责任、培育人民亲属之爱，从一个国家的长远利益来看，这种羁绊是非常必需而有价值的。如果这种诠释成立的话，那么，在现今国家征税权力日渐扩大之历史趋势下，给国家划定最后的疆界也许就愈显现出其必要性了。

（二）未来中国个人税负法制的改良不能仅仅建立在"国恩"之上

传统中国的涉亲属伦理的赋役减免规定可以说是君王大家长对子民的恩赐与奖赏，因此，只要其专制属性不改变，则此种"圣恩"、"国恩"式的减免并不能真正完全地实现亲属之关爱、家庭之亲聚，这是由其基于君主专制主义而发生的绝对的、无限制的征税权决定的。而且，在这些减免制度中又是以养老免役为重中之重，即所谓"重养老轻恤幼"，其最基本的价值追求在于培植孝道。这是因为赋役征派则往往使得黎民百姓疲于应征而亏于行孝，所以，国家为了调和两者矛盾，乃选择牺牲一部分利益而向百姓灌输"孝道"精神，于是又有"多复徭役少免常税"现象的出现。在这一点上来说，未来中国个人税负法制的亲伦改良应该建立在一种更符合人性的基础之上，这可以从人对国家和家庭所承担的不同层次的义务中得到一定的解释。

国家是个人签署"社会契约"而结成的团体，根据契约，国家乃是为着全体人民组成的，国家为人民谋利益，使人民能够安居乐业。因此，人民应当向国家出财献力，以满足国家的需要。这或许可以说是赋役制度的本质。但实际上，每个人最早参加且无可逃避的"社团"不是国家，而是家庭或亲属团体。这个团体无需"法人登记"，无须成立仪式，每个人的参加也无需签署"契约"。可以说，每个人对之最自然而然就有集体存在感的就是这个团体。这种亲属间为着种群延续所产生的相养扶持的感觉，是人类文明史以来的共同感觉。而且，不只是个人对亲属有此感觉，社会大众对亲属团体之本质或含义的认识也是如此，古今皆然。因此，当国家要人民献赋应役之时，人民自然而然的就会徇一己一家之私而藏留一定的财物以满足家人亲属之所需。出于这种考虑，人民在与国家签署"契约"之时，也许就必定会在合约当中约定，国家征收赋役的权力不得无限制地扩张而侵及人民家庭进而影响亲属间先天之亲伦义务的完成。因此，在契约中就给国家征税权划定疆界，这个疆界就是公民及其亲属最低生活开支免税、公民家庭内部的一定范围的财富转移活动免税，等等。而且，这种疆界的划分不能仅片面强调"慎终追远"而特别考虑民众的孝道义务，同时也要重视"敬始怀来"而考虑民众的慈幼义务。

结　语

今日中国社会的生活正发生着巨大的变革。工业化、城市化、消费化所带来的个人独立、平等竞争、选择自由、家庭变小、血缘纽带松弛等等状况，使人情淡薄，利益当先。数千年优良传统或被人为抛弃或无所凭依，人情本身亦发生了变化：不再是稳固的血缘亲情，而是不断变异着的个体关系之情，逐渐占主导地位。但是，人类社会生活总不能不讲求亲属之关爱，这是人类最根本的爱。人类也不能不讲求家庭之亲聚，因为家庭是人类自生而必须加入的最初的"社会"组织。藐视亲属伦常和家庭的意义，必有害于人类的正常发展，违逆人性。个人税负法制之于亲属之爱和家庭的凝聚力，应当如何讲求？这当然有一个正常途径和合理限度的问题，限于篇幅，无法详述。但实现虽父子别居而亲情正浓，虽财产独立而提携尚在，虽贫富不同而交谊平等的理想，赋予个人利益、国家赋役以更温暖的人情色调、亲切感受和和睦氛围，则理当作为在未来中国个人税负法制建设的目标之一。

清代基层长官司法角色构成及风格

张海峰*

　　清代基层长官身兼行政司法职能，行政以税收为主，司法以审判为要。司法审判是朝廷考核、民间评价基层长官的一个主要标准。清代基层长官的司法职能主要有两个方面：一是侦查和初审境内发生的刑事案件；[1]二是全权处理基层境内的"田土、户婚、斗殴细事"[2]等民事案件。其实，基层长官能"判出即行"的案件（即"州县自理词讼"）只是轻微刑事案件和民事案件，审判权有限。不过，由于他们直接面对基层百姓，判决就必须直面现实的百姓生活，判决的合理与否以及能否得到有效的执行，关系到基层长官教化养民的职能能否实现。基层长官司法职能的行使对百姓的影响丝毫不亚于行政职能，无怪乎有人认为"与其说古代地方官是以行政兼司法，还不如说是司法兼行政"[3]。因此，对清代基层长官司法角色的分析，有助于我们了解清代乃至中国古代基层司法运作的现实。

　　清代基层长官对由他审理的轻微刑事案件和民事案件，具有唯一的决定权。他负责从侦查、审判到执行的全过程，[4]从现代意义上来说，就是公检法之责一人独担，责任重大。那么基层长官是如何履行这样的重任，又有哪些因素保证了他能履行这样的重任呢？下面，笔者就进行详细的分析：

　　* 杭州市滨江区人民检察院工作人员，华东政法大学 2009 级法律史博士生。

　　〔1〕 [美] 布迪·莫里斯：《中华帝国的法律》，朱勇译，江苏人民出版社 1995 年版，第 114 页。

　　〔2〕 张晋藩主编：《中国法制史》，中国政法大学出版社 1999 年版，第 371 页。

　　〔3〕 郭建：《古代法官面面观》，上海古籍出版社 1993 年版，第 15 页。

　　〔4〕 瞿同祖先生观点，参见苏力：《法治及其本土资源》，中国政法大学出版社 1996 年版，第 132 页，注释 5。

一、基层长官的刑侦职能及风格

在审理刑事案件的过程中，清代基层地方长官首先担负着侦查破案的重任。侦查破案与审判同时进行，一俟案件侦破，马上判决。那么基层长官又是如何来破案的呢？就刑事案件的审判而言，最难最关键的就是侦查破案、寻找证据。清代基层长官大都科举出身，自幼饱读诗书，但并无破案的知识和经验，又缺乏科学的侦查手段，对他们来说，破案凭的是直觉、简单的推理、巧妙的智慧。

（一）凭直觉侦破

西周时期，从事司法实践的人就曾总结出一套用察言观色来进行审讯破案的"五听"方法，即辞听、色听、气听、耳听、目听。历代司法人员大都推崇直觉破案，以法官明察、直觉来代替细致、艰苦而又单调的调查取证、严密推理的侦查方法。所谓"凡察狱者，或以气貌，或以情理，或以事迹，此三者皆足以知其冤否也"[1]。郑国子产就曾因路遇妇女"不哀而惧"，而将其审讯，最终发现该妇女谋杀亲夫，[2]清代基层长官在破案审判实践中，也常以直觉为依据。据载"公（海盐令王临亨）履前案良是，而讶其貌，很鞫之，则前案悉伪也。三人伏辜"[3]。此案件得以侦破，全在于县令"讶其貌"的直觉而已。《鹿洲公案》中也有"思后生少年，诡谲不可问，唯萧福成年以老成，犹有朴直之气，特呼上堂语之"[4]等凭直觉推进案情的记载。

（二）凭推理侦破

单凭主观直觉，太过任意，容易造成冤假错案，一些断狱高手就运用简单的推理来破案。《三凶盗尸案》便是典型。县令（蓝鼎元）并不轻信王士毅一面之词——"天万嫡妻许氏妒，以药鸩阿雄至毙"，而是"澄心静气，鞫知阿雄病痢两月，并唤当日医家问，灼无可疑。孰视许氏，腹大如牛，三四人扶掖蹒跚，则九年蛊病，含悲凄惋，亦非复妒悍鸩毒人也。"在排除了许氏下毒之后，通过调查邻居等认为王士毅可能偷尸后，"夹讯之，果服"。在"咸以为果完结也"时，县令注意到，审讯时，"再诘其（王士毅）移居（尸首）何处，及指讼师姓名，皆支吾，不以实告，恐有从旁窥伺者"，就嘱咐衙

---

[1] （宋）郑克：《折狱龟鉴·王利》。
[2] 《韩非子·难三》。
[3] （清）赵吉士：《寄园寄所寄》卷一。
[4] （清）蓝鼎元：《鹿洲公案》之"蜃楼可畏案"、"三凶盗尸案"。

役"问潮客王士毅投宿几日，寓何房舍，舍中一人，缚以来。"果然，衙役于客栈擒获讼师王爵亭，但他"若为弗知也者"，县令"度代书认保之处，士毅不能独行。密唤代书及保家讯问，俱称此人（爵亭）同来则有之。爵亭尚不承招。给笔纸令书供词，则字迹与原状若合符节。"至此，爵亭"真情毕吐，供称系老讼师陈伟度指画奇计"。"弋获伟度前来"，（伟度）则"切切鸣冤"，爵亭指证后，"尚晓不服"。及至县令巧妙地获取了"（伟度）与二王共坐饮食"的口供，后又调查证实"伟度爵亭共宿三夜"，"其为同谋主使无疑"，"爰行夹讯，伟度始供与天万因祖屋变化，有睚眦之仇，藉此播害泄愤是实"。[1]至此，陈伟度因睚眦之仇泄愤，指使二王偷尸一案终告破结。这里，县令通过审慎析疑，层层深追，查出偷尸人王士毅，同谋王爵亭，主谋陈伟度，推理不可谓不缜密也。

（三）凭巧计侦破

清代基层长官经科举考试出身，知识智慧并非泛泛。在审判案件的过程中，经常凭他们的智慧"巧判"。据载，"有控窃鸡者，某令唤左右邻居讯之，均不认，环跪案下，佯为不理，另审别案。久之，又佯作倦容曰：'汝等且回去。'众人皆起，令忽勃然拍案大叫曰：'窃鸡贼亦敢起耶？'其人不觉，悚然屈膝，一讯而服。"[2]还有官员利用普通百姓惧怕鬼神，相信因果报应的心理，以他们之智，对民众之愚，装神弄鬼，获取口供。《幽魂对质》一案中，县令在"致毙杨仙友之元凶，不知其为谁，不可如何"的情况下，便用起了这种手段。"命隶役分摄诸人，随诣城隍庙，鸣钟鼓焚香再拜，起坐堂皇。先唤杨仙友鬼魂上堂听审，凭空略问几句，谓阶下诸人曰：'杨仙友在此欲与汝等对质，汝等举头视之，此以手捧心血染红衣者，是也。'众人或昂首而视，或以目窃睨，惟罗明珠、江子千、江立清三人低头不视，若为弗闻者也。余即呼罗明珠出，正言曰：'仙友在此欲汝还其一命，汝尚推诿哉？'明珠服曰：'吾挺击其颠，伤在偏左，仙友之死由锋刃，乃江子千，与吾无涉也。'继呼江子千至，（余）乃谓曰：'众词明确，即同狱成。'"此案终结后，县令评价道："疑狱难决之处，不得不用权术。试思此案若非冤魂对质，何能使凶手伏辜？……而神机妙算全在案头一观，盖罪人心虚，自然与众不同也。此窍既得，便可迎刃而解，曲近详慎，无枉无纵，令君直是包阎罗。"[3]

---

〔1〕（清）蓝鼎元：《鹿洲公案》之"三宄盗尸案"。

〔2〕（清）魏息园：《不用刑审判书》卷五。

〔3〕（清）蓝鼎元：《鹿洲公案》之"幽魂对质案"。

清代基层长官侦查破案的手段主要就是以上三种，但是这三种手段往往联合使用，并不截然分立。直觉、推理、智慧三者相互结合，体现了基层长官侦察破案时的合理性，但是，清代判决案件时，当事人的口供，是定案的重要根据。同时，清代基层官员审判案件，对于证据已经有明确规定。"凡人命重案，必须检验尸伤"，填写部颁"尸格"；"鞫审强盗，必须赃证明确"，"事主呈报盗案失单，须逐细开明"。[1]这样，受制于当时的侦察技术条件，基层官员在获取证据，特别是口供方面，刑讯仍然是当时主要的获取证据和口供的手段。他们可以凭直觉、推理、智慧来断案，但"刑讯"、"夹讯"不可或缺。基层官员在审判过程中扮演的侦查角色，与现在的公检机关相比，显然缺乏程序性和科学性，但基层官扮演的侦查破案角色在那个时代已经相当难得了，至少是合格的，否则，社会的稳定就难以维系。

二、基层长官的审判职能及风格

侦查破案是清代基层司法职能的一个重要方面，但并不独立，它附属于基层的审判职能。基层司法，兼具现代意义上的公检法三者职能。检察院的起诉职能在清代基层既没有特殊的机关行使，也没有特殊的程序体现，一旦境内发生刑事案件，基层长官就必然介入，将其视为受理的案件，然后进行侦查审判。侦查破案是清代基层司法审判的第一阶段，第二阶段便是判决。清代基层长官有权判决的案件中涉及侦查破案的并不在多数，对于民事案件的审判，基层官员很少主动搜集证据，凡涉及"田亩之界址、沟洫、亲属之远近亲疏"的案件，举证责任一般在当事人双方。就基层司法而言，审判才是根本。

基层官员被称为"父母官"，一方面体现了与普通百姓之间关系的亲近紧密，另一方面也表明了在老百姓心目中享有的权威。父母对于子女享有"居高临下"的管教权，当子女发生纠纷，父母有权进行赏罚。究其原因，是在中国人的观念中，父母的地位对于子女来说是至高无上的，所谓天下无不是的父母。[2]基层官员又何以能在老百姓心目中树立起如此至上的权威呢？一方面，基层官员的权力是皇权的延伸，中国自古皇权不下县，基层官员是皇权在基层的代表。他们教化养民，负责一方生灵，行使司法审判之权，是以其所在的阶级所拥有的强大的经济实力和政治机器为后盾的。军队、监狱等

---

〔1〕《大清律例·刑律·诉讼》。

〔2〕 参见刘星：《中国法学初步》，广东人民出版社1999年版，第8页。

暴力工具掌握在他们手中，代表统治阶级利益的法律也掌握在他们手中，所谓"法者，编著之图籍，设之于官府"[1]。面对以如此强大的力量作后盾的基层官员，普通百姓又焉能不表示服从其管理教化呢？民间一旦有了纠纷，当他们以自己的途径无法解决时，就会自觉诉诸官府，他们相信官府有绝对的力量来帮助他们解决纠纷。另一方面，基层官员大都通过科举取试步入仕途。他们自幼饱读诗书，深明人伦大义。在普通老百姓眼中，读书人在各个方面都令人尊重佩服，尤其是在"学而优则仕"的年代。被誉为"至圣先师"的孔子，是读书人；"亚圣"孟子，是读书人；历代文官大多也是读书人。清代基层官员在文化积累、身心修养方面固然达不到孔孟的高度，但相对于普通百姓而言，他们掌握的知识信息量，对人伦纲常的熟悉理解，处理事件纠纷的能力，已经令老百姓望尘莫及了。普通百姓常以读书来划分愚智，基层官员在他们眼中就是智者、能者，是受人尊敬的"父母官"。自视为愚笨小民的普通百姓又怎会不服从比他们聪明的人的管教呢？一旦发生纠纷，自度不能解决时，老百姓自然会想到官府，他们认为基层官员有足够的智慧帮他们解决纠纷。可见，基层官员的权威一方面来自统治阶级的强力保障，另一方面来自他们掌握的知识强理的支持，基层官员在审判中的角色是强力与强理的结合。

　　基层官员在审理案件时，国家制定的法律是其断案的主要依据。基层的权威以统治阶级的强力为保障，国家制定法是维护统治者利益的有效工具，基层长官审判时，必然要遵循国家的法律，维护其背后统治集团的利益，借以树立和维护自己的权威，否则他赖以存在的强权基础就会受到动摇。清朝有关法律对官员审判案件时必须严格遵循法律作了明确规定："凡断罪，皆须法律，违者笞三十"。[2] "官员承问引律不当，将应拟军流以下之人错拟斩绞者，府基层官降三级调用。"[3] 律例是官员审判案件时的主要标准，在律例的关系上，虽然出现律没有被严格遵守，甚至出现以例代律，以例破律的情况，[4]但例的出现是对律的不足的弥补而已，两者在功能和本质上是一致的。从《刑案汇览》、《吴中判牍》等案例汇编来看，清朝官员在判决书中经常出现的用词便是"依……律"、"查律载……"、"依例……"，在律例没有明文

---

〔1〕《韩非子·难三》。

〔2〕《大清律例·刑律·断罪引律条》。

〔3〕《刑案汇览（三编）》（第2卷），"金刃伤深透内不得照破骨论"。

〔4〕参见［美］布迪·莫里斯：《中华帝国的法律》，朱勇译，江苏人民出版社1995年版，第62～63页。

规定的情况下，基层官员也可以严格依律例来类推比照，如"但查律例内，并藉妄治罪专条，例得比照引用。"〔1〕清代基层官员在审判刑事案件时，国家制定的法律得到了贯彻和适用，对于清代民事案件的法律适用，学者有争议。有人认为："在纠纷解决中，首先依据的是情（human sentiment），其次是理（reason），最后才是法（law），这是中国自古以来的传统。"〔2〕也有学者认为"在所有案件（民事）中有87%都是通过法律加以解决的。"〔3〕通过对清代案例的研读分析可以看出，民事案件给了基层官员结合情理，相机自主判决很大的空间，法官的判决中也蕴含着很浓的天理人情观念，但是这些判决是在不损害国家法律的权威性的前提下作出的。诚如有学者认为的那样，从清代民事诉讼的审判实际来看，律例还是主要依据。〔4〕

诚如前面所言，民事案件的审判在结合情理方面给了基层官员很大的空间，也给了科举出身的基层以实现自己理想的空间。科举出身的基层深受儒家"礼治"的影响，"礼，经国家，定社稷，序民人，后嗣者也"；〔5〕"礼者，定亲疏，决嫌疑，别异同，明是非者也"；"分争辩讼，非礼不决"。〔6〕在民事审判中，礼是非常重要的一条标准。基层长官对于礼的运用，并非以礼来否定法，而是对法起一种补充、辅助的作用。即使是统治者也认为"德礼为政教之本，刑罚为政教之用，犹昏晓阳秋相须而成者也。"〔7〕瞿同祖先生就认为"其实礼与法都是行为规范，同为社会约束，其分别不在形式上，也不在强制力之大小……礼未尝不可以法律制裁来维护推行，而无损其为礼。"〔8〕以礼补法，在基层民事判决中经常出现。如：

> 谢登科控戚徐有才往来其家，与女约为婚姻，并请杖杀其女。
> 余曰："尔女已杀人乎？"曰："未"。乃召徐至，则一翩翩少年也，
> 断令出财礼若干，劝谢以女归之。判曰：城北徐公素有美誉，江南

〔1〕《驳案新编》卷五，"擅用'赦'字'世表'字样拟徒"。
〔2〕 ［日］滋贺秀三："清代诉讼制度之民事法渊源的概括性考察"，载王亚新、梁治平编：《明清时期的民事判决和民间契约》，王亚新等译，法律出版社1998年版，第24页。
〔3〕 黄宗智：《民事审判与民间调解：清代的表达与实践》，中国社会科学出版社1998年版，第78页。
〔4〕 何勤华："清代法律渊源考"，载《中国社会科学》2001年第2期。
〔5〕《左传·隐公十一年》。
〔6〕《礼记·曲礼上》。
〔7〕《唐律疏议·名例》。
〔8〕 瞿同祖：《中国法律与中国社会》，中华书局1981年版，第321页。

谢女久擅才名。既两美之相当，亦三生之凑合。况律虽明设大法，礼犹贵顺人情。嫁伯比以为妻，邝夫人权衡允当，记钟建之负我，楚季芈从一而终。始乱终成，还思补救。人取我与，毕竟圆通。蠲尔嫌疑，成之姻好，本县亦决人也，尔取诹吉待之。[1]

这里县令没有强制推行国家的强制性法律，而是根据情礼来成全徐谢的婚姻。所谓"律虽明设大法，礼犹贵顺人情。"基层以情曲法，引经据典，让谢登科成全女儿的婚姻，俨然是一位深通情礼的长者、智者，而非铁面无私的法官，当然背后隐有统治集团的强力支持。

民事判决顺应礼仪人情是儒者出身的基层官员的理想，"无讼"的境界同样为他们所追求。孔子就曾提出"听讼，吾犹人也，必也使无讼乎!"[2]历代统治者都非常向往"无讼"的境界，"在儒家理想的支配下，贵和持中，贵和尚中，成为几千年来中国传统文化的特征，'无讼'一直是执政者追求的目标。"[3]清代基层官员在民事案件的审判中同样实践着"无讼"的价值追求，因为他们深信"教化已成，人心已正，只要心术不变，便可永不为恶，所以教化可以一劳永逸，垂垂永久，使社会长治久安，不像法律只有短暂的功效。"[4]以陆陇其为例，他任知县时，每次审案前都要讲一段话：

尔原本非亲即故，非故即邻，平日皆情之至密者也，今不过为户婚田土钱债细事，一时拂意，不能忍耐，至启讼端。殊不知，一讼之兴，未见曲直，而吏有纸张之费，役有饭食之需，证佐之亲友必须酬劳，往往所费多于所争，且守候公门，费时失业，一经官断，须有输赢，从此乡党变为讼仇，薄产化为乌有，切齿数世，悔之晚矣。[5]

基于这种价值理念，陆陇其在一兄弟二人争财产的案件审理过程中，运用非正常的程序，"不言其产之如何分配，及谁曲谁直，但令兄弟互唤，此呼弟弟，彼呼哥哥。""未及五十声，已各泪下沾襟，自愿息讼。"陆陇其在判词

〔1〕（清）蒯德模：《吴中判牍》，"徐有才私与谢女约婚案"。

〔2〕《论语·颜渊》。

〔3〕张晋藩：《中国法律的传统与近代转型》，法律出版社1997年版，第277页。

〔4〕瞿同祖：《中国法律与中国社会》，中华书局出版1981年版，第288页。

〔5〕（清）吴炽昌：《续客窗闲话》卷三。

中写道："夫同气同声，莫如兄弟，而乃以身外之财产，伤骨肉之至亲，其愚，真不可及也……所有产业，统归兄长管理，弟则助其不及，扶其不足……从此旧怨已消，新基共创，勉之勉之。"[1]陆陇其审判前的晓之以理，审判时的动之以情，目的就是"调处息争"，维持乡里亲邻的和睦相处关系，保持社会的稳定。在科举出身的基层长官眼里，"理想的社会必定是人们无争的社会，争讼乃是绝对无益的事情，政府的职责以及法律的使命不是协调纷争，而是要彻底消灭纷争。"[2]

基层官员在审判过程中，国家权力保障的强力与知识智慧支持的强理合一的角色，体现得非常清楚。前者正襟危坐，高高在上，遵循国家法律，可以一言定乾坤；后者动之以情，晓之以理，喻之以事，循循善诱，成为领路人。前面分析的基层长官的侦查破案角色，同样是强力与强理合一的角色。"夹讯"、"刑讯逼供"是强力的表现，用权术破案是智慧强理的体现，两者合而为一，便是基层侦查破案时的角色。清代基层司法角色特征，一言以蔽之，便是国家强力与知识强理的有机统一。

三、基层长官的法律知识与司法技能获得

清代基层官员"强力"与"强理"相结合的角色，使得他能够应付突发的刑事案件和日常的民事案件，行教化养民之责。但是有学者对基层官员兼司法（公检法）的能力产生怀疑，他们认为"正规学校的教育和考试都不重视法学，当时直接从事法律工作者的官吏、书役等人所需要的法律知识，大都由自修、历练而得"，[3]"长于政教者未必能深通法律，长于治狱者未必为政事之才，一心兼营，转致而无成就。"[4]据此认为"在中国古代社会里赃官黑吏充塞，吏治腐败，政治黑暗……小民百姓对于清官的祈求是一种无谓的心理'幻想'，……小民百姓处于孤立无援的境地。"[5]但是，笔者通过对清朝基层审案判决的研读认为：基层官员具有足够的智慧和美德作出符合天理

〔1〕（清）陆稼书：《绝妙判决书》，海南国际新闻出版中心1993年版，第18页。

〔2〕梁治平：《寻求自然秩序中的和谐》，中国政法大学出版社1997年版，第217页。

〔3〕张伟仁："清代的法学教育"，载贺卫方主编：《中国法律教育之路》，中国政法大学出版社1997年版。

〔4〕（清）沈家本：《历代刑法考》卷四。

〔5〕徐忠明：《法学与文学之间》，中国政法大学出版社2000年版，第7页。

人情国法的判决。[1]

一方面，基层官员本身具备了出任司法官的法律方面的才能。以基层长官未受过系统的法律教育来否定其主持司法审判的能力，这一点是站不住脚的。近现代以前，各国司法都未曾独立，行政官员行使司法审判权是通例。学者们以今日司法运作的系统化、规范化和职业化来否定清代基层兼具司法行政职能、独任司法职能，并不合理。[2]再就清代基层官员而言，他们所具备的法律知识足以应付当时发生的刑民案件。证据有三：

一则清代基层官员并非不研读法律。中国自唐代以来就开始以"判"作为铨选官吏的考试内容之一。"凡试判登科谓之入等"，甚拙者谓之"蓝缕"。选未满而试文三篇，谓之'宏辞'，试判三条，谓之'拔萃'，中者即授官。[3]明代科举考试，第二场有判语，以律条为题，其文亦四六，而以简当为贵。[4]清代由长期担任基层长官的蒯德模、樊增祥等撰写的《吴中判牍》、《樊三判读》等专著的出现，足以说明清代基层官员对于司法审判是比较熟悉的。

二则清代基层官员科举出身，四书五经烂熟于心，礼仪纲常信手拈来。礼仪纲常与清朝法律之间的关系是非常密切的，"礼"到底是原有的社会秩序，它和原有的和谐相辅相成，而这些恰是国家法'生长'依赖的土壤条件。[5]礼法之间是互通互补的，熟谙礼制的基层官员，即使没有系统的研读法律，对于法律的核心的精神的把握大致是不差的。他在审判案件时，有时并没有法律上的依据，但是依据人情、礼义作出的判决，其核心精神并不违反法制，反而是弥补了法制的疏漏。

三则基层官员"学而优则仕"，他们是当时社会的精英分子，并非泛泛之辈，无论在才能还是品行上，他们对于天理、国法、人情的把握足以使他们处理各种疑难纠纷。清代基层审判中民事案件具有非常重要的地位，它是基

---

[1] 苏力认为马锡五审判"由一个有足够魅力的集裁判官，政治家于一身的人，依据其个人的美德和智慧作出符合天理人情国法的决定"，在司法没有独立，司法运作没有达到制度化、职业化之前，这种由政治精英以多重身份出现的审判是非常正常的。详见苏力："乡土社会中的法律人"，载《法制与社会发展》2001年第2期。

[2] 苏力认为"在人类历史上普遍存在过的司法行政不分的现象并非是一种愚昧的体现，相反可能是人们面对相对简单的社会管理和政治任务而表现出来的一种实践智慧"。参见苏力：《法治及其本土资源》，中国政法大学出版社2004年版，第133页，注6。

[3] 《新唐书·选举》。

[4] （明）吴纳：《文章辨体序说·判》。

[5] 刘星：《中国法学初步》，广东人民出版社1999年版，第26页。

层官员与地方社会直接接触的关键领域，[1]对于民事案件的判决往往涉及天理、国法、人情三者的统一。封建基层大堂常挂有"天理国法人情"的匾额，民间争讼，非常重视情礼法的结合，"致讼之道，有三要，有三要诀，曰情，曰理，曰法。我人既能于兴讼之先，平心静气，目冥然而思之。度情，情不虚，度理，理不亏，度法，法不犯。三者既真，则小获全胜。"[2]基于对情理法的协调统一的理解，基层长官的判词中也常出现"酌以人情参以法意""情法两尽""非惟法意之所碍，亦于人情为不安"这些话。情理法三者结合的判决足见基层对于审判技巧的娴熟。

另一方面，如前所述，清代法律对司法官审案时的要求使基层长官遵循和维护法律成为可能。《大清律例·刑律·断罪引律条》明确规定："凡断罪，皆须具引律例。违者，笞三十。若数事共条，止引所犯罪者，听。其特旨断罪，临时处治不为定律者，不得引比为律。若辄引至罪有出入者，以故失论。""承问各官审明定案，务须援引一定律例。若失引一例，复之不便照此例治罪，更引重例，及加'情罪可恶'字样坐人罪者，以故入人罪认。""凡律令记载不尽事理，若断罪无正条者引律比例，应加应减，定拟罪名，议定奏闻，若辄决断，致罪有出入以故失论。"可以说，清代法律对于司法人员的出入人罪规定是相当详细的。此外，朝廷考计制度中，基层司法方面的成绩也是一个重要的内容。西周就有司法官的"五过"之罪，秦汉以来，司法官"失刑""纵囚""出入人"都会受到法律的制裁。清代的职官监察制度中同样包括对基层审判职能的监察。在这样严格的制度范围，基层官员对法律的遵循是严格的，他们不会因为钱粮细故影响自己的仕途升迁。对此，黄宗智先生有独到的见解：身为基层官僚的基层官员必须在既有的制度里循规蹈矩，以免危及自己的仕途，在这种情况下，大多数基层都会选择依照法律来审判。基层是第一审级，他的判决会面临当事人上诉的可能，所以最为稳妥的办法，就是尽量根据律例来断案。[3]有学者同样认为"尽管囿于体制，清代的冤假错案不少，但就司法官员的主观愿望而言，出于对自身利益的考虑，他们在适用法律时一般是认真的、仔细的，应当是清代司法运作的主流。"[4]

从上面的分析，我们可以看出：清代基层司法官强理与强力相结合的角

---

〔1〕 徐忠明：《思考与批评》，法律出版社2000年版，第174页，注1。
〔2〕 李永祥等编：《刀笔精华》，山东友谊出版社2000年版，第118页。
〔3〕 黄宗智：《民事审判与民间调解：清代的表达与实践》，中国社会科学出版社1998年版，第18、106页；另见徐忠明：《思考与批评》，法律出版社2000年版，第175页。
〔4〕 何勤华："清代法律渊源考"，载《中国社会科学》2001年第2期。

色，在自身能力素质的培养和外部力量对其行为的约束的规范两方面都有制度的保证——科举制和考绩制。虽说科举制存在种种弊端，但是只要基层长官能够坐到审案的大堂之上，就必然具备一定的知识积累，懂得儒家的人伦纲常等基本规范，有能力解决社会的种种纠纷。同时，由于考绩制度的存在，基层官员为了保住自己现有的社会经济地位，就不得不严格遵循国家法律的有关规定，依据法律来审判案件。这样，清代基层长官对司法审判权的合理行使就获得了制度上的支持。再者，清代基层司法审判的实践也表明：由基层独任的司法审判模式能够审断刑民案件，维持一方治安，实现中央政府对地方的有效管理。[1]

---

〔1〕 对于清代基层能否独任审判这一点，郑秦先生以清代中期基层官员捐纳出身，只谋自己前程和家产，且异地为官，不懂风土人情等为由，认为基层独任审判虚有其名，实际上是由佐吏幕僚操纵着司法审判权。参见郑秦：《清代法律制度研究》，中国政法大学出版社2000年版，第140~148页；另见其《清代司法审判制度研究》，湖南教育出版社1987年版。

晚清清官司法的话语与实践困境

——从《带印奇冤郭公传》切入

温 荣*

一、问题与材料

传统中国法律文化当中一个非常重要的支持力量是清官情结。古代中国的社会治理依赖于一个官僚群体。作为皇帝与百姓之间的中间阶层，官僚们的作为直接影响了皇帝意志的实现和民情的疏导，是维持社会秩序的平衡机制。然而，随着社会变迁导致矛盾冲突的加剧，官员们所依赖的制度和技术资源又无实质性的改善，纠纷的合理解决以及正义的实现就变成相对偶然的事件。能够有效平衡情理法、洗刷沉冤、恢复天道秩序的清官是这种"偶然正义"的最后屏障，也维持着人们对司法体制的残存信心。自此之后，对官员阶层的整体信赖将让位于对个别榜样型清官人物的激赏，并且在一定限度内，正义越稀缺，对清官的依赖和崇拜就越强烈。晚清之后，这种自我安慰式的正义想象，遭遇到了现实处境和话语共识双方面的难题，并开始逐渐崩解，清官们个人英雄主义式的表演谢幕，取而代之的则是对"清官"形象的负面理解，以及对这种正义幻象的反思。

本文将从一位末代清官（郭继泰）的司法经历出发，试图描绘出晚清清官司法的理想形态和实践逻辑，以及这种司法信仰所面临的危机，进而还原晚清以来司法转型的某些侧面。

郭继泰（1852~约1920），字又宗，山西榆次人。生于世代书香家庭，光绪二年（1876年）中举，平生钦佩故里的明代直臣周铁，每读其《动四尚书疏》时便道："孤忠苦节，吾当效之"。其师郝登甲尝告诫道："尔性方而言

---

* 浙江师范大学法学系讲师、法学博士。

直，取祸之道也，虽逢盛时，犹虞不免，况生今之世乎！尔其戒之！"但继泰则奋然道："天下之大，匹夫有责，一息尚存，此心不死。"光绪十五年（1889年），以知县签分安徽试用，历任皖省四县县令，凡13年，前后立大功15次，也给当地百姓办了不少好事，百姓中有"郭青天"之誉。光绪三十二年（1906年），继泰调当涂县知县，太平府知府汪麟昌借机向他索贿，因遭到拒绝，便诬他"莅事多偏，粗鄙近利"，密禀皖抚恩铭，于当年冬被革职。翌年初，继泰率子带印赴京到都察院列款上诉，诉状转呈光绪帝审阅。上谕责成皖省巡抚恩铭亲自审理，后恩铭遇刺，继任巡抚冯煦接审此案，因冯与汪知府为亲戚而庇护，继泰被押入安庆府监狱无人过问，儿子被押死狱中。直至武昌起义后，继泰才和难友一起被放出，返回故里。民国四年（1915年），继泰曾率张庆村民和王村解决过水利纠纷，后出走，客居外地。[1]由此可看出，郭继泰身处清末，是名清官，其经历之奇不仅在为民伸冤，更令人惊叹的是自己被冤，无论从时代还是从结果来看，都可谓是"末代清官"。

这位末代清官的司法经历被整体呈现在自传式小说《带印奇冤郭公传》[2]中。该书成于清宣统三年（1911年），民国元年（1912年）由上海书局石印，书后还附有该案的各种上呈禀件以及诗文小序。对于此书，文学史界关注度并不太高，专题论文加上整理者蔡国良的介绍性论述，也只有寥寥数篇，并也已是十几年前的事情了。[3]其他文学史专著偶有提及，亦言之未详，部分原因可能在于此书过分"执着实录"，导致文学水准较为一般，流传未广。然而从法律史角度而言，其确有不可忽视的研究价值。

该书署名作者虽为"也是道人"，然而书后附诗文小序有"寻梅主人之《奇冤传》，直不让文信国公之《正气歌》"一句，即作者又自号为寻梅主人；又第一回开头介绍本书主人公郭继泰时曾述："寻梅，其别号也"，故收藏此书的陈汝衡教授推测此书为郭继泰自传。最后几回，郭继泰一再提到与夫人偕隐，"而今踏破红尘去，料得痴真已返真"，则自然可以称为道人。似此可判其为自述。[4]又据郭继泰之孙郭汝瑞及其故里知情者断定，也是道人确系郭继泰本人无疑。该书在刊印前，原稿由郭继泰的夫人王氏和儿子据德带回

---

〔1〕 榆次市地方志编纂委员会编：《榆次市志》，中华书局1996年版，第1046～1047页。

〔2〕 （清）也是道人：《带印奇冤郭公传》，蔡国良整理，百花文艺出版社1986年版。下文引用此书仅注书名和页码。

〔3〕 参见蔡国良："安徽官场现形记——评《带印奇冤郭公传》"，载《明清小说研究》1986年第2期；郑景云："郭继泰及其《带印奇冤郭公传》"，载《晋阳学刊》1997年第2期。

〔4〕 《带印奇冤郭公传》，第551～552页。

张庆村，经郭继泰的长兄郭继先审订润饬。[1]

以自己经历撰述的公案小说，可谓少见。并且作者在叙文中说："道人不文，性又不喜捕风捉影之小说，况兹际八股初废，新编花样充栋汗牛，而亦欲于丛林之中依样葫芦，藉以记公之冤，而表公之奇，则是欲点金成铁，多见其不自量也"，又在凡例中说："是编为安徽官场现形记代表，所叙事实皆有卷宗可稽查，与各种凭空结撰或移步换形诸小说不同，阅者鉴之。……是编皆系叙郭公行状，而画像必仿古衣冠，规模悉照小说家者，以其易醒社会也，识者谅之"。文后还附有郭继泰及其亲友上控禀件，以及其针砭时弊的诗文小件，写实性很强。[2]无论是从文本特性还是时代背景来看，这都是我们观察晚清司法实践和清官情结的极佳素材。

二、清官司法的理想逻辑

"清官"一词的出现并非很早的事情。可以肯定地说，晋之前不存在清官一词的用法。通说认为靠近当今理解的清官概念出自金代元好问的《薛明府去思口号》诗曰："能吏寻常见，公廉第一难。只从明府到，人信有清官"。[3]而自此以后，特别是明清时期，该词的新含义开始广为流传。"'清官'多为下对上之称，即百姓作为被统治者对牧民者的称呼；而'廉吏'则为上对下之称，即统治者对某些臣子的称呼；这一'官'和'吏'的区别，正反映了上下两个阶层对这一类官吏称呼的定位，也反映了上、下阶层的不同要求与期望。认真说起来，正史中是不称'清官传'的。由此也可以看出，'清官'乃是一种民间的俗称，而'廉吏'才是官方拟定的正名。"[4]尽管廉吏与清官

---

[1] 中国人民政治协商会议山西省榆次市委员会文史资料研究委员会编：《榆次文史资料》（第10辑），第103页。

[2] 这是一本小说，却也可以看做是以小说形式呈现的"诉状"，其对所控之人，包括安徽巡抚冯煦等，皆言辞激烈，近乎辱骂，对己则不免过誉，而中间穿插所述佐证之事，当然也不可能都是实情，这些都是容易理解的。另外，在一些细节上，如小说中许多楹联、人名，都是从作者家乡榆次移植过去的。如第八回郭继泰初到青阳县，去九华山，"（郭）公见十殿阎罗王的对联，都是鄙俗不堪入目，下提笔敬撰一副云：任尔豪强，且看我刀山剑树；犯吾法律，那怕你铁胆铜心。"此联与榆次城隍庙铁旗杆上的对联完全相同（现榆次城隍庙已定为国家重点文物保护单位）。再如太知府汪八万，名麟昌，即"八万官"，出榆次民间口头说人像个"八万官"之语等，参见郑景云："郭继泰及其《带印奇冤郭公传》"，载《晋阳学刊》1997年第2期。

[3] 元好问还有诗云："今年堂邑有清官，三尺儿童也喜欢。县帖追来不惊扰，丁丝纳去得余残。休言清慎少人知，三十年来更数谁……"见（金）元好问：《遗山集》，"东平贾氏千秋录后记"。

[4] 丁铁丘：《清官崇拜谈：从包公到海瑞》，济南出版社2004年版，第3页。

在定义上几乎重合，但所承载的文化内涵和社会心态却截然不同。这也可以用来解释为什么"清官"更多是一种民间意识。

明清时期人口剧增，导致其被认为是"美丽旧世界"的"长老统治"，由于社会变迁与利益争夺的激烈化，其所依赖的传统手段和正当化理由，处于不稳定状态。[1]这增强了社会意识中对模范官员的需求。并且，这种需求的迫切以至于人们已经不满足于过去"富民、教化、理讼"、勤慎廉能的常规循吏形象，而指向更为卓异的偶像崇拜。原本"清"所包含的清正、清廉、清明都被夸大，以至于刚正到了几近偏激、廉洁到了几乎无法糊口，而清明也被"神明"所替代。清官们几近不食人间烟火，而成半人半神的偶像。越来越多有关清官的神话故事被编织出来，并以小说戏曲的形式流传开来，造成了一种风潮、一种情结、一种信仰。[2]

尽管清官情结更多反映的是民众需求和民间意识，但随着它的影响渐渐扩大，也进入到士大夫阶层当中。实际上，这些清官的神话在某种程度上也弥补了士大夫们在政治现实中的失落，同时也满足了他们"内圣外王"的自我想象。在此类的故事形态当中，他们一方面可以获得"势剑令牌"，代行"王法"，[3]而不用考虑现实当中越来越多的法律和政治限制，另一方面又拥有鬼神相助，"日审阳、夜审阴"的超强破案能力，而这种能力又常常是直接与他们"替天行道"的道德优势相联系，从而不影响他们对获得此种能力的排斥。清官的传说坚定了某些士大夫的信心，在意愿上也为获得这样的美誉所吸引。更多的官员愿意把自己打扮成清官的形象，甚至试图模仿传说中清官的典范事迹。

---

〔1〕 18 世纪经济变迁已经侵蚀了地方社会的道德共识。参见［美］步德茂：《过失杀人、市场与道德经济》，张世明译，社会科学文献出版社 2008 年版，第 219~223 页。

〔2〕 有关于此的最好研究，参见徐忠明：《包公故事——一个考察中国法律文化的视角》，中国政法大学出版社 2002 年版。

〔3〕 在许多包公戏当中，经常会出现"明有王法"（《勘头巾》）和"明有清官"（《绯衣梦》）的用法，这两者显然是可以互换使用的。"作为人间的'王法'秩序，就理想而言，不仅是君主或者帝皇的人为法度，具有理性建构的特点，而且，也是'天道'的反映与表达，所谓'则天顺时'的法律思想，即是简明扼要的言述；因此，也有'替天行道'的意涵；进而，还是文化传统与社会生活秩序的反映和表达。总而言之，一如帝皇是'天下，国家'的代表，故而'王法'也应该是'公意'的体现。"参见徐忠明："传统中国民众的伸冤意识：人物与途径"，载《学术研究》2004 年第 2 期；另可参见范忠信："从明清市井小说看民间法律观念"，载《法制现代化研究》1998 年卷，第 342~256 页。

除了官员的自我期许之外，甚至皇帝也将"清官"的出现视为国之祥瑞。[1]这样，清官意识实际上体现出了一个大传统与小传统之间的交流过程。[2]它变成了一种共同的情结，这种情结也维系了对运转日渐艰难的司法制度的残存的信念。"这些一个个成功的案例，一个个优秀地方官的故事有时记录下来，鼓励着同僚和以后的审判人员。作为促使人们去确认和肯定这种神判形态拥有的可能性与正统性的媒介，当时的社会里流传着这样的美谈。从长时期和整体上来看，正是因为这些成功事例和模范的存在与流布，才使人们不会对审判的形态本身发生疑问，也不至于想到这种形成和维持秩序的方法或样式本身会不会存在根本的缺陷"。[3]

郭继泰以清官自诩，为其鸣冤之人也以"廉吏"、"清官"、"循吏"称之。[4]除了是对个人品格的表达外，更重要的应该是对其为官能力的称许。作为理想中的清官（循吏），其最重要的能力体现在以下三个方面：调处息讼时的仁爱与教化；调查案件事实时的智谋与神判；定罪量刑时的哀矜与宽宥。[5]我们下面从小说中的案件描述来印证郭继泰在这几方面的能力形象。

全书共五十二回，在第三十七回郭被参革职，之前的章回描述了郭在历任知县职位上的办案活动。兹先将该书中有郭继泰参审的案件列表如下：

编号	案情概要	结　果	出处	备　注
1	管粮官薛守备和营官丁游击有隙，遂诬其殴毙营兵李某。	请臬台令其本营官弁出钱安抚尸亲，以"敷衍完案"。	第一回	郭在省城待差，奉命参审。薛守备有提督及巡抚为后台，巡抚本意惩办丁，郭借说丁已运动总督，遂罢。

---

[1] 《清史稿·陈璸传》上谕廷臣曰："朕见璸，察其举止言论，实为清官。璸生长海滨，非世家大族，无门生故旧，而天下皆称其清。非有实行，岂能如此？国家得此等人，实为祥瑞。宜加优异，以厉清操。"

[2] 在古代中国大传统与小传统之间的关系是密切的，这主要是由于儒家知识分子们总是把教化当作自己的重要使命，而清官意识则体现了另一种交流的途径。参见余英时："汉代循吏与文化传播"，载余英时：《士与中国文化》，上海人民出版社2003年版，第117~189页。

[3] [日]寺田浩明："权利与冤抑——清代听讼和民众的民事法秩序"，载王亚新、梁治平编：《明清时期的民事审判与民间契约》，法律出版社1998年版，第231页。

[4] "当涂京官公呈"、"东流县绅耆岁贡生章子静等十四名上皖抚朱禀"、"当涂绅民第七次禀审判厅稿"，载《带印奇冤郭公传》，第506、508~510、510~511页。

[5] 参见徐忠明：《情感、循吏与明清时期司法实践》，上海三联书店2009年版。

续表

编号	案情概要	结　果	出处	备　注
2	项尔贵在岭下被人所杀，泾县知县胡肇祺认定是张春梅所为，严刑逼供，总未得供，案呈发审局。	郭参审，虽已发现蹊跷，然首府（掌发审局）联仙蘅受胡运动，亦认定是其所为，遂详禀抚院，遭驳斥，而案已迁半年，该犯瘐毙。	第二回	郭最后说，"尽在大人，卑职与他一不沾亲，二不带故，有何意见呢"。后有辞任之意。
3	亳州一家四口被杀命案，知州王弼臣（王瞎打）对乞丐王三和邓麻五严刑逼供，迫二人认领杀人罪。	发审局会审时发现冤情，但首府及发审局正副办皆受请托，终未平反，后邓五、王三瘐毙。	第二回	郭也始终有退缩之意，后果以另有差使为由辞审。
4	吴三屡次偷排水于曹维邦家地内，被曹胞叔曹玉堂看见，告以地保，吴三恼羞成怒，遂吞烟自杀。吴侄狗儿借此捏控讹诈。知县将曹兄弟二人定罪军、徒。	郭查明吴三确系吞烟毙命，与人无干，遂断令曹维邦帮本洋三十元，交吴家领棺埋葬吴三，开释维邦兄弟。	第四回	此时郭已属灵璧知县。定案后，念此案前任已审详定谳，决定进省面禀情形。
5	倪树仁之女许配张天禄之子，后因小产病入膏肓，故寻短见，倪树仁受其本家倪拔贡挑唆，遂诬告张因奸不遂，勒索致命。	郭查清事由后管押倪树仁，从众乡绅之请，令两造和解，将倪开释。要求乡绅警告倪拔贡，休得再滋事，否则严惩。	第四回	前任验尸时双方怕吃亏丢人，各带了千余人随观。
6	陈老幺拐卖妇女，被捕役发现捉拿。	郭令将其先打三千背花，再压杠子，陈老幺招供。后发觉其为一悍匪，禀请上宪，就地正法。	第五回	

编号	案情概要	结　果	出处	备　注
7	灵璧官民抓获凤阳强盗，然凤阳知县讳盗在前，因循延宕，不愿承认收案。	道台丧女，希图搭救该盗性命藉以积阴德，要郭不必认真。郭同意。	第五回	郭见了道台说，只要不是诬良为盗，那就是大人的恩典了。
8	太湖县岁贡生刘文清意图讹诈，向青阳县控称族孙刘小在青阳县吴家庄为庸工，生死不明，被驳后竟上省捏控。臬司赵尔巽严斥，但藩司于荫霖听其一面之词，委员会勘。	郭念其年已七十六，且系读书老前辈，爰禀上宪，请予斥革衣领，交地方管束，以清积案。巡抚邓华熙受刘外甥某翰林请托，批示开释刘氏父子。而臬司赵尔巽则认为刘心术险恶，应照例治罪。郭遂对赵说刘老病危急，准找保医治，另又报邓说已遵札开释。此案不了而了。	第八回	第七回因灵璧泗州争水案得罪道台，辞差。郭接署青阳县。
9	湖北兴国人王大供胞妹许陈亮甫长子为媳，陈亮甫妻嫌恶该媳，想要无故休弃。王母不依，陈家就买通铜陵县知县刘佐宸，把王一家都押起来，递解原籍，过程中差役们百般凌虐勒索，王母被逼投水自尽。	郭对两造都训斥威吓，之后断令陈亮甫给钱，供小夫妻另过，再给王大本洋一百，饬即领棺埋葬。就此结案。	第八回	郭受委协同调查此案。

续表

编号	案情概要	结　果	出处	备　注
10	更夫赵奎偶遇同乡刘大，因其平日不务正业，偷鸡摸狗，故想警告一番，用刀在其左腿扎一小口，后刘大因又饿又冻，加之鸦片瘾发作，倒毙街头。无赖王三意图讹诈，借机冒充尸亲，诬告附近十三家商行教唆致死人命。	下令责打赵奎一百小板；并打王三三十板。命与善堂给本洋三十元，交尸亲领棺埋葬，王三斥释。	第九回	后第十五回有类似事情发生，由太平府知府周某造意，牵扯无辜客商董选青。
11	张守德强逼过继其堂弟张守仁长子，并以此勒索守仁钱财，致守仁罹患疯疾，后守德盗砍祖坟上的树卖钱使用。	罚守德酒三樽、鞭三百，祭祖封山，并向守仁母亲磕头赔礼。重议族约。	第九回	
12	秀才吴逢辰以修观为名，贿赂官府，设立局子，抽捐百货。捐额奇重。江西临川帮商人不服致讼。	查封该局，但不追被吞公款。并设一席，和解两造。	第十一回	在青阳被撤任数年后转任东流县。
13	吴大告胞伯母舍近求远，过继远房。	呵斥吴大、寡妇并族长。判定将家产分为三份，承继侄子一份，寡妇一份，爱继侄子一份。	第十二回	在东流县丁忧。
14	植本公司方履中和姚丙塑嫖赌亏空公款，姚丙塑遂向官府谎报被强盗所劫。	郭查明事实。听从众士绅之请，对姚姑从宽宥。	第十九、二十回	第十六回起接任当涂县令。

编号	案情概要	结　果	出处	备　注
15	甘老大、袁老小、方荣桂、徐义明等被芜湖捕役和知县沈益斋诬为盗贼。	会审时，郭本已讯明，但旋即被沈及发审局正办进谗臬台，认为郭有意庇纵匪类。郭被摘去顶戴。甘、袁、方皆瘐毙。徐亦奄奄一息。	第二十一回	
16	韦老四盗许世英家牛被抓并打伤。许趁机要挟韦诬扳其旧仇李三小子为同伙。后韦伤重至死，李则在当涂县衙被县丞朱似愚屈打成招。	郭本想翻案，因涉及县丞朱似愚，其师爷胡某劝其放过，并说上面已经把臬司衙门的书判安排好了，将无人过问，辗转之后变成游案，再过一二年，把李小三子放了，无失人之虞。郭碍不过情面，许了。	第二十三回	
17	毛宋氏与马祁氏因牛吃檐下草而起争端，揪斗中毛宋氏突然倒地身亡。	调解和处了事。令马家出丧葬费。"一场人命重案，三言五语，烟消雾散"。	第二十五回	
18	和尚松慧曾被和尚海澄骗去钱财。海澄因被松慧讨急，遂唤烟友王二硬赶松慧出庙。松慧挟怨，乘其睡着，将其劈死。后在庙边游荡，被地保看见，遂诬告王二等谋杀。	由伤口与凶器不符等发现蹊跷破案。最后念案系海澄忘恩负义，亦有取死之道，因申详上司，称是松慧自行投首，照例减一等定罪。	第三十一回	

续表

编号	案情概要	结　果	出处	备　注
19	杨小福儿等被官兵以抓赌为名，勒索钱财。管带朱梅村诬告其等拒捕伤人。汪知府遂召集三堂会审。	郭喝住杨家等人说，总是你们百姓，以朱老爷为本地人，说些不相干的话，朱老爷才动手拿你们的，小儿犯罪，罪在家长。遂饬差把杨大掌嘴二十，领杨小福儿等人回家管束。	第三十二回	过程中郭知道该案蹊跷，因藉乘凉之便，躲出花厅。后二官只得请返。
20	无赖齐上达意图讹诈，教唆客民老孙诬告米店杭老板卖掺水的米。	申斥齐上达，并责打手心四十。	第三十三回	
21	城守营营官金寿之得赃庇匪，并以赃物贿赂知府，后又乱抓人抵罪。	知府得了贿赂，拖延不决，被诬三人瘐毙。	第三十四回	
22	教民杨振禄与廪生童隽不和，郭司事出头妄诉。	郭公与教堂神父翁司铎交涉，翁司铎穗亲查详情，将杨振禄等斥革出堂。	第三十五回	
23	营兵吴青山，在巡逻中被同伴开枪误杀身死，营官捏报为盐枭所杀，并诬指邱大等五村民为盐枭。	郭根据地上子弹型号等查出实情，但不久即被革职。民怨四起，知府无奈只得开释众人。	第三十六回	

从理讼观念上来说，郭继泰的观念"近似"于传统的"无讼"、"慎刑"思想，"朝廷设立地方官，原为息事宁人起见，岂是教他来作威作福么？弟前者初任灵璧县时，内人王氏语我曰：刑罚轻重，国家没有定例，窥其用意，盖恐浑蛋地方官逞一时之怒，以残害百姓也。愚民何知？什么事不由官做主？

假如百姓们犯了杖一百的罪过呢，官仅叫打了他五十下，还怕他不肯答应么？'弟不才，尝服膺斯言。故历任四县，用刑无不加慎。前在省与朋友们闲谈，弟谓我辈出来做官，起早睡晚，担惊受怕，无非为百姓的事情。据天理人情而沦，就该积下些阴德，以昌大厥宗才是呢"[1]。这看起来算不上什么太精妙高深的论点，表达甚至比较粗糙，但其逻辑却无疑是和仁爱教化、哀矜与宽宥的传统理念连接在一起的。古代中国地方官员一兼多任，他的司法工作只是他维持地方秩序的整体工作的一个部分。[2]案件的解决除了要考虑律例的规定，还必须考虑案件所关联的复杂社会关系和整体社会效果。

在调处息讼问题上，郭继泰的立场显然是非常鲜明的。在第四回倪树仁案，第八回陈亮甫案，第九回张守德案，第十一回吴逢辰案，第十二回吴大案，第二十五回毛宋氏案等绝大部分案件当中，郭继泰并非仅仅是在"依法裁判"，而是运用各种资源，甚至不惜"枉法曲断"，以达到调处和息的目的。以毛宋氏与马祁氏揪斗身死案为例，郭继泰对宋氏丈夫毛师琦说："毛师琦，本官看你年老多病，也要打命案官司么？恐拖累你三两个月，就要把你拖死了呢？况毕竟地道无成，其过终在男子，你先有治家不严之罪。本县就替你伸冤，急斗案子，男子们都不至于抵命，何论妇女！我劝你不如和了，还可以得点儿实惠"。受到这样的"启发"之后，毛师琦表示愿意和解，郭遂判马家赔偿毛家损失了事。清律规定，各省户、婚、田土及笞、杖轻罪，州县官可以审结。徒以上解府、道、臬司审转，徒罪由督抚汇案咨结；有关人命及流以上罪，则必须上报刑部。[3]这是一件涉及人命的重案，显然必须层层上报，不能适用和解。然而，在郭的主持之下，甚至连死因都未经详细勘验查清，无论是从程序还是实体上来说，这都严重违反了法律的规定。这种在官方主导之下的"私和人命"，从法律角度来看，绝对是不可思议的，但在现实

〔1〕《带印奇冤郭公传》，第257页。

〔2〕 如蓝鼎元在审出盗尸案真相后，有人劝其将盗尸诬告之人按律治罪并通详上司，则可官声大震，蓝说："普邑当连年荒歉之后，吾莅兹月余，地方未有起色。三宄之罪，固不容诛；通详解省，牵累多人。吾不忍沽一己之名，使民受解累之苦也。"因将王士毅、王爵亭、陈伟度各予满杖，制木牌一方，大书其事，命乡民传擎偕行，枷号四乡周游示众。普人快之。此外，蓝鼎元在评价该案时还说，遇到这种疑案，如果将被诬一家进行刑讯，并不算违律，但即使日久昭雪，而目前之苦楚已不堪问矣，于此见邑令之不易为。参见（清）蓝鼎元：《鹿洲公案》，群众出版社1985年版，第25～26页。

〔3〕 参见那思陆：《清代中央司法审判制度》，北京大学出版社2004年版，第四章"各省案件复核程序"。

中这种操作空间和操作实践却是经常存在的。[1]而我们在这里看到的，则是对这种违法行为的公开褒扬，"一场人命重案，三言五语，烟消雾散了，于此见郭青天爱民息讼之概"。[2]

第二十回吴大争继案则更体现了这种以教化和息讼为宗旨的司法理念。郭了解了基本案情之后：

> 对吴大骂道："吴大，总是你不孝，不然，你亲亲的胞伯母为甚么不肯继你，反继远房的族人呢？况例准爱继，你就是近支，也不配争继。不看你是个愚人，就该先打五百板。"骂得吴大不敢开口了。然后对那老妇人说："你这老女人也太不是了，舍了本门的亲胞侄不继，反继了彭泽县的远房。你试想想，可对得起你那死后的老头子么？况例虽准你爱继，是说在一样远近的支内才许你捡择呢，不然，若你要爱继外人，也可任你异姓乱宗么？再说天下事利害相连，假如你丈夫留下一斗八升累粮，本县还是找你胞侄，还是到彭泽县找你那远房去呢？不看你是个老寡妇，就该掌嘴！"又骂得一个不敢出声了。那远房的族人戴的金顶大帽跪在一边，也只是汗津津下，不敢做声。公说："来，先把他的帽子裁了"。差人们答应声"是"，那人早已脱巾露顶了。公遂骂说，"你为族长，他娘儿们不和，就该极力解劝，才是个样子。怎么你彭泽的人，反倒争起东流的产来了？不看你是个客民，你说该打不该打呢？"骂得一个又只是捣头求恩。公知三面都服了，然后传亲族们上来，断令把这份子家当按三股均分：承继侄子一股，寡妇一股，爱继的也分一股。若日后寡妇辞世，就尽他那一分产业办理丧葬，有余归为祠堂公款；倘有不敷，即着两个继子分摊，此事遂具结完案矣。

在该案中，郭提及了律例规定。按《大清律例》规定，"无子者，许令同宗昭穆相当之侄承继，先尽同父周亲，次及大功、小功、缌麻。如俱无，方许择立远房及同姓为嗣。……无子立嗣，若应继之人平日先有嫌隙，则于昭

---

[1] 徐忠明："清初绅士眼中的上海地方司法活动——以姚廷遴《历年记》为中心的考察"，载《现代法学》2007年第3期。

[2]《带印奇冤郭公传》，第238页。

穆相当亲族内择贤择爱，听从其便"[1]，也就是说寡妇的择立继子不合法，而吴大的继子身份应该得到承认。由此可看出，郭对于律例规定显然不是不通的。然而，如果简单地就此作出判决，则难免该远房侄子不服，继续上控，而寡妇之后与吴大之间的矛盾只有更加恶化，生活堪忧。此案的解决显然还不仅仅在于对律例的运用，而是要综合利用法律、情理，特别还要包括作为官员的威势。在案件完结之后郭继泰对捕厅总结自己的办案经验时说："凡断案子，须要抓住两造的错儿。若仅说些好话相劝，必致各执一词，反弄得拖累不堪"。[2]晓之以理，吓之以威，然后做到利益平衡，正是此案得以了结的关键所在。

作为教化和息讼的延伸，哀矜和宽宥还是郭继泰经常遵从的理念。这一点特别体现在其对诬告案件的处理上。小说令人印象深刻的是其中诬告案件之多。共有11个案件涉及诬告或诬报，占总数的50%。这比学者已有统计的数字更为惊人。[3]对"捏词诬告，移尸图赖，吓诈金钱。此又刁风恶习，所宜惩创以杜其渐耳"，[4]然而在更为复杂的情况下，"惩创"也未必能够简单地通过适用法律的刚性规定来进行。事实上，在几乎所有郭继泰享有决定权的案件当中，郭继泰都没有按照《大清律例》中的有关规定反坐诬告者的责任。除去第三十六回中的营兵诬告案，郭因革职未能参与判决，剩下的十例诬告案中，未追究诬告者任何责任的有四例，占了四成，口头警告的有两例，占两成，斥革头衔交地方管束的为一例，处以笞杖刑的为两例。在第三十一回中松慧杀人并诬告案，郭不仅没有追究其诬告责任，反而因被杀之人素有恶行，将松慧以自首减等定罪。这也和其他学者的研究相吻合。[5]在第八回

---

〔1〕《大清律例》，张荣铮点校，天津古籍出版社1993年版，第195～196页。

〔2〕《带印奇冤郭公传》，第113页。

〔3〕 高峰雁对部分判牍进行统计的结果是，诬告案基本上占据15%以上的比例。顺治年间的《棘听草》共收入判440件，其中诬妄类80件；康熙朝的《纸上经纶》共收入判28件，属于诬告的有7件；雍正年间的《徐雨峰中丞勘语》中收判102件，19件是诬告；乾隆朝的《崇util堂稿》中收判38件，有6件诬告案；而光绪年间浙江会稽县知县在《四西裁决事》中仅记录了38件，属于诬告的竟然达到16件之多。参见高雁峰："清代地方社会中的官、民与法—以清代地方官判牍中的诬告案为中心"，华中师范大学历史系2007年博士学位论文，第3页。

〔4〕（清）黄六鸿：《福惠全书》卷十四。

〔5〕"对待诬告这种国家和地方都三令五申予以严厉打击的刑事犯罪行为，地方官也是采取宽纵的做法。……只有4.2%的诬告者被处以笞杖刑以上的刑罚，也就是说，只有这些案件才被上报上司；43.2%的诬告者被施以笞杖刑，而大多数的诬告者，即52.6%的诬告者甚至径直免于处罚。"参见高雁峰："清代地方社会中的官、民与法—以清代地方官判牍中的诬告案为中心"，华中师范大学历史系2007年博士学位论文，第68页。

刘文清捏控案中，郭继泰对待讼棍刘文清，也"念该生年已七旬有六，且系读书老前辈，爰禀详上宪，请予斥革衣领，交地方管束，以清积案"。对植本公司方履中和姚丙堃嫖赌亏空公款案中，郭也从众士绅之请，对姚姑从宽宥。这确实可以证明，"引照国法，未必意味着法官严格地受到法律条文的约束。首先，如说到国法的刑事方面，在不少情况下，即使是按照法律应处徒以上的案件，也并不依狭义的刑事程序向上级报送，而是或依州县权限内的裁量处以轻微的惩罚了事，或者在劝戒今后不得再犯之后放免"。[1]如第四回中说"自到任以来，无论新旧上控各案，率皆一堂讯结，以故不数月间，声名大震，四乡八镇，无不称为'郭青天'"。第七回中说到灵、泗两县争水械斗一案，经发审局讯了两月有余，不能断结，而郭"高声说了三五语，真也奇怪，案子就从兹完结矣"。而一些疑难案件的侦破，也充分展现其侦查技巧和智谋。如和尚松慧杀死海澄一案中，郭继泰对书差们解释案情："果有帮凶，遍身能无一伤么？况且菜刀多大，岂能砍下二寸长的伤口？再看那死鬼睡的床，三面靠墙，仅能一面行凶，而小小头颅前，岂能站三四人，共在一处动手？凶器又都是一样么？"第三十六回营兵吴青山被误杀一案，郭亦反驳诬告的营官说"枪子儿若从门外进来，岂能把桌子上的洋灯震灭？"并根据子弹型号，最终判定吴青山是被其同伴所误杀。观察和推理可谓入微。值得注意的是，这些疑难案件的侦破并没有倚赖我们习惯见到的鬼神托梦之类的情节，而是凭借细致的观察，缜密的思考所得。[2]

在很大意义上，郭继泰继承了清官司法的众多特性，在行文中也足可以感受到其对此的沾沾自喜甚至颇为自负的心态。这种自我期待和自我标榜自然体现了清官情结的延续性。但如果更细致地观察的话，很快我们就会发现清官及清官司法在晚清的现实中遭受到了巨大的困难，从而从根本上动摇了这种司法信仰的基础。

三、清官司法的现实困境

清官司法作为一种理想在晚清遇到的挑战，原因是多方面的。

首先，在对清官功能的理论认识上，清官及清官司法在历史上并非没有

---

〔1〕〔日〕滋贺秀三："清代诉讼制度之民事法源的概括性考察——情、理、法"，载王亚新、梁治平编：《明清时期的民事审判与民间契约》，法律出版社 1998 年版，第 26 页。

〔2〕这倒也符合古代公案小说从神判到人判的发展趋势，参见黄岩柏：《中国公案小说史》，辽宁人民出版社 1991 年版，第 224 页。

遭受到质疑。袁枚笔下的仙游令就是对清官司法的深刻讽刺。[1]

李贽也说："贪官之害，但及于百姓，清官之害并及于儿孙。余每每细查之，百不失一也"。[2]而后蔡献臣对于这一观点亦有所认同：

> 盖清者多偏，偏则必有独行已志，不恤物情者；清者多刻，刻则必有疾人已甚，持法太苛者；又清者入微，入微则施苛，苛则必有三族相怨，穷乏觖望者"。[3]沈兆沄说："今人多好以清官自负，夫清非仅不名一钱之谓，须兼得廉明两义，廉则一尘不染，如冰雪之清，明则一毫不蔽，如水镜之清。若一介不取而处事胡涂，世安用此清官为"。[4]而一些以清官为由沽名钓誉者更令人发指，"盖操守平常之劣宦，众所伺察，其贻累于地方者尚轻，而洁已沽誉之巧员，不复诚求，其贻误于地方者更甚。……安民察吏兴利除弊，其道多端，倘但恃其操守，博取名誉，而悠悠忽忽于地方事务不能整饬经理，苟且塞责，养奸贻害甚大"。[5]"又见今日所称好官，才到任便减陋规，革常例，标榜清节，矫饬声誉，而其实私门旁窦暮金日进。人皆谓之清官，欺世盗名，尤为可恨"。[6]

凡此种种，都可视做对清官情结虚伪性和弊端的深刻批评。尽管如此，代表了民众意识的小说戏曲，在很长一段时间内维持了对清官信仰的展现。这是一种在黑暗时代对"例外"正义的期待，正如前面所说的那样，在看不到有其他改进途径的情况下，有此安慰也是好的。

---

〔1〕嘉兴宋某为仙游令，平素峭洁，以包老自命。某村有王监生者，奸佃户之妻，两情相得，嫌其本夫在家，乃贿算命者，告其夫以在家流年不利，必远游他方才免于难。本夫信之，告王监生，王遂借本钱令贸易四川，三年不归。村人相传某佃户被王监生谋死矣。宋素闻此事，欲雪其冤。一日过某村，有旋风起于轿前，迹之，风从井中出。差人撩井，得男子腐尸，信为某佃，遂拘王监生与佃妻，严刑拷讯。俱自认谋害本夫，置之于法。邑人称为宋龙图，演成戏本，沿村弹唱。又一年，其夫从四川归，甫入城，见戏台上演王监生事，就观之，方知己妻业已冤死，登时大恸，号按于省城，臬司某为之申理。宋令以故勘平人致死抵罪。仙游人为之歌曰："暗说奸夫害本夫，真龙图变假龙图。寄言人世司民者，莫恃官清胆气粗。"见（清）袁枚：《子不语》卷九，"真龙图变假龙图"，申孟、甘林点校，上海古籍出版社 1998 年版，第 173 页。
〔2〕（明）李贽：《焚书·续焚书》卷五，"党籍碑"，岳麓出版社 1990 年版，第 216 页。
〔3〕（明）蔡献臣：《清白堂稿》卷七，"书李卓吾党籍碑后"。
〔4〕（清）沈兆沄：《篷窗附录》卷下。
〔5〕（清）梁章钜：《退庵随笔》卷五。
〔6〕（清）贺长龄：《清经世文编》卷二十一，严虞惇"与沈位山书"。

到了晚清，特别是辛丑条约签订之后，一切都不一样了。鸦片战争之后，清政府虽屡挫于外敌，而时人也渐次开始意识到西方文明的某些优越之处，"天朝上国"的根据分崩瓦解。庚子年的劫难，使得人们不得不重新认真地审视和思考内外景象，将固有的传统模式置于一个新的参照体系之下。"陋哉！我支那之大陆乎！古之大陆，为开明最早之大陆，今之大陆，为黑暗最甚之大陆；他之大陆，为日新月盛之大陆，我之大陆，为老朽腐败之大陆"。[1]中西交往让人们看到了另一种法律文明的面貌，也因此造成了两种司法类型的竞争。人们开始倾向于用西方的司法类型特质来检验现存制度，"在中国对任何社会阶层都无司法可言；……地方行政官和法官的存在只是为了自己发财致富和养肥他们的顶头上司、直至皇室自身。民事诉讼是公开的受贿竞赛；刑事诉讼程序只不过是受刑的代名词——没有任何预审——对被告进行不可名状的、难以忍受的严刑拷打，不仅对可能有证据的嫌疑犯是如此，而且对被任何一个兵勇或地位较高者告发的人也是如此"。[2]

另外，在早先朝贡体系下所形成的涉外案件裁断方式及其准据，开始越来越被外来者所排斥，而更为难堪的是这些外来者却居于无可撼动的强势地位，使得这种排斥实际上形成了一种姿态上的逆转。在此情况下，治外法权成为了一种似乎双方都不太满意的解决方案。[3]这一解决方案除却体现了强权外交的基本逻辑之外，在一定意义上，作为一种参照，它也越来越彰显传统司法类型的症候。[4]随着依法判决、司法独立、审判公开、禁止刑讯等西式司法信念的传播，与之相扦格的清官司法理想，就不可避免地受到冲击和侵蚀，甚至被抛弃，其弊病因而被正视甚至放大。这是清官司法理想动摇的第二个原因。

人们首先认识到在黑暗的社会体制和风气下，清官是不可期待的。李宝嘉在《官场现形记》中就说："老佛爷早有话，通天底下一十八省，那里来的清官，但是御史不说，我也装作糊涂罢了"，"妖魔鬼怪，全都有了"，就是没

---

〔1〕 "大陆发刊辞"，载丁守和主编：《辛亥革命时期期刊介绍》（第2集），人民出版社1982年版，第116页。

〔2〕 孙中山、埃德温·科林斯："中国之司法改革"，贺跃夫、周黎明译，载《中山大学学报》1984年第1期。

〔3〕 参见 [英] 赫德："改善中国法律与政务之条陈"，[日] 今井嘉幸："中国治外法权问题"，载王健编：《西法东渐——外国人与中国法的近代变迁》，中国政法大学出版社2001年版，第9~30、285~288页。

〔4〕 更细致的分析，参见韩秀桃：《司法独立与近代中国》，清华大学出版社2003年版，第一章"中国的司法传统及其危机"；王涛：《中国近代法律的变迁（1689~1911）》，法律出版社1995年版。

有见到一个好官清官。[1]话虽过激，但实是将过去不忍或不愿承认的事实说出来了。对于清官的鲜见及异化，在《活地狱》书的一开始，李宝嘉更进一步地阐述了这一现象的原因：

> 我不敢说天下没有好官，我敢断定天下没有好衙门。何以见得？说是天下没有好官，从古到今，那些《循吏传》里的人物，是哪里来的？说是天下有好衙门，除掉本官不要说，试问那些书办衙役，叫他们靠什么呢？虽说做官有做官的俸银，书差有书差的工食，立法未尝不善，但是到得后来，做官的俸银，不够上司节敬；书差的工食，都入本官私囊。到了这个分上，要想他们毁家纾难，枵腹从公，恐怕走遍天涯，如此好人，也找不出一个。[2]

这一见解的重要性在于，清官的存在和功能，并不仅仅依赖于官员个人的品格和能力，而是依赖于整体的政治制度和司法体制运作。这揭示了清官理想脆弱性的最根本缘由所在。晚清的制度现实使得清官罕见，清官的生存空间越来越小，不仅难以为百姓伸冤，甚至坚持的结果常常是自身难保，清官的光辉也就越来越弱了。

事实上，郭继泰也并非严格意义上的清官。要说清廉，这位知县绝非像过去那些理想形象一样，一毫不取。下去办差时，对于沿途州县所奉"程敬"，亦多为笑纳。当政敌以此为由向上禀报攻击他时，他对按察使赵尔巽说："二十二州县，共收了五百余元，沿路花了二百多元。此系卑职们的往来交谊，何劳大人动问。卑职前在任上，亦曾送过人的。漫说还有大人的共事，就是无事过从，各处也不能不送点儿夫马费。若收了程敬，诡说是借盘费回来，此等欺人之谈，虽大人们喜欢听那些话，卑职觉得很丑，实不会说。如是有人禀讦，说卑职藉差招谣，敢请查明参处。"[3]这等理直气壮，"正气凛然"，当然不能视为寡廉少耻，而是直接揭露出了当时清官对所处环境的无奈及其不得不采用的变通策略。在后来被参革职后的堂审中，郭为自己亏负公

---

　　[1]（清）李宝嘉：《官场现形记》，人民文学出版社1979年版，第290、1048页。假清官倒是到处可见，如钱锡宝《梼杌萃编》里的范星圃、贾端甫，刘鹗《老残游记》里的玉贤、刚弼等。对此的进一步解释，可参见王学钧："以理杀人与有罪推定——《老残游记》对理学化清官的批判"，载《明清小说研究》2007年第2期。

　　[2] 李伯元：《活地狱》，上海古籍出版社1987年版，第1～2页。对于《活地狱》的精彩法律解读，参见徐忠明："活地狱与晚清州县司法研究"，载《比较法研究》1995年第3期。

　　[3]《带印奇冤郭公传》，第62～63页。

款辩护到："查革员在任不及十月，又值大水为灾，钱粮减成，且只征收工一半，平余能得几何？所有各上宪派来的委员，屈计几在二十名，程敬供给约费二千余金；钱粮上兑、库吏的堂费约三千余金；汪麟昌勒索去的赃款亦约三千余金；加以各上宪的幕友、家丁、门包节敬也有二千金之谱。统计不下万余金。倘不挪移正款，从何而来？州县官赚的钱本系滥赃之食，人人得而分肥。但今日革员被议，则向日之分肥者，理应照数吐出，以便清理交代，准可有盈无绌"。[1]长久以来，官员们以及依附在整个官僚体系上的人"以不同的名目，按不同的数量收受财物，已经成为未必明说但又真正管用的潜规则"，在多数人的心中，这根本算不上什么贪污纳贿，而是一个共识。在这种事实上的财政制度下，想要从浑浊的脏水里捞出毫无污染的鱼是不可能的，理想的清官必定从上到下全面消失。[2]清官首先得是官，但要想维持官的地位，或者想要运转做官的力量，必定要和这种潜规则妥协。元杂剧《陈州粜米》中包公对于此种情形的态度是无奈的，"待不要钱呵，怕违了众情；待等要钱呵，又不是咱本谋。只这月俸钱，做咱每人情不够"，但似乎尚能勉为坚持。到了晚清，这种坚持已经变得毫无可能。清官，首先要在"清"字上打折扣，这是可以理解的。

至于"清正"，从小说中的描写可以看出，郭继泰确实品性刚直，不谋钻营，其"于官场钻营奔竞，贿买差缺之秘枕，耳闻目见，却也渐渐悉其门径了。不过不愿沾染"。[3]这一品性影响了他的仕途升迁，甚至在很大程度上也

[1] 《带印奇冤郭公传》，第355页。

[2] 吴思：《潜规则：中国历史中的真实游戏》，云南人民出版社2001年版，第53页。

[3] 《带印奇冤郭公传》，第13页。其中第一等书差的力量，在第一回中就展现出来了，难得的清官能吏杨认庵，就是因为得罪书差，前后三次被撤任，最后落在其宿敌两江总督刘坤一之手，被遣戍新疆。在黄小配的《二十载繁华梦》（天津古籍出版社1986年版）中，一个小小库书居然可以呼风唤雨，上至亲王下至关督皆在股掌之间。如何应对书差，在长久的历史当中都是难题。"周之胥徒，汉之卒史皆以士为之，今则庶人。在官禄不足以代耕，于是以作奸犯科为安身立命之本。此岂国家设立胥吏与为胥吏者之初心哉。为胥吏者，大抵民之秀而有文义者，进不能横经而为士，退不能荷耒而为农，于是托迹公门以自业。各有其父母妻子，非舞文无以货取，非货取无以为家。贤者不免，况未尽贤者乎。亦思就傅读书始有文义，既有文义应辨是非。谚云：清官难脱猾吏手。又云：公门之内好修行。夫以事权之重也。如此则祸福所系，岂不巨乎。少作一孽则地方多受一惠，即本身阴增一福。前事具在，可以为鉴也。则官之驭吏可不慎欤"，"差役不若胥吏之有文，事权不重于吏，而威福过于吏。一纸入官，九牛难拔，此为络讼者言之。一符下乡，十家闭户，此为奉差者言之。富者得钱而买放，贫者无钱而受拘，或招摇以索贿，或恐吓以取财，在鄉愚为卖儿贴妇之赀财。在己身即剑树刀山之因果，可不惧乎。余谓书吏中未必无自好之士，即差役中亦不乏出众之才，全在为政者化导而善用之，不必动加刑罚也。书则小过不妨宽宥，集众而劝谕之，训诫之。至于再至于三，仍书所犯于册，准其数月无过以自赎，再三不悛，则责之而除其名。择谨慎者畀之，当无不力。"（（清）陈文述：《颐道堂集》文钞卷六，"答问书吏"、"答问差役"）

是导致他之后被困于狱的主要原因。但是，从更全面的角度来看，其又未必真的是处处循法，毫不为曲。比如他曾说："州县官有五等人惹不起，而上司百姓不与也"，"头一等，就是本衙门的书差们；第二等是同寅下属；第三是地方绅士；四是家人老妈子；五是地保、乞丐头。此五等人，地方官离了一刻不行，国家又不予他们分文工资。无论昼夜风雨，教他往东，他不敢往西；就是说是要打他，一言出口，那儿已经扳倒了，要打一百，九十九也是不答应，怎么有这等贱骨头呢？而说是叫他们不舞弊、不要钱，能乎不能？虽有精明干练之好官，也只好睁一眼侧一耳可矣"。[1]而在下面我们将看到，基于这个理由，许多案件他也并非那么秉公处理，大义灭亲的传说在他身上未能出现，"清正"也打了个折扣。不过，折扣的存在，倒是在一定程度上反映了作者的叙述并没有掺太多的水分，并没有太为己讳。

我们前面说郭继泰的理念近似于传统的"慎刑"思想，其司法实践也近似于清官司法。但这些都还只是近似而已。在秉持同样传统的历代循吏传当中，我们能够读到许多动人的故事，其中体现了在儒家仁政思想基础上的矜慎爱民。这些故事的主角，其司法实践所共有的一个特征就是"寓教化于听讼"。[2]对于郭继泰而言，尽管不能说他完全没有这样的"雄心"和企图，但是现实的制约使得他很难积极实践教化的理想。正如我们已经看到的，在许多时候，他的爱民都体现在迁就小民的生存逻辑上，而非改造他们的情感和思想。从这一意义上来说，郭继泰所使用的"息事宁人"，并不是简单的用词随便的问题。这里所反映出来的是某种无奈，他常常对洗刷沉冤、教化风俗等更深层次的改进感到无能为力。更严重的是，考虑到现实的权力格局，许多案件的处理其实并非是建立在崇高理想上的"哀矜与宽宥"，而只是不得已所作的妥协。

在该书第一回当中，管粮官薛守备自恃与郭善臣提督的关系，诬告丁游击殴毙营兵。郭奉上司命调查，获知真相，然而其向嵩臬台的报告却称："李裁缝年老无用，怕新营官接任后被开除而自行短见。至于其他情弊，外人不能出入绿营，无处查实"，并建议由营中官弁们出丧葬费安抚尸亲了事。而嵩臬台则对其赞赏有加，认为郭为断狱老手，两造都不牵扯。当巡抚沈大人试

––––––––––

〔1〕《带印奇冤郭公传》，第 111 页。在这里我们可以再次看到"有好官没好衙门"的论证过程。

〔2〕参见徐忠明：《情感、循吏与明清时期司法实践》，上海三联书店 2009 年版。特别是该书第二章。

图惩办丁游击时，他又说丁游击已去南京运动了总督，使巡抚放弃追究。郭在此过程中明显考虑到了薛守备背后的庞大势力（包括郭提督、知府、巡抚等），所以并没有提及薛守备的威逼致死人命以及诬告等情节，同时也设法保护了丁游击。这一案件体现了其明哲保身之余的处事巧妙。而第八回对讼棍刘文清的处罚，则更体现了这种夹缝中的艺术。对刘文清的诬告行为，巡抚邓华熙受刘外甥某翰林请托，批示开释刘氏父子。而臬司赵尔巽则认为刘心术险恶，应照例治罪。郭遂对赵说刘老病危急，准找保医治，另又报邓说已遵札开释。这些结果看起来不能算不公正，但也让我们看到在一个复杂环境下，"公正"的多种面向，以及可能会打的折扣。在第八回中明知差役的恶行，却仍旧以私和人命的方式，对差役和官兵予以宽纵，这些都是地地道道的"故出人罪"，但如果结合前面郭所说的"五等人"得罪不起，我们就比较能够理解这一清官"不公"的逻辑了。在一个更加现实的政治环境中，即使是清官和"青天"，也不得不和那五等人妥协，而这个案件里头就包含了那五等人中的书差和同寅[1]。难怪郭不得不慨然答允。何况在他看来，他的处断也有助于弱势的一方避免进入正式程序时所可能遭受到的更大伤害。这就不难理解其为何对于最后的处断结果还颇为得意了。

对于其他几等人，常常也必须予以迁就。在一些案件当中（如第二十回植本公司谎报案），往往在即将对违法者予以惩戒时，就有一群士绅跑来求情，最后只好从宽。即使是对看起来构不成什么威胁的无赖地痞，也从未认真严究。这些人都会对他脆弱的政治地位构成打击。士绅是州县官员施政的重要臂助，其背后更有庞大的关系网，自然不能轻易得罪，[2]即使是地痞无赖，也需防止其缠诉，以给政敌提供借口。这实在不符合过去对摧折权要的青天们的行为期待。所有这些因素都意味着他的"息事宁人"，在很多时候只是求得暂时的平衡，律例规定不是主要的考虑依据，天理人情亦并非能加以适用。而当"息事宁人"到了一定程度时，恰恰又直接破坏了法律的可预期

---

〔1〕 维护同寅关系是官场的生存之道，在一定程度上也是基于处境艰难的州县官员之间的相互同情。如第二十三回中，舒城县差役得贿放跑要犯，郭以舒城县令彭鸿年参案在身，不愿据实详禀，使其雪上加霜。然而这也会被许多人拿来作为反对平反冤案的借口。在第二十三回李三小子案当中，该案纯属恶意诬告陷害，并由县丞朱某恩屈打成招，然而正是考虑到朱是其下属，在其师爷的劝说之下，郭不得不放弃平反冤案。值得注意的是郭曾考虑故入人罪的后果，而其师爷则说上下衙门的书判等都安排好了，不会提审。没有失入的风险。可见对律例的规避甚至可以不通过档案制作，以一个"拖"字就足以了结。

〔2〕 高峰雁："从讼师问题看清代地方司法的表达与实践"，载《史学月刊》2007年第6期。

性，进一步提高了诬告的可能性，而像他那样能够有效地甄别出诬告，并及时灭火的能吏毕竟又是少的。当这种态度延伸到其他相对平庸的官员那儿时，就可能进一步恶化了整个体制的运转。

然而，失去了鬼神的庇佑，也没有了势剑令牌，反倒时时受制于上司、受制于地方势力、受制于下属，甚至也受制于本应成为其治事之具却演变成一种陷阱的律令条例，[1]处处掣肘，动辄得咎。更何况，尽管有这么多的妥协，但在整个体制中，他仍然处于边缘地位，曾数度被无端撤差。当他以超群的办案能力查清案情真相之后，终因最后的决定权不在其手，而只能说，"尽在大人，卑职与他一不沾亲，二不带故，有何意见呢"，任凭掌权者包庇元凶，或是收受贿赂，以致冤案的造成，无辜者毙命。但稍有抗争，即被革职。在一定意义上，这就注定了他的这些政绩，以及所采取的方式，只不过是对将倾大厦的微小补救而已。甚至，这种低端的伸冤理想，在体制内的其他成员看来，也是标新立异的，是应当予以消灭的不安定因素。所谓"持廉者，结怨之府；而救人者，害己之端也"[2]。当整个体制倾向于制造冤案时，作为伸冤者的清官，若想明哲保身，要不就彻底同流合污，要不就挂冠归隐。[3]性情刚直的郭继泰，一直在尽可能地"委曲求全"，试图摸索出第三条路，在几次被撤差、摘去顶戴时仍是如此。最终，当太平府知府汪麟昌用"莅事多偏，粗鄙近利"八个字上禀安徽巡抚恩铭将其革职之后，长期累积的愤懑，以及郭的清高自负，终于爆发了，在事后看来，也正如其夫人所预料到的，这种爆发带来的是一场灾难。他将"以身试法"，测试旧式王朝伸冤机制的基本无效性。

---

〔1〕 清代地方政府的行政是由一部行政法典调整的；该法典非常详密，格外追求一致、合理、准确、服从和集权。但是，这些规范相反也带来了操作困难且效率低下的问题。首先，条文过于严苛、僵化，不允许州县官作出个人判断或创设规则。其次，该法典没有给地方性差异留下变通的余地，从而妨碍了州县官根据本地的任何特殊情况调整行政方法。瞿同祖：《清代地方政府》，范忠信、晏锋译，法律出版社 2003 年版，第 331 页。汪辉祖也说，州县官如琉璃屏，触手便碎，诚哉是言也。一部吏部处分则例，自罚俸以至革职，各有专条。（《学治臆说》卷下）

〔2〕 （清）廖腾煃：《海阳纪略》上卷，"上李吉父侍御"。

〔3〕 在包公戏《陈州粜米》中，包公也曾唱说："从今后，不干己事休开口；我则索会尽人间只点头，倒大来优游"。"我是漏网鱼，怎再敢吞钩？不如及早归山去，我则怕为官不到头，枉了也干求"。这种"反出官场"的无奈意识在晚清小说家那里显得格外强烈。参见陈平原：《陈平原小说史论集》，河北人民出版社 1997 年版，第 804～810 页。

四、拯救清官：新旧之间的途径

郭继泰对于自己的冤案，开始时很自然地期望能有一个像他这样的清官上宪为其平反。但在进省几次禀见督抚藩臬而不得之后，郭继泰只好选择清官司法的终极形态——京控。采取"上达天听"的方法以求洗刷沉冤，在官僚体系整体腐败的境况下是当事者不可避免会选择的方法。至少在理论上，皇帝是圣明卓著、关爱子民的，并且皇帝的权威也足以凌驾于官僚体系之上，并扫除一切平反的障碍。而相对应的，为了表现自己对子民的关爱，以及更为重要的，防止官僚们对其隐瞒哄骗，皇帝也愿意倾听直接来自下层的声音。这使得一套京控制度得以发展起来。尽管京控面临非常多的困难，也需要承担理论上越诉的法律风险，[1]京控的数量在清中期之后仍然不可抑制地爆发出来，给受理京控申诉的中央部门及皇帝本人带来极大的压力，以至于曾下旨大开京控之门的嘉庆皇帝，最终也不得不收紧闸口，要求将一般案件发还地方。[2]但此后也一直处于张弛无度的状态。

对于地方官员来说，京控案件在很大程度上造成了他们的被动局面，[3]来自于皇帝的申斥与命令，毕竟不能等闲视之。然而，地方官员面对的两难是，一方面是同寅之情及关系网内可能的利益纠葛，另一方面则必须要有效地消除京控者再次上控的可能。于是，一些精巧的案件了结技术被发展出来，大多都遵循大事化小、小事化了的基本精神，采取调处和息、移情就案或拖延不决的方式以达到目的。[4]

另外一个需要考虑的问题就是，作为"健讼"的一种表现，诬告的泛滥也是京控所不可避免的。地方官员为了安抚京控者，即便其涉及诬告，也尽

---

〔1〕 参见《大清律例》，张荣铮点校，天津古籍出版社1993年版，第505～507页。

〔2〕 "秋七月戊午谕贾允升奏各省京控案件请降旨不准发还一折，所奏非是。各省民人赴都察院控告案件，向来有奏闻者，有咨回者，有驳斥者。嘉庆四年，朕降旨不准驳斥，以防壅阏，系指案情重大者而言。若如贾允升所奏，无论案情大小，不准驳斥，即不准发还，则一切户婚田土钱债细事一经京控，悉皆奏咨办理，亦与政体非宜。国家设官分职，大小相维。若以部院衙门理及琐屑之务，则直省地方官所司何事。且近来讼风日炽，使奸民臆计赴京控诉，必当一概准理，岂不益长刁风，倍增讼狱，拖累株连，流弊更大。贾允升所请不准发还控案之处，着无庸议。"见（清）王先谦：《东华续录（嘉庆朝）》，嘉庆五十。

〔3〕 （清）陈盛韶：《问俗录》卷四，"夫治漳之难有二，曰械斗，曰盗贼。然械斗之祸甚于盗贼，京控之祸又甚于械斗，盗贼害及一身一家，械斗害及乡里，京控更殃及官长。"

〔4〕 参见胡震："清代京控中当事人的诉讼策略和官方的结案技术——以光绪朝为例的一个分析"，载《法学》2008年第1期。

量不按诬告律进行惩处，而是设法予以开脱。这种"和稀泥"的处理方式，在更多的时候其实加强了意图耍赖者提起京控的动机，从而进一步增加了京控的数量。而诬告的泛滥在一定程度上也削弱了皇帝对京控的关心，最终对大多数上诉人来说，他们得到正义的程度是由省巡抚来决定的。[1]而由于巡抚是地方官僚体系的首脑，许多的错案实际上都与他有着牵扯不清的干系，这就注定许多冤案无法得到真正的澄清。

对于郭继泰来说，提起京控的优势和劣势可能都与他的官员角色有关。作为官员，他显然比一般人更加清楚进入体制的流程，然而，从另外一面来看，皇帝所经常体恤的是贫弱小民[2]，而对于官员，皇帝通常不会有那样的耐心。况且被参革职，算不上什么人命重案，要想获得皇帝的关注，无疑更加困难。在这种情况下，郭继泰必须运用以前在受理小民词讼时所遇到的诉讼策略，即小事闹大。而他所采取的第一个步骤就是带印进京，遣其长子于都察院抱告。以清代印信管理之严，官员带印进京和小民自残身体差不多。[3]除此之外，在所附原禀中还夹带了一份控诉汪麟昌贪鄙近利的折件，上列汪麟昌事十数条。[4]这种"耸动圣听"的办法也并不是没有风险的，《大清律例》规定："曾经考察、考核被劾人员，若怀挟私忿，摭拾察核官员别项赃私不干己事奏告，以图报复者，不分见任去任文武官，俱革职为民；已革者，问罪。奏告情词不问虚实，立案不行"[5]，而在咸丰元年，鉴于参

---

〔1〕〔美〕欧中坦："千方百计上京城：清朝的京控"，载高道蕴等编：《美国学者论中国法律传统》，中国政法大学出版社 1994 年版，第 567~611 页。

〔2〕徐珂《清稗类钞》狱讼篇记载了叩阍时应如何将自己打扮成悲惨的样貌："凡冤狱不得直于本省官长，则部控，又不能直，乃叩阍。然叩阍极难，其人须伏于沟，身至垢秽，俟驾过时，乃手擎状，扬其声曰冤枉。如卫士闻之，实时捉得，将状呈上，其人拿交刑部，解回原省。或言专有一等人，代人为此，亦不须多钱，缘此等本是丐流，既得讼家钱，且解省时，沿途均官为之供食，狱结，照例充军，又可中途脱逃，为此者极多。且非此辈，则何时候驾，如何递呈，亦不能如式也。"（中华书局 1984 年版，第 3 册）

〔3〕《大清会典则例》卷六十三礼部：印信乃一应事件凭据，不惟藩桌印信，即州县印信亦属紧要；《大清会典则例》卷十三吏部规定，凡各省督抚于州县官离任交代时，先将接任正署各官到任日期咨报户部，限两月交代，若本官将钱粮等项事件不候交代明白行离任者，将本官降二级调用，督抚罚俸一年。至各项钱粮册籍等项未完诈称完结，或假捏印结申详或增改投递者，革职。

〔4〕"上督抚藩桌原禀"，《带印奇冤郭公传》，第 497~499 页。

〔5〕《大清律例》，张荣铮点校，天津古籍出版社 1993 年版，第 508 页。

员挟嫌讦告行为的泛滥，这一规定得到强化。[1]

然而，对参员不干己事奏告上司的行为，是否真的予以处罚，仍然取决于皇帝是否认为案情重大需特旨查办。在逻辑上这和普通百姓运用诬告来使官府受理词状的行为并无不同。在许多时候，这样的冒险是值得尝试的。果然，鉴于"带印进京"的严重性，都察院不得不立即如实奏报，并引起了皇帝的重视：

> 丙辰谕军机大臣等。都察院奏：据山西榆次县生员郭富德代父来京呈诉一折，据称伊父安徽当涂县知县郭继泰，因署太平府知府汪麟昌挟嫌禀参，带印进省，欲辨冤抑，各宪均不接见，一时糊涂，带印来京，赴院呈诉等语。已革安徽当涂县知县郭继泰被参革职，辄带印进省，伊子郭富德复带印来京控讦，实属荒谬，难保无别项情弊，着将该生员郭富德及印信原呈一并解交安徽巡抚亲提，秉公研究，务得确情，按律惩办，毋得回护。[2]

接到谕令之后，巡抚恩铭一方面迫于压力，另一方面也感到受汪麟昌蒙骗，本有意更正。然而戏剧化的是，不久恩铭就被刺身亡，与汪麟昌同乡至戚的布政使冯煦[3]接署巡抚一职，而巡抚对于京控案件的决定性作用，让郭继泰之前的策略几乎完全落空。而接下来的，就是冯煦、按察使朱寿镛以及汪麟昌如何精心编织"案情真相"，作为这场京控官司的交代。

郭继泰离任时的财政亏空，成为冯煦解决前述京控案件内在难题的一个

---

[1] "近来各省被劾人员，往往投递呈词，藉端挟制讦告之案，层见叠出。如被劾之员果有冤抑，原许其据实申诉。若于被劾本案之外，摭拾别项款迹，砌词耸听，显系怀挟私仇，藉图报复，而该管上司等恐被讦告，遂多徇隐。或于开缺之后，始行纠参，或于已参之后复为消弭，以致习劣属员，肆无忌惮，尚安望其整饬官方耶？嗣后如有被参人员，以不干己事讦告上司以图报复者，内外问刑衙门着照定例立案不行，仍分别治罪，以杜挟制。各省督抚以下凡有表率之责者，如果各励廉隅，奉公守法自立于无过之地，俾该属员无瑕可指，亦何至启反噬之渐。惟当激发天良，洁己率属，不可因豫防挟制，隐忍姑容，亦不得因有立案不行之条，特为无人发觉，遂不自加检束也。至各省遇有特旨查办之案，均应彻底根究迅速清厘，毋得回护，迁就转致稽延。庶大法小廉，而劣员亦知所惩儆，于吏治人心均有裨益，将此通谕知之"。（清）王先谦：《东华续录（咸丰朝）》，咸丰十。

[2] （清）朱寿朋：《东华续录》，光绪朝二〇四。

[3] 《清史稿》卷四四九列传第二三六对冯煦的描述，与小说中的贪腐形象颇为不同，可资对照：巡抚恩铭被刺，众情惶惑。煦继任，处以镇静，治其狱，不株连一人，主散胁从，示宽大，人心始安。……煦居官廉而好施。平素讲学，以有耻为的，重躬行实践。文章尔雅，晚境至鬻文自给云。

极好借口。利用郭的这一纰漏，冯煦首先以追缴亏空为由将其延押，使案件的焦点从京控要案转移为地方财政问题。从光绪三十三年（1907年）九月初六日冯煦上奏皇帝的奏折当中，我们可以看到，京控案件的了结技术如何在这里得到充分运用和发展：

> 户部曾经奏定新章饬令依限交收结报，……如有亏短迟逾，即行照章参办。…查有已革前任当涂县知县郭继泰，系山西榆次县人，前在当涂县任内实短交徵存…共银七千一百六十余两又钱一万二千二百八十余千文。屡催该革员，延不缴解…州县交代正杂钱粮，丝毫均关国帑。值此时艰款绌，尤不容稍有滞欠。乃该革员在任时并不将徵存银两随时缴解，迨交卸后又复任催罔应，所短款项为数甚巨，实属大干功令，若不从严参办，其何以儆效尤而重库款。应即请旨将另案革职前任当涂县知县郭继泰拿问监追，提集经手丁书人等严行审讯，按律拟办，并饬司查该革员原籍家产，尽数估变解皖。[1]

在两个月之后，冯煦再次上奏，汇报郭继泰京控案的重审结果：

> 细加覆核此案，已革当涂县知县郭继泰经前抚恩铭于年终甄别案内以莅事多偏、粗鄙近利奏参革职，初无冤抑。该革员于奉文后不候交卸，辄敢携带印信进省并远赴江宁，又令其子郭富德带印赴京呈控，藉为延宕收漕之计，现将所控各节逐条查讯明确并调核前抚任内各卷或系任意牵控，与案不符，或系无据空言，希图抵赖，控情子虚已属显然。本应从严惩办，无如郭继泰痰病久未痊愈，骤难取具输服供词，而案关奏交，未敢日久延搁。察其病，状实为可悯。查该革员郭继泰前因亏短当涂县任内地丁筹议加捐等款甚巨，经奏请监追，奉旨著所请该部知道钦此钦遵在案。可否仰恳天恩，俯念该革员业已革职拿问，监追查钞，准将京控一案照例立案不行，从宽免其治罪，归于交代案内监追。该革员如能激发天良，早清库款，即可吁求恩施准予释放，倘敢坚不呈缴，则亏短巨款罪名重于

〔1〕 冯煦："奏为已革知县亏短交代款项请旨拿问监追查钞恭折仰祈"，载中国第一历史档案馆编：《光绪朝朱批奏折》（第85辑），"财政"，中华书局1996年版，第178、179页。

证告，再行从重拟办。生员郭富德虽系迫于父命，带印进京呈控，亦有不合，故念实因父病怀疑，现经到案质明，不敢始终狡执，且其父业已拿问监追，亦请从宽免议。前署太平府知府汪麟昌，讯无勒索各情事，应毋庸议。[1]

在这里，我们又看到了一些京控案件结案时常用的措辞，如"从宽免其治罪"、"到案质明，不敢始终狡执"等。在将郭继泰刻画成朝廷曾再三严令惩戒的"刁劣属员"的同时，不忘展现矜悯体恤的姿态，其真实目的则是，一方面显示辖境内确实"别无情弊"，而自己也无袒护及报复之举，更为居心险恶的是避免以诬告定罪，移转刑部，以致失去案件的直接控制权及因郭翻供而在京重审的被动局面。继续以监追欠款为由拖延结案时间，并将郭继泰继续延押，待其瘐毙了事，显然是其最终的如意算盘。这样的解决方案不可谓不精妙，它将调处和息、移情就案和拖延不决三种案件了结技术完美地糅合在一起，这将保证皇帝（皇太后）从上俯视的结果是满意称许，"著该部知道"。从此以后，郭继泰对最高统治者曾形成的不大刺激将完全消弭。

当然，这不应该是唯一的结果。至少郭继泰仍有派人再次京控的机会。然而，如果没有更强大的压力或更大的利益权衡，都察院基于和地方督抚之间的微妙（很不正当以及不很正当的）关系，很少愿意重新就此再次上奏。对于这种结果，郭继泰只能表示屈服，向都察院表示"官司不打了……请予照例销案，俾得早日清缴交代，公私两便"[2]。然而这种妥协已经为时已晚，对于安徽地方的官僚群体来说，继续不提不讯，"制造"郭亏空公款的持续状态，从而保持郭继泰在狱，是有效避免其他任何不确定状态发生的最稳妥办法。即便布政使连甲对郭深表同情，但他也同样陷入郭继泰曾经面临的同寅关系问题，不得不放弃施救。都察院显然也不愿意破坏安徽的这一"良好"局面。这样的均衡在冯煦去任朱家宝接任巡抚之后仍未打破。

正如欧中坦所总结的，在京控案件中，蒙冤者"是谁，他认识谁，能说服谁去代自己求情——这些将决定诉讼的结果，它们甚至比证据本身还重要……如果没有达官显贵的门路，或遭受了真正非法的侵害，却没能引起公众舆论

---

[1] 冯煦："奏为已革知县因被参挟忿遣子带印赴京呈诉审系子虚请照例立案不行仍归侵亏交代案内从严监追恭折具陈仰祈"，载中国第一历史档案馆编：《光绪朝朱批奏折》（第85辑），"财政"，中华书局1996年版，第234～239页。

[2] 《带印奇冤郭公传》，同前注，第373页。

的谴责，进而引起都察院和其他官员的注意，要想推翻巡抚的判决却是困难的"[1]。在继续投书给两江总督以及摄政王了无下文之后，达官显贵这条路被证明是不通的。其后，郭也曾动用他所积累的社会资源以图挽回，通过当涂县在京的一些下层京官联名上呈都察院。这起了一点作用，都察院勉强行文皖抚朱家宝，然而也只不过是个形式而已。东流县的部分绅士也曾上书朱家宝，称郭"遇事不免过刚，……实书愚也。且既蒙大人训斥，当早痛悔前非。为此不揣冒昧，公叩大人台前，鉴怜作主，俯赐准保出牢，依限交款"[2]，情词悲切，等同"饶命"二字，然亦无答复。看起来，尽管郭继泰数度拿杨乃武案作类比，请求提京问讯，他始终没有杨乃武那么幸运，没能透过关系链条找到足够有力的人士并引起他们的介入，甚至动摇那铁板一块的权力版图。[3]在传统体制内的种种努力，未能于事少补，长子郭富德最终瘐毙狱中。

郭继泰一家并非完全没有做其他努力。其子郭富德死前曾要求将其所撰冤单广为散发，而郭继泰本人在狱中撰写小说时，也曾要求将《奇冤传》带往北京散发，希望耸动如李殿林等山西在京高官，最后是否践行，未为可知，但似乎其自称的"奇冤"，并未在当时引起广泛的同情和支持。这既有可能是因为对此类新事物重视不够，也有可能其官员的身份使得他失去了受到更广泛怜悯和同情的基础，在一个对政府整体不满的时代，所有的官员都可能被妖魔化。我们需要强调的是，一个人所能获得的信任和支持，往往与他个人所能占有的资源无关，而与他在社会结构中所处的位置有关。而随着社会结构的变动，原本有利的位置可能变成不利，或者在一定条件下有利的位置在另一些条件下反而不利。优势并不是一个常态。[4]这也许可以帮助我们理解为什么在看起来比杨乃武地位更高的郭继泰身上未能重现奇迹。

---

〔1〕 ［美］欧中坦："千方百计上京城：清朝的京控"，载高道蕴等编：《美国学者论中国法律传统》，中国政法大学出版社 1994 年版，第 590~591 页。

〔2〕 《带印奇冤郭公传》，第 509 页。

〔3〕 参见徐忠明、杜金："杨乃武冤案平反的背后：经济、文化、社会资本的考察"，载《法商研究》2006 年第 3 期，第 146~149 页。

〔4〕 这涉及到社会资本的基本概念，社会资本既不是固定在个人身上，也不是固定在物质生产工具之中，而是存在于人们之间的关系结构之中。See Coleman, "A Rational Choice Perspective on Economic Sociology", in *The Handbook of Economic Sociology*, edited by Neil J. Smelser and Richard Swedberg, Princeton: Princeton University Press, pp. 166~180. 这和福柯对权力的解读颇为近似，权力不是一个实体，而是一种关系，它不能为某个个体所独占，而是在个体之间流动。见 ［法］米歇尔·福柯：《权力的眼睛》，严锋译，上海人民出版社 1997 年版，第 163 页。

　　郭继泰在旧式伸冤途径中的失败从更加深度的层面映证了清官司法的无效性。特别值得注意的是，郭继泰被冤的过程，恰好与清政府预备立宪及改定官制同时并行，他的案件最终被新设立的高等审判厅接管。这使得他又有在新的体制下求得昭雪的强烈愿望。事实上，在郭继泰申诉的始终，尽管仍旧沿用了许多传统的诉讼策略，但也有一种新的观念在持续流动。郭继泰是旧式科举下出身的官员，其思想和政治倾向仍是传统儒家的仁政爱民。尽管晚清的危局及其引发的维新变法思想的风行，对这批官员们的思想产生了或多或少的潜在影响。特别是日俄战争之后，"上自勋戚大臣，下逮校舍学子，靡不曰立宪，一唱百和，异口同声"[1]。然而，这些官员中的大部分，对于新政，对于立宪的理解，实际上却仍囿于旧式的思想框架，而对于传统的思想体系和制度设计，甚少批评。正如郭继泰所说："近日之谈新政者，动曰西法，亦若西人尽是圣贤，华人都属玩懦，曾不思彼之所以胜我者，其优劣在认真不认真，其关键在省钱不省钱。"[2]甚至在第九回还借由教士孟维礼的口说："中国自有许多善政，外洋亦有许多弊政"，"教民们好人最少，弟一外国人，能够约束住他们的，还不是全仗大老爷的王法么？"[3]从文中的其他地方也经常可以看到他对于官员昏庸腐败的批评，但这些都仅止于个人品行而已。[4]即便是让他依依不舍的大清王朝、圣明天子，直至灭亡也未能洗刷他的沉冤，他仍然坚持到，"惟念专制政体，三代而下，首推本朝为至善，卿试展《大清会典》、《大清律例》诸书细细详问，表面虽无立宪之名，内容却具立宪之实，法良意美，实超汉、唐而上。就以咱家之事论之，上谕何等森严，所恨者，内外执政大臣贪昏蒙蔽，所以冤沉海底耳"[5]。他所谓的立宪和恢复传统的仁政其实没有太大的区别。

　　然而，这也并不意味着可以毫不犹豫地给他扣上守旧派的帽子。尽管从19世纪后期开始，中西之争、新旧之争成为近代中国一个持续的现象，但新与旧的区分标准以及不同时期的新旧社会分野却随时而变。事实上，到19世

　　〔1〕　闵闇："中国未立宪以前当以法律遍教国民论"，载《东方杂志》1905年第11期。转引自卞修全：《立宪思潮与清末法制改革》，中国社会科学出版社2003年版，第12页。

　　〔2〕　《带印奇冤郭公传》，第114页。

　　〔3〕　《带印奇冤郭公传》，第83页。

　　〔4〕　有一处似乎稍有例外，"近日官场积习，无论你是什么人，非忘廉寡耻万站不住。就是官至督抚，也不能不巴结军机，夤缘亲贵，此固专制政体必由之阶级也"。《带印奇冤郭公传》，第126页。然而这种观点终究只是例外，也可看出其对宪政概念有些"消化不良"，尽管那是可以理解的。

　　〔5〕　《带印奇冤郭公传》，第489页。

纪后期，中国朝野所谓的"守旧"，大致都不过是相对而言。中日甲午战争以后，中国的全国性语境中几乎已不存在真正纯粹的守旧派。[1]可以说，当时一般人视为不两立的新与旧，不论在社会史意义上还是在思想史意义上（以及我们研究得还较粗浅的心态史意义上），或者是在其互动的意义上，都不是那么截然两分，毋宁说更多是你中有我、我中有你。[2]保守化不见得是对传统的自信，而恰恰是一种西化强势话语下的自卑。"保守主义很难说话。保守主义很难有什么立足点。"[3]郭继泰并没有完全排斥西式文明，他曾遣其侄子向洋教士学习西文（见第九回）。在第三十五回处理教案的过程中，郭继泰也开始用"凡事总有理由，倘彼逼出野蛮劫制手段来，全球文明各国自有公论"[4]这样的新式外交辞令来正当化自己的论断。在《上督抚藩臬原禀》当中，郭继泰言道："窃思革员虽系寒酸，颇知自爱，历任四县，阅时六载，从无上控一案以遗各宪羞。果使'莅事多偏'，当此民权发达之时，岂尽安于聋哑。"[5]我们暂且不去深究其对"民权"一词的理解和运用是否恰当，[6]但在一个旧式官僚那里，该词已成为一种论理工具，这不能不说是一种极富意味的象征。小说在描写臬司朱寿镛等审讯郭继泰时，郭为自己争辩，并说："预备立宪时代，如此裁判，革员有死而已。"[7]在小说的"叙文"中，作者也说到："呜呼！吾华当预备立宪时代，而竟有郭公之冤。"似乎"立宪"已经成为一种新的伸冤希望。

郭继泰置身于预备立宪之后新式的司法体制当中，他也努力想获得这一新体制的救助。他在向高等审判厅的申诉书中说：

> 狱讼为生命攸关，裁判系维新要点，而竟等诏旨于弁毛，弃法

---

〔1〕　罗志田："近代湖南区域文化与戊戌新旧之争"，载罗志田：《权势转移：近代中国的思想、社会与学术》，湖北人民出版社 1999 年版，第 83 页。

〔2〕　罗志田："新旧之间：近代中国的多个世界'失语'群体"，收入薛君度、刘志琴主编：《近代中国社会生活与观念变迁》，中国社会科学出版社 2001 年版，第 81、82 页。

〔3〕　余英时："中国近代思想史上的激进与保守"，载余英时：《现代儒学的回顾与展望》，三联书店 2004 年版，第 17 页。

〔4〕　《带印奇冤郭公传》，第 327 页。

〔5〕　《带印奇冤郭公传》，第 497 页。

〔6〕　关于清末民初民权概念的使用，参见俞江：《近代中国的法律与学术》，北京大学出版社 2008 年版，第 35～66 页；另可见王人博："论民权与人权在近代的转换"，载《法学论坛》1996 年第 3 期，第 31～33 页。

〔7〕　《带印奇冤郭公传》，第 380 页。

纪如敝屣，古今中外，恐骇人听闻，断无如是之甚者。……如徒以甘言慰藉，冀其老死牢中，消兹积案，此数年来前后层台愚某之术也，窃为我司法独立之宪台不取也。某尝窥朝廷之意，促开审判厅，殆欲藉讼理刑清，收回治外法权尔。我宪台不欲收回治外法权则已，苟欲收回治外法权，谅不以鄙言为河汉焉欤。不然者，请看今日之天下，竟是谁人之失败？[1]

但他很快就发现，立宪"无非粉饰欺人之具"[2]，"彼司法独立之审判厅、模范监狱，其贪婪残酷，窃恐唯身受者饱尝外，吾四万万同胞，容或目有未睹，耳有未闻，则欲纳身轨物，不受法外之欺，而享自由之福，诚无几希之望矣"[3]。此后写了近百首的打油诗猛烈抨击当时新成立的审判厅、监狱等机构，指称其只不过是改头换面，而为患益深。

作为清官的郭继泰，其为己伸冤的过程，实际上也是拯救清官理想的过程。他尝试了京控等传统途径，也试图借用某些现代渠道（如诉状化的小说）和现代话语，他的案件甚至也被纳入某种现代司法体系的外壳当中，结果给他带来的是更大的失望。这些新旧途径和话语，没有将他从冤狱中解放出来。最终将他从牢狱中解放出来的，却是辛亥革命的炮火。郭继泰的法律与文学实践都证明了清官理想难以维系的现实。意味深长的反讽是，革命替他"伸了冤"，却也摧毁了他所钟情的世界。

这是他很难加以调适的，他无法接受一个清官，以及清官司法的理想图景，会是这样的结局。在他的内心，仍然存有一个清官梦，一方面是可以做清官，替人伸冤，另一方面则是，在他不可避免遭遇劫难时，那个传说中的清官偶像会来替他伸冤。小说就是以这样一个梦境结束。郭富德上天鸣冤，玉皇降旨命关圣帝君与包龙图会同审理。然而在审案过程中，一个常见的难题也突显出来，"圣帝说：'此案系奉特旨会讯，所虑人数众多，案情驳杂。

---

[1] "前任当涂县郭谨上书于法宪大人阁下"，载《带印奇冤郭公传》，第531、532页。

[2] 晚清小说中揭露假立宪是常见的事。如吴趼人先后写了《庆祝立宪》、《预备立宪》、《立宪万岁》三部小说，极力讽刺假立宪。八宝王郎的《冷眼观》第一回也写到："看官，现今我们中国四万万同胞，欲内免专制、外杜瓜分的一个绝大转机、绝大遭际，不是那预备立宪一事么？但那立宪上加了这么预备两个字的活动考语，我就深恐将来这瘟宪立不成，必定嫁祸到我们同胞程度不齐上，以为卸罪地步。"《冷眼观》，风村点校，沈阳出版社1994年版。另可参见宋大琦："晚清小说家眼中的立宪运动"，载《中北大学学报》（社会科学版）2007年第5期。

[3] 《带印奇冤郭公传》，第515、516页。

当此立宪时代，又不便动刑。尚群小狡赖无供，何以复旨呢？以孤愚见，可向广成子那儿借他的翻天印来用用，则彼等原形出现，案情迎刃两解矣。'包公说：'圣帝所谕，理应服从。惟学生向有照妖镜一面，无论何怪，断难隐形，昔日收伏五花洞诸妖就是此宝。立之阶前，即世所谓孽镜台也，又何虑群小狡展呢？'"[1]显然，作者在梦中拯救了清官，也拯救了清官司法的理想图景，但他的解决办法是立宪加上照妖镜（以及贯穿全书的因果报应论），这是一种奇怪的混合体，它预示了法制近代化过程当中面临的某种困境。

五、结语

曾经作为司法理想的清官形象在晚清以后光辉黯淡，"包公案"式的清官叙事不再流行。国族危机的加深，西方列强法治文明的投射，迫使人们正视帝国皇权政治下的官场现实，贪官、酷吏横行于世，而清官的生存空间却极为狭隘。清官们的现实处境异常艰难，而清官司法的理论依据和话语结构也逐渐碎散，这使得清官司法的正义幻象很难再得到坚实的支撑。郭继泰的司法经历进一步证明，清官司法始终是脆弱而低效的。面临清官司法在话语和实践上的困境，郭继泰仍然在最后时刻呼唤了圣帝和包公，呼唤了清官司法。我们不能将这一举动仅仅理解为一个前清知县的个人认知。事实上，当时几乎所有对于清官司法的批评或者检讨都暗地留有余地，保留着对个别形象不太那么高大的"清官"的赞扬，如《梼杌萃编》中的任天然、《二十年目睹之怪现状》中的蔡侣笙，以及《老残游记》中的白子寿，形象都非常正面，并被小说作者寄予了很高的期望。这种对清官理想的最后拯救，以一种"立宪加照妖镜"的"法律语言混乱"[2]形式出现。这也曾经被批评为"老新党"头脑发昏时的胡言乱语。[3]但我们也很难说这种呼喊和拯救是毫无意义的。在一定程度上，如今愈演愈烈的"上访"不就是一种清官情结的现代倒影么？[4]

---

〔1〕《带印奇冤郭公传》，第 492 页。

〔2〕参见朱晓阳："语言混乱与法律人类学的整体进路"，载《中国社会科学》2007 年第 2 期。

〔3〕钱玄同就认为刘鹗的《老残游记》到底还是体现了"老新党头脑不清楚"的特征，参见胡适："老残游记序"，载刘德隆等编：《刘鹗及老残游记资料》，四川人民出版社 1985 年版，第 379 页。

〔4〕应星在分析移民上访问题时指出，在当代农民心目中，仍然对清官的存在抱持着希望，这与帝制时期"皇帝—清官—贪官"的国家图景有许多神似之处，尽管二者之间仍存在着一些重要的变异。参见应星：《大河移民上访的故事》，三联书店 2001 年版，第 405～408 页。

学校对学生管教权利及措施的伦理法理考量*

张国华**

关于教师对学生的管教措施，社会上仍然存在着较大的争议。有人认为，许多教师"将一些调皮捣蛋、不听教诲的学生赶出教室"的做法"不仅伤害了学生的自尊心，而且剥夺了学生的上课权利，侵犯了学生的受教育权"[1]。言下之意是，老师对学生只能劝导，不能在教育过程中采取任何"激烈"的举动。但也有人指出，当前教师不敢管教学生的现象十分严重，老师不敢批评学生甚至为了避免不利后果尽可能逃避严管学生。[2]对于如何管教学生，特别是有异常表现的学生，学校及教师如履薄冰，无所适从。而当他们寻求指点时，法律专业人士中有一种颇具代表性的看法是，"教育法律法规没有圈定教师管教的边界和明确管教的方式，教师即使管教，也只能按照传统、习惯或经验"[3]。本文拟就学校及教师对有显著不当行为的异常学生的强制管教权威及措施的伦理法理依据问题进行一个初步的探讨。

一、学校对学生管教措施的界定

教育心理学的研究结果表明："奖励和惩罚对于行为的塑造是十分有用的。如果违反纪律的程度很轻微，那么只要让该学生把正确的行为重新做一次就行了。如果严重，为了保持规则系统的一致性和严肃性，就应该给予严厉的

---

* 本文系"法治中国化研究基金项目"课题《学校（教师）适当教育强制权的伦理法理思考》（编号：丁A10）之阶段性成果。

** 杭州师范大学法学院副教授、法治中国化研究中心研究员。

〔1〕 陶范、孙艳萍："刍议教师侵犯学生权利问题"，载《青少年犯罪问题》2002年第3期。

〔2〕 郭凯："教师'管教'学生权的法学分析"，载《教育发展研究》2009年第22期。

〔3〕 郭凯："教师'管教'学生权的法学分析"，载《教育发展研究》2009年第22期。

惩罚。"〔1〕"没有处罚就没有教育，必要的惩罚是控制孩子行为的有效信号，不好的习惯需要通过处罚来消除。"〔2〕在科学研究所确认的以上事实基础上，我们不难作出一个价值判断：与奖励一样，只要有针对性，无论劝导或惩罚都是有效的教育手段，对受教育者和社会都有益。这正是各国法律规定教师对学生的管教职责的伦理基础。

我国教育活动涉及学生在德、智、体等方面的全面发展（《教育法》第5条），学生受教育的内容包括遵守法律法规、规章和学生行为规范，养成良好的思想品德和行为习惯，完成规定的学习任务（《教育法》第43条第1~3项）。因此，对知识的讲授只是教育活动的一部分，学校还需通过良好的管理来约束、引导学生努力学习并形成良好的品行，而学生则负有"遵守所在学校或者其他教育机构的管理制度"的义务（《教育法》第43条第4项）。此外，《侵权责任法》等法律还就学校对于未成年学生的教育管理职责设定了相应的法律责任（《侵权责任法》第38~40条）。这种管理性的教育活动，首先是学校的法律职责。

学校通过教师具体地对学生实施教育、管理。教师是履行教育、教学职责的专业人员，承担教书育人的使命（《教师法》第3条）；教师应当履行以下义务：贯彻国家的教育方针，遵守规章制度，执行学校的教学计划，履行教师聘约，完成教育教学工作任务，关心、爱护全体学生，尊重学生人格，促进学生在品德、智力、体质等方面全面发展，制止有害于学生的行为或者其他侵犯学生合法权益的行为，批评和抵制有害于学生健康成长的现象（《教师法》第8条）。显然，最后一项义务与其他义务内容交叉，设定此项义务的宗旨在于要求教师通过管理性手段达成全部教育目标，教师履行此项管理性教育义务的过程通常称为"管教"。对学生进行管教是学校的教育活动，同时也是教师对其法定职责或义务〔3〕的履行。教师的管教职责以教师聘用合同为纽带，与学校的教育管理职责相衔接。

二、学校管教措施涉及的相关权利

学校与学生之间法律关系的性质决定了学校管教措施的性质及其法律适

---

〔1〕 ［美］斯腾伯格、威廉姆斯：《教育心理学》，张厚粲译，中国轻工出版社2009年版，第367页。

〔2〕 贾黛翅编：《世界最伟大的教育法则》，海豚出版社2005年版，第36页。

〔3〕 职责和义务这两个概念通常混用，但其实两者有所区别。职责是法律对特定主体所负的相对人各不相同的多种义务概括，义务则是在具体法律关系中相对于特定人而言的。

用，这一问题关系到本文究竟是在行政法框架内，还是在民法框架内分析学校管教措施。

《教育法》将学校、老师和学生之间的法律关系确定为教育性质的权利义务关系，而且没有使用"权力"的概念。该法第81条又规定："违反本法规定，侵犯教师、受教育者、学校或者其他教育机构的合法权益，造成损失、损害的，应当依法承担民事责任。"这表明，三方的法律地位平等、各方的合法权益均具有民事权益的性质。因此，我国对学校的定位与美国较为接近。在詹姆斯·E. 沃伦诉南伊利诺伊大学（James E. Waller v. Southern Illinois University, et al. ）一案中，波斯纳法官认定公立大学与学生之间的法律关系具有合同性质（The relation between a law school and its students is contractual）。

不同制度之间并无优劣之分。德国等欧洲国家[1]将公立学校视为公法团体，但毛雷尔也说："公法特别是行政法与私法的区别并非先验的，而是以德国现有的法律制度为基础"[2]。而针对我国法制而言的"学校教育管理权是一种特殊的公权力"[3]的说法，则与现行法律的规定完全脱节，纯属臆想。颇为诡异的是，我国大陆地区民法的总体架构与台湾地区一样，源头主要在德国。因此，在民法框架中分析我国学校的管教措施时，又可借鉴德国和台湾地区的民法理论。

《教育法》第28条规定，学校享有按照章程自主管理、组织实施教育教学活动和对受教育者进行学籍管理，实施奖励或者处分等权利，这些权利与第43条第4项规定的受教育者应当履行"遵守所在学校或者其他教育机构的管理制度"的义务在内容上具有对应性。《教师法》第7条规定，教师享有"进行教育教学活动和指导学生的学习和发展"的权利，这些权利与第8条所规定的教师义务，包括"制止有害于学生的行为或者其他侵犯学生合法权益的行为，批评和抵制有害于学生健康成长的现象"的义务，在内容上具有对应性。以上权利是学校和教师对学生实施管教的法律基础，从其内容看，包括学校和教师对管教内容作出决定的权利、对学生进行惩戒的权利和要求学生服从管教并予以配合的权利；从其性质来看，分别属于民法上的形成权、

---

[1] 但英国2002年教育法（Education Act 2002）第19条（Governing bodies）第（1）项规定："每一所财政拨款学校须有一个管理机构，该机构依照章程组成并具有法人性质。"（Each maintained school shall have a governing body, which shall be a body corporate constituted in accordance with regulations.）

[2] ［德］哈特穆特·毛雷尔：《行政法学总论》，高家伟译，法律出版社2000年版，第12页。

[3] 白平则："论学校教育管理权与学生权利的实现与保障"，载《教育理论与实践》2004年第6期。

社团处罚权和请求权。

（一）管教形成权

在特定情形下，法律允许民事权利主体对某项法律关系采取单方面的行为，这种权利称为形成权。形成权相对人必须接受形成权人作出的决定。形成权的产生，可以基于双方事先的约定，也可以基于法律的特别规定。[1]

在教育过程中，学校和教师对学生发出管教指令，无需事先征得学生同意，这既是社会生活中的既成事实，也已体现在法律规定之中。一方面，教师要对有害于学生的行为或者其他侵犯学生合法权益的行为加以制止、对有害于学生健康成长的现象加以批评和抵制，其事实前提就是教师有权根据法律、法规、规章和《中小学生守则》、《小学生日常行为规范》、《中学生日常行为规范》或《高等学校学生行为准则》等相关内容，来决定或提请学校决定何种行为或现象应予以制止、批评或抵制。另一方面，由于学生处于成长期，个体差异大且千变万化，因材施教的客观需求必然要求教师拥有相当程度的临机处断的权利。管教形成权仅为决定权，决定一经宣告权利即已实现。比如，一位中学班主任告诉一位头发过长的男生：放学后必须立即到理发店将头发剪短一些。这个决定一经宣告即产生法律约束力。

（二）管教惩戒权

惩戒权也称为社团处罚权，来自于德国。这种权利虽然在该国法律上并无直接规定，但在社团章程中普遍存在，并得到联邦最高法院的认可。就其性质而言，民法学家弗卢梅认为这是承担违约责任的一种方式，而其他法学家也都在私法或者所谓"私行政"，即社团内部管理的框架内论述社团处罚权。

在美国，学校对学生的惩罚权是在合同框架中予以处理的（在合同关系上仍有适用正当程序的问题），[2]而学校和教师的惩戒权并不限于对严重违纪行为的处分。对于任何一种程度还不是十分严重的违反学生行为规范的举动，

---

〔1〕　参见［德］卡尔·拉伦茨：《德国民法通论》，王晓晔等译，法律出版社 2003 版，第 289 页；［德］迪特尔·梅迪库斯：《德国民法总论》，邵建东译，法律出版社 2000 年版，第 73～80 页。

〔2〕　在 James E. Waller v. Southern Illinois University, et al. 一案中，波斯纳法官在判决理由中指出了这一点。相关原文如下："The relation between a law school and its students is contractual, and the rights that the contract confers on the student have considerable value. In consequence, we may assume, without having to decide, that a public law school which breaks its contract to admit or readmit a student deprives the student of 'property' within the meaning that this word has come to bear in the due process clauses of the Fifth and Fourteenth Amendments to the Constitution."

学校和教师也会视具体情况给予相应的处罚，最通常的做法仍然是放学后将其留下，教师和管理人员还可以选择其他的惩罚方式，比如警告或斥责、召开学生会议、变更课表、停学、暂扣违规物品、通知家长等。[1]我国台湾地区在这方面的规定更为详尽。[2]

　　我国法律法规和规章只规定了中小学和高等学校"对严重违反学校纪律，屡教不改的学生应当根据其所犯错误的程度给予批评教育或者纪律处分"的权利，[3]但对于教师在日常教育活动中的惩戒权，没有明确、具体的描述。不仅如此，我国民法上也甚至未如台湾地区《民法典》第1085条那样规定"父母得于必要范围内惩戒其子女"，父母委托学校和教师对学生进行惩戒也毫无依据。但是，本文认为，法律所规定的管教职责，如果没有相应的日常性惩戒措施，在很多情形中是无从履行的；法律设定职责而对具体履行方式没有明确规定，这只能解释为授权学校和教师在法律、法规和规章未作禁止性规定的范围内自行决定惩戒方式，即以形成权补充处罚权，形成权对惩戒的方式及具体适用产生影响。如果学校参考外国或者台湾地区的做法，自行在校内规章制度中作出相应规定，其合法性并无问题。

（三）管教请求权

　　鉴于学校、教师与学生之间平等的法律地位，法律并未赋予学校和教师

---

　　〔1〕　See：http：//public. findlaw. com/education/student_codes_of_conduct_basic_issues/，"Clearly each of these infractions of student codes of conduct and basic related issues warrants different punishment. Probably the most common punishment is still having the student stay after school. Faculty and administrators have a variety of other options, however. They can give a warning or reprimand, have a student conference, have a parent conference, change the student's class schedule, or impose a suspension. The student who brings a radio to class might benefit most from a reprimand (and from having the radio confiscated for the day). The student who cuts class regularly may require more direct involvement with teachers and parents."

　　〔2〕　台湾地区"教师辅导与管教学生办法"第16条规定："教师管教学生应依学生人格特质、身心健康、家庭因素、行为动机与平时表现等，采取下列措施：一、劝导改过、口头纠正。二、取消参加课程表列以外之活动。三、留置学生于课后辅导或矫正其行为。四、调整座位。五、适当增加额外作业或工作。六、责令道歉或写悔过书。七、扣减学生操行成绩。八、责令赔偿所损害之公物或他人物品等。九、其他适当措施。""前项措施于必要时，教师除通知家长或监护人外，得请训导处、辅导室或其他相关单位协助之。"第17条规定："依前条所为之管教无效时，或违规情节重大者，教师得移请学校为左列措施：一、警告。二、小过。三、大过。四、假日辅导。五、心理辅导。六、留校察看。七、转换班级或改变学习环境。八、家长或监护人带回管教。九、移送司法机关或相关单位处理。十、其他适当措施。""高级中等学校除前项之措施外，必要时得为退学之处分。""第一项第二款、第三款与第六款之记过与留校察看不适用国民小学。"

　　〔3〕　《小学管理规程》第15条、《中小学德育工作规程》第27条及《普通高等学校学生管理规定》等。

对于学生人身或财产享有直接的支配权，但规定学校和教师有请求学生对其实施管理和教育教学活动，包括管教措施予以配合和服从的权利，这种权利的性质为请求权。这种请求权，实际上也是一种管教措施主张权。这是学校或教师对学生的请求权，还是学校或教师对教育主管部门的请求权？我们可以理解为前者，也可以理解为后者。因为学校或教师对有过错的学生依法进行管教，原不以被管教者同意为前提。但是，鉴于现行法律关于学校和教师管教惩戒权直接规定阙如，也许可以将这种请求权理解为在惩戒措施使用前教师向学校请求同意，或学校向教育主管部门请求同意的权利。

（四）学校和教师权利的限制

学校和教师行使上述三项权利，事先无需请求行政确认或司法裁判。[1]当然，对于管教形成权和管教请求权，学生均享有抗辩权；对于惩戒权，学生依法享有申诉或起诉的权利。比如，如果学校规定男生必须理成平头，发长一律不得超过3厘米，而学生认为这个标准与《中学生行为规范》的规定不符，该学生有权要求学校修改此项规定；如果学校不同意修改而仍然要求学生遵守其规定，学生有权拒绝服从；如果学校以学生头发超过3厘米违反校规为由对其进行处分，学生有权向教育行政机关提出申诉；如果学校以其他方式进行惩戒，学生有权申诉或直接向人民法院提起诉讼。因此，学校和教师的管教形成权、管教惩戒权和管教请求权是有限度的。

首先，学校和教师的任何管教措施均不得违反法律法规和规章的禁止性规定。比如对小学生不得开除、不得对学生进行讽刺挖苦、辱骂、不得对学生实施体罚或变相体罚等。[2]

其次，学校和教师的任何管教措施必须符合教育宗旨。教育法所调整的一切教育活动，均须符合《教育法》及相关法律法规和规章所确定的教育宗旨。管教学生既然属于教育活动，自然不得偏离。惩戒的目的包括教育违纪学生和保障其他学生权益两个方面，而并不在于追究学生的法律责任。社会

---

〔1〕《教育法》第28条第1款第8项规定，学校有"拒绝任何组织和个人对教育教学活动的非法干涉"的权利；《教师法》第9条第4项规定，为保障教师完成教育教学任务，各级人民政府、教育行政部门、有关部门、学校和其他教育机构应当履行"支持教师制止有害于学生的行为或者其他侵犯学生合法权益的行为"的职责。

〔2〕《教师法》第37条规定："教师有下列情形之一的，由所在学校、其他教育机构或者教育行政部门给予行政处分或者解聘：①故意不完成教育教学任务给教育教学工作造成损失的；②体罚学生，经教育不改的；③品行不良、侮辱学生，影响恶劣的。""教师有前款第②项、第③项所列情形之一，情节严重，构成犯罪的，依法追究刑事责任。"

普遍认为，对受教育者进行惩戒，应根据性别、年龄、体质、性格以及行为偏差程度，选择适当的方法，从而用惩戒促使其认识并改正错误。这一伦理观念已经体现在前面提及的教育法律、法规和规章之中，而且也有其科学依据。就与年龄相关的问题而言，教育心理学的研究结果表明，教师对幼儿园和小学一、二年级的学生，"应该耐心、不断地提醒他们遵守基本的规则和程序"；对于已经逐渐习惯于上学并遵守学校的规则和程序的小学高段学生来说，要集中精力教会学生一些具体的知识并帮助其加深理解；对于小学毕业后"变得目无权威、难以管束"的少年学生，要认真加以管束；对于高中最后两年以及成年学生，鉴于他们已经掌握行为规范，就要进一步塑造其行为，帮助他们建立并巩固积极的行为方式。[1]因此，教师在管教措施上也须努力贯彻因材施教的原则。

最后，学校和教师的任何管教措施都不得对学生的身心造成伤害。从法律责任来看，教师的管教措施是否造成学生身心伤害，是构成要件之一。身心伤害包括造成心理疾病或人身损害。比如，教师为督促一名过于贪玩的学生努力学习，令其放学后留在学校，直至完成当天的作业后才可回家。这一管教措施本身并不构成法律责任。但是，如果教师为了增强教育效果，让该学生记住教训，迫使他在教室外面冒着寒风写作业，最终致其感冒，那么学校应承担侵权责任。

三、学校强制性管教措施

根据《立法法》，限制人身自由的强制措施只能由法律规定。至于控制物品的强制性措施是否只能由法律规定，则并未明确。那么法律层级的现行规定中是否存在限制人身自由或者控制物品的强制性管教措施的依据呢？

（一）正当防卫和紧急避险

《民法通则》、《侵权责任法》和《刑法》所规定的正当防卫和紧急避险，系免责事由而非权利，但免责事由与教师相关职责相结合，则足可成为教师在具有法定情形时对学生采取强制性管教措施的法律依据。学生在校学习、生活期间实施或准备实施下列行为之一的，学校和教师可以并且应当及时采取必要措施予以约束，或者收缴其相关物品：①攻击他人，或毁损公物或他人物品的；②自杀、自伤，或有自杀、自伤之可能的；③扰乱秩序，致使教

---

〔1〕〔美〕斯腾伯格、威廉姆斯：《教育心理学》，张厚粲译，中国轻工出版社2009年版，第368页。

学活动无法正常进行，需要带离现场由学校特定人员加以教育或送有关部门处理的；④实施严重不良行为或犯罪的，无行为能力、限制行为能力学生违反规定擅自离校的，无行为能力、限制行为能力学生有离家出走迹象的。据此，如果一名学生调皮捣蛋，致使课堂教学无法正常进行，教师可以将其驱离教室。之前已经提及的美国或者我国台湾地区的做法来看，也是如此。

（二）自助行为的法律依据

有些情形虽然也在学生应受教师管教的范围之内，但并不属于正当防卫或紧急避险的法定事由。比如，学生课堂上悄悄地用手机上网、玩游戏或者发送短信，并未对他人构成不法侵害，也未造成险情，教师可否扣押其手机？有人向教师报告，一名学校书包中夹带黄色书刊，教师可否搜查？学生在晨练时间无故滞留教室，不参加集体锻炼，教师是否可以强制将其带到操场？美国联邦最高法院 1985 年在新泽西州诉 T. L. O. （New Jersey v. T. L. O.）一案中首次确认：公立学校管理人员应当遵守宪法第 14 修正案关于禁止无理搜查和扣押的规定，但与警察不同，他们不必在实施搜查前向法院申请搜查令。法院在就学生隐私权与学校维持纪律和秩序的必要性进行权衡后判定，只要学校当局有合理的根据，相信通过搜查会获取学生违反校规的证据，那么其搜查就是正当的。[1]不难想见，如果法院作出相反的裁判，那么法院就会忙得瘫痪，而学校则必将陷入管理失控的混乱状态。

就我国现行法来看，教师在对上述行为加以制止时，如遇到学生拒绝服从，并无公力救济途径。虽然无法制止不良行为的直接危害在于实施该行为的学生自身，同时使得学校管理受挫并对学生行为产生负面导向，但教师个人也面临着严重的后果：威信受损，管教失职，一旦事态扩大，还有可能承担侵权责任法上的、人事考核制度上的或其他方面的不利后果。因此，在法律为教师有效实施管教单独规定一种强制性自力救济措施以前，不妨从保障教师管教请求权以避免教师自身利益受损的角度，以自助行为进行救济。所谓自助行为，我国台湾地区"民法典"第 151 条是这样规定的："为保护自己权利，对于他人之自由或财产施以拘束、押收或毁损者，不负损害赔偿之责。但以不及受法院或其他有关机关援助，并非于其时为之，则请求权不得实行或其实行显有困难者为限。"我国大陆地区的民法上并无"自助行为"的说法。不过法律未统一使用自助行为的词语并不等于法律没有相关规定。《教师法》第 8 条第 5 项和第 9 条第 4 项规定教师有制止"有害于学生的行为"的

〔1〕 New Jersey v. T. L. O. 469 U. S. 325 (1985).

职责，这完全可以作为一种强制性自力救济措施的依据，如果从教师行使管教请求权受阻以及自身与之有重大利害关系的角度来看，就可以视做自助行为。

（三）关于体罚问题

以矫正为目的和限度的涉及人身的处罚，究竟是侵权行为还是正当的教育行为？我国历史上一直有"一日为师终身为父"的观念，因而教师以打手心等方式惩戒学生的传统也曾经被广泛认可。但是，当前部分社会成员的态度已经变化，近年来还有不少学生为此将学校和教师告上法庭。美国联邦最高法院 1977 年在英格拉哈姆诉怀特（Ingraham v. Wright）一案中以 5 票对 4 票判决支持佛罗里达州公立学校的惩戒性体罚措施。该院认为，美国宪法关于禁止酷刑的规定不适用于公立学校对儿童的体罚，而且宪法中的正当程序条款也并未要求公立学校在实施体罚以前发出预告并进行听证。[1]当然，美国整个法律体系对学生基本权利的保护也是不遗余力的，[2]公立学校体罚学生也必须符合教育目的，并以不构成伤害为限。但是，适度的体罚对少数行为异常的学生而言，确实是一种无可替代的教育手段。我国《未成年人保护法》第 25 条第 1 款规定："对于在学校接受教育的有严重不良行为的未成年学生，学校和父母或者其他监护人应当互相配合加以管教；无力管教或者管教无效的，可以按照有关规定将其送专门学校继续接受教育。"与送工读学校相比，适度的体罚对有严重不良行为的未成年学生来说，痛苦指数和对成长的负面影响程度都显然要低得多。

但是，我国《教师法》第 37 条第 1 款第 2 项和第 2 款规定，教师体罚学生，经教育不改的，由所在学校、其他教育机构或者教育行政部门给予行政处分或者解聘，情节严重，构成犯罪的，依法追究刑事责任。在一时无法就修改这一法律规定、允许以适度体罚作为惩戒手段的情况下，本文主张在法律适用上将某些在表面上具有体罚特征，但实质上属于合理惩戒方式管教措施排除在法律禁止的"体罚"的范围之外。凡是具备正当防卫、紧急避险或自助行为适用条件的，当然不认定为体罚行为。比如，对在课堂上捣乱的学生，教师可以正当防卫为由令其到教室外罚站，既能使授课正常进行，又避免该学生乱跑，同时又起到惩戒作用。

---

〔1〕 Ingraham v. Wright, 430 U. S. 651 (1977).

〔2〕 David Schultz, *Encyclopedia of the United States Constitution*, New York：Facts on File, Inc. , 2009，pp. 709 ~ 712.

网络舆论监督与国家权力互动的法学思考[*]

张　锋^{**}

一、互联网文化在中国的兴起对中国政制传统与法律传统的冲击

计算机网络自上世纪末开始，逐渐在中国走向普及，并迅速成为中国社会中强有力的信息传播新媒介。网络在发布、转播、评价信息时具有可匿名、交互式交流、跨时域、跨地域等特点，对于中国民众而言，网络媒介满足了它们对平等、自由等价值观念的渴求。而网络文化则反过来对现实社会生活产生了巨大影响，无论是政制传统还是法律传统，网络文化中的思想、行为、价值观念都产生了巨大冲击，从某种程度上说，网络文化正在改造传统的中国社会。

在传统中国"官－民"体系中，民众长期居于劣势，但自从拥有网络这个新型媒体后，才开始对公权力拥有一定的制约能力。尤其是近年来，随着改革开放的不断深入，民众权利意识逐渐觉醒，社会转型速度逐渐加快，继承了中华社会治理传统和前苏联式公权控制一切传统的中国政府，在这个大环境下正面临着前所未有的挑战。各级政府官员在面对网络文化带来的冲击时，往往表现出惊愕、愤怒、排斥的态度。这说明公共权力在网络文化的冲击下，正处于一种被动应付的尴尬处境，而这在中国治民历史上是前所未有的。

近几年出现的不少引起人们广泛关注的事件，诸如"绿坝事件"、"瓮安

* 本文系"法治中国化研究基金项目"课题《公众舆论对司法审判的谈论权利及其伦理法理依据》（编号：乙 A43 增补）之阶段性成果。

** 河北联合大学人文法律学院讲师，中国人民大学法律史专业博士生，杭州师范大学法治中国化研究中心兼职研究员。

事件"、"新疆7·5骚乱"、"石首事件"、"杭州飙车案"、"河北李启铭案"、"药家鑫案"等，在这些事件的发展和处理中，网络均起了关键性的推动作用，无论所起作用是积极的，还是消极的，以法学眼光审视网络文化对这些事件和案件的影响，重点在于考察网络舆论和公共权力运行的关系。这样的考察，有助于我们把握社会主义法治社会建设的重要契机。就建设法治社会的视角看，以上数个典型案例，涉及立法、执法、司法、守法多个方面，虽然其表现各不相同，影响有大有小，但共同之处在于：网络文化，或准确地说，网络文化中的网络言论、网络监督等因素，正在对中国社会的发展产生越来越大的影响。

由上可见，在中国，目前似乎出现了这样的趋势：在传统的中央集权式的"民主集中制"一元化领导方式和"中国共产党领导下的……制度"模式以外，正在形成另外一个独立于国家权力体系以外的权力/权利体系。这个新的体系，正在逐渐改变传统中国"一元化"的社会治理模式（或可称之为"一元化"的社会秩序构建模式）。换言之，一个"二元化"的权利 - 权力互动体系，正在以高科技为技术支撑的互联网这个新式媒介平台上渐次形成。就网络对中国社会的影响而言，目前值得注意的是，网络文化大大促进了民众获得、发表信息的自由，宪法所规定的公民言论自由权，在网络文化的支持下正在以势不可挡的蓬勃气势前进。

二、互联网舆论与传统媒体舆论的区别

在互联网进入中国之前，中国民众获取信息的途径主要是官方媒体，从中央到地方，在大政方针、律令政策，甚至文章风格上一律保持一致，民众接收到的只是一种来源的信息。而当时直接从海外获得信息的特权属于极少数的社会精英人士，这些信息经过国家权力的解读和撷取后，再斟酌向社会公布，国内普通民众几乎没有机会直接从国外获得信息。[1]互联网的到来改变了这一切，国内引进互联网，最早只是出于发展科技、推进信息化建设的目的，但随后的发展开始迅速脱离政府的控制范围，如果说早期的网络发展是以网站为轴心而展开的话，那么从近几年开始的"Web2.0时代"才是真正

---

〔1〕 国际短波广播曾经是互联网出现前国内普通民众直接从海外获取信息资讯的主要方法。但这种途径由于技术的原因极不稳定，且这种广播也大多是国外强权集团主办的，和国内广播一样是单向信息传播，并不是各国民众间的直接交流，因此往往带有强烈的意识形态导向性，向来受到国内公权力机关的高度注意。总之，这种途径对于国内民众而言还是比较狭窄、有限。

地体现互联网独特的发展方向与价值精神：平等、独立、互动、自由。[1]在各种新技术的支持下，中国民众已经可以不必依附于任何国家权力机关、社会精英机构而独立地发表言论。民意的表达，达到了五千年以来从未有过的自由状态；舆论的监督，也达到了五千年来从未有过的广泛和深刻。在这种全新的环境下，公众舆论对公共权力运行的影响正呈现出新的特点，值得我们关注。现代网络文化下的公众舆论，具有如下的特点：

（一）平等性

网络舆论具有鲜明的平等性。互联网交流，凭借的是一个个与其真实社会身份没有直接关联的 ID、代号等网络形象。在这种网络面具遮蔽下，网民[2]的交流是一种戴着面具的狂欢，在这场信息交流的盛宴上，没有权势熏天的达官显贵、没有一言定兴废的精英、没有神仙皇帝、没有救世主，一切需要按照平等的原则进行交流。如果有人戴着网络面具将现实生活中权威照搬到网络交流上来，获得的回应只能是群起的嘲弄和鄙视。甚至，在网络这个充盈着前所未有丰富信息的数字空间里，连在传统媒体中向来被视为"正确答案"的权威信息、专家解读也变得不那么可靠了，网民对权威、精英的态度，似乎只有质疑、质疑、再质疑。反权威、反精英似乎是网络交流行为的共性特点，种种玩世不恭的言辞体现了网民对网络平等的骄傲、自豪与珍视。对中国这个日益开放、走向全面现代化的发展中大国来说，这种对平等的骄傲、自豪与珍视，不正是我们一向倡导的法治社会中极为宝贵的公民意

〔1〕 以网站为轴心展开的早期互联网，其在加速信息传播的方面自然功勋卓著。但这种以网站为中心的信息传播模式仍然抄袭传统报纸、电视、广播的老路，并没有太多的新意。民众对网站上的信息仍然是被动地接受，虽然民众可选择的信息源大大增加，但民众参与的程度还很低，彼时的互联网信息传播主动权，仍然垄断在社会精英阶层手中。而 Web2.0 技术革命完成后，以 BT（点对点传输）、博客（Blog）、论坛（Forum）、播客（Broadcast）、互联网社交服务（SNS）、移动设备上网等新技术为主要内容的网络彻底颠覆了所有的传统信息媒介方式。在 Web2.0 时代，传播信息的技术门槛被降到了有史以来最低的程度，一名公民用一台上网设备即可随时随地向整个网络广播信息，而网络与传统媒体的结合，更进一步扩张了这种信息的传播速度和范围。可以这样说，只要技术允许，加上足够的热情和人力动员，在 Web2.0 时代，一个人在网上留下的信息痕迹，乃至他在社会中留下的种种痕迹，总能被发掘出来。这也是近年来"人肉搜索"大兴的原因之一。

〔2〕 这个概念也值得所有法律人予以关注。"网民"在网络上出现时，是以网络社会的"公民"身份出现，就目前的观察看，网络社会中"网民"的平等、自由的权利意识要远远高于现实社会的公民意识。一个在现实中受制于社会身份限制、对权利受损习以为常、无奈困蹙的公民，在网络上就可以很大程度上放下这些包袱，以完全平等的态度和一个个与他一样平等的 ID 交流。就这个意义上讲，愚以为"网民"这个概念在未来的中国历史进程中，必然会培养出新一代的充盈着平等、自由的权利意识的合格法治社会公民。

识吗？谁说我中华人民的奴性不可消除呢？在这种文化氛围中形成的民众舆论，其平等性、民主性程度是非常高的，也是很难封杀的，因此对公权力的运行拥有强大的监督力度，公权力对网络舆论的畏惧，也是以前所有的舆论载体所不能比的。我想，通过对网络文化平等意识的发掘，有助于我们深刻了解目前网络公众舆论的精神基础，有助于我们以正义和有序的方法，正确处理网络时代的各种社会纠纷。

（二）开放自由性

互联网的英文为 Internet。所谓 Inter，就是"际"、"在……之间"的意思，而 net，即"网络"之意，所以港台地区又将 Internet 一词翻译成"网际网络"，从词源考察，港台地区的翻译更加精准些。最早的网际网络源于美军军用网络，称之为 ARPANET（高级研究规划署网络），是将美国一些高等院校各自的校内计算机网络（Net）加以连通，形成一个"网络的网络"（Internet）。此种网络一出，短短 20 年间便风靡全球，到 20 世纪 90 年代，万维网（World Wide Web）和商业网络服务商（ISP）的出现，使得互联网推向全球，弥漫发展至今，以致整个地球文明的信息互通变得前所未有的快捷、方便和开放。[1]

可见，互联网的本质特性，就是各封闭网络资源的开放互通，否则便不能有互联网的发展壮大。从法学角度看，我们不难发现互联网是地球上所有信息封锁、限制言论等行为的公敌。互联网的开放性极大地降低了人民获得信息的成本和门槛，对于公共权力机构而言，丑闻、违法违规行为、不合公职人员身份的言论和行为变得越来越难以遮掩了，谣言的来源和流向变得更加捉摸不定，对政府、司法机关甚至是立法机关的批评走向变得更加难以控制，"舆论导向工作"变得空前艰难起来。如果说革命时期的宣传导向工作主要是在"揭露批评恶行、教育发动群众"，那么现代网络文化中的政府宣教机关则不得不面对掌握了互联网海量信息并随时加以补益的网民。建国 60 余年以来政府努力推进的全民教育，尤其是近十几年来普及的高等教育，令所谓"民智未开"的借口再也不能成立，以后中国公共权力所面对的，将是一群知识结构和信息搜集、掌握、传播能力空前强大的公民群体。他们的力量，注定要令任何蔑视民众权利的官员胆寒，他们的知识，注定要令任何滥竽充数的专家丧胆，他们将是未来中国社会进步的最可靠、最先进的力量。

---

〔1〕 关于互联网的发展史，可参见：Internet（2012）. In Encyclopedia Britannica. 〔EB〕. Retrieved from http：//www. britannica. com/EBchecked/topic/291494/Internet，访问时间：2012 年 3 月 1 日。

(三) 互动性

互联网与传统信息媒介的最大区别，在于它能为公众提供更宽广、更自由的信息互动。中国传统信息媒介在传播信息时，主要是从社会高层控制的媒体自上而下传播信息，逆向的信息回溯是比较少的。对于媒体掌控者而言，他们可以轻松掌控普通民众的各种批评意见，特别是与"主流价值观"、"官方信息"相左的信息传播，任何"异端邪说"都可以被限制在一个较小的范围内，不至于迅速流散到全社会。但是互联网革命性地改变了这种信息传播的规则。Web2.0革命以后，每一个网民都可以成为信息的发布者、转播者、评价者，所有网民都可以参与到信息传播的全过程。论坛（Forum）、博客（Blog）、微博（Twitter）、播客（Broadcast）的流行，搜索引擎（Search Engine）和信息推介技术（Push Technology）的发展，更加速了信息的流动与互动，这为民意表达提供了前所未有的广阔天地，公共权力要想对其进行全方位监视成为近乎不可能完成的任务。

在互动性极强的网络文化中，网民得到了一切信息，也失去了一切信息。这是因为他们得到了人类历史上前所未有的信息储备，但要判断一个信息的真伪得全靠每个网民自己。权威变得不那么权威，因为每个权威信息的下面都有人以各种方式（理性的、非理性的、冲动的、深思熟虑的、围观式的、暴躁情绪支配的，甚至偏执的、精神障碍的等）解读、批评，甚至推翻所谓的"官方解释"，而几乎每种解读都可以找到拥趸者。专家的分析变得不那么可靠，因为每条专家解读后面几乎都有人留言表示质疑，观点被"喷"得体无完肤的"专家"最终在网络文化中变成了"砖家"，这体现了通过网络连接在一起的网络舆论的巨大力量。在这汹涌流动的信息互动、意见互动的网络搅拌机中，海量信息从计算机显示屏中喷涌而出，又通过键盘、鼠标、麦克风等输入装置将每个人的意见吸回到网络中，一起构成了庞大的、动态变化的互联网信息库，在这个强大的信息利维坦（Leviathan）面前，再没有任何力量可与之对抗，即使强大的国家权力也不能幸免。似乎可以认为，网络文化将是构建未来人类民主社会的基石，也是未来人类法治文明的技术支撑。

三、中国政制传统与法律传统对网络文化冲击的回应

在这种新形势下，我们的公共权力体系对网络文化的种种特性，并不都持积极的态度。自建国以来，我国在探索如何建设社会主义的问题上做了很多尝试，其中既有引入前苏联经验的尝试，也有采撷西方先进经验的实验，当然也承继了相当一部分中华文化的传统。但总括新中国成立60余年的历

史，我们在政权建设上，或曰在国内宪政体制建设上，基本上保持着一元化的、统帅型的、下级服从上级的中央集权体制，这种体制当然有极大的好处，但弊病也很多，比如在党内外受到多年批评的官僚主义、"唯上不唯实"、党政机关脱离群众、[1]领导权力过于专横、民主不完善、司法机关受行政权力干涉过多，以及愈演愈烈的腐败现象等，这些弊端几乎都与我国的集权传统有一定关系。

在中国的政制传统和宪法传统中，修身齐家治国平天下，向来都是"君子之德风，小人之德草。草上之风，必偃"[2]，虽然有"肉食者鄙"的说法，但一般来说，还是"有德君子"议论处置国政的多。中国民众参与议政的做法，似乎只有《左传》提到的郑国国人议政于乡校[3]多少有点接近，总而言之，这种传统在中国法律文化中是十分薄弱的。越到帝制时代后期，民众的权利被压制得越严重，对国政的影响越小。而传统上的士人阶层和统治阶级则垄断了关乎国家大事的各种话语权，加上"民可使由之，不可使知之"[4]的愚民政策，使古代中国的民众几乎从未形成一种可以制约国家权力的法制意义上的力量。换言之，中国古代的民权概念是不存在的，下层民众从来没有获得法律上的国家权力，更别说对国家权力的运行进行干预和制约。而网络时代的到来，至少在舆论上、技术上实现了公众与国家权力及精英话语权的对等。在网络大潮的冲击下，网络文化中平等、自由、开放的特点注定是与任何专制集权的体制格格不入的，而专制集权体制下的种种弊端也在网络这个"照妖镜"、"聚光镜"、"放大镜"，甚至是"显微镜"下暴露无遗。众多流弊被网民大力批评、鞭挞、争议，真正触动了现行体制下的某些既得

---

〔1〕 脱离群众的问题自中国共产党在革命斗争时期就多次强调，建国以后对此问题的关注更是从未停止。最近的观点可参见胡锦涛："脱离群众是党执政后的最大危险"，载中国新闻网，http：//www. chinanews. com/gn/2011/07－01/3150377. shtml，访问时间：2011 年 7 日 1 日。

〔2〕 《论语·颜渊》。

〔3〕 《左传·襄公三十一年》：郑人游于乡校，以论执政。然明谓子产曰："毁乡校，何如？"子产曰："何为？夫人朝夕退而游焉，以议执政之善否。其所善者，吾则行之；其所恶者，吾则改之。是吾师也，若之何毁之？我闻忠善以损怨，不闻作威以防怨。岂不遽止？然犹防川，大决所犯，伤人必多，吾不克救也。不如小决使道，不如吾闻而药之也。"然明曰："蔑也今而后知吾子之信可事也。小人实不才。若果行此，其郑国实赖之，岂唯二三臣？"仲尼闻是语也，曰："以是观之人，谓子产不仁，吾不信也。"

〔4〕 见《论语·泰伯》。按，此句句读方法有争议，导致理解上产生两种不同的意见。一般而论，在中国帝制时代，统治者乐于采纳的理解，大多还是"可以驱使民众做某事，而不可令其知道为何这样做"的意思。

利益者，所以他们之中有人惊呼"这是为党说话，还是为老百姓说话"[1]。

我们知道，正是因为有了网络的普及和网民的斗争，[2]才会让全社会了解到诸多的"雷人雷语"，诸如"你是准备替党说话，还是准备替老百姓说话"、"拆出一个新中国"等。[3]这本是社会对公权力监督的一个正常途径，但值得玩味的却是行使公共权力者对这种监督的态度，虽然其中有一些人愿意积极接受监督批评，但总是有一些不识相者大放厥词："要是没有网络就好了"以及"网络这个东西妨碍了政府正常运转"之类。值得注意的是，近几年公权力对网络的掌控开始加强，无论网民笑谈的"五毛党"是否真实存在，但"网络监控员"、"舆情工作人员"的工作，却是确确实实起到了相应作用的。直接或间接带有政府监管色彩的屏蔽字库日益庞大、网民发帖时"谢绝跨省"的调侃、"防火长城（Great Fire Wall）"的戏谑、"翻墙"的无奈，无不说明此中的种种奥妙。而为央视所曝光的"网络水军"问题，其实也说明，随着网络舆论影响力的不断壮大，嗅觉敏锐的商家、财团对网络舆论权的争夺，也逐渐趋于白热化。网络民意的呈现，已经受到各种因素的干扰，导致其中真伪难辨，甚至有传统媒体坚称"网络成谣言集散地"[4]。这其中固然不免传统媒体对网络这个新兴信息媒介的敌视态度，但也确实说出了部分事实。

四、如何以理性思维处理网络文化与中国社会进步的关系

因此，在这种复杂的环境下，如何良性地发挥网络对公权力的监督甚至是制衡作用，是我们所有法律学者必须关注的一个问题。这世上本没有完全指望自我监督就能永葆青春、自清自洁的权力体制，非得有体制外的权力/权利予以有力制衡方能防止公权力运行的腐化，这是人类法律文明数千年历史所证实了的基本规律。对未来中国的发展而言，我们似乎还很难看到以权力分立方式制衡权力的可能。那么，我们为何不在民众权利对公权力的制衡这一方面上稍加关注呢？在这个网络舆论空前强大的时代，这个思路似乎并非

---

〔1〕 杨健："'替谁说话'与'为谁执政'"，载《人民日报》2009年6月19日，第5版。

〔2〕 我思虑良久，觉得还是用"斗争"这个词合适。先贤所谓"为权利而斗争"，反观吾国吾民之现状，正斯言也。

〔3〕 "宜黄官员撰文谈拆迁自焚：没强拆就没新中国"，载腾讯网，http://news.qq.com/a/20101012/001801_1.htm，访问时间：2012年2月3日。

〔4〕 "媒体称网络成谣言集散地公众应以常识理性应对"，载中新网，http://www.chinanews.com/gn/2011/07-01/3149567.shtml，访问时间：2012年2月6日。

不可实现的荒谬想法。讨论网络舆论对中国社会与国家权力运行的影响，由于我们目前尚在庐山之中，所以尚不敢有确定的结论。不过针对目前网络舆论监督中出现的种种问题，似乎又可得出如下认识：

尽管目前网络交流的发展呈现出积极蓬勃的一面，我们也无可讳言，在目前的网络文化中，仍然存在种种不太令人乐观的因素。在网络文化的推动下，现代社会正变得越来越开放和包容，但这并不等于说，在道德上可以容忍网络上肆无忌惮的发泄、煽动仇恨与攻击情绪的行为，也不等于说，在法律上可以容忍网络上任何侵害他人合法权益的非法行为。我们看到，网络固然让全社会的每一个成员得以有机会以平等的身份投入到某个话题的讨论之中，并以网络舆论的形式对话题所涉的当事各方形成程度不同的压力，从而以有形或无形的方式影响着这个问题的解决，这是网络在培养和发挥公民民主精神中起到的不可否认的积极作用。然而我们也必须看到，对同一个、同一类问题的讨论，情绪化的网络言论和多变的（有时候甚至是反复无常的）网民意见，往往产生纷繁芜杂乃至前后矛盾、相互对立的结果。很多情况下，网民对某一议题所表达的意见，完全是基于其个人的情感、或基于某种刻板印象（Stereotype）的偏见而产生的。这种意见的基础，由于大多没有经过理性科学的思维加工，往往与客观真实是有明显偏差的。而这种偏差，往往影响到以法律途径理性地实现社会公平与正义。

我们以药家鑫案为例。作为最高人民法院评选出的"2011 年度全国法院十大精品案例"第一名，并受到中央政法委表彰的重要案件，[1] 网络舆论对司法机关处理此案的影响，确实值得我们关注。此案从 2010 年底开始在媒体和网络社区中热炒，社会各方面都投入到热烈的讨论中。其中有专家的解读，也有网友的争吵。但总体来说，从案件发生到最后审判结果确定并执行死刑，网络舆论总体上来说是偏向被害人一方的。对药方的仇恨和攻击则在网上达到了火爆热烈、辐辏猬集的程度。其缘由大多是经被害人一方代理人和媒体所披露的几条明显带有刻板印象的信息：药家鑫是"富二代"、"军二代"，药家鑫说过"农村人难缠"这种带有偏见的话（讽刺的是，众多网友对药的严厉批评很多也是基于同类的刻板印象而产生的），法庭曾经向旁听人员征询意见等。一切在网上热炒的信息都指向一类情绪，那就是"不杀药则不足以平民愤"，"不杀药就是维护富人、维护权贵"，"不杀药就是歧视农村人"，

---

〔1〕 "药家鑫案为年度案例之首"，载人民网，http://www.people.com.cn/h/2012/0213/c25408 -2694412636.html，访问时间：2012 年 2 月 15 日。

"不杀药则中国司法再无公正希望"等。"药八刀"等说法不胫而走。[1]在网络上一片喧嚣中，任何为凶手辩解的说法，无论是来自专家（这是传统中国文化中的"士人"精英阶层）还是来自民间，都被贴上"为权贵辩护"的标签。在一片喊杀的狂热网络舆论情绪中，法院最终作出了死刑立即执行的判决。在二审判决中，陕西省高级人民法院在解释确认药家鑫"存在自首情节"但"不予从轻"的处罚时认为：

> 其犯罪动机极其卑劣，手段特别残忍，情节特别恶劣，属罪行极其严重，虽系初犯、偶犯，并有自首情节，亦不足以对其从轻处罚。[2]

该案的一审法官在谈到为何不予从轻的理由时说：

> 这是结合药家鑫故意杀人案的具体案情而综合评判的。纵观本案，药家鑫开车将被害人张妙撞伤后，不但不施救，反而因怕被害人记住其车牌号而杀人灭口，犯罪动机极其卑劣，主观恶性极深；被告人药家鑫持尖刀在被害人前胸、后背等部位连捅数刀，致被害人当场死亡，犯罪手段特别残忍，情节特别恶劣，罪行极其严重；被告人药家鑫仅因一般的交通事故就杀人灭口，社会危害性极大，属于《关于贯彻宽严相济刑事政策的若干意见》第17条第1款规定的第一种例外情形，虽有自首情节，仍应依法严惩。[3]

但同样是陕西省高级人民法院，在2011年3月22日所作出的另一个故意杀人案"王兴镇犯故意杀人罪一案"的复核裁定中，却有这样的说辞：

> 本院认为，被告人王兴镇因怀疑他人与其妻有不正当关系，竟持刀杀死他人，其行为已构成故意杀人罪。王兴镇犯故意杀人罪，手段残忍，后果严重，依法应予惩处。但王兴镇归案后能坦白罪行，

---

[1] 这个说法显然是在强调药家鑫在作案时的凶残和人性泯灭。

[2] "药家鑫故意杀人案二审被判死刑"，载陕西法院网，http://sxfy.chinacourt.org/public/detail.php?id=19279，访问时间：2012年2月12日。

[3] "一审法官就药家鑫故意杀人案相关问题答记者问"，载陕西法院网，http://sxfy.chinacourt.org/public/detail.php?id=18702，访问时间：2012年2月12日。

且案发前一贯遵守法律，根据本案的犯罪情节，依法对其判处死刑，可不立即执行。原审判决定罪准确，量刑适当。审判程序合法。[1]

我们查阅该案的复核裁定书，在认定事实部分，有这样的事实认定：

2008 年 6 月 1 日 19 时许，王兴镇在村中碰见到来村里奔丧的 XXX，遂将 XXX 叫至其家中质问，因言语不和，王兴镇即拿出事先准备的杀瓜刀在 XXX 身上连捅数刀，后关上家门逃离现场。6 月 2 日晚，王兴镇返回家中，发现 XXX 已经死亡，便将 XXX 尸体转移至村北一土窑后逃离。2008 年 7 月 23 日 17 时许，王兴镇在陕西省富县一家网吧内被抓获。[2]

值得注意的是，王兴镇案与药家鑫案一样，都是触犯刑法故意杀人罪的行为，在犯罪情节上，都有"连捅数刀"的情节，且王兴镇的刀是"事先准备的杀瓜刀"，而药家鑫的刀则是"随身携带的尖刀"，[3]并未提及存在"事先准备"的情节（当然根据本案情况也不可能存在"事先准备"）。但对王兴镇的定罪量刑却是"犯故意杀人罪，手段残忍，后果严重，依法应予惩处。但王兴镇归案后能坦白罪行，且案发前一贯遵守法律，根据本案的犯罪情节，依法对其判处死刑，可不立即执行"，我们尴尬地发现，尽管没有自首情节，王兴镇的从轻理由是"归案后能坦白罪行，且案发前一贯遵守法律，根据本案的犯罪情节"，这几条理由药家鑫基本上也是存在的，所不同的是，药家鑫多了一个自首情节。尽管从我国刑法相关规定和相关司法解释来看，这个自首属于酌定从轻的情况，但与王兴镇相比，药的从轻理由只多不少：药除了自首外，同样有"案发前一贯遵守法律"、"归案后能坦白罪行"这样的情节，却最终定性为"犯罪动机极其卑劣，手段特别残忍，情节特别恶劣，属罪行极其严重，虽系初犯、偶犯，并有自首情节，亦不足以对其从轻处罚"，受到了极刑处罚。王兴镇与药家鑫二人所犯罪名相同，作案手段类似，主观

---

〔1〕 "陕西省高级人民法院刑事裁定书（2011）陕刑三复字第010号"，载陕西法院网，http：// sxfy. chinacourt. org/public/paperview. php? id = 508982，访问时间：2012 年 2 月 12 日。

〔2〕 "陕西省高级人民法院刑事裁定书（2011）陕刑三复字第010号"，载陕西法院网，http：// sxfy. chinacourt. org/public/paperview. php? id = 508982，访问时间：2012 年 2 月 12 日。

〔3〕 "陕西省西安市中级人民法院刑事附带民事判决书［2011］西刑一初字第68号"，载东方法眼网，http：//www. dffy. com/sifashijian/ws/201104/22604_ 3. html，访问时间：2012 年 2 月 12 日。

动机和犯罪后果也比较接近，在同一省的法院系统却得到了不同的判决结果。二人尽管都是初犯，都于归案后主动坦白，虽然一个自首，一个被抓，而结果却如此不同，唯一有所区别者，就在于王兴镇一案，陕西省高院的解释理由中有一条含糊不清的"根据本案的犯罪情节"。我们无意揣测陕西省法院系统的法官同志是否在药案的审理中存在受网络舆论所挟制的情况，更无意批评该案件的处理是否妥当，但药案的"犯罪情节"究竟与王兴镇案有何种法律上的差别，乃至法院要使用"动机极其卑劣"，"手段特别残忍"，"情节特别恶劣"，"罪行极其严重"这样的定性话语，这种话语在多大程度上受到了网络舆论的影响，都是值得人们深思的。[1]审理本案的各级司法机关所作出的裁决和裁定，给人们留下的各种不解和揣测，都不免让我们对网络舆论给司法权运行带来的消极影响予以重视。

药家鑫于 2011 年 6 月 7 日在西安被执行死刑，随着药的伏法，网络上的讨论热潮开始消退，一片喊杀的狂热逐渐冷却。不想其后事情又发生了戏剧性的变化，先有药家鑫的父亲药庆卫以侵害名誉权之诉由，在 2011 年底起诉药家鑫故意杀人案中被害人一方的代理人张显，[2]到 2012 年春，原先在案件审理过程中坚决拒绝药家赔偿的受害人一方，又向法院提起起诉，要求药家兑现药家鑫"遗赠的 20 万元"。[3]此消息一出，又在网上掀起轩然大波，但此次网络舆论已经基本上不再支持受害人一方的请求，[4]众多网友又开始纷

---

[1] 因为陕西省各级法院在处理药家鑫一案时很谨慎地处理了审谳文辞，使其在文字逻辑上并无多少不妥当之处。而使用若干个"极其"、"特别"的理由，也难以从药家鑫故意杀人案与我们举出的王兴镇故意杀人案的区别中看出来。所以这几个"极其"、"特别"的定性，我们并不能从客观事实的陈述中寻找支持，只好在审判者的主观心态上加以揣测。但除非主审法官公布自己在审理时的这种主观心态，那么这种揣测当然是很不可靠的，因此就这个意义上而言，是无从查考、难以定论的。值得注意的是，据媒体报道，陕西省高级人民法院副院长黄河同志在 2012 年 3 月接受新京报采访时，在回答药家鑫案中网络舆论作用时，虽然没有明确针对记者提出的问题作出直接回答，但却提到了如下耐人寻味的说法："网上舆论监督有利于促进司法公正，保护公民的知情权，遏制司法腐败，这些是积极作用；但目前看，网络媒体也有一些问题，监督无序，有些信息失实、恶意炒作、误导他人，甚至存在网络审判，影响我们正常的司法审判"。见"陕西高院：药家鑫案'网络审判'影响司法审判"，载腾讯网，http：//news. qq. com/a/20120312/000055. htm，访问时间：2012 年 3 月 16 日。

[2] "药家鑫之父药庆卫状告张显案开庭 要求赔偿 1 元"，载中国经济网，http：//district. ce. cn/newarea/roll/201112/30/t20111230_22964656. shtml，访问时间：2012 年 1 月 5 日。

[3] "药家鑫案受害人家属起诉药家"，载新华网，http：//www. ln. xinhuanet. com/zxsf/2012 -03/02/content_24811924. htm，访问时间：2012 年 3 月 5 日。

[4] "张妙家人索要赠款难获民意支持"，载人民网，http：//yuqing. people. com. cn/GB/212786/17093130. html，访问时间：2012 年 3 月 5 日。

纷批评受害人一方"胡搅蛮缠"、"乡下人果然难缠"[1]、"儿子犯法，一命抵一命"、[2]"贪得无厌"等。[3]我们悲哀地发现，这一出以两条生命的消逝、两个家庭幸福的毁灭为代价的案件，最终结果却是所有参与的各方都感到自己受到了伤害：受害人张妙失去了宝贵的生命，她的家庭幸福毁于一旦；药家经历了丧子之痛和巨大的舆论压力；所有热情参与此案评议的网友们则感到自己投入其中的感情[4]受到了戏弄。于是，当年力挺受害人一方的网友们又调转头来猛烈地攻击受害人一家和他们的代理人张显。我们看到，这种攻击和谩骂与当时他们对药家鑫一片喊杀时的激情几乎完全是一个套路。

审视这个足可作为人间悲剧样本的案件处理[5]的全过程，我们非常容易看到，网络舆论和其他舆论形式一样，非常容易受到人的感情的左右，在群情激奋的情况下，理性的声音[6]往往被扭曲和淹没，只剩下一片充斥着狂躁情绪的喧嚣，因此很容易出现不理性的情况。但由于我们在上文中分析过的网络舆论的高度自由性、开放性特点，这些不理性观点很容易形成一种狂热的气氛，在网络舆论前所未有的强大压力下，对合法、合理解决纠纷的途径带来无可否认的消极影响。

因此，在现有网络文化中培养理性与科学的公民精神就显得十分必要。《论语》曾经提到，孔子到卫国时，与他的学生冉有发生过一段著名的谈话，孔子看到当时卫国中兴以后人口众多，便赞叹道："卫国的人口相当多啦！"冉有便问："卫国既然已经有如此众多的人口，还需要再做什么呢？"孔子回答道："让他们富足！"冉有又接着问："那他们都富足了以后呢？"孔子回答说："教化他们！"[7]孔子一生反对"不教而诛"，说："不教而杀谓之虐"。[8]

---

[1] 讽刺的是，这正是当时网民一片群情汹涌要求严惩药家鑫的刻板印象之一。

[2] 这种观点显然是受了中国传统法律文化中"杀人偿命"、"死了百了"的思想影响。

[3] 由于网络表达意见平台的广泛性，我们无法一一列举这些观点的来源，但可参考腾讯网相关新闻下的网友评论，载 http://comment5.news.qq.com/comment.htm? site = news&id = 31103799，访问时间：2012 年 3 月 3 日。

[4] 没错，显然又是感情而非理性与客观的法律思考。

[5] 使用"处理"而非"审理"显然是想强调此案的处理和解决并非只有司法权力与当事人权利投入其中。

[6] 当然，笔者并不认可在药案争论中的"钢琴杀人说"和"激情杀人论"是该案中符合客观情况与法律逻辑的理性观点。

[7] 《论语·子路》："子适卫，冉有仆。子曰：'庶矣哉！'冉有曰：'既庶矣，又何加焉？'曰：'富之。'曰：'既富矣，又何加焉？'曰：'教之。'"

[8] 《论语·尧曰》："子曰：'不教而杀谓之虐，不戒视成谓之暴，慢令致期谓之贼，犹之与人也，出纳之吝谓之有司。'"

这都是强调在建立社会秩序时，要物质第一，精神第二。首先要在物质上繁衍人口，富国强民，然后最重要的，就是要对众多的富足的人民进行教化，让他们遵守社会秩序，不要干危害社会秩序的坏事。孔子理想的社会秩序，自然是他所推崇的"礼"，[1]这是距我们两千多年前的理想，我们大可不必在此问题上开展过多讨论。但无论如何，任何社会显然都是需要一套秩序的。我们所生活的现代文明社会，更是需要理性、自律、具有科学精神的社会公民，这实在是国家推行法治建设的基础！无论我们把制度设计得多么巧妙，把法律制定得多么周密，把道德宣传得多么无孔不入，离开了对社会公民法治精神的教育和培养，那么一切都是空中楼阁。"徒善不足以为政，徒法不能以自行"[2]的警告，早在两千多年前的先秦时代就已经有先贤提醒世人，但时至今日，我们似乎还重视得不够。如果说建国以来我们在党的领导下已经基本上取得了消灭文盲的伟大成绩，[3]那么另一个伟大历史任务可能正摆在党和国家及全体人民面前，那就是我们打算花多长的时间，用多大的精力，在中国这个古老而又伟大的国土上基本消灭法盲。我们当然不是奢望所有的公民都熟练掌握国家的所有法律条文，[4]而是希望在全民中普及法学教育，让未来的社会公民具备理性的秩序观念和逻辑思维能力，培养起他们牢固的法治信仰，从而最大程度地在社会中培育理性与科学的精神，培养世界观、人生观、价值观端正，法治信仰牢固的社会主义现代化国家的合格公民。唯如此，我们的国家才有希望长治久安，我们的社会主义法治建设才有望取得飞速发展，包括网络舆论在内的一切舆论中的消极方面，都可以从根本上得以彻底地解决。这是我们讨论网络舆论监督问题时，一个不可回避的基础问题，是我们必须加以重视的。

---

〔1〕《论语·颜渊》："颜渊问仁。子曰：'克己复礼为仁。一日克己复礼，天下归仁焉。为仁由己，而由人乎哉！'"

〔2〕《孟子·离娄上》。

〔3〕据教育部透露的信息，经过多年努力，我国扫盲工作取得了世界公认的历史性成就，成人文盲率由10年前的22.23%下降到8.72%。参见："政协委员关注：中国文盲一半在西部 七成是女性"，载长城网，http://news.hebei.com.cn/system/2002/03/03/005876695.shtml，访问时间：2012年3月7日。

〔4〕建国以来我们的法治教育/法制教育和普法宣传，更多的精力似乎是放在条文的宣讲，而非法治精神与法律文化的传播上。就这一点而言，我们对普法的认识和理解，似乎还主要停留在历史上的"申明亭"时代。

结　论

总之，当前的中国正处于一个前所未有的信息开放和民众言论自由的时代。传统的社会管理智慧，正面临着全新的挑战。随着科技的不断进步，以网络舆论为代表的网络文化将进一步浸透到社会的每一个角落。未来国家与社会秩序的营建和维系，未来国家权力运行的程序和方式，都无法避免网络舆论和网络文化带来的挑战。如何以积极、科学的态度应对这一挑战，本文只做了一个粗疏的思考，试图探寻这种矛盾的根本解决途径。除了本文提出的一些问题外，目前有关网络舆论与国家权力关系方面的问题还有很多，如媒体在网络舆论形成与发展过程中起到的作用问题、网络水军的问题、网络钓鱼与网络造谣等问题，都是本题目下应予关注的问题。限于篇幅，本文不再详细讨论，留待以后研究和探讨。

公民宗教权利国家干预界限的法理思考

——从常振信"非法宗教活动"案出发[*]

乔　飞[**]

宗教信仰自由是世界基本人权的重要内容，也是我国宪法赋予公民的一项基本权利。宗教信仰自由的三个方面包括，内心信仰自由、外在宗教行为自由与宗教结社自由，[1]理应得到普遍尊重与法律保护。然而，如同世界所有国家一样，从"应然"权利到"实然"权利，从来都不是一蹴而就的，其间所经过的甚至是一段漫长的历史过程，我国也不例外。在当代社会现实中，无论是立法层面，还是执法或司法层面，对公民宗教权利的保护都不尽如人意。仅就国家机关本身而言，因对公民宗教自由的过度干预、限制而引发的案件也时有发生。本文拟从"常振信非法宗教活动"案入手，从理论法学的角度探讨国家公权力与公民宗教权利之间的关系界限问题。

一、常振信案概况及问题的引出

2009 年夏季的一个星期天，内地某省一城市的基督徒们正进行他们的宗教崇拜活动，几十名执法人员[2]突然闯进会场，命令在场所有信徒不得走

---

　* 本文撰写及发表同时受河南中医学院博士科研基金（BSJJ2010 - 20）资助，本文同时为"法治中国化研究基金项目"课题（编号：乙 B14 增补）之阶段性成果。

　本文采用的是真实发生的案例，案件事实为多次调查数名当事人及现场目击证人的结果；经征询当事人的意见并考虑其处境，案件当事人的姓名在本文中为化名，具体案发地点亦不列明，文责作者自负。

　** 河南中医学院人文学院教师，法学博士，杭州师范大学法治中国化研究中心兼职研究员。

　〔1〕 许崇德、胡锦光：《宪法学》，中国人民大学出版社 2004 年版，第 174 页。

　〔2〕 案发之时，当事人并不知道这些人的身份；事后才得知，这些不明身份的人是该市公安局国保大队、市所辖区派出所、该市宗教局、市辖区宗教局、市防暴大队的人员。

动。当时，一位青年女信徒正在卫生间内，执法人员中的一名中年男子不顾劝阻踹门而入；同时，其他执法人员用照相机、摄像机对在场信徒拍照、摄像，另有几人强行扭住正在讲道的常振信牧师，[1]并喝令其宣布停止礼拜。常振信向执法人员解释当天是信徒的崇拜日，有什么问题等礼拜结束后再商量。没等常振信说完，2名干警强行将常振信拖下讲台并要将其带走，在场的信徒纷纷站起谴责执法者的粗暴行为，并且要求他们出示工作证与执法证件，但遭到拒绝。随后，执法人员向信众宣读了该市所辖区民族宗教事务局取缔"非法宗教活动"的通知书。留下该通知后，执法人员将常振信强行带至该市某区派出所，之后又以调查为由带走另一名信徒。与此同时，另一批人员将常振信的妻子押至其家中进行搜查，带走电脑主机一台和其他物品。

常振信被带走后，在场信徒强烈要求做完他们的宗教崇拜，遭到执法人员的拒绝；与此同时，执法人员将房屋内电闸拉下，并一直摄像、拍照，催促众人离开。此后，他们将组织宗教活动的另外几人也带至派出所，并将活动场所贴上了该区民族宗教事务局的封条。被带至派出所的7人，由于"非法聚会，以社团名义进行违法活动"被行政拘留15天，罚款500元（后经交涉未交）。拘留期间，警方先后两次讯问主要组织者常振信夫妇。第一次讯问，告知常振信夫妇将被劳动教养，告知其可请律师；3日后再次讯问。6日后，常振信夫妇被以"扰乱生活秩序"的名义劳教1年。15日后，5名人员拘留到期获释，常振信被送劳教所教养，其妻因家中孩童无人照看被所外执行。

该案不是一件普通行政执法案件，而是涉及宗教这一复杂问题的特殊案件。该案对于行政相对人来说，后果是非常严重的。其所得到的处罚，除被禁止宗教活动这一宗教性的制裁外，还有经济性的制裁——罚款，人身自由的制裁——行政拘留，甚至是人身自由的剥夺。这一宗教案件，除了给当地信徒带来强烈震撼外，也在当时的互联网上产生很大反响，其社会影响不容忽视。由此，也给法学学人带来法理上的思考：该案发生的内在原因为何？有何深层历史文化根源？世界各国如何对待宗教信仰自由权？国家公权力应如何对待宗教信徒的宗教权利？国家能否对宗教权利进行干预？这种干预的界限何在？

---

[1] 据了解，涉案宗教人员均为基督教"家庭教会"人员，常振信是这一民间小宗教组织的常务负责人。

二、常振信案是公民信仰自由与国家管理权力冲突的结果

与通过司法审判程序解决的普通纠纷案件不同，常振信案是一起直接由行政执法而引起的案件。其起因非常简单：宗教信徒坚持行使其宗教权利，基层政府则认为该权利越出了他们允许的范围，必须使用公权力对这一权利进行剥夺，权利与权力的冲突是该案的实质起因。

（一）常振信等执着主张宗教自由权利

1. 遵行神旨是信徒的基本宗教义务

对于宗教徒来说，其所崇奉的神或上帝的意志就是其思想与行动的最高指引。常振信等人的宗教活动，有其内在"法理"逻辑。对他们来说，上帝的旨意是最高的法律，而上帝的计划、旨意，记载于《圣经》之中，因此《圣经》就是他们效力最高的法。[1]其中，《新约》是上帝与人类订立的最新、最后的契约，凡接受耶稣基督为救主的，都是新约教会的成员。身为基督教徒的常振信等人，其所信奉的耶稣基督的命令，是他们必须履行的"神法"上的义务。如"传福音"之命令：

> 耶稣进前来，对他们说，天上、地下所有的权柄，都赐给我了。所以你们要去，使万民作我的门徒，奉父子圣灵的名，给他们施洗。凡我所吩咐你们的，都教训他们遵守，我就常与你们同在，直到世界的末了。[2]
> 圣灵降临在你们身上，你们就必得着能力，并要在耶路撒冷、犹太全地，和撒玛利亚，直到地极，作我的见证。[3]

可见，向人传播耶稣基督的教训，是神给基督徒的使命。领受这一使命的人员，是所有基督徒；其传播教义的对象，是世界上的"万民"，即全人类；其传播活动的空间范围，是世界各个角落。基于此，常振信等人向他人

---

〔1〕 在基督教的历史上，教义的集大成者托马斯·阿奎那将法律分为四类："永恒法"、"自然法"、"神法"、"人法"；其中"神法"就是基督教经典《圣经》，是上帝用来统治人类的法典，地位远在国家机关制定的"人法"之上。历代基督教组织，包括天主教会及宗教改革后的新教教会，都承认《圣经》的最高效力。

〔2〕《圣经·马太福音》第28章第18～20节。

〔3〕《圣经·使徒行传》第1章第8节。

传播基督教义是在履行其宗教义务。又如"牧羊"之命令：[1]

> 务要牧养在你们中间神的群羊，按着神旨意照管他们。不是出于勉强，乃是出于甘心；也不是因为贪财，乃是出于乐意。也不是辖制所托付你们的，乃是作群羊的榜样，到了牧长显现的时候，你们必得那永不衰残的荣耀冠冕。

这是对那些作教会牧师、长老等宗教领袖的职责要求。身为宗教首领，如果履行"牧养群羊"的义务，就可享有在彼岸天国得到"荣耀冠冕"的权利。履行这一职责的主观方面不是被动勉强，而是主动、甘心乐意的。基于此，常振信等人经常与其他信徒联络、交流，探讨生活中的基督教信仰问题，目的是使信徒在生活的方方面面更深地融入到教义之中。此外，还有"聚会"的命令：

> 我们心中天良的亏欠已经洒去，身体用清水洗净了，就当存着诚心，和充足的信心，来到神面前；也要坚守我们所承认的指望，不至摇动。因为那应许我们的是信实的；又要彼此相顾，激发爱心，勉励行善。你们不可停止聚会，好像那些停止惯了的人，倒要彼此劝勉。既知道那日子临近，就更当如此。[2]

也就是说，对于基督教徒，其宗教生活除了个人化的敬拜外，还有集体性的"聚会"生活，而且这种"聚会"还"不可停止"，如同《旧约》中的以色列人，必须定期到耶路撒冷圣殿敬拜上帝，目的是使信徒对上帝有"指望"，信徒之间也能"彼此劝勉"、"彼此相顾"，以增强团体的凝聚力。因此，常振信等人必须组织有形的宗教聚会，来履行他们的宗教义务。这些命令，对基督教徒来说是约束效力很强的行为规范。其中的内容，对神来说是义务，但对人来说则是信徒的"天赋权利"。

2. 信徒对神的义务就是对人的权利

在法理学中，权利和义务在结构上是相关的，二者不仅相互依存、相互渗透，而且在一定条件下可以相互转化。从信徒与神的关系来说，传道、牧

---

〔1〕《圣经·彼得前书》第5章第2~4节。
〔2〕《圣经·希伯来书》第10章第22~25节。

养、聚会是其义务；[1]但相对于其他人来说，信徒的这种义务则转变为其神圣权利。但就基督教而言，从其创立之初，这种权利就不被世俗政治所认可；基督教的历史，在很大程度上就是历代基督徒对这种权利的主张史，也是历代世俗政治对这种权利的压制史，自然也是基督徒与反对势力就这种权利的博弈史。"在基督事件中，耶稣基督通过将自己的血注入大地而否定了世间一切世俗制度，并且给人类带来了福音，'天国近了'，这一事件撕裂了原本一元的世俗政治，从此这个世界不再统一，神圣和世俗永远处于争斗之中。这一情况因为基督教会的努力而更加严重。"[2]

常振信夫妇原本在该地"三自"教会工作。但在"三自"教会中，他们感到上帝赋予的权利很难行使。在基督教义里，教会唯独属于耶稣基督所有，耶稣基督与教会的关系是"新郎与新妇"、"头与身体"之关系，因此教会必须以基督的命令为最高效力的行为规范。信徒个人也好，教会团体也好，如果违背这一点，就是信仰上的"淫妇"，将激起上帝的愤怒。"三自教会在某种意义上是宗教领域内的国企，它是由国家主导、国家支持的一种宗教组织存在模式"，其领导"需要做的是在政治上按政府宗教管理部门的意思连续不断地表态和在教会内部贯彻落实政府的意图"，这种机制运行的结果，"必然导致三自教会负责人为了维护自身利益而拼命取悦上级"。[3]三自教会于是成为一种"机关"，教会的职务也成为一种"官职"。更严重的是，在信仰告白上，三自教会不敢公开宣告耶稣基督是其最高的崇拜与顺服对象。因此，在许多基督徒心中，"三自"教会的宗教信仰纯洁性颇具瑕疵。权利的本质，使人必然作出一定选择自由；尽管常振信在"三自"会中工作，却暗中帮助坚决以基督为首的家庭教会，结果受到三自教会的排挤。该地三自教会领导派人将公安人员带至常振信住处，使常振信被公安机关拘获。在失去自由近5个月获释后，常振信为更好地实现其宗教权利，主动脱离该地三自教会。虽然他的宗教权利未得到行政法规与地方行政部门的认可，在他来说却是一种"自在权利"。在本案中，常振信夫妇及其同伴，正是由于脱离了政府认可的"三自"教会，自行进行基督教宗教活动，才被定性为"非法宗教活动"，被宗教管理部门取缔，并被处以行政拘留或劳动教养等行政处罚。

---

　　〔1〕　这种宗教义务也有与其相对应的"权利"，如信徒有权随时向上帝祈祷，从上帝获取各方面的帮助；参见《圣经·马太福音》第7章第7～11节。

　　〔2〕　付子堂主编：《法理学高阶》，高等教育出版社2008年版，第42页。

　　〔3〕　刘澎："再谈关于中国宗教问题的战略思考"，载《领导者》2010年6月号（总第34期）。

（二）行政部门习惯性地进行权力控制

1. 常振信案中，行政部门的执法过程凸显权力控制色彩

权利保障与权力控制，在法学中是一组相对立的范畴。前者以公民的主体意志、主体自由或利益为起点、重心、目的，后者则以权力拥有者的意志或价值标准为基准点，强制性地要求相对人作为或不作为。常振信一案中，地方行政部门事先未与宗教人员进行沟通，而是在信徒正在进行宗教活动时，突然闯入其场所，径直强制性地将宗教活动场所查封。在执法的过程中，一些细节更体现出执法者根深蒂固的权力本位色彩。"突然闯进"宗教场所后，就立即"限制所有基督徒走动"，令人感到这不是在进行正常的行政执法，而是在"擒贼"，行政相对人在执法者面前几乎没有主体地位可言。更有甚者，一名青年女信徒正在卫生间，一名中年执法男子在被告知后，竟然仍"不顾劝阻"，粗暴地"踹门而入"，令这位女信徒恐惧、羞涩，当场不知所措地痛哭。女信徒最起码的人格尊严，被这位执法男子"踹"得粉碎。在此，缺乏制约的权力暴露出它的本能：专横、暴虐而又无耻，权力的扩张性、侵犯性、淫威性暴露无遗。

至于"强行扭住"常振信，"喝令"其停止活动，强行将其"拖下"讲台的举止，也无不体现着权力的强制性、支配性。当在场信众纷纷对粗暴行为进行谴责、要求出示执法证明时，执法人员却拒绝出示，完全漠视行政相对人的合法知情权。在拘留期间，警方告知常振信夫妇，要对他们处以劳动教养，告诉他们可以聘请律师进行案件代理。但常振信等人当时完全不能与外界联系，连电话也无法打，根本不可能请到律师，法律赋予的代理权、辩护权、申诉权实际被执法者剥夺殆尽。当区公安分局第二次讯问常振信夫妇时，告诉他们将被"以会道门的名义组织信徒进行违法犯罪活动"劳教1年，常振信夫妇当即质问：凭什么说基督教家庭教会是"会道门"，一位警官回答道："'会道门'可以劳教嘛！"但在几日后送达的《劳动教养决定书》中，二人被劳教1年的理由又变成了"扰乱生活秩序"。可见，执法人员早就决定了处罚结果，随后才仔细斟酌法定理由，法律法规仅是他们手中的工具；这是传统法律工具主义价值观在当代中国的典型再现。

由此可见，正是权力控制的传统法律思维，使得常振信案的执法者无视相对人即公民的意见表达和利益，粗暴执法是这种法律文化逻辑必然导致的结果。

2. 行政执法所依据的《宗教事务条例》，是以权力控制为价值取向

案发当日，该地民族宗教事务局宣读的通告内容是："经查，自封传道人

常振信等人，在××路××号院擅自设立宗教活动场所，从事非法宗教活动，已严重违反了《宗教事务条例》第43条。现责令常振信等人立即停止此处一切非法宗教活动，并取缔××路××号院非法宗教活动场所"。

宗教管理部门取缔宗教活动场所依据的《宗教事务条例》（本文以下简称《条例》），在法律位阶上为行政法规。从一般法理考察，其本身之"合法性"颇成问题。这些问题的出现，是法规制定中权力控制价值取向的自然后果。

从程序要件来看，权力张扬的本能，使得《条例》的制定存在程序性瑕疵。首先，《条例》的制定违反了立法的权限范围。《立法法》第3条规定了"立法应当遵循宪法"的基本原则，第4条规定立法"依照法定的权限和程序"之原则；第56条就行政法规的制定作了具体规定。任何行政法规的制定必须"根据宪法和法律"，并且所涉及的事项如果是应当由全国人大及其常委会制定法律的事项，则国务院必须先取得全国人大及其常委会的授权，否则就是擅自制定而无效。该《条例》的制定并未得到立法机关授权，无疑违背了《立法法》；同时，也违背《宪法》89条关于其职权的规定，因此存在程序性缺陷。其次，《条例》的制定也违背了立法的民主原则。《立法法》第5条规定："立法应当体现人民的意志，发扬社会主义民主，保障人民通过多种途径参与立法活动"；第58条规定："行政法规在起草过程中，应当广泛听取有关机关、组织和公民的意见。听取意见可以采取座谈会、论证会、听证会等多种形式"。我国现有调整宗教关系的规范形式，主要是国务院行政法规及其部门规章；这些法规、规章，主要是由宗教行政管理部门主持完成的。[1]《条例》的制定也是如此，缺乏广大宗教信众的有效参与。为方便对宗教事务进行管理，行政部门自己起草宗教法规，自己执行，权力行使畅通无阻，而权利自由将面临危机。[2]

从实体内容来看，权力本位色彩也很明显。我国宪法明确将宗教信仰自由列为公民基本权利的一部分；《宪法》第5条第3款规定："一切法律、行政法规和地方性法规都不得同宪法相抵触。"宪法在法律体系中是效力位阶最高的法，其他任何法律、行政法规的内容、精神都不得与宪法的原则和规定相抵触；否则，就会因违宪而无效。《条例》的价值取向重在限制、控制宗教

---

〔1〕 参见刘澎："中国宗教法治化的历程"，2008年中国社会科学院世界宗教所"当代宗教问题研讨会"论文。

〔2〕 孟德斯鸠认为，"当立法权和行政权集中在同一个人或同一个机关之手，自由便不复存在了"；见 [法]孟德斯鸠：《论法的精神》（上册），张雁深译，商务印书馆1982年版，第156页。

的发展，而不是保障公民的宗教"权利"，即以权力控制、秩序维护为本位，而不是以权利保障为本位。关于颇具争议的基督教"家庭教会"问题，《条例》之前的所有政策、法规都给予一定程度的承认和保护。中共中央1982年19号文件明确规定："在宗教活动场所内以及按宗教习惯在教徒自己家里进行的一切正常的宗教活动，如拜佛、诵经、烧香、礼拜、祈祷、讲经、讲道、弥撒、受洗、受戒、封斋、过宗教节日、终傅、追思等等，都由宗教组织和宗教信徒自理，受法律保护，任何人不得加以干涉。"1994年1月31日《宗教活动场所管理条例》第2条规定："本条例所称宗教活动场所，是指开展宗教活动的寺院、宫观、清真寺、教堂及其他固定处所"；对"其他固定处所"的解释，"是指那些不是寺观教堂，而信教群众经常进行宗教活动的简易活动点"；对于基督教"家庭聚会"，1997年10月，国务院新闻办公室在向全世界发布的《中国的宗教信仰自由状况》白皮书中解释道："对基督教教徒按照宗教习惯，在自己家里举行以亲友为主参加的祷告、读经等宗教活动（中国基督教习惯称之为'家庭聚会'），不要求登记"。但在《条例》中，这种"家庭聚会"的权利只字未提，从而使过去这种得到承认的小规模聚集的宗教权利随时可能成为"非法"。从法理学的角度来看，越来越偏离法的"权利本位"之时代精神与价值所在，体现行政权力的"国家控制"色彩越来越浓。

又如，针对宗教活动空间范围的规定，《条例》甚至比过去的一些地方性法规还有所缩小。如有的地方法规规定："宗教活动应当在依法登记的宗教活动场所内进行，由宗教教职人员或者符合教规条件的其他人员主持。应信仰宗教的公民要求，宗教教职人员可以按照宗教教义、教规和传统做法，在宗教活动场所、医院、殡仪馆、墓地举行婚礼、终傅、追思、祭奠等仪式。信仰宗教的公民可以按照宗教传统在本人住（居）所内过宗教生活。"[1]而《条例》第12条规定："信教公民的集体宗教活动，一般应当在经登记的宗教活动场所（寺院、宫观、清真寺、教堂以及其他固定宗教活动处所）内举行，由宗教活动场所或者宗教团体组织，由宗教教职人员或者符合本宗教规定的其他人员主持，按照教义教规进行"，但第20条又作进一步限定："非宗教团体、非宗教活动场所不得组织、举行宗教活动，不得接受宗教性的捐献"；第43条更明确规定："非宗教团体、非宗教活动场所组织、举行宗教活动，接受宗教性捐献的，由宗教事务部门责令停止活动"。即过去按照宗教习惯或传统在医院、殡仪馆、墓地等处进行的宗教活动，在《条例》颁布后将成为

〔1〕 参见《山东省宗教事务管理条例》（2000）第3章"宗教活动"第21条。

"非法宗教活动"，随时都有被取缔的可能。如此，《条例》对占中国基督教主流的家庭教会而言，其宗教活动的合法空间将大大缩小。常振信一案，地方管理部门取缔宗教活动的理由，正是《条例》上述内容在执法中的运用。

"没有进行宗教实践与宗教活动的自由，所谓的'宗教信仰自由'是抽象的、空洞的、没有意义的。"[1]常振信一案，地方宗教管理部门执法所依据的《条例》，呈现的立法价值倾向是权力控制而非权利保障，彰显出政府与宗教信徒或团体之间，是管理与被管理、领导与被领导、控制与被控制的关系。

三、对宗教全面控制是传统中国法制的重要追求之一

基层行政部门在常振信案件中的执法行动及其所依据的《条例》，均体现出公权力者"一切都归我管"、"我有权管理一切"的法律心理逻辑。基层部门的执法过程，甚至流露出"我想怎么管就怎么管"的执法心态。按管理模式言，依然类似于计划经济时期的"行政色彩浓厚的政府管理模式"。[2]究其原因，一方面是计划经济年代行政主导一切管理模式的延续，但更为重要的是两千年"权力本位"传统法律文化的惯性使然。

（一）权力控制一切是中国传统法文化的显著特色

由掌权者管理、控制一切社会事务的"权力本位"的中国传统法理念，源于对权力的盲目崇拜。为什么统治者有权控制一切？因为"天"将管理一切人间事务的责任交给了"天子"，而"天子"要履行管理一切人间事务的责任，就必须拥有一切人间权力。上天所委托管理的事务范围是没有限制的，所以"天子"的权力绝对无限、无所不包，其显著特征是高度集中且不受约束。

1. 权力崇拜是我国悠久的法律文化传统

权力崇拜传统起源于中国法律思想中的"君权神授"理论。"君权神授"思想在我国源远流长；"天命玄鸟，降而生商"，[3]自夏商时代，最高统治者就声称自己的统治权力来自上天的意志。"有夏服从天命"，"有殷受天命"，[4]即君王的立法、行政、司法等是奉行天命而行的。夏启讨伐有扈氏作《甘

---

[1] 姜时华："保护公民权利，还是强化国家控制？评国务院 2004 年《宗教事务条例》"，http：//www. pacilution. com/ShowArticle. asp？ArticleID=497，访问时间：2013 年 4 月 4 日。

[2] "宗教事务条例颁布，中国寻求以法制保障宗教自由"，载网易新闻中心，http：//news. 163. com/41221/9/18483PQ70001124T. html，访问时间：2013 年 4 月 4 日。

[3] 《诗经·商颂·玄鸟》。

[4] 《尚书·召诰》。

誓》，商王盘庚迁都作《盘庚》，都是用天意论证自己权力的合法性。到了周代，虽然提出了"皇天无亲、惟德是辅"、"以德配天"、[1]"明德慎罚"[2]等具有人本主义倾向的主张，但王权的最终源泉仍未脱离"君权神授"的窠臼，只是在其中增加了道德伦理内容。春秋战国年代，儒法道墨各家在君主权力来自上天、君主天然地拥有一切权力这一点上高度一致。西汉初年，董仲舒糅合儒家、阴阳家等学说，系统提出"天人合一"的君权神授政治法律观。"天"是具有人格意志的至上神，也是万物的派生者；"天者，百神之大君也"；[3]"君权神授"，[4]"天"在人间的代表就是"天子"，[5]帝王是"承天意以从事"；[6]论其权力，为"受命之君，天意之所予也"。[7]特别值得一提的是，董仲舒将君臣父子夫妇关系之"三纲"上升到天意的高度："君臣父子夫妇之义，皆取诸阴阳之道"，"王道之三纲，可求于天"。[8]在人间，君阳臣阴、君主至上是上天的旨意，违背这种秩序就是违背天神，从而将君主这一"凡人"置于"天子"的神圣地位，将君主权力赋予"天意"的神圣光环，君主其人及其权力在此得到"神"化，权力崇拜的心理自然得以产生，经数千年的积淀，遂成为中华民族的深层意识与无意识。

2. 权力控制的范围没有边界

正因为权力最终来自于"天"，具有很强的"神圣性"，因此君主权力不能受限且范围无边。从经济权力来说，"普天之下，莫非王土；率土之滨，莫非王臣"，[9]专制君主是一切土地和财产的真正所有权人，"天下一家，何非君土，中外之财，皆陛下府库"。[10]天下的全部财产都是君主一人的"家产"；但由于幅员广大，交通又不发达，位居中央的君主权力难以对"家产"实施控制，于是任命各级官吏代表君主在各地进行管理，形成中国特有的

---

〔1〕《尚书·蔡仲之命》。
〔2〕《尚书·康诰》。
〔3〕《春秋繁露·郊祭》。
〔4〕《春秋繁露·顺命》。
〔5〕《春秋繁露·三代改制质文》。
〔6〕《汉书·董仲舒传》。
〔7〕《春秋繁露·深察名号》。
〔8〕《春秋繁露·基义》。
〔9〕《诗经·小雅·北山》。
〔10〕顾炎武：《日知录·财用》。

"家产官僚制"。[1]其他世俗权力也是绝对归君主所有。君主拥有全部立法权，其意志就是法律；"律"、"令"、"科"、"比"、"格"、"式"、"策"、"诏"、"制"、"敕"、"谕"、"诰"等法律形式，都是君主权力控制一定社会生活的手段与工具。君主拥有一切行政权；政治、文化、军事等世俗方面的所有事务统归君主管理，思想、文化、信仰等精神方面的管制权力也被其垄断。人事任免方面，中央地方官员皆由皇帝任免；科举中的"殿试"，就是由君主亲自考录，考取的进士为"天子门生"。君主有权赏赐给任何人以各种爵位、官职、特权，也可随时收回这种赏赐。君主拥有全国的司法权；重大案件必须由君主最终裁决，死刑案必须向君主"三复奏"、"五复奏"，即使一般案件，君主有权随时过问或提审、调审。秦始皇时，"天下之事无大小皆决于上"，[2]这种格局直到清代一直都成为定制。因此，中国历代的君主权力可以触及社会生活的任何方面。各级官员的权力，均由君权派生而来，官员行使的仅仅是特定层面、特定侧面的君权，权力的最终所有者仍是君主，君权是整个权力体系必须依附的中枢神经。君主对社会生活方方面面的管理和控制，就是通过向各级各类官员分派权力、由各级各类官员具体实施而得到实现的。各级各类官员对特定社会事务的具体管理与控制，遵循的是最高权力意志得以实现的法律逻辑；因此，没有任何社会生活可以游离于权力体系的控制之外。

（二）对意识形态的彻底控制是权力本位的必然举措

1. 思想文化领域，实行"壹教"

在思想文化领域，为维护专制权力，历代中国实行单一化、强制性的教育；对于离经叛道的异端分子，则以严刑峻法待之。西周时期就设立国学、乡学，以统治者认可的诗书礼乐进行宗法伦理教育。商鞅变法，主要内容之一就是"壹赏"、"壹刑"、"壹教"，取缔一切不符合国家法令的思想言论，甚至儒家也被列为"五蠹"之首。"以法为教"、"以吏为师"，[3]实行官方强制的单一教育。秦代学在官府、禁绝私学，甚至焚书坑儒，使民顺从；法律上，有诽谤与妖言罪、妄言罪、非所宜言罪、以古非今罪、私藏诗书罪，以严厉打击各种与官方意识不一致的"异端思想"。自汉代开始，儒法合流，汉武帝"罢黜百家、独尊儒术"，董仲舒更是主张："诸不在六艺之科，孔子之

---

[1] ［德］马克斯·韦伯：《中国的宗教 宗教与世界》，康乐、简惠美译，广西师范大学出版社2004年版，第92、96页。

[2] 《史记·秦始皇本纪》。

[3] 《韩非子·五蠹》。

术者，皆绝其道，勿使并进，邪僻之说灭息，然后统纪可一，而法度可明，民知所从也"。[1]相应的法律规定，除诽谤、诬罔、诋欺等罪外，还有诽谤妖言罪、非所宜言罪和腹诽罪。隋唐至明清的科举制，更使得整个中国社会的教育内容以儒家经典宣扬的宗法人伦为核心，以培养合乎君主专制的人才。两晋至唐宋期间，思想言论相对自由，法律惩治思想言论方面的犯罪相对宽平；但到了明清，为维护权力的至上与绝对，严厉打击各种思想言论异端的举措极其盛行；任何形式的文字或思想，一旦触犯最高权力的忌讳，就会随时面临危险。特别是清一代，君主对各种形式的民族思想、反清意识极其敏感，即使在号称"盛世"的康、雍、乾年间，文字狱竟达百余起，对各种"异端"人士大肆株连、横加屠戮，皇权独尊、权力至上的法律传统得到彻底暴露。

2. 宗教管理方面，实行"以政统教"

就政府权力与宗教的关系而言，历代中国都是教权低于政权，从未出现凌驾于政权或与政权分庭抗礼的宗教力量。在组织上，宗教必须服从并维护皇权统治；在宗教教义方面，不能与维护权力至上的正统思想相违背；否则，就被列入"异端"或"邪教"，面临统治者的打击与镇压。以清代为例，统治者通过法律手段，严密防范任何游离于皇权意志之外的宗教发展。对于宗教场所，清代法律规定，宗教组织自己无权决定建设。新建、扩建宗教场所，必须得到官方批准；否则，就要受到国家法律的制裁。[2]对于普通人加入宗教组织，国家法律规定了官方控制的"度牒"制度，规定了入教者的主体资格条件、入教的程序；宗教组织内部对僧道人员的管理，必须遵守国家规定的"牒照"等级制度，最终由官方对宗教组织监督管理。[3]对于宗教人士是否结婚，这本来是教徒与宗教组织之间的内部事宜，完全可以由宗教组织根

---

〔1〕《春秋繁露·天人策》。

〔2〕《大清律例·户律·户役》"私创庵院及私度僧道"规定："凡寺观庵院，除现在处所（先年额设）外，不许私自创建增置，违者，杖一百，僧道还俗，发边远充军，尼僧、女冠，入官为奴。（地基材料入官）。民间有愿创造寺观神祠者，呈明该督抚具题，奉旨方许营建。若不俟题请，擅行兴造者，依违制律论。"见田涛、郑秦点校：《大清律例》，法律出版社1999年版，第176、177页，下引此书不再详注。

〔3〕《大清律例·户律·户役》"私创庵院及私度僧道"规定："若僧、道不给度牒，私自簪剃者，杖八十。若由家长，家长当罪。寺观住持及受业师私度者，与同罪，并还俗。（入籍当差）……僧、道年逾四十方准招受生徒一人，如有年未四十即行招受及招受不止一人者，照违令律笞五十。僧道官容隐者罪同，地方官不行查明交部，照例议处，所招生徒勒令还俗。"

据教义教规进行处理，但清代国家法律却对此做出了强制性规定。[1]宗教的教义，必须与以"三纲五常"为核心的官方"正统"思想一致。在中国土生土长的道教，从未否定过儒家的纲常伦理。东晋道教理论家葛洪就曾经为君主专制权力极力辩护，赞同君臣之间的纲常伦理，强烈主张儒道兼容，其著作《抱朴子》就是儒道合流的代表。佛教传入中国之初，主张"众生平等"，因此主张"不拜父母"，"不尊王者"，显然与中国宗法伦理相冲突；经过唐代几次"排佛"、"灭佛"事件后，佛教不得不向中国文化作出妥协，改变自己的原初教义，以适应强大的本土宗法伦理文化。历代统治者为维护宗法伦理这一其赖以统治的精神文化支柱，从未忘记在国家法典中对宗教人士用"正统"思想进行约束，以防止其思想行为"越轨"。[2]对于宗教人士的活动，国家法律严禁其有任何可能危及社会安定的举措；[3]凡与国家政治有关的事，禁止宗教人士利用宗教进行议论。[4]

可见，国家在宗教的组织、人员、教义、活动等各个方面，都对其进行了有力的全面控制。国家权力的触角，已经深深渗透到宗教内部各个领域，宗教在中国从来就不能取得独立的地位，只能仰世俗权力之马首是瞻。

（三）对宗教全面控制的法律传统积淀影响当代

这种权力控制一切的管理模式，经过悠久的历史传承，深深积淀于我们民族的"集体无意识"中，形成了我国"权威主义"法律心理传统。弗罗姆曾揭示出权威主义人格的特征，这种人格心理在面对比自己地位较低的人时，表现出一种宰割一切的欲望，要求别人对他绝对服从，"服从意味着承认权威具有超越于人的权力和智慧，有权根据自己的意愿施加命令、给予奖惩。权威要求服从，这不仅要使他人惧怕他的权力，而且要使人格外相信他在道德

---

〔1〕《大清律例·户律·婚姻》"僧道娶妻"规定："凡僧道娶妻妾者，杖八十，还俗。女家（主婚人）同罪。离异。（财礼入官）寺观住持知情，与同罪；（以因人连累，不在还俗之限），不知者不坐。若僧道假托亲属或僮仆为名求娶，而僧道自占者，以奸论。（以僧道犯奸加凡人和奸罪二等论，妇女还亲，财礼入官；系强者以强奸论。）"

〔2〕《大清律例·礼律·仪制》"僧道拜父母"规定："凡僧、尼、道士、女冠，并令拜父母、祭祀祖先。（本宗亲属在内。）丧服等第，（谓斩衰、期、功、缌麻之类。）皆与常人同。违者杖一百，还俗。"

〔3〕《大清律例·礼律·祭祀》"亵渎神明"规定："凡私家告天拜斗，焚烧夜香，燃点天灯、（告天。）七灯，（拜斗。）亵渎神明者，杖八十。妇女有犯，罪坐家长。若僧道修斋设醮，而拜奏青词表文，及祈禳火灾者，同罪，还俗。（重在拜奏，若止修斋祈禳，而不拜奏青词表文者，不禁。）"

〔4〕《大清律例·礼律·仪制》"术士妄言祸福"规定："凡阴阳术士，不许于大小文武官员之家妄言（国家）祸福。违者，杖一百。其依经推算星命、卜课，不在禁限。"

上的优越性，对权威的尊重伴随着对此不可有所怀疑的禁忌"。[1]这种权威主义，本质上是一方处于绝对的支配地位，而另一方只能绝对地服从。

尽管时间已经进入 21 世纪，帝制的终结已达百年，但蛰伏在中华民族深层意识中千年之久的"权力至上"、"权力本位"等法律文化因子并未随着帝制的坍塌而烟消云散，相反，总是在现实生活中以种种形式表现出来。本案分析中，《条例》的制定已显示出"权力控制"的价值取向，具体执法更是体现出"以力压人"的传统行政色彩，在一定程度上就是"权威主义"传统法律心理的本能流露。国家权力对公民宗教权利的如此过度干预，显然不符合现代法理的基本要求。

四、作为基本人权的宗教自由权的世界保护趋势

权利有"应有权利"、"法定权利"、"实有权利"三种存在形式。[2]其中，"应有权利"又被称为"道德权利"，是基于人的自然本性、生而有之的权力，也是社会共同体默认、公认的权利，即"天赋人权"或人的"自然权利"。"法定权利"是通过立法对"应有权利"的法律表述与确认；"实有权利"是通过行政执法或司法诉讼救济，实现对"应有权利"或"法定权利"实际享有。宗教信仰自由属于自然权利极为重要的一部分，各国法律普遍确认这一基本权利，因为"法律只有以自然法为根据时才是公正的，它们的规定和解释必须以自然法为根据"。[3]

（一）世界各国普遍以宪法形式保护公民的宗教信仰权利

自美国宪法第一修正案与法国《人权宣言》规定宗教信仰自由以后，各国宪法普遍将宗教信仰自由作为一种基本权利来加以特别保护。据荷兰法学家马尔赛文等人的统计，宗教信仰自由为现代多数国家所规定，占成文宪法的89.4%。[4]本文选取相对典型的内容如下：

在美国建国之初，各州均制定了宗教自由法案。《纽约州宪法》宣称："在这个州里，今后应永无歧视和偏爱，让所有人去自由地实践和从事宗教职

---

〔1〕［美］弗罗姆：《为自己的人》，孙依依译，三联书店 1988 年版，第 143 页。

〔2〕付子堂主编：《法理学高阶》，高等教育出版社 2008 年版，第 221 页。

〔3〕［英］洛克：《政府论》（下篇），叶启芳、瞿菊农译，商务印书馆 2011 年版，第 8 页。

〔4〕黄文伟："国外宗教立法初探"，载北大法律信息网，http：//article. chinalawinfo. com/article _ print. asp? articleid＝611，访问时间：2013 年 4 月 4 日。

业和礼拜仪式。"〔1〕《特拉华州宪法》的规定更为典型："所有人都有自然的、不能让与的权利，可以按照自己良知和理解支配、去礼拜全能的上帝；……在任何情况下，都不能也不应授予任何机构，以任何方式来审查实践良心自由和宗教礼拜自由的权力。"〔2〕这些州宪法对宗教自由的保护，涉及宗教的良心自由、职业自由与礼拜自由等方面。1791 年《美国宪法修正案》第 1 条规定，"国会不得制定关于确立宗教或禁止自由信仰宗教的法律"，旨在以最高法律形式确保公民之宗教权利自由。战后的《日本宪法》第 20 条规定："对任何人都保障其信教的自由"；《德国基本法》第 3 条第 3 款有"任何人不得因宗教而受歧视或享特权"之内容，第 4 条第 1 ~ 2 款规定："信仰与良心之自由，及宗教与世界观表达之自由不可被侵犯；宗教仪式应受保障不被妨碍"，更是将宗教内心自由权、外在行为表达权列入保护范围。1986 年《菲律宾宪法》第 3 章第 5 条规定："不得通过任何关于设立宗教机构或禁止其活动的法律，不抱歧视或偏见，自由信奉宗教及举行宗教仪式，应受到允许；公民权利或政治权利的行使不得附带宗教考察的要求。"1993 年通过的《俄罗斯联邦宪法》第 28 条规定，"保障每个人信仰自由、信教自由，其中包括个人或与他人一起信仰任何宗教，自由选择、拥有和传播宗教以及其他信仰并根据信仰进行活动的权利"，〔3〕将与宗教信仰相关的个人性自由、集体性自由、内心信奉自由、外在活动自由等权利都纳入宪法保护之中。

（二）相关国际公约也将宗教自由权的保护列为必备条款

二战之后，有关宗教自由保护的条款，成为众多人权公约的重要内容；这些内容涉及宗教的公开信仰、秘密信仰、内心活动、外在行为等各个方面。

1950 年《欧洲保护人权与基本自由公约》第 9 条第 1 款规定：

> 人人有权享受思想、良心以及宗教自由的权利。此项权利包括改变其宗教信仰以及单独地或者同他人在一起的时候，公开地或者私自地，在礼拜、传教、实践仪式中表示其对宗教或者信仰的自由。

---

〔1〕 Constitution of New York (1977), Art. XXXVIII. 转引自［美］小约翰·威特：《宗教与美国宪政实践》，宋华琳译，上海三联书店 2011 年版，第 57 页。

〔2〕 Delaware Declaration of Rights (1776), sec. 2. 转引自［美］小约翰·威特：《宗教与美国宪政实践》，宋华琳译，上海三联书店 2011 年版，第 57 页。

〔3〕 相关宪法条文内容选自国家宗教事务局宗教研究中心编：《国外宗教法规汇编》，宗教文化出版社 2002 年版。

1966 年《公民权利和政治权利国际公约》第 18 条规定：

> 人人有权享受思想、良心和宗教自由。此项权利包括维持或改
> 变他的宗教或信仰的自由，以及单独或集体、公开或秘密地以礼拜、
> 戒律、实践和教义来表明他的宗教或信仰的自由。任何人不得遭受
> 足以损害他维持或改变他的宗教或信仰自由的强迫。

1969 年《美洲人权公约》第 12 条有关"良心和宗教自由"的内容为：

> 人人都有权享有良心和宗教的自由。此种权利包括持有或者改
> 变个人的宗教或者信仰的自由，以及每个人单独地或者和其他人在
> 一起，公开地或者私下里宣称或者传播自己的宗教或者信仰的自由。
> 任何人都不得受到可能损害持有或者改变其宗教或者信仰的自由的
> 限制。

可见，宗教自由作为一种基本权利，已经在全世界范围内得到普遍认可；对宗教权利的法律保护，是全世界的普遍共识。

（三）我国也以宪法形式规定了宗教信仰自由权

清代以前，我国不存在真正的有关宗教自由的法律规定。直到民国建立，才开始将宗教权利以宪法形式进行保护。1912 年《中华民国临时约法》第 6 条规定，"人民有信教之自由"；这是中国有史以来第一次以宪法形式明确宣布宗教自由，具有划时代的意义。对于西来的基督教，1912 年孙中山《在广州耶稣教联合会欢迎会的演说》中说，"前清之对于教会，不能自由信仰，自立传教，只借条约之保护而已。今则完全独立，自由信仰"。[1]1914 年《中华民国约法》规定，"人民于法律范围内，有信教之自由"。[2]北洋政府期间，军阀连年混战，宗教相对于政治问题处于非常次要的地位，但法律保护宗教信仰自由权的规定仍是前后相沿。如 1923 年《中华民国宪法》第 12 条规定："中华民国人民有尊崇孔子及信仰宗教之自由，非依法律不受限制。"[3]南京国民政府对此也一以贯之，1931 年《中华民国训政时期约法》第 11 条规

---

[1]《孙中山全集》（第 2 卷），中华书局 1986 年版，第 361 页。
[2] 中国人民大学法律系国家法教研室资料室编：《中外宪法选编》，1982 年版，第 82 页。
[3] 中国人民大学法律系国家法教研室资料室编：《中外宪法选编》，1982 年版，第 91 页。

定，"人民有信仰宗教之自由"，1947年《中华民国宪法》也列有"人民有信仰宗教之自由"之内容。为规范基督教团体的行为，1931年国民政府曾制定《指导基督教团体办法》。不久，经国民党中央常委会审议，改名为《指导外人传教团体办法》；其中有约束力的规定只是要求外人传教团体向政府登记、备案。但在事实上，后来经宗教事务主管部门核准的基督教团体，只有中国人创立的"中华国内布道会"等数家，并没有一个外人传教团体进行登记。修改后的《指导外人传教团体办法》比此前的办法更加温和；虽然也规定外人传教团体如果违法，政府可以依法取缔，但事实上并没有外人传教团体被取缔事件的发生。〔1〕纵观民国期间，宗教案件尤其是政府与宗教信徒、宗教团体冲突的事件少之又少。

新中国成立后，《中国人民政治协商会议共同纲领》第5条规定："中华人民共和国人民有思想……宗教信仰……的自由权"；1954年《中华人民共和国宪法》在第3章"公民的基本权利和义务"之第89条规定，"中华人民共和国公民有宗教信仰的自由"。"文革"期间宗教信仰自由遭到严重践踏；拨乱反正后，执政党把"认真地、全面地贯彻执行宪法所规定的宗教信仰自由政策"〔2〕列为首要问题。1982年通过的《中华人民共和国宪法》第36条对公民的宗教信仰自由作出了明确规定："中华人民共和国公民有宗教信仰自由"，"任何国家机关、社会团体和个人不得强制公民信仰宗教或者不信仰宗教，不得歧视信仰宗教的公民和不信仰宗教的公民。"

与其他国家的宪法或国际公约相比，我国对公民宗教自由的保护条款显得笼统粗糙。但至少在立法层面，自民国以来我国就已经承认宗教自由这一世界公认的基本权利。

五、宗教活动国家干预权的界限问题

权利以"法无禁止则自由"为享用原则，其边界直到法律有明确限制的地方为止。宗教权利是自然权利、法定权利中的基本权利，是"人皆有之"、"人该有之"的权利，是第一代人权中极其重要的内容。但宗教权利的行使，与其他权利一样，并不是绝对自由、漫无边际的，否则会对社会公益或他人权利造成妨碍。因此，在一定条件下，需要对宗教自由权利进行一定限制。

---

〔1〕 任杰、梁凌编：《中国的宗教政策——从古代到当代》，民族出版社2006年版，第363页。
〔2〕 1978年10月中共中央转发中央统战部《关于当前宗教工作中急需解决的两个政策性问题的请示报告》。

（一）西方宪法及国际公约对宗教信仰自由的限制模式

西方部分国家在宪法中对宗教自由进行了一定限制，但这些限制仅仅是出于维护社会的善良风俗、公共秩序、良好道德等方面的考虑。如《意大利宪法》第 19 条规定，"所有人均有权以任何形式——个人的或团体的——自由信奉其宗教，自由进行宗教宣传以及私下或公开做礼拜，但其仪式不得违反良好的风俗"。《瑞士宪法》第 50 条规定："在公共秩序及善良风俗许可的限度内，宗教礼拜自由应予保障；各州和联邦可采取必要措施，以维持各宗教团体会员之间的公共秩序与和平，并防止教会权威侵犯公民和国家的权利。"《西班牙宪法》第 16 条第 1 款规定："保障个人和团体的意识形态、宗教信仰的自由，其在游行活动中，除为维持受法律保护的公共秩序所必需的限制外，无更多限制。"《巴西宪法》第 153 条第 5 款规定："观念意识完全自由，信徒的宗教信仰活动只要不与公共秩序和良好的习俗相对立，即应得到保证"；第 8 款规定，"战争、扰乱公共秩序的宣传或宗教、种族或阶级偏见的宣传，以及与道德及良好习俗背道而驰的出版物和放肆行为，都将是不可以容忍的"。《哥伦比亚宪法》第 53 条规定："国家保障意识自由；不得因宗教见解侵扰任何人，也不得强迫任何人奉行信仰和遵守违背其意识的习惯；保障不违背基督教道德和不违反法律的一切宗教信仰的自由；以奉行一种宗教信仰为理由、或借口而实施的违背基督教道德或破坏公共秩序的行为，应受习惯法处理。"[1]

二次大战后，一些世界公约在保证宗教信仰自由权利的同时，也对宗教权利进行了一定限制，同样是基于公共秩序、安全、道德、卫生等全民性利益的考虑。如 1950 年《欧洲保护人权与基本自由公约》第 9 条第 2 款规定："表示个人对宗教或者信仰的自由仅仅受到法律规定的限制，以及基于在民主社会中为了公共安全的利益考虑，为了保护公共秩序、健康或者道德，为了保护他人的权利与自由而施以的必需的限制。"1966 年《公民权利和政治权利国际公约》第 18 条第 3 款规定："人人表示其宗教或信仰之自由，非依法律，不受限制；此项限制以保障公共安全、秩序、卫生或风化或他人之基本权利自由所必需者为限。"1969 年《美洲人权公约》第 12 条第 3 款规定："表示个人的宗教或者信仰的自由，只能受到法律所规定的为保障公共安全、秩序、卫生、道德或者他人的权利或者自由所必需的限制。"

不难看出，各国宪法或国际公约之所以对宗教权利进行限制，主要基于

---

[1]　选自国家宗教事务局宗教研究中心编：《国外宗教法规汇编》，宗教文化出版社 2002 年版。

两点考虑：其一，宗教权利有时会与其他权利发生横向冲突。在宗教权利与其他公民权利、法人权利相冲突时，有必要为保护其他更重要的权利而对宗教权利进行限制。其二，宗教权利与其他权利之间也会发生纵向冲突。如宗教权利与国家利益、社会整体利益发生冲突，或者宗教权利危害安全、扰乱秩序、违背正义，有伤社会风化等，此时为重点维护重大利益而不得不对宗教权利作出必要限制。

（二）国家对公民宗教权利加以限制须遵行的基本原则

国家对公民宗教权利进行限制，是行使国家权力的一个方面，而权力的行使应严格遵循"法无授权皆禁止"原则，否则就是越权或权力滥用。因此，国家权力对宗教权利的干预或限制，在法理上其自由度非常之小。[1]

在对宗教权利实施干涉或限制时，国际通行的标准是同时满足"法律限制"、"合理目标"以及"必要性"三个要素，才能证明该种干涉为正当。[2] 联合国人权委员会曾对《公民权利和政治权利公约》第 18 条第 3 款的类似规定做过一般评论，其核心内容是，对公约中的限制性条款的内容应该予以严格解释："即使这些限制可以针对公约保护的其他权利（例如国家安全）提出，但是对宗教自由的限制不能基于该条没有指明的原因而提出。限制的施加只能基于预先设定的目标，而且必须与其依赖的特定需求直接相关且相称。不能为了歧视性的目的或者采用歧视性的方式施加限制"。[3] 在司法实践中，欧洲人权法院、欧美各国普遍采用"比例分析法"，即限制措施是否与"合理目标"具有合理联系，对权利或自由造成的损害是否最小，是否存在实现此目标的更小限制方案等。[4] 西方国家之所以在此问题上谨小慎微，因为宗教自由权是人类权利中最为重要的权利之一，是个人尊严中不可或缺的要素。[5]

鉴于中国历代国家权力习惯于干预百姓生活任何方面的传统，也鉴于宗教权利自身的特殊性，本文认为，在当代要保障公民的宗教自由权，必须对

---

〔1〕 国内学者认为，对权力的限制应遵循"正当性"、"不贬损"、"最低性"等原则，参见汪太贤、艾明：《法治的理念与方略》，中国检察出版社 2001 年版，第 125～128 页。

〔2〕 W. Cole Durham, Brett G. Scharffs, *Law and Religion*: *National, International, and Comparative Perspectives*, New York: Aspen Publishers, 2010, pp. 232～233.

〔3〕 General Comment NO. 22 (48) on Article 18, U. N. Doc. *CCPR/C/21/Rev.* 1/Add. 4 (1993).

〔4〕 W. Cole Durham, Brett G. Scharffs, *Law and Religion*: *National, International, and Comparative Perspectives*, New York: Aspen Publishers, 2010, pp. 245, 250.

〔5〕 W. Cole Durham, Brett G. Scharffs, *Law and Religion*: *National, International, and Comparative Perspectives*, New York: Aspen Publishers, 2010, p. 249.

国家权力干预进行严格限制。当代中国国家权力对公民宗教权的干涉应当遵循以下七个原则：

第一，干预法定原则。对于公民的基本权利，如果法律的限制规定超过了宪法，法规的限制规定超过了法律，甚至法规、规章的限制规定超过了宪法，这种不合基本法理的混乱状况必须给予纠正。首先，限制必须通过"法律"施加。对宗教权利实施限制的"法律"本身，在形式与实质方面必须符合法治原则，否则该"法律"将因"不合法"而无效。因此，那种由同一权力机关自己制定、自己执行之"法"，是不具备对宗教权利进行干预的法律资格的。其次，国家对宗教权利干预的事由，应该由法律明确规定。即只能就法律明确规定的事项对宗教权利进行限制或干预。这些"法定事项"，可以是列举性的规定，也可以是概括性的规定。在常振信一案中，行政机关对宗教信徒采取的强制措施，显然缺乏必要的法律依据。

第二，目标合理原则。对宗教权利的限制不能偏离权利保障的价值目标；因为"一个负责任的政府必须准备证明它所做的任何事情的正当性，特别是当它限制公民自由的时候"。[1]限制必须是为了"合理社会利益目标"；只有当限制能够增进公共安全、公共秩序、公共卫生或道德，以及他人的权利和自由时，才能对宗教权利实施限制。常振信案中，取缔信徒宗教活动场所的做法，显然缺乏明确的合理目标。

第三，无可替代原则。为保障其他权利而采取的限制宗教权利之举措，如果存在其他途径或方法，则不应对宗教权利进行限制，而采取其他替代性方案。只有在没有其他方法或途径，不得不对宗教权利进行限制时，方可实施。常振信案中，为取缔宗教活动而对宗教人员进行拘留、劳动教养显然属于过当行为。即使该宗教活动在政府看来应该制止，也完全可以采取沟通、劝说的方式；如果这些较为温和的手段使用无效，才能进而采取较为严厉的其他措施，如查封、取缔等。

第四，最小限制原则。限制权利的目的"不在于取消权利，而在于实现权利；不在于削减或缩小权利，而在于扩大权利"。[2]限制权利仅是积极捍卫权利的一种手段。对于消极性权利，国家通过法律的限制度应为零；对于积

[1] [美]罗纳德·德沃金：《认真对待权利》，信春鹰、吴玉章译，中国大百科全书出版社1998年版，第252页。

[2] 程燎原、王人博：《赢得神圣——权利及其救济通论》，山东人民出版社1998年版，第221页。

极性权利，最低限制度是不干涉或尽量不干涉。[1]同时，法律在限制权利时还应为被限权利积极创造条件，排除其实现的其他种种障碍。[2]国家对公民宗教权利的限制，最大极限也不能使这一基本权利被剥夺。如果借限制之名，行剥夺之实，则公民宗教活动权利实际已经不存在。如果在宪法或法律中确认了宗教权利，但随后又在其他法律或法规中设定种种限制来削减甚至取消宗教权利，是本原则所反对的。常振信案中，基层政府对宗教信徒的拘留、劳教等措施，已经远不是对宗教权利的合理限制，而是对信徒宗教活动权利的实际剥夺。

第五，干预公开原则。"阳光是最好的防腐剂"；行政公开是行政法治的重要内容，它就可以最大限度地消除黑箱操作，防止权力滥用和腐败。首先，国家权力对宗教权利干预的依据要公开；尤其是行政机关，只能执行已经生效的、公开公布的法律法规，杜绝"法律不如红头文件、红头文件不如口头文件"的恣意执法现象。其次，对宗教权利干预的决策过程要公开，尤其是以行政执法形式的干预，行政主体应听取相对人意见、告知行政相对人有关信息、说明依据和理由等。最后，对宗教权利限制的结果要公开。行政主体对宗教权利作出干预或限制的最后结果，应当以法定的形式送达相对人。常振信案中，被处以 15 天行政拘留的 7 名宗教信徒，从始至终没有收到警方的处罚决定书；在关押期间，其家属、代理律师主动向警方索要书面处罚决定，竟然被拒绝，显然这是对公民合法权利的漠视。

第六，设定救济原则。对公民基本权利设定救济途径，是人性尊严的要求，也是人权保障制度化的体现。"有权利必有救济"是通行的法学公理；否则，公民权利就是一纸空文。人类历史证明：个人或社会团体相对于拥有强权的政府而言是极为弱小的，在受到政府侵权时候常常是无助的。因此，若没有相应的制度安排给予充分的救济，就无人权保障可言。如果行政机关对公民宗教权利进行干预而发生纠纷时，应当将此类纠纷案件纳入司法管辖范围，使行政权受到法律与司法权的规范与约束。常振信案中，相对人按照《劳动教养决定书》中提示的"法定权利"去法院起诉时，得到的结果是"宗教问题不予受理"。"无救济即无权利"；公权机关的做法，实际是向社会公开宣告：在该地根本就不存在宗教权利，自然谈不上救济。

---

[1] 汪太贤、艾明：《法治的理念与方略》，中国检察出版社 2001 年版，第 128 页。

[2] 参见 [英] 欧内斯特·巴克：《英国政治思想家——从赫伯特·斯宾塞到现代》，黄维新、胡待岗译，商务印书馆 1987 年版，第 21 页。

第七，不违背国际公约、世界惯例原则。在全球化的今天，中国不可能自外于世界之林。到目前为止，我国已经加入了包括《世界人权宣言》、《经济、社会及文化权利国际公约》、《公民权利和政治权利国际公约》、《禁止酷刑和其他残忍、不人道或有辱人格的待遇或处罚公约》在内的 25 项国际人权公约，证明我国对许多世界公认的人权理念已经接受。其中，保障公民的宗教信仰自由权，既是国际公认的基本人权要求，也是我国承诺的国际义务。常振信案中，基层政府的行为，既给境外人士留下我国无视公约义务的不良印象，也给西方政治势力利用宗教问题干涉中国内政授以口实，实为不智之举。

余　论

建设法治国家，已经成为全中国上下各阶层的共识。政治、经济、文化等所有社会事务，都将陆续纳入"法治"这一根本治国模式中，宗教问题自然不能例外。常振信一案让人看到的是，我国一些基层政权对宗教问题的处理，凸显的是传统"强硬管制"的人治模式，而非"温和服务"的法治模式，显然是与我国当前法律文明的进程背道而驰的。

就法治构建中的国家公权力与公民宗教权利的关系而言，对国家公权力的制约，是实现宗教问题法治化的关键。公权的制约途径，主要有以国家权力制约国家权力、以公民权利制约国家权力、以社会权力制约国家权力等三个层面。[1] 就第一个层面来说，在立法环节，我国需要抓紧制定一部《宗教权利保障法》，将公民宗教权利的个人性与集体性方面、内心自由与外在活动方面的具体内容纳入基本法律的保障范围，从根本上对行政机关、司法机关的行为进行规范；在执法环节，必须贯彻职权法定、法律最高、权责统一、正当程序等原则，使行政行为在法律的轨道中理性行使；在司法环节，由于宗教执法引起的案件应由司法机关依法裁判，从外部实现法律对执法权的约束。就第二个层面来说，对公民的宗教权利，若无法律明确的限制事由，不应给予任何干涉；对于我国这一权力本位法律观根深蒂固的国家来说，更应注重对宗教自由这一公民私权的尊重与呵护，如此才能培育与权力相抗衡的权利空间。就第三个层面来说，由于宗教信徒结社而形成的宗教团体，其对

〔1〕 郭道晖：《法理学精义》，湖南人民出版社 2005 年版，第 174 页。

自身的管理及对社会的影响，就是社会权力的一种。[1]法治的理论与实践都证明：缺乏社会权力的国家不可能建成法治社会，因为社会权力来源于对法治社会的根基——公民社会。常振信案所呈现的，不仅是一个小小的宗教团体被强制取缔，也是公民社会的一个微小单元被摧毁。因此，从法治原理的角度来说，在今后的执法中对诸如此类小团体的自治权进行尊重，才是对法治建设以"不作为"方式做出的实质贡献。

---

[1] 郭道晖："简论宗教与法律的关系——兼论作为一种社会权力的宗教权力"，载《河北法学》2010年第3期。

探视父母义务立法化的法理伦理考察[*]探视父母义务立法化的法理伦理考察^{*}

王家国^{**}

随着《老年人权益保障法》（修订草案）被上报国务院法制办之后，其中新增的"精神慰藉"内容即"家庭成员不得在精神上忽视、孤立老年人"，尤其强调并规定了"与老年人分开居住的赡养人，要经常看望或者问候老人"，引起社会各界广泛讨论。对此，有人用一句流行语来形象地说，法律要规定子女们得"常回家看看"。其实，对于老年人的精神慰藉或精神赡养义务，早在1996年的《老年人权益保障法》中就有相关规定，因此谈不上是什么新内容或新鲜事，但为什么在此次修订时竟会遇到如此大的阻力和如此大范围的热烈讨论呢？

笔者以为，这大概有两个原因，其一，此次修订活动所处的时代或社会背景与十多年前相比发生了巨大变化，尤其计生政策带来的独生子女效应开始显现，当下中国的"空巢老人"现象已比当初显得更为突出和严重，于是人们对此问题的关注自然也会增强，进而在媒体力量的推动下使之成为了社会关注的焦点问题之一；其二，上次立法规定还陷于笼统，只作了赡养义务（包括精神赡养）的一般性规定，没有落到细处。而此次修订草案内容则不同，草案规定得更为明确与细化，从简单的物质赡养扩大到了精神赡养，直接规定了子女对父母的"经常看望或问候"义务，即从一般性的赡养义务规定走向了具体的探视父母义务规定，其可操作性与约束性就更强，因此出现的社会反响与利益博弈就更为激烈。

本文将就探视父母义务的立法化问题作一次现实与理论分析，并最终形

　＊　本文系"法治中国化研究基金项目"课题《"常回家看看"与探视父母义务法定化的伦理法理依据》（编号：丙 B 二 16）之阶段性成果。
　＊＊　杭州师范大学法学院讲师，法治中国化研究中心研究员。

成一个立法建议。文章的论证思维与安排大致如下：首先，交代清楚为什么要讨论此问题或为什么主张探视父母义务立法化，并归纳理清此问题项下人们关注的若干焦点问题；其次，通过实证调研与理论论证，试图证明并强调探视父母义务立法化的重要性与必要性，从理论层面探讨该项义务的可行性与合理性，同时提出该义务在立法中应当注意的相关问题与配套对策；最后，努力为此次法律修订活动提供一个合理的立法建议。

一、"常回家看看"法律问题缘起

近年来，关于老年父母状告子女只寄钱不回家、常年不回家看看的案例与日增多，这类案件被法律人称为"精神赡养案"，又被媒体口语化为"常回家看看入法"。我们以《扬子晚报》报道的一则案例为切入点，简要分析该类法律问题的由来：

> 2009 年 6 月，姜堰市人民法院接到一起特殊的诉讼案，80 岁的退休老教师刘老先生状告自己的次子，诉讼理由不是为了"赡养费"，而是"儿子常年不回家看我"，并向法院讲明自己如何艰辛抚养其子成长，阐明其诉求的正当性。次子小刘非常想不通的是，父子间平时并无冲突，且父亲的退休金足够保持其吃穿不愁却为何还要状告自己，并痛陈自己工作如何之忙且无"闲"工夫。法院经调查，最终以调解结案，父子双方达成一致，小刘每周要探望父亲至少 1 次且每次陪护时间不少于 2 小时。[1]

这类案件，与中国计划生育政策、城市化步伐加快所带来的负面社会影响是直接相关的，同时也是中国社会老龄化问题的直接反映。事实上，空巢

---

〔1〕 详见《宝安日报》2009 年 8 月 4 日，第 A17 版。类似的案件还很多，比如：北京房山区的 73 岁老人姜某，为脱离养老院的生活被迫自杀两次未遂，最终将 4 个女儿告上法庭；河南禹州市区的刘老汉，儿子在郑州结婚后，小孙子 5 岁了刘老汉都未曾见过一面，状告其子要求定期带孙子回家探望；常德 81 岁老妪李某以跳楼的方式宣泄心中的寂寞和痛苦，这一跳，才如愿换得其与常年不在身边的儿子见上一面；淮北杜集区 7 旬老太李某因儿子只寄生活费却长年见不到一面而诉子，诉子目的只求在法庭上能看到他一眼；重庆 71 岁的刘老太和城口县的胡大爷同样如此，他们分别将其子女全部告上当地法庭，目的不为要钱却只要他们每个月回家吃顿饭；江苏泗洪县朱湖镇刘老汉夫妇愤而将其子告上法庭，要求儿子常回家看看，经法庭调解最终撤诉和解。如此等等，不一而足，有的已经酿成血案，因此非常值得我们学界与社会高度重视。

老人及农村留守老人现象日益增多，计生政策使得年轻人三代内长辈一般都有 4～8 人，形成倒金字塔结构，一旦此年轻人"缺位"，就会造成整个金字塔上端人群的精神痛苦甚至崩溃。以 2009 年的统计数据为例，60 周岁及以上老年人口已高达 1.67 亿，占全国总人口的 12.5%，这是一个规模十分庞大的特殊人群，依照相关的统计数据计算，其中还有至少 70% 的老人至今没有享受到养老保险待遇。在这种严峻的形势下，如何赡养老人也就成为一个迫切需要解决的社会难题。政府与社会固然有义务承担起部分责任，但那也只限于物质与文化上的部分需求，事实上，这根本无法取代来自晚辈们的亲情孝顺或精神赡养。由此，子女探视父母的义务问题也就被提上了立法的议事日程。

本文所讲的"探视父母义务"不只是简单地"看父母一眼"，而是一种法律术语上的表达，其内涵仍是指对老年父母精神赡养的道德责任和法律义务。如果没有父母的精神愉悦与满足，那么子女的"看一眼"又有什么意义？

二、相关争议的焦点与现行法律规定

对于探视父母的义务究竟属于道德义务还是法律义务，换言之，是否应该列入法律并作为子女们必须履行的法律上的义务，这也就成了近期社会各界争议颇多的问题。目前，人们围绕这个问题，所争议的焦点基本集中在如下几个方面：①赡养义务尤其是精神抚慰义务是否只属于"道德领域"中的问题，如果只属于道德问题，那么人们会进而提出另一个问题，即我们是否可以或有必要对此予以立法，换言之，是否可以"道德强制"？②法律不是万能的，那么法律对私域家庭的介入程度或范围如何确定？③老年人赡养义务是否仅属于个人或家庭，社会与国家是否应当承担责任，又应承担什么样的责任？④家庭关系这种"人情"类的事务，经立法后，如何操作，或能够通过司法途径予以强制执行而不流于形式"应付"的可能性有多大？⑤子女是否享有与之相应的赡养抗辩权，或立法是否考虑"适当避让"原则？⑥就个体而言，有心赡养却无钱尽孝怎么办？这些问题，大体也可以进一步归为三类：①是否应当立法；②立法之后如何保证法律实现，即司法环节问题；③赡养上的"事实不能"或社会现实中制度性困难如何处理。

就老年人赡养尤其是精神赡养问题，我国现行法律的规定大体上包括：①《宪法》第 49 条规定，成年子女有赡养扶助父母的义务。②《婚姻法》第 21、28 条分别规定，子女不履行赡养义务时，无劳动能力的或生活困难的父母，有要求子女给付赡养费的权利。③《老年人权益保障法》第 10、11 条分别规定，老年人养老主要依靠家庭，家庭成员应当关心和照料老人；赡养人应当履行对老年人经济上供养、生活上照料和精神上慰藉的义务，照顾老年人的特殊需要。这些明确的法律规定，基本都从框架性的大层面上明确了子女对父母的赡养义务，同时也涵盖到了对老年父母的物质生活资助和精神慰藉义务。

新的修正案草案，只是在原法条内容的基础上，作了一些篇章调整与细则化处理，其中关于"常回家看看"的新增规定即属此例。第18条新增的规定内容为：赡养人与老人分居的，应当经常看望或者问候老人。草案要求，家庭成员不得在精神上忽视、孤立老年人。这些规定与要求，本来只是对原条文规定即"精神上慰藉的义务"作了更细化的明细规定而已，并没有超越原法律概念之外延，更没有脱离立法原旨。我们认为，由于这项新增内容是"精神上慰藉"的题中之义，顺理成章，因此从法条内容或逻辑上没有什么值得惊奇的地方。但就是这个表面看来"不足为奇"的新增内容，却为何造成了前法与后法相比之如此截然相反的戏剧性效果：前法规定"精神上慰藉的义务"并没有引起人们任何反对，人们甚至笑语欢声、拍手欢迎，而今法须"常看望或者问候"之规定居然引来如此剧烈的反对与质疑，这是为何？其实，恰恰是人们的这种前后截然不同的行为反差，才是问题的关键或学术研究的解剖点，而非仅仅限于解剖立法上的文字问题。这种行为反差，已经不再只是简单的语言学或逻辑上的问题了，或许只有通过法社会学或法律文化的角度来剖析才会得到合理的解释。

三、探视父母义务立法化理由的法社会学考察

《广州日报》曾报导过，我国现有60岁以上老年人约1.67亿，失能老人1 036万，半失能老人2 135万，大中城市空巢家庭达到70%……在这一连串数字的背后，是我们必须认真对待的严峻的养老形势与空巢现象所带来的老年人精神抚慰或社会精神层面的救济问题。有数据预测表明，在未来的10年里，我国"空巢家庭"将成为老人甚至中年家庭的主要形式，所占比例可能达到90%以上。目前，仅广州市而言，中年"空巢家庭"正在以每年1.5万户左右递增，这个形势不容乐观，"出门一把锁，进门一盏灯"已成为很多老人寂寥生活的真实写照，这与我们时常默念母亲临别前枯灯下的"临行密密缝，意恐迟迟归"诗句或场景相比，心头又是何种滋味?! 而《洪范评论》刊载的一份研究报告显示，中国农村人口老龄化的速度从2000年开始就已经远远超过了城镇的老龄化速度，仅2000年的数据就显示，农村人口老龄化比率

高于城镇的比例一个百分点。十年后的今天，这个数据则更为惊人！而更为令人担忧的是，米切尔·菲利普（Michael Phillips）的一项调查研究报告证实，全世界各国老年人自杀率中，中国农村老年人的自杀率高居榜首。[1]

这些数据与信号，都在"警示我们，在物质赡养的同时，精神赡养同样具有不可忽视的地位"。[2]有人大声疾呼，中国的老龄化社会时代已经到来。事实上，按照国际通行标准，凡60岁以上的老年人占人口比例达到10%以上即进入老龄社会，则从1999年起，中国已进入老龄社会。从人口结构比例来看，由计划生育政策所引发的社会人口结构的倒金字塔效应已经开始显现，一对年轻的夫妻至少要面对4~6位老人，且他们之间是放射状单线性的V字结构，重心几乎全部落在最下层即年轻夫妻，他们也自然成了整个金字塔结构下的"承重点"，成为整个大家族的关注"焦点"和精神寄托。甚至更为不幸的是，对于那些世代生活在农村且长辈们都没有养老金、医疗保险等社会保障的年轻人来说，他们就是整个家族唯一的资金来源。而就目前农村人口在中国人口中占比情况来推算，这种情况应当不是少数。由此可以想见，这样一种倒金字塔式的人口生态链是非常脆弱的，无论是从精神上还是物质上都是如此脆弱得不堪一击，必须引起国家与社会的重视。

正是存在这样的人口生态结构上的失衡问题，中国社会才产生了一系列老龄问题与法律纠纷。从当前司法实践中看，除占比较重的围绕养老费用等财产类纠纷案外，空巢老人起诉子女，不为财产（赡养费）只为子女来"看望"的案子也越来越多。比如最近发生的，即2011年6月20日，重庆城口县修齐镇白果村的胡大爷到法院告两个儿子，老人不是为了要赡养费，而是不满儿子光寄钱不回家看望他。这类案件正日渐增多，这种现象也折射出当今老年人对"精神赡养"不断增长的需求与渴望。[3]这些社会热点和难点问题，不应当成为法律上的空白或盲区，否则人们的行为就会随意和失范，同类案件的司法裁断也会成为无法律根据的法官自由裁量。所以，上述争议焦

---

〔1〕 张玉林："'离土'时代的农村家庭：'民工潮'如何解构乡土中国"，载《洪范评论》2006年第2辑。

〔2〕 傅永聚等总编：《中华伦理范畴丛书》（第1函），中国社会科学出版社2006年版，第300页。

〔3〕 当然，我们还要注意到一点的就是，城市老年人需求侧重点与农村老年人的不太一样，或者说对有社会保障养老金的老人与无社保的老人要区别开来，虽然二者都对物质与精神有需求，但各自面临的难题或需求的侧重点会有所区别。不要用"城市人"的眼光来立法，防止忽略老年人基本生存保障与物质需求。精神赡养与物质保障一样重要，不可顾此失彼。

点问题中关于是否有必要立法的问题，自然就有了答案。当某个社会问题真实存在且不断增长时，作出必要的立法是必要的，法律的作用之一就是要定分止争。其实，"精神赡养"的立法问题，不只是纯粹理论上讲的道德与法律的关系问题，而更主要的是一个社会问题，甚至构成了部分老年人的"精神危机"，因此是当下中国社会不得不直接面对并想方设法解决的现实问题。换言之，将探视父母长辈作为一种法律义务写进法律，这既有其维系亲情的必要性，对于建设和谐社会来说也很重要。事实上，如果将赡养义务完全降格到仅仅存限于物质层面的满足（时常还满足不了），这将是社会信仰或亲情淡化的悲哀，更是社会主义文化与精神文明建设的失败。我们不妨作一个简单的换位思考或作反向推理一下，如果法律规定父母对年幼子女的抚养义务也仅限于子女们饿不死即可，那么子女们又当如何反应呢？社会舆论当如何反应呢？此正如孔子所谓"夫仁者，己欲立而立人，己欲达而达人"，[1]换言之，社会关系中尚且还讲究黄金法则"己所不欲，勿施于人"，[2]更何况本文所讨论的是基于亲情血缘的一种特殊关系呢？

　　有调研显示，目前养老问题中遇到的三大困境或挑战是：生活无经济保障、日常事务无法料理、精神无人慰藉。不过事实上，很多地方政府对老年人上述生存困境尤其是精神赡养问题已经展开试探性的改革与摸索，这些探索对于老年权益立法与社会稳定都有着十分重要的借鉴意义。如江苏省第十一届人民代表大会常务委员会第二十次会议通过的《江苏省老年人权益保障条例》，明确了尊重老年人健康的精神需要，规定赡养人对老年人的精神慰藉义务与看望、问候义务。类似的，辽宁省也出台了《老年人权益保障条例》，规定各级政府要将老年事业经费纳入财政预算，并明确赡养人应当履行对老年人的精神慰藉义务，与老年人不在一起居住的，应当经常问候、看望。同样，浙江省临海市则大力推进普惠式城乡养老体系，建设农村空巢老人帮扶服务中心，满足老人物质与精神需求。江西省丰城市则探索建立农村养老中心，兴办社区食堂，由政府出资数百万元，惠及空巢老人并提供全方位的生活照顾。如此等等，不一而足。这些探索与努力，从制度建设与对策思路等方面为解决老年人的后顾之忧，尤其是"精神危机"问题提供了积极有益的经验，应当予以肯定和鼓励。

　　这次修订草案遇到如此强烈的社会反响，除了因为社会老龄化现象日渐

　　〔1〕《论语·雍也》。
　　〔2〕《论语·卫灵公》。

明显之外，还有一个重要的原因是，年轻人中出现了一批"恐归族"。对探视父母之立法化发出质疑的人们，也有他们自己的苦衷，这些苦衷正是激发出如此强烈社会反响的重要原因之一。随着城市化进程加快与农村人口流动现象加剧，这些年轻人本正是赡养义务的主体，但为了谋生而远走他乡，由于社会与个人的各种原因，比如经济上的压力、没有假期、交通运输不便甚至包括为逃避"催婚"，他们甚至在春节都不回家，生存的压力与社会现实困难挡住了他们回家的脚步。这些现实困难是真实存在的，我们必须正视。当国家再从立法上要求其无条件地"经常问候、看望"父母时，他们就会表现出强烈的抵触与敌对情绪，尤其对于那些入不敷出的所谓"月光族"们更是如此，这些现象与问题同样要在立法过程中综合考虑。因此，年轻人的生存压力，也是在本次老年人权益保障立法中不得不考虑进来的一个硬指标或关键要素，否则所立之法就会如同上述质疑声中所指出的那样，缺乏可行性或"流于空谈"。这就要求在其他法律制度或政策措施上作相应改革，以期与《老年人权益保障法》实施相配套，否则头痛医头、脚痛医脚的做法得不偿失，治标不治本甚至会流于形式。所以，关于老年人权益保障尤其是精神赡养问题，不可仅仅局限于该法法域之内讨论，而必须放置到传统文化与社会政治与经济大背景中，放到整个中国法律体系与司法制度中去讨论，才会不囿于口号。不难看出，老年人精神赡养立法或《老年人权益保障法》修订，还必须有其他制度或立法活动相配套，比如在《劳动合同法》中增加探视假制度并增加工资收入，改变年轻人"没钱、没空"探视父母的现实尴尬状况；在司法制度上建立免费的老年人赡养救济通道或机制；在人事制度上增加特殊职业的道德评价与选拔标准，使一些不讲道德或道德水平低下的人直接丧失升职或从事教师、公务员等特殊职业的机会。通过配套制度的建设，来督促和推动全社会重视老年人精神赡养问题，并形成健康良好的社会导向。[1]

四、探视父母义务立法化理由的文化人类学考察

法律，从文明形态的角度来讲其实是与道德、宗教等一样，只是社会控

---

[1] 2011年10月，北大硕士毕业生、深圳光明新区发展和财政局公务员廖某殴打亲生父母案，经媒体曝光后，出于对社会舆论的压力与单位开除公职、影响政治前途等考虑，廖某公开向其父廖祥光道歉并表示悔改。此案恰好表明，在老年人权益保障问题上，不只是某一部法律才管的事，而是全社会的各个方面相互配合才能有效推动的事业。此外，四川省老龄委等四部门联合下发了《关于共产党员和国家干部带头敬老养老助老的意见》，规定把尊老敬老列为党员、干部的考核内容，对党员、干部不履行赡养义务，甚至虐待、遗弃父母、长辈者，一律不予提拔任用。这种做法，值得研究并推广。

制工具的一种，因而任何特定时空下的国家之立法，不应当脱离其所处的那个特定社会的时空背景或传统文化因素。沿袭传统而立法，所立之法从社会控制效果上讲会事半功倍，反之则南辕北辙，这虽有泥古主义的嫌疑，但至少对于家庭关系立法而言是有一定道理的。也正如章太炎所言，"家族制度仍宜旧"，其家族制度的立法也当"因其俗而为之"。[1]马克思主义法学观也同样能支撑上述结论。从马克思主义的法律观上讲，法律属于上层建筑，它是由特定社会的物质生活条件或经济基础决定的，世界各国的法律或法律治理，作为一种近现代理性主义旗帜下生长起来的文化现象，在具有某种共同性或普世性目标价值的同时，也应当脱离不了该国特定的物质生活条件和传统文化基础。中国的法律治理之路，当然也脱离不了其特定的中华法系特征或道德治理传统，同时也脱离不了现时代中国社会的现实条件或经济基础。

中华民族有其悠久的生存哲学与社会治理理念传统，传统的"孝"文化就是很好的思想资源与社会治理基础。在王伯琦先生看来，就老年人权益保障或与此相关的家庭伦理关系重构而言，我们大可不必重蹈西洋旧路，因为"我们的固有文化中，尽有许多定期可以弥补西洋文化的缺憾，所以他们（西洋）近来对汉学特别感兴趣，道德重振亦成为有力的动力"。[2]其实，精神赡养在古代社会就根本不会成为问题，是人们作为人之为人的基本道德或素质来无言地践行着的，其社会效果要比立法层面上的他律要好得多。但晚清以来的文化断裂与近现代西洋文化的直接影响，使这个孝文化传统受到冲击并损坏。当今的立法，必须重塑这种文化认同或社会共同精神，因为社会文化的认同对于法律权利在实践中的有效性，比之于从规则层面上对个人行为的约束定制来说要更为根本和有效。法律需要信仰，一项法律制度的建构或规则设定，最好要有相应的文化或传统作为理念来加以支撑，也就是要有社会文化认同。在这一方面，棚濑孝雄曾以战后日本的民主主义与宪法上的人权观念得到扎根为例指出，"促成这种变化的动力……与其说是把他人的权利当成法律权利，不如说存在着一种把他人的权利理解为人性的要求来予以采纳的感性的认知"，也就是"尊重权利的意识之一般化"。[3]我们认为，老年人权益保障或养老权，尤其是精神赡养之立法化，更需要这种作为意识之一般

〔1〕 张国华：《中国法律思想史新编》，北京大学出版社 1998 年版，第 365、366 页。

〔2〕 王伯琦：《近代法律思潮与中国固有文化》，清华大学出版社 2005 年版，第 7 页。

〔3〕 ［日］棚濑孝雄：《现代日本的法和秩序》，易平译，中国政法大学出版社 2002 年版，第 27 页。

化的"感性认知"或文化认同，而有着浓厚"孝文化"思想的中国古代文化传统，为探视父母义务之立法化或精神赡养立法提供了观念支撑或思想文化资源。这种孝文化传统是根深蒂固的，也正如台湾学人杨国枢先生所言，"传统的中国不仅是以农立国，而且是以孝立国"。[1]古人先哲关于此类的论述已是汗牛充栋，家喻户晓的如《论语·学而》有言，"孝弟也者，其为仁之本与!"这其中所倡导的行为理念就是所谓"入则孝，出则弟"，为人准则或行为标准即为"首孝弟，次谨信"，这都表明孔子坚持"孝悌"是仁的根基，是一切道德修养之首。它是一个内涵丰富的概念，基本包括敬老、奉养、孝顺等，它既是家庭内部事务的处理原则，也是指个人的品德修行。

孝，不只有孝心，同时也要有孝行。[2]这种孝行，就应当包括物质上的扶助与精神上的慰藉等多个方面，而不只是简单的"给钱"或嘴头上的孝。法律不应当要求每个人成为圣人，而应当规定"最低限度的"孝道或标准，这样也就为赡养人与被赡养人之间实现"孝道"提供了足够的实践可能性。这种"最低限度的标准"，既应当包括温饱问题，也应当包括精神关照。换言之，既能让老年父母衣食无忧，也能照顾他们的精神需求。从调研中看，各地现行实践所作的一些规定，就灵活地规定了履行看望与探视义务的方式有很多种，甚至包括想起时打个电话问询一下老人的生活情况，听听老人的心声。时间与频率上甚至放宽到一个月1~2次，并且具体情况还可以由法院酌情自由裁量，此为法律此次修订草案之精神赡养规则的题中之意。

这里就涉及一个争议焦点问题，即"道德强制"，换言之，从立法层面上如果明确规定了子女们的精神赡养义务，那么这是否构成人们所谓的"道德强制"？关于这个问题，我们这里想要讲两点。首先，如果说精神赡养义务就属于道德强制的话，那么整个赡养义务或都可以算作道德强制，因为"赡养老人"这本身正是来源于一种道德观念，即"孝道"文化的遗风。依此类推，如果精神赡养义务立法可以有理由遭到我们唾弃的话，那么整个《老年人权益保障法》或所有有关赡养义务的法律规定都应当遭到唾弃与废止，至少，我们除了可以从孝道文化上来解释赡养义务存在的合理性之外，似乎找不到其他的行动理由，除非我们敢不怕冒天下之大不韪，将此解释为一种债权债务关系，即赡养是对儿时所受财物的"债务偿还"行为。后一种解释或可逃

---

〔1〕 杨国枢：《中国人的蜕变》，台湾桂冠图书公司1998年版，第31页。

〔2〕 古人云，"孝有三：小孝用力，中孝用劳，大孝不匮。恩孳爱忘劳，可谓用力矣，尊仁安义，可谓用劳矣，博施备物，可谓不匮矣。"见《礼记·祭义》。

避精神赡养义务，但必将遗臭万年。其次，有人质疑，家庭伦理关系或血亲关系是否可以用法律来调整？换言之，家庭伦理或血亲关系从传统理论上讲是一种"责任"，是一种道德伦理关系，如今却用法言法语即"权利－义务"来规制，这是否构成又一种道德强制，进而会化解稀释原本浓厚的血亲伦理关系？这种质疑是深刻的，因为一个社会或家庭的最强力的凝固剂是亲情、伦理或责任，而不是权利义务。但，这种质疑又是理想主义的，因为当现实中孝道尤其是精神赡养责任成为"问题"且这种血缘亲情或伦理责任得不到真实履行时，或者被简化淡化为"寄钱"时，那么法律就不能再保持沉默。退一万步讲，正如孔子所言，"其身正，不令而行；其身不正，虽令而不从"。[1] 所以，法律即使作出了精神赡养的明文规定，但这种规定对于本来就尽心尽孝的人来说其实就是一个"不存在"，而它只对未尽责者才构成现实的强迫感。同理，既然在道德规范面前都不能尽孝尽责，那么没有法律作后盾又怎么行？[2]

赡养义务是"义务的道德"，是孝德文化中的最低限度的道德。这与埋儿奉母、卖身葬父的行为相比，并不是什么过高的标准或要求。它既是一种道德义务，也是道德义务中非常基本或低标准的义务，故可称之为"义务的道德"。换言之，对年迈父母尽基本的赡养责任，尤其是精神问候与照顾责任，这对赡养人来说并非高不可及的"圣人"要求，更不是什么"期望的道德"。现代交通如此发达，子女时常因就业等原因背井离乡、远在千里，若要求他们经常连夜赶回老家可能并不现实，但若要求适当抽空回家看看，或时常打个电话问候一下父母并关心一下身心状况，这又岂为难事？一年回家三五次又有多难?! 法律是最低限度的道德。因此我们认为，精神赡养或探视父母的法律规定不属于道德强制，而是法律作为"最低限度道德"要求的自然内涵。我们没有理由因为"探视父母"（或"不得在精神上忽视、孤立老年人"）是一种精神需求或道德要求而将之排除在法律或立法之外，正如我们没有理由因为"不得杀人"是一种道德要求而将之排除在刑法之立法考量之外一样。社会主义公民都是"四有"公民，而有德之人必有孝，因为子曰："夫孝，德之本也，教之所由生也……身体发肤，受之父母，不敢毁伤，孝之始也；立

---

〔1〕《论语·子路》。

〔2〕 本文的讨论，不是从孝意识的"生成"这一层面上展开的，而是从孝德尤其是对年老父母的精神赡养义务之"制度保障"层面展开的。关于前一方面的讨论，更精彩的分析详见张祥龙："孝意识的时间分析"，载《北京大学学报》（哲学社会科学版）2006 年第 1 期。

身行道，扬名于后世以显父母，孝之终也。夫孝，始于事亲，中于事君，终于立身"。[1]

"道德"这个概念，在当今伦理学研究看来，其实已经不再是一个笼统的说辞了。正如范忠信教授所言，"法律应该符合道德，这是古人的一般认识。但它应该符合什么样的道德，这就有争议了"。[2]根据新自然法学家朗·富勒的研究，道德有"期望的道德"与"义务的道德"之分，其中，期望的道德以人类所能达到的最高境界作为对现实生活中人们行为的基准或判断基点，它要求每个人做"圣人"，这在很多人看来显然是不现实的；但义务的道德却不同，它要求每个人做"好人"或者更准确地说，要求每个人不做恶人甚或仅限于行为层面的不为恶，它是从人类的社会生活能够得以维持的那些最低要求或最低点出发的。所以富勒说，义务的道德"不会因人们没有抓住充分实现其潜能的机会而责备他们，相反，它会因为人们未能遵守从社会生活的基本要求而责备他们"。[3]而即便中国古人的思想中，也对此有一个基本的判断标准，即"予谓立法惟依旧律，一以中人为准"，[4]实际上也是强调一般理性人的判断基准。事实上，新的修正案的精神赡养之规定恰恰属于后者，即"家庭成员不得在精神上忽视、孤立老年人"。

"权利－义务"话语下的当代中国人，坚决不能只讲利益平衡却没有了"是非观念"，如果凡事只讲权利义务、利益平衡却落得个是非不分、善恶不辨、亲情无视，那么人就会被异化，社会最稳固的单元即家庭也同时会瓦解，而时间久之则社会就会解体，"叶落归根"的传统文化就会消失。[5]其实，对传统道德构成冲击的，不只是法律制度在设计上存在缺陷，更主要的是30年

---

〔1〕《孝经》，开宗明义章第一。此书在日本的研究尤为盛行，而在中国的研究相对比较弱，综述性的文章详见［日］佐野大介："在日本的中国孝思想研究"，载《明道日本语教育》第1期。

〔2〕范忠信等：《情理法与中国人》，中国人民大学出版社1992年版，第70页。

〔3〕［美］朗·富勒：《法律的道德性》，郑戈译，商务印书馆2005年版，第8页。

〔4〕［清］吴铤："因时论"，载《涵芬楼古今文钞》卷六。转引自范忠信等：《情理法与中国人》，中国人民大学出版社1992年版，第75页。

〔5〕这里有一个法律哲学上的问题，即法律的价值指向上，是指向个人还是指向集体。在自由主义思想深入人心的今天，重新回归传统宗法与家族本位时代是完全不可能的了。但对于此问题的思考，也要辩证地对待，不要对立地割裂开来看待。前者要防范绝对原子式个人观，后者要防范个人权益完全服从于宗法家庭的绝对整体主义社会观。具体讨论详见武树臣：《儒家法律传统》，法律出版社2003年版，第9以下。这也正如马克思所说，人具有二重性，即自然属性与社会属性，即"人的本质不是单个人所固有的抽象物，在其现实性上，它是一切社会关系的总和"。见《马克思恩格斯选集》（第1卷），人民出版社1995年版，第56页。

来的社会与经济改革秉持的"效率优先"理念与 GDP 中心主义思维所带来的冲击，在此思维下，法律制度的设计也出现盲区，在制度设计过程中出现"效率"优先于"公平正义"的价值立场偏差。权利本位的法律制度设计，在实践中主要围绕的是"利益"的平衡或划分，讲求权利与义务的对等性。这种非常实证的话语设计，会从逻辑体系的论证上排除掉一些是非观念或道德要求，其实这正是礼法之争得以产生的原因，也是西方社会分析实证主义与新自然法学长期论争的焦点，正是在这个意义上，富勒才强调说，恰恰是"道德使法律成为可能"。[1]

从立法上来保障道德责任的履行，这虽是社会治理文明化或法治文明的进步，同时也是一个社会的悲哀，因为从此社会不再把人性预设为"好人"，而是设想为"坏人"。我们由此就从传统中国文化中的"人之初，性本善"走向了西方文化中的"坏人论"（bad man），从传统中国建构的自律型社会走向了规则约束下的他律型社会，这是对传统道德文明社会的一种彻底重构。从社会实践效果来看，当一个社会的"坏人"现象或不良风气变得相对严重时，则通过立法来确立法律上的权利和义务虽不是最好的选择，但或许还是一个最为不坏的选择。[2]

五、养老社会化与子孙精神赡养相结合的立法建议

论说到这里，我们基本全部回答了上述归纳的 6 个争议焦点或热点问题。在正式提出方法建议之前，我们还有最后一个问题需要澄清，即精神赡养是否可以等同于文化需求。有人主张说，我不仅给了年老父母金钱，还把他们送到了老年大学或养老院，在那里，父母老人可以通过学习知识或文体活动来打发时间，得到精神满足。本文认为，这种说法其实不足以证明，子女们就可以将老年人对子女的情感寄托与感情需求置之度外，换位思考一下，父母在我们儿时为我们交完学费送上学就有权利撒手不管、溜之大吉了吗？正

---

〔1〕 ［美］朗·富勒：《法律的道德性》，郑戈译，商务印书馆 2005 年版，第 40 页。

〔2〕 有人撰文反对"孝治天下"的思想，倡导公德意识的"以德治国"，理由在于孝是一种"愚孝"而非公德。详见黄修明："中国古代孝治天下的历史反思"，载《西南民族大学学报》（人文社科版）2006 年第 4 期。对此我保留看法。孝与忠是两个不同概念，尤其对父母长辈之孝，不存在所谓"愚孝"的问题，孝是无条件的为人之本德，无之则不成之为人，何来"愚孝"说？不过，针对某些特殊的个别情况，有可能存在所谓的"赡养抗辩权"问题的研究余地，"背法行孝，君子无刑"的思想显然也不是本文所倡导的。详细讨论请参见龚波："从赡养抗辩权透析法律与道德的关系"，载《法治晚报》2007 年 1 月 6 日。

如冯友兰先生所说："知识是最重要的，但人不是只靠知识活着。我们还有感情上的需要，要求满足。"[1]因此，子女对父母的精神赡养，不是金钱或知识可以替代的，一旦这种情感纽带得不到维系，那么法律就没有理由再坐视不管或保持沉默。

在社会养老制度的重新建构方面，我们坚持一个基本的价值理念，即所有中国公民应当平等享有养老福利政策。换言之，纳税人在年老时有权获得国家物质帮助的权利，即养老福利权。国家对于依法纳税达到一定年限的所有公民，应当承担起其年老时的物质帮助义务，即给付基本养老金。[2]理由在于，现代社会是一个社会化程度很高的文明时代，文明时代就应当在"自由、平等"的基本普世价值指导下，打破身份界线，不分民族、种族、性别、出身、职业等，建立全民统一规格的社会养老统筹制度，最起码在财力支持上要实现平等对待。如果这个理念不能得到坚持与贯彻，则我们所立之法就无法谓之公平正义之法。基于这种理念下的中国养老制度重构，是对传统的"养儿防老"或"唯儿（女）养老"家庭本位传统养老模式的彻底变革，是养老责任社会化或国家化变革大趋势的必然要求，逐步建立"以家庭为情感基础，以社会为载体依托，以国家为基础保障"的新型养老框架设计与制度模式，推动道德要求下的家庭养老模式向国家保障下的社会养老过渡。

基于正确的理念，才能有正确的对策。从基本对策上看，我们应当至少有三个方面的因素需要纳入考虑，一是国家承担基本的物质生活保障义务，理由在于税收。[3]二是社会承担起赡养机构建设、社群精神文化建设等责任，这可以由国家财政与民间资金共建。三是子女要承担起亲情伦理上的照看与探视义务，以及基本物质生活条件及其他非物质层面的合理需求。只有从物质、精神与情感上综合设计、全面落实，才能建设一个尊老养老、和谐文明的社会。

但要补充一点，国家基于税收而承担起的基本养老义务，这不能影响甚或取代子女对父母尽孝的责任，此二者事实上是互补的而非替代的。当然，在父母因某种原因得不到来自国家或官方的相关财力支持时，子女就有义务

---

[1] 冯友兰：《中国哲学简史》，新世界出版社2005年版，第195页。

[2] 因身体残疾等客观原因而无法承担纳税义务的公民，也应当享有相应的养老与扶助政策。

[3] 当前养老制度改革中，有一种"以房养老"的做法是值得商榷的。此若为公民完全自主自愿选择的商业养老保持模式，则尚可推行。如果是政府或以政府为背景的力量推动下，试图在向公民提供基本养老资金的同时"公然索要"公民的住宅等大宗资产，则应当坚决反对，因为承担纳税人的基本养老是国家收税后的"责任"或对价，是无条件的义务。

承担起这份责任，这份责任既包括经济上的，也包括精神上的。其实，孟子早有此类思想，他在见梁惠王时就有这样一段言论，即"五亩之宅，树之以桑，五十者可以衣帛矣。鸡豚狗彘之畜，无失其时，七十者可以食肉矣；百亩之田，勿夺其时，数口之家可以无饥矣；谨庠序之教，申之以孝悌之义，颁白者不负戴于道路矣。七十者衣帛食肉，黎民不饥不寒，然而不王者，未之有也"。这段文字中，正表明了子女对老人尽孝悌之义的同时，王者或国家也要承担"七十者衣帛食肉，黎民不饥不寒"的保障责任。[1]

综上所述，在国家提供物质保障与司法保障的前提下，就《老年人权益保障法》之立法或文本而言，我们作如下两条立法建议：

首先，修改《老年人权益保障法》之第 10 条，把财力上的基本生活养老义务转由国家与社会承担，这也是父母与子女若干年来坚持纳税的目的和意义所在。建议将原条文"老年人养老主要依靠家庭，家庭成员应当关心和照料老年人"改为"国家实行城乡统一的养老统筹制度，保障每一位纳税人老年时基本养老和生存条件。国家鼓励社会力量参与老年福利事业。家庭成员应当在精神上关心和照料老年人。因残疾而无纳税记录的老年人享受最低生活保障"。

其次，修改第 11 条，将原规定"赡养人应当履行对老年人经济上供养、生活上照料和精神上慰藉的义务，照顾老年人的特殊需要"改为"在国家承担老年人基本生活保障的基础上，赡养人承担对老年人生活的其他改善性供养义务，并有义务予以生活上照料和精神上慰藉"。

---

[1]《孟子·梁惠王上》。

医患关系法律架构的伦理思考[*]

王占明[**]　陈晓辉[***]

一、问题的提出

医患关系的紧张、冲突是中国医疗卫生领域近 30 年来持续升温的话题，自党的十七大以来，更成为政府着力关注的民生指标，关系着社会和谐和国家稳定。为应对这一问题，调整医患关系的法律制度，随着国家法律体系的发展而逐步完善：1987 年《医疗事故处理办法》开始逐步形成相对规范化的医患关系法律规制体系。1994 年《医疗机构管理条例》进一步明确了医疗机构的管理规范，并开始重视对患方合法权益的保护。为弥补实践中患者的弱势，1999 年四川泸州市中级人民法院率先出台了《关于处理医疗损害赔偿案件的若干意见（试行）》，明确规定医疗纠纷案件可以适用《消费者权益保护法》。[1]随后，广东、浙江、福建等省纷纷效法，通过《实施〈消费者权益保护法〉办法》，将医患纠纷纳入消费者保护法的调整范围，并进一步明确了患者的知情权、安全权、选择权等诸多权利。2001 年《最高人民法院关于民事诉讼证据的若干规定》再出重拳，其中第 4 条第 1 款第 8 项设置了医疗机构"举证责任倒置"的规定，试图一举解决长期以来患者举证困难的问题。2002 年《医疗事故处理条例》将医疗事故鉴定主体由过去的"卫生行政部门组织"改变为"由医学会负责组织"，使行政处理与专业技术鉴定严格区分，以保证医疗鉴定结论的科学性和中立性。2009 年《侵权责任法》第 7 章"医

　* 本文为"法治中国化研究基金项目"课题《医疗知情权的伦理法理思考》（编号：丁 D14 增补）之阶段性成果。

　** 杭州师范大学法学院副教授、硕士生导师，法学博士，法治中国化研究中心研究员。

　*** 杭州师范大学法学院民商法专业 2011 届硕士研究生。

　〔1〕 2001 年四川雷波县法院作出了全国首例医患纠纷适用《消费者权益保护法》的判决。

疗损害责任"运用 11 个条文，对与损害赔偿相关联的医患法律关系进行了较为全面的集中规定，成为司法实践中处理医患纠纷最重要的法律依据。

从以上立法历程中可以清晰地看到，法律在医患关系调整中所起的作用不断强化。与之相适应，医患关系日益规范化和细致化。遗憾的是，这些怀有美好初衷的立法并未在现实生活中获得同样美好的回应。《侵权责任法》在制定过程中，人们对这部法在改善医患关系方面所起的作用曾寄予厚望，但自该法实施以来，医患冲突继续升级，各种刺医、弑医、炸医案接二连三地发生。[1]在此情境下，不妨从法律不充分的假定中抽身，反思法律之方是否对症？

二、医患关系的法律定性困境

（一）医患关系的法律属性

运用法律手段解决医患问题，首先要面临"医患关系是什么关系"这样的定性困惑。综合目前学界讨论，主要有以下几种观点：合同关系说、侵权关系说、消费关系说、行政关系说、独立社会关系说等，分述如下：

（1）合同关系说。[2]医疗合同关系说认为，医患双方法律地位平等，其法律关系的内容包含商品货币交换，符合民事合同调整客体。从法律关系变动的角度观察，病人挂号即为合同要约，医方对其进行诊疗相当于合同承诺，医方与患方由此形成特定的权利义务关系，医方有义务按照该医疗合同为患方诊断病情或探明病因，患者应支付相应的费用。医患关系是一种民事财产法律关系，而非民事人身法律关系，该种法律关系的内容主要为在医疗过程中所提供的医疗服务，它在性质上属于财产性的特殊商品交易；只有发生人身损害时，才同时具有人身法律关系的性质。

（2）侵权关系说。[3]这种观点认为，从医患双方的权责来看，医务人员

---

〔1〕 例如，2012 年 3 月 23 日，哈尔滨医科大学附属第一医院一名患者将水果刀刺向 4 名医生，造成一死三伤的严重后果；2012 年 4 月 13 日北京大学人民医院一名医师在门诊室被刺伤颈部；2012 年 5 月 15 日，河南南阳医专附属第二医院儿科女医生张娟因为不堪患者家属和医院的双重压力，写下遗嘱服药自杀，以死自证清白；2012 年 9 月 26 日，湖北监利籍女子田某就医虎门太平人民医院第四门诊部次日死亡，引发群众聚集围攻打砸门诊事件；2012 年 11 月 13 日，安徽合肥安医二附院发生男子砍人恶劣医闹事件，导致一死四伤。

〔2〕 王雪萍、谢育敏："论医患关系的法律属性及其立法规制"，载《赣南医学院学报》2008 年第 5 期。

〔3〕 黄明耀："审理医疗民事纠纷案件的几个问题"，载《人民司法》1995 年第 2 期。

职责职权是建立在法律或有关规章的基础上的，并不是当事人约定的结果；医务人员的责任亦不得因约定而免除；虽然医患之间存在某种协议，但医患关系以及由这种关系所产生的相应义务并不完全取决于合同法原理，由此产生的纠纷适用侵权行为法。

（3）消费关系说。[1]这种观点认为，人们的就医行为属于生存和发展的生活活动，不论是医方提供的服务还是销售的药品均是有偿的，并符合《消费者权益保护法》中对商品和服务规定的范围。以消费关系处理医患问题，可以更充分地维护患者的合法权益，弥补患者在医患关系中的弱势地位。

（4）行政关系说。[2]行政关系说又称"公益说"，这种观点认为：首先，医疗机构的设立目的具有公益性。医疗机构不同于一般的经营主体，它是不以营利为目的的社会福利性的事业单位，应当受行政法的调整。在我国的法律实践中，1994年由国务院颁布的《医疗机构管理条例》、全国人大常委会颁布的《中华人民共和国执业医师法》等均带有明显的公法性质，具有一定的强制性。其次，医疗机构具备行政主体资格。长期以来我国绝大部分医疗机构均为公立机构，政府实行全额或差额拨款，并对其服务进行严格的价格调控。医疗机构隶属于卫生行政部门，并承担着提供基本医疗保障的政府职能，属于卫生行政部门的基层派出单位，具有独立的法律地位，享有专门权限，具备行政主体的资格。有人甚至将医患关系定位为："行政法律关系类权力关系型特别权力关系属的公法上的营造物利用关系。"[3]

（5）独立社会关系说。[4]这种观点认为，医患关系既不调整纵向的行政关系，也不调整横向的民事法律关系，它调整的是斜向的医事法律关系，完全并列于民法和行政法之间，医事法本身就是一个独立的法律体系。[5]

笔者认为，认识医患关系的法律属性，首先，需厘清其在公、私法中的归属。我国民法承认非营利法人，不排斥法律的强制性规定，尤其是特有的事业单位法人制度容纳了许多公立机构。因此，医疗机构的公益性、强制性、

---

〔1〕 张赞宁："论医患关系的法律属性及处理医事纠纷的特有原则（上）"，载《中国司法鉴定》2000年第1期。

〔2〕 胡志强："论医疗行为的法律界定"，载《中国卫生法制》2000年第2期。

〔3〕 王婕、胡晓翔："公立医疗机构的医事侵权损害赔偿应适用国家赔偿法"，载《南京医科大学学报》（社会科学版）2005年第1期。

〔4〕 王镭：《中国卫生法学》，中国人民大学出版社1988年版，第9页。

〔5〕 张赞宁："论医患关系的法律属性及处理医事纠纷的特有原则"，载《中国卫生法制》2002年第2期。

公立性均不能得出医疗机构为公法主体的结论。就我国现阶段医疗模式的基本现状及我国医疗卫生体制改革的趋势来看，民营、外资医院与私人诊所等多种形式的医疗机构将长期作为医疗市场的竞争主体而存在，这些医疗机构及其医务人员的行为公法色彩更加稀薄。

其次，就民事关系说来看，医疗机构的设立毕竟具有较强的社会福利性质，医生执业既是其营业行为，也是其职责所在。为满足人民基本需求，医疗服务不能任意收费，同时，医疗服务具有高风险性，这些特性决定了医患关系不是一种纯粹的医疗合同。如果简单地将医患关系理解为合同关系则有可能导致部分医疗机构过分地追求合同利益，忽略医疗机构的创立宗旨"救死扶伤"以及医师的职业道德"仁术"。而且，医患之间的约定在纠纷发生后往往要么存在漏洞，要么效力瑕疵，二者关系必须通过侵权关系以济其穷。更不必提医患关系的开启并不以患者同意为要件。但是，合同关系说正确地揭示了医患关系的一般合意基础，与其他观点不同，无视医患关系间本来具有的私密性，强硬适用主要发生在无任何法律关系拘束之下的侵权法，是对事实的不尊和对法律的曲解。

最后，消费关系不能涵盖医疗关系的全部内容。患者就医的行为不仅具有消费意义，更具有求助意义；医生的诊疗行为不仅具有经营功能，更具有救助功能。更重要的是，在消费者与经营者的关系中，消费者的弱势是由经营者造成的，因此对前者予以倾斜保护具有正当性；在医患关系中，患者的疾病绝非医生造成，把医生置于不利的法律地位并无合理理由。我国台湾地区的法院曾认为，医疗行为系属医疗机构提供服务之消费行为，适用"'消费者保护法'第7条"。但该种意见最终被2004年出台的"医疗法"第82条所改变。适用的归责原则也由之前的无过错原则转变为过错责任。[1]

尽管有以上批评意见，笔者并不拟采纳独立社会关系说。这并不是因为所谓"斜向的法律关系"的提法并非法学话语，无法在学界达成有效共识；更重要的是，任何受法律调整的社会关系，即使其发展壮大，渐行独立，亦不妨追寻其脉络渊源，动辄以"独立"终结讨论，不是良好的研究方案。实际上，医患关系的堂奥已由其命名方式得以显现——它并不以客体类型却以主体对称来定义——医患关系的独特，在于其主体间身份关系所要求的权利义务之中。

---

　〔1〕　我国台湾地区"医疗法"第82条规定："医疗机构及其医事人员因执业致病人损害，以故意或过失为限，负损害赔偿责任。"

（二）医患法律关系的特有之处

1. 医患关系的主体具有依附性

医患关系中，医方是具有医疗资质和专业技术的施治人员，患方是接受诊疗护理的受治人员。医疗行为的性质决定了在二者关系中，医方必定处于主动和支配地位，而患方必定处于被动和配合地位。医患关系与商事交易关系不同，在商事交易关系中，双方当事人的利益经常直接对立，是一种零和博弈关系，因此，为确保自己利益的最大化，需保证当事人的法律地位平等。在医患关系中，医患关系的利益指向一致，均以患者康复为目的，双方不存在直接的利益冲突，因此，平等在逻辑上不是维系医患关系的必要条件。医患关系与普通的双务合同也不同。在普通的双务合同中，一方当事人提供给付，另一方当事人支付对价，这种关系被称为双方互负对待给付义务。但是实际上，就给付本身而言，一方提供给付，另一方需接受给付，始构成完整的履行。然而在医患关系中，医患关系主要表现为医方实施诊疗行为，患者只需谨遵医嘱、接受治疗，无需实施任何积极行为，即构成完整的履行。换言之，在普通双务合同中，任何一项给付都是由双方当事人的积极行为共同完成的；在医患关系中，诊疗行为由医方单方完成，如果一定要将其解释为单方行为，则患者表现为消极不作为。

2. 医患关系的客体为人身权

在医患关系中，医方以法定、约定、推定或容忍为前提，对患者人身实施诊疗行为。具体行为虽然直接以人身为对象，但这里的约定、法定、推定或容忍实质为对人身权的受害人同意或违法阻却，其法律关系的客体是法权而不是人身。尽管如此，这种以人身权为客体的法律关系在民法上并不多见，在商法上更是绝无仅有。以人身权作为法律关系的客体，一方面，原则上人身权应奉行意思自治的原则，尊重包括患者在内的自然人的人格独立和人格尊严；另一方面，对他人的人身权而非财产权享有权利或履行义务理应考虑伦理因素。对于财产权，法律上可以依赖比较纯粹的利害规则来处理；对于人身权，由于其本身不可估值，往往并无明确的法律规则可资运用。让医生在伦理的指导下进行专业判断是唯一的出路。

3. 医患关系在发生、变更和消灭上具有特殊性

患者自主和意思自治主要体现在医患关系发生和消灭两端，即"接受或离开"的自由，而一旦接受治疗，在治疗终止之前，医生对诊疗过程享有主导权。医生依专业技术和伦理规则处理患者的人身权，不承担法律责任。医生的专业判断行为应具有自由裁量空间，应审慎以他人的事后之聪作为医生的专业行为是否合法的判断标准。医疗行为是经验性、探索性和高风险性的增益行为，医疗损害在所难免，应采取更为宽松的标准衡量医疗行为，采取更为严格的标准认定医疗过错。医生以伦理规则对患者承担责任，不宜将医患关系拆解为细致、具体的法律规则，医患间细碎的法律规则不仅自身不可实现，而且可能与医患伦理相龃龉，把医患伦理关系引入歧途。

三、中西医业伦理的主要问题及其构造

正因为医患关系具备如上特征，我们认为医患关系首先是一种特定伦理关系。解决医患问题必须正视医患关系作为特定伦理关系的首要属性，法权关系只能在此基础上，以必要性为原则，予以相应设置，而不宜越俎代庖。

（一）西医的医患关系伦理

西方伦理学大师悌利认为："没有道德人类不可能达到它的目的，道德是一个绝对必要的条件。"[1]古希腊名医希波克拉底撰写《希波克拉底誓言》倡导虔敬高洁、以病人利益为念等医德思想，为后世医界重视并列为医学准则。医学伦理学《日内瓦宣言》主张为人类服务的基本宗旨，为后世医学道德建设的楷模。医患关系在伦理领域作为一种道德关系，特别是医生的职业伦理观念这一超时代特性，已使得2000多年的医德教育与熏陶成为医患双方的一种生活需要。这种道德上的自我规约，事实上已经成为医学本身的一个重要部分。如果我们没有认清楚这一点，对因违反医患伦理行为所造成的医患紧张和冲突，仅仅从强制力中寻求问题解决办法，忽视伦理文化的作用，就会人为地造成医患关系的进一步生疏和严重对峙。

在西医伦理学中，所要解决的主要问题是"义务论"与"功利主义"的冲突。义务论又称道义论，源自古希腊的伦理思想，发展于文艺复兴与启蒙运动，兴起于19世纪后期西吉威克和摩尔为代表的元伦理学，是指以义务和责任为行为依据的伦理学理论。[2]其核心思想是"善"优于"正当"，道德判断的标准在于行为或行为所遵循的原则而不是行为的结果，将道德判断独立于功利目的而存在，把义务和责任看成其理论的中心概念。功利主义又称功利论，其核心思想是"正当"优先于"善"，道德判断的标准在于行为的结果和效用而不是行为或行为所遵循的原则，即一种行为（或行为所遵循的原则）是否道德取决于这个行为（或行为所遵循的原则）所产生的结果是否

---

〔1〕 ［美］佛克兰·悌利：《伦理学概论》，何意译，中国人民大学出版社1987年版，第183页。
〔2〕 龚群：《当代西方道义论与功利主义研究》，中国人民大学出版社2002年版，第3页。

带来了"最大多数人的最大幸福"。

应该看到，义务论与功利主义均具有合理之处。强调义务论可以将医生职责内化为本身的道德需求，保证医患双方在医疗活动的利益一致。功利主义亦非空穴来风，它来自对"常识"的道德系统的怀疑。功利主义者认为，多数的常识道德力量来源于其建立在功利主义基础上，同时，功利主义能解决因常识的模糊和前后矛盾而产生的困难和困惑。但是，义务论与功利主义也存在各自的局限。义务论一味地强调动机和责任，忽视行为的效果，否定了功利的意义和价值，不恰当地将动机和结果、义务和利益对立起来。其结果是患者只注重自身的利益，过分苛求医院践行医德和提供福利，忽视医院的正当利益。而功利主义只按人们行为的结果来确定人们行为的正当性，因而不能反映人们之间的道德关系的实质，行动的道德标准以个人利益为转移，必然会拒绝道德义务，拒绝遵守人类最起码的道德标准。在我国医疗体制改革不断完善的过程中，医疗机构尤其要面对功利主义的挑战，部分医院和医生在尽义务和求利益的选择上发生了严重的错位，医患之间传统的共同利益目标被割裂，违背医疗目的，医患之间情感淡漠，最终引发医患纠纷。

（二）中医的医患关系伦理

在我国古代传说，有"神农……尝百草之滋味，水泉之甘苦，令民之所避就，一日而遇七十毒"[1]和"伏羲画八卦……百病之理得以类推，乃尝味百药而制九针，以拯夭亡"，[2]以及"民有疾，未知药石，炎帝始味草木之滋，尝一日而遇七十毒，神而化之，随作方书，以疗民疾，而医道立也"的记载。[3]从这些传说可以看到，在古代的社会道德影响下，我国很早就形成了医学的目的是"以拯夭亡"、"令民之所避就"等医德思想，已经认识到，医学的目的是拯救生命，为了使人了解药物对人的利弊。

奴隶社会末期到西汉，生产力进一步发展，思想进一步繁荣，当时思想家们侧重于人性、自然方面的探讨，孔子的仁学思想一度成为医疗活动的行为标准。"仁"是自我修养的过程，医术是"仁术"，"济世救人"是行医的宗旨，"普救含灵之苦"是医学的目的。产生于战国的《黄帝内经》在"疏五过论"、"征四失论"和"师传篇"等文中对医德做了许多专门的论述。如"疏五过论"结合整体观念的要求，论述了诊治疾病五种过错的原因，指出这

---

〔1〕《淮南子·修务训》。

〔2〕《帝王世纪·路史》。

〔3〕《通鉴外记》。

些过错中，尤以对忽视情智变化的情况更应警戒。《素问·金匮真言论》要求："非其人勿教，非其真勿授"，对医科学徒的伦理条件提出了严格的要求。

进入封建社会后，受"三纲五常"思想的影响，医学被称为"方技"，"学而优则仕"的观念深入人心，医生的社会地位比较低下，但是理论和实践上仍然强调医德思想的重要性。东汉名医张仲景在《伤寒杂病论》序言中对医学的性质、宗旨、医学道德、医学的发展等予以精辟论述，并指出要具有"精究方术"与"爱人知人"的精神，反对那种"孜孜汲汲、惟名利是务"的居士之士。隋朝名医孙思邈的专著《备急千金要方》，就是以"人命至重，有贵千金，一方济之，德逾于此"的意义命名的。他还在《大医习业》和《大医精诚》中主张医家必须具备"精"和"诚"的精神。精就是要具备精湛的医术，诚就是指医生应具备高尚的医德，明确指出学习医学的人首先要具有仁爱的"大慈恻隐之心"、"好生之德"，要廉洁正直，不追求名利，对病人要"普同一等"，认真负责，不得浮夸自吹，诋毁别人等。

一直到封建社会后期，我国不仅涌现了很多有关医德思想的著作，还出现了大批道德高尚、受人爱戴的医学家，如被誉为"金元四大家"的李杲、刘完素、张从正、朱震亨和明代的李时珍等人。他们不慕名利、精求方术、作风正派、忘我献身的崇高精神一直成为后人学习的榜样。

可见，在传统中国，悬壶济世、治病救人，"先发大慈恻隐之心，誓愿普救含灵之苦"，"医乃仁术，无恒德者不可医"等医德思想始终被医学界倡导和实践，这也许正是传统中国医患关系和谐的重要原因。

（三）中西医伦理构造差异

表面上看起来，西医在讨论医患关系时，更早地发展出职业伦理的意识。西医把功利引入伦理的话语体系，有助于刺破道德话语的空泛说教，把"义务论"、"功利论"共同作为伦理的组成部分，使二者在伦理话语体系构造过程中充分考量不同要素，达成内在平衡。与之相比较，中医似乎一直"专门化程度"不足，与人身修养未能明确切割。在体系构造上，中医似乎耻于言利。义与利是一对不兼容范畴。医者的伦理修养在"义"的涵义内，"利"则外在于医者伦理，与"义"形成直接紧张关系，医患伦理没有"利"的容身之处。这样的构造在理论上固然纯粹，但在实践中则难以贯彻。很可能由于对"利"的不充分挖掘导致"义"的不完全建构。"义"因此被批驳为"虚妄"、"欺骗"、"糟粕"、"说教"等。

事实上，以上认识是对传统中医的重大误解。传统国学很大程度上是经验传承之学，古人绝不可能愚蠢至排斥作为生活必要条件的"利"的程度。

古人所反对的是"见利忘义","唯利是图",是把"利"作为生活首要甚至唯一追求的态度。古人提倡"利和同均",信仰"厚德载物",因此,传统中国"义"、"利"之争,并非今人为批判方便臆想的那样水火不容,相反,毋宁将其理解为"何者为第一性"的问题。至于职业伦理话语的缺失,更是一个"以斤两论长短"的方法论问题。今天我们所使用的绝大多数学科术语,都是西学话语下生成和舶来的,但是在不同的表述背后,中国古人对相同问题的讨论几乎从未缺席。例如,中国古人用"道德"来表达世界万物的构成原理,道是事物的存在形式,表达其秩序结构;德是事物的存在依据,表达其内在性质。道与德共同构成事物的统一性,道德因此亦为传统中国法秩序的构成原理。[1]以此来看,伦理是一切事物的内在依据,一切问题都无非伦理问题,既然如此,又何必要追求"专门化"呢?

四、医患伦理的法律归化

(一)以民法身份法作为医患伦理法律归化的有效路径

医患关系主要是伦理关系,一方面,医患关系不宜由法律过多介入,法律应刻意与之保持适当距离;另一方面,在医患纠纷已经发生,需要法律干预时,应选择妥当管道以维持其伦理性格,避免法律规则对医患伦理的瓦解或不适当解读。在后一种情况下,笔者认为,民法上的身份权制度可供选择。

"身份"在《辞海》中表述为"人的出身、地位或资格"。"出身"指血缘联系,包括血缘体内部的结构与联系,以及血缘基础上的特定家族在社会中的位置;"地位"是指在纵向的社会分层结构中的定位;"资格"主要有两种含义:一是指以具备特定技能为确定条件的职业资格,二是指具备参与某种利益分配可能性的成员资格。[2]身份具有比较性、被动性、利益性和稳定性。身份关系为法律所调整,能够在当事人之间配置权利、权力、义务和责任,能够作为请求权发生的基础,并且作为司法判决的依据。身份权是一个既包含内在伦理价值,又包含外在身份利益的权利体系。在医患关系中,医患关系的形成具有相对稳定性,无论在何种社会形态下,均会有疾病,会有医疗需求,会产生医患关系;这种关系并非依个人自由主动追求而产生,而系在实际需求中呈现差别性安排;无论在何种历史阶段的医患关系模式中,医方因享有医疗专业技术而享有主导权,患者或多或少带有被动性;为实现

---

〔1〕 张中秋:"传统中国的法秩序及其构成原理与意义",载《中国法学》2012年第3期。

〔2〕 马俊驹、童列春:"私法中身份的再发现",载《法学研究》2008年第5期。

共同的诊疗目的，医患之间产生了各种有区别的权利义务。

可见，医患关系正好为民法身份关系所容纳，将传统民法中的身份关系适度扩张，使之呈一定开放性，不仅指亲属之间的关系，还包括亲属之外的其他稳定的社会关系，凡基于主体的一定身份而发生的以身份利益为内容的人身关系均由其调整。这样不仅可以为医患关系入法提供妥当路径，维持其伦理关系不受破坏；还可以充实由于近代法以降"身份到契约的运动"所造成的身份法被抽空的现状，予传统民法框架以新内涵。

（二）重塑医患身份权中的伦理关系

以民法身份权接纳医患伦理关系入法，需理解西方伦理学背景下功利论对义务论的挑战和贡献，还需认清二者逻辑层次交错所产生的方法论不一致，以及由此产生的功利与义务的不能真正融合问题。为此，必须借助"以道德作为法秩序基本原理"的中国传统法智慧，以医患"治愈疾病"的共同目的作为其利益共同点，重塑医患身份权中的伦理关系。

医疗活动的宗旨是"救死扶伤"，但是也不能忽视医方的正当利益。如果只要求医师必须奉献，而不允许其索取正当回报，"毫不利己，专门利人"，则不利于调动医方的积极性，不利于医疗事业的发展，最终不利于患者的最大幸福的实现。在强调医德这个伦理义务的同时，辅助地注入合理的功利主义，这样的医学伦理理论不仅能促进医生伦理道德修养的培育，充分弘扬"仁爱"、"济人"等医德精神，又能促使患者尊重医师的诊疗活动与人格尊严，共同为实现健康这一利益而努力。

应正确认识身份权格局下的医患伦理关系。如前所述，身份权所体现的是基于特定身份而取得的相对稳定的权利义务关系，但是，身份权不应等同为屈辱，它提供的是一种保护。[1]甚至，身份权并不必然表现为支配，近代法以来，民法监护权由"父权主义"到"以被监护人为中心"的转变，即身份权多样性的典型例证。有学者将医患关系分为三种模式，即主动被动模式、指导合作模式、共同参与模式，[2]其演变历程与监护权发展如出一辙。无论在何种模式下，患者尊严都应得到充分尊重；也无论在何种模式下，医生的主导权都必须予以肯定和保障。

此外，以身份权接纳医患关系入法，可以突破合同内容有限性的拘束，并彰显更多的人文关怀。著名医学史家亨利·西格里斯曾说："医学的目的是

---

〔1〕 徐国栋："论民事屈从关系——以菲尔麦命题为中心"，载《中国法学》2011年第5期。

〔2〕 黄丁全：《医事法》，中国政法大学出版社2003年版，第229页。

社会的，它的目的不仅是治疗疾病，使某个机体康复，它的目的是使人调整以适应他的环境，作为一个有用的社会成员。"美国医学会就将"医学界的主要宗旨是尊重人的尊严，提供人道主义服务"写入章程。[1]事实上，医乃仁术，医学无法摆脱人性关怀。希波克拉底甚至用"知道患者是什么样的人，比知道他患什么病更为重要"这样的训言警示我们，医学是以有生命、有情感、有心理的人为研究对象，其不仅是"为学之器"，更是"为人之道"。换言之，医方不仅是诊疗疾病的"医师"，更应该是负有情感、身怀同情、充满责任、关怀人性的"医生"。现代医学的进步使医疗分科越来越细，医生日益专业化，形成了医生只对病人的一个部位或一个器官的病变负责，而患者必须面对几个或十几个医生的格局，这使得医生与患者一一对应的稳定关系大为降低，医患双方的情感联系也越来越弱。[2]特别是高新技术在临床的应用，医生越来越依赖现代医疗仪器的检查结果，忽视了传统医学方法在诊疗活动中的作用，降低了对患者病情的重视，忽视了病人的心理变化。少数医生人文关怀的匮乏，漠视病人心理感受，缺乏与病人的沟通交流，更加快了医患关系恶化的进程。以身份权接纳医患关系入法，将"医学人道主义"作为医学基本伦理规范，可以缓解医患之间在法权和感情的隔阂和冲突，真正实现和谐的医患关系。这种人道主义以"人的价值是第一位的"为基本原则。以尊重和关爱生命、同情和关心病人、救死扶伤、治病救人为宗旨，不仅追求生命神圣、生命质量、生命价值的统一，还坚持医生个人行为美德与社会公益的统一，更倡导身心统一，重视精神、心理因素对健康的作用，并坚持防治结合，强调医师主导作用与患者自主权的结合。

余论：现行法反思

由以上讨论，对现行《侵权责任法》予以检讨，就不难理解，为什么公众对之寄予缓解医患冲突的厚望注定会落空，不难理解文章开头所提及一连串悲惨事件的发生原由。《侵权责任法》第7章所精心设计的11个条文，在笔者看来，除了第54条重新确定医疗损害一般适用普通过错原则具有积极意义外，其余条款均怀着美好的动机，生产了更多的麻烦。第55、56条著名的

---

〔1〕 黄丁全：《医事法》，中国政法大学出版社2003年版，第227页。

〔2〕 杨阳、赵杰明："医学高新技术在现代医患关系中扮演的角色"，载《医学与哲学》2006年第6期。

"医疗知情同意"条款，在一系列悲惨事件中有针对性地催生，但是，究竟医务人员要在多大范围内对患者进行说明？应取得患者同意的事项法条是否穷尽列举？应采何种方式说明才能既保全证据，又不妨碍医疗效果？什么样的情境下，对近亲属的说明才属有效且不侵害患者自身利益？这些问题，法权规则不可能提供完整回答。

第58、60条规定的过错推定和免责事由条款中，医疗机构违反法律、法规、规定的行为，拒绝提供病历的行为是否存在反证推翻过错推定的余地？何谓患者及近亲属的"不配合"？在多大程度上患者可以"主动参与"医疗行为？是否患者对医生命令必须百依百顺？近亲属行为与患者利益不一致时怎么办？这些问题，法权规则也不可能提供完整回答。

第61~64条规定的妥善保管病历资料、不得过度检查、为患者保密、禁止"医闹"条款，法条规范缺乏法律后果，行为模式也语焉不详，更是没有牙齿的纸老虎。看似赋予权利，实则激化了冲突，却软弱无力，不能解决问题。

医患关系是一个可塑的对局，注以柔情，流淌奶和蜜；施以兵刃，就是一部血泪史。"医非仁爱不可托，非廉洁不可信"，医患关系的出路，舍此无他。

服刑人心灵矫治与同居会见权
——法律和伦理的双重思考[*]

陈敬涛[**]

　　罪犯矫正理念是从西方传入我国的。以罪犯的再社会化为核心理念，注重罪犯行为和心理层面的技术性矫治。它要求充分地将科学手段甚至量化方法运用到罪犯矫正工作中，具有我国劳动改造理论所不具备的一些优势。但若直接将这些理论和技术运用到我国的司法实践中，也难免有"南橘北枳"之忧。我国有悠久的将"天理、国法和人情"贯通于司法实践的历史传统，仅靠理性和技术性的制度展开司法或执法活动，很难为中国人所接受，罪犯矫正工作也不例外。

　　不久前，云南晋宁破获了一个连环杀人案。令人震惊，也促使人们深思。犯罪嫌疑人张某的杀人动机，就是一个很值得讨论的话题。张某于 1979 年因故意杀人罪被判处死缓，经过减刑于 1997 年出狱返乡。从 2008 年开始，他以残酷手段连续杀害 11 名无辜男性，有孩子也有青年工人。从语焉不详的新闻报道中我们推测：长年的监狱改造，未能塑成其积极的人生态度；出狱后丧失一切的孤独无依，使其心理畸变，以致丧失了人性。此案带来的警示是：冰冷的监管制度与行为规诫，无法让矫治理念达于囚犯内心；唯有将情感置于矫治重心，从心灵改造做起，才可能重塑囚犯健全的人格。那些不重视囚犯心灵矫治，反对人性化措施的认识和实践都将是危险的。囚犯是身染社会疾病的特殊主体，他们首先是人，其次才是"病人"。既然是人，就要用对待人的办法"治病救人"，"病愈"后他们仍要和大家生活在一起，只是因为

　　* 本文系"法治中国化研究基金项目"课题《在监犯人会见同居权的伦理与法理》（编号：甲A13）阶段性成果之一。
　　** 中南财经政法大学法学院博士研究生，杭州师范大学法治中国化研究中心兼职研究员。

"患病"才将他们单独安置以利于"治病"，如果"病未愈"或"旧病复发"，一旦回归社会将是极大的隐患。

同居会见制度就是对已婚囚犯实施的"情感疗法"，是进行心灵改造的"一剂特殊药"，运用得当会起到其他"疗法"所起不到的效果。日本学者大井正说：两性之爱是"男女之间的交际和心灵沟通，而心灵沟通又是为了人类的社会结合、实现完人形态所不可缺少的精神结合"[1]。信哉斯言，在实践中搁浅的同居会见制度亦有必要重新审视其积极意义：家庭亲伦是打开囚犯心灵之门的钥匙，两性之爱可以融化他们内心的"坚冰"。但是，在对同居会见制度的既有理论研究中，论者多从同居会见制度的技术性设计、[2]权利性质[3]等方面论证其合理性和可行性，实务部门的人员则从管理角度大多不赞成实行该制度。[4]有鉴于此，本文拟从情感视角出发，发掘出同居会见的人性依据、中国既有传统和国外做法、制约同居会见制度实行的实质原因等问题，进行辨析之后提出一些自己的看法。

一、服刑人情感式矫正的人性依据

（一）刑罚应不拒人性

监狱是国家执行刑罚权之地，无论报应主义、功利主义还是理性主义刑罚功能理论，都要依托监狱的惩罚功能。惩罚是刑罚的题中应有之义，离开了惩罚就谈不上刑罚。刑罚的惩罚性就是要通过对犯罪人的某种权利或利益予以剥夺而施加痛苦。普通人对犯罪人进行评价时，首先想到的是这个人是坏人、罪人，应该受到应有的惩罚，监狱是他最好的去处。操握刑罚执行权力者考虑到"奖赏和惩罚都能实现对法律的顺从时，往往会选择惩罚，因为造成巨大痛苦是多么容易，而给予极大满足是何等困难"。[5]这样的想法肯定会激起贝卡利亚的愤怒，因为他认为"刑罚的目的不是要摧残折磨一个感知者，也不是要消除业已犯下的罪行"，而是要"阻止罪犯再重新侵害公民，并规诫其他人不要重蹈覆辙"。他劝告人们对刑罚的执行方式要仔细推敲，不能

---

〔1〕［日］大井正：《性与婚姻的冲突》，张治江译，杨舒校，吉林人民出版社1988年版，第14页。

〔2〕季敏："试论囚犯的同居权"，载《安徽商贸职业技术学院学报》2007年第4期。

〔3〕柳忠卫："罪犯特许权论——以罪犯与其配偶同居权威分析对象"，载《法商研究》2008年第4期。

〔4〕张红林："罪犯与配偶同居问题的再思考"，载《改革与开放》2012年第2期。

〔5〕［美］E. A. 罗斯：《社会控制》，秦志勇、毛永政译，华夏出版社1989年版，第81页。

以苛酷为能事，因为人的心灵在社会中可以逐渐柔化、感觉能力也在增强，它就像液体一样，总是顺应着周围的事物，刑罚越残酷，心灵就会越麻木。[1]如此说来，若贝卡利亚能遇见我们今天讨论的作为亲情沟通方式之一的同居会见制度时，应当不会反对。因为这项制度正是要使囚犯们的心灵在渴望自由的可贵时感受亲情的甘霖，使狂躁的心慢慢安静下来，并在接受关爱之中懂得关爱他人。

（二）人性源于真"性""情"

1. 人性合于"情"

在一组对500名男性囚犯的需求调查中，未婚者占50.2%，已婚或再婚占27%，其余是离婚和丧偶者，他们关注最强烈的是减刑、人格尊重、情感沟通、公正执法、文明管理及改善生活和劳动条件等项。在情感需求方面，年轻的未婚服刑人对爱情生活渴求强烈，已婚者中85%的希望加强亲情联系，包括与配偶同居，已婚者要求与亲属联系的次数明显高于单身者。[2]该调查有力地证明：情感是囚犯们最重要的需求之一，婚姻和爱情对他们的心灵矫正影响至深。普通人因日用而不觉，失去自由的囚犯们对亲情尤其是爱情渴望强烈，这种情感可以填补他们失去自由后痛苦苍白的心灵。因为亲人尤其是配偶的精神鼓励和支持是其他物质和精神所不能替代的。英国学者哈克（Hacker）将情感和欲望、知觉、认知、思考、记忆并列为人之所以为人的心理机能，并认为正是这些能力及其实践使人和其他物种划清了界限。[3]马斯洛的情感需求层次理论中也提到人的情感和归属需求。囚犯非草木，孰能无情？深陷牢狱，渴望爱情生活和家庭温暖乃人之本性流露。

2. 人性合于"性"

谈到配偶间的同居会见，不能不提男女之性，有论者直接说婚姻内的"同居权也称为性权利"[4]，这样的说法虽显直接确也是实情。《礼记·礼运》所言"饮食男女，人之大欲存焉"中的"男女"指的就是两性情欲。美国学者库利也认为，"人性的第一意义是人类的由种质产生的严格的遗传特

---

〔1〕 ［意］贝卡利亚：《论犯罪与刑罚》，黄风译，中国法制出版社2002年版，第49~51页。

〔2〕 黑龙江省监狱局研究所课题组："关于服刑人员需求及其满足情况的调查报告"，载《犯罪与改造研究》2006年第11期。

〔3〕 P. M. S. Hacker, *Human Nature: The Categorial Framework*, Oxford: Blackwell Publishing, 2007, p. 4.

〔4〕 汪勇：《理性对待罪犯权利》，中国检察出版社2010年版，第278页。

性，即人在出生时就具备的各种无形的冲动和潜能"，[1]这自然包括性的冲动在内。生物学研究表明，在现存的灵长目动物中，人类是性欲最旺盛的动物，配偶间不以生育为目的的性行为，是人类通过长期进化获得的，人类绝大部分性行为并不能繁衍后代，而是以相互娱乐的方式增强配偶之间的亲密关系。[2]

3. "性"融于"情"乃人性

人的本能欲望未必都能得到宣泄或满足，"人欲"必须由法律、伦理、习惯、宗教等来规范，否则就乱了套。费孝通先生说得最深刻：控制性就是为了维持社会结构的完整与安定。[3]所以说，配偶间的同居会见制度实质是"性"，是基于"人欲"中的性本能，但必须是有"情"之性，情和性结合才符合伦理、法理。朱熹说的"存天理，灭人欲"，并不是要灭掉所有的欲，只是希望人们要注意限度，不能耽溺于此。[4]这就是实行同居会见制度的国家多要求囚犯和探视者应具有合法婚姻的原因。[5]监狱是通过刑罚手段改造罪犯，不是任其率性而为。对于普通人可以理直气壮地说："性权利并不是在制度中没有一席之地，而是隐藏在某处（等待我们发现）"，[6]但对于囚犯而言，这一情况要复杂得多，性权利（同居权）经监狱准许可以享有，但其实现一般须在婚姻形式下进行。

（三）情唤人性通心灵

在条件许可的情况下，应采取多种途径满足囚犯的情感需求，对于冷漠麻木、心理畸形尤其是暴力犯罪者动之以情才能唤醒其人性，当他们的人性复苏时，其心灵也会逐渐柔化通明。东汉时官员吴祐洞察人情，允许死囚毋丘长妻子入狱同居，后其妻怀孕，死囚行刑前，"泣谓母曰：'负母应死，当何以报吴君乎？'乃啮指而吞之，含血言曰：'妻若生子，名之吴生，言我临死吞指为誓，属儿以报吴君。'因投缳而死。"[7]该记载中实际上有两重情感：

---

〔1〕 ［美］查尔斯·霍顿·库利：《人类本性与社会秩序》，包凡、王源译，华夏出版社1999年版，第24页。

〔2〕 张敦福：《从兽性到人性：人对自身行为的再认识》，山东人民出版社2004年版，第90～91页。

〔3〕 费孝通：《乡土中国 生育制度》，北京大学出版社1998年版，第143页。

〔4〕 傅永聚主编：《中华伦理范畴——仁》，中国社会科学出版社2006年版，第239页。

〔5〕 国外一般称之为"配偶探视"或"亲密探视"（Conjugal Visit），大多数国家要求囚犯与探视者具有婚姻关系，也有少数国家要求他们是未婚同居的"家庭伴侣"关系。

〔6〕 Paul R. Abramson, Steven D. Pinkerton, and Mark Huppin, *Sexual Rights in America*: *The Ninth Amendment and the Pursuit of Happiness*, New York and London: New York University Press, 2003, p. 1.

〔7〕 《后汉书·吴祐传》。

一是死囚与妻同居怀孕，满足了时人最大的情感需求——传宗接代；另一个是死囚对吴祐投桃报李式的情感——感恩。而在数年前马加爵案中，其在被执行死刑前竟然无人通知亲属见其最后一面，执法者的冷漠必然换来罪犯的无情。"人之将死，其言也善"，对于囚犯若能满足其情感需求，才能真正唤醒其人性，复苏其人性才能健全其心灵。在今日的囚犯改造中，仍需足够重视囚犯与监狱、囚犯与家庭这两条情感线路，特别是已婚者对来自配偶的感情支持特别敏感，家庭稳定者往往让其有所牵挂、有所寄托，改造时的心态也会积极，配偶间的同居会见是亲情会见中最为特殊的一种，其核心在于两性之爱，这种情感是众爱之中最高贵的，若能满足囚犯需求，无疑可对囚犯的"心灵再塑"具有重要作用。

二、服刑人情感式矫正的中外传统

（一）对囚犯情感需求合理满足的中国传统

同居会见制度因何能产生？从本源上说，因为掌握刑罚权者是人，接受刑罚者也是人，前者具有理解和体察他人观念、情感和意识的能力，后者具有人之为人的情感欲求，这两者的结合才促成该制度的产生。我国东汉时代有"听妻入狱"成例，即将伏法的死刑囚犯，其妻可以进入监狱特定场所（如清末监狱的"家信房"[1]）与其同居。清末犯重罪的新婚男子被判处无期或多年有期徒刑，家庭要求其妻与之同房，经法院许可后，罪犯于一二日后再到监狱。[2]虽然"听妻入狱"的本意是让囚犯留下子嗣，不至于因犯罪再留下"不孝"罪名，但传宗接代对当时的老百姓而言就是最大的情感需求，统治者顺乎人情才做出理性安排。有论者评价说，我国汉代允许犯罪人与其配偶同居之规定，体现了古代的恤囚传统，对现在行刑人道化理念也不无借鉴意义。[3]民国时期曾经讨论过要在囚犯间推行同居会见措施，但后来未能成功，例如，福建莆田县监狱的囚犯曾集体呈请县政府，希望能让他们的妻子入狱同居，但未获县长批准。[4]20 世纪 90 年代至 21 世纪初，我国多地监狱推行同居会见制度，司法部监狱局、多省监狱局和地方监狱还有详细制度规定，只是因为后来在实行中出现一些问题引起较大反响才被迫停止

---

[1] 朱葛民："旧监狱内幕"，载《文史精华》1995 年第 1 期。

[2] 李剑华：《监狱学》，中华书局 1936 年版，第 122 页。

[3] 廖斌：《监禁刑现代化研究》，法律出版社 2008 年版，第 350 页。

[4] 佚名："犯人要求解决性欲问题"，载《玲珑》1935 年第 23 期。

实行。

（二）对囚犯情感需求合理满足的外国传统

在西方，监禁刑于 1800 年之后才开始成为一种司法处罚，想要实行 20 世纪出现的配偶探视（Conjugal Visit）是十分困难的。比如，金斯顿感化院的男女囚犯只能偶尔在新年或圣诞小型聚会上隔着桌子热切地注视着，想有身体上的接触根本没有机会。[1]1900 年，美国密西西比州立感化院正式实行配偶探视，这是人们将配偶探视纳入矫正计划的肇端。受 1970 年代中期刑罚理论向惩罚威慑效应的古典主义回潮，[2]美国在经过宽松试验之后目前仅有 6 个州允许配偶探视。[3]最近，在一家网站刊发的新闻图片中，洪都拉斯圣佩德罗苏拉监狱的囚犯丹尼斯·卡斯蒂落（Denis Castillo）在一张狭窄的小床上和他的妻子相对而眠，一脸天真的儿子夹在中间自顾玩弄东西，相隔不远还有别的囚犯及其铺位。这一幕令人心酸，原来配偶探视所需条件可以如此简单，它所带来的情感力量却如此震撼![4]

根据《监禁的现状与未来：从国家视角看囚犯的权利和监狱条件》一书和"维基百科"的不完全统计，目前约有 20 个国家推行或试行配偶探视制度，尽管各国的技术性规定略有差异，但一般都以囚犯改造状况达到一定级别和已婚为批准要件。关于配偶探视之性质究竟是囚犯权利抑或一种优惠处遇（Privilege）颇值一提：若是囚犯权利，该制度就具有了法律正当性，监狱即使创造条件也要遵守规定助囚犯实现权利。若将其视为一种处遇，申请能否成功获准决定权则操于监狱之手。有论者认其为一种特许权，[5]这事实上是对现行做法的一种总结，因为依照我国《监狱法》第 48 条规定，罪犯在监狱服刑期间可以依法会见亲属。但依立法权限，监狱系统有权对会见的方式制定实施细则。巴西的监狱管理者和犯罪学研究人员认为亲密探视是一种权利，而监狱系统的其他人员认为，基于监狱主导文化和物质条件限制，它应

---

〔1〕 ［加］西莉亚·布朗奇菲尔德：《刑罚的故事》，郭建安译，法律出版社 2006 年版，第 27、153 页。

〔2〕 姜文秀："美国监禁刑的困境、出路及其启示"，载《中国刑事法杂志》2011 年第 3 期。

〔3〕 吴宗宪：《当代西方监狱学》，法律出版社 2005 年版，第 280、283 页。

〔4〕 "洪都拉斯监狱：最危险最拥挤最自由"，载 http://news.ifeng.com/photo/dashijian/detail_2012_06/01/14975363_6.shtml，访问时间：2012 年 6 月 12 日。

〔5〕 柳忠卫："罪犯特许权论——以罪犯与其配偶同居权为分析对象"，载《法商研究》2008 年第 4 期。

该是一种奖励而非权利。[1] 在司法部长诉迈尔霍弗（Minister of Justice v. Hofmeyr）案中，南非一家法院明确裁定："不能仅将犯人的权利局限于最基本的几项，而将除此之外的其他权利作为优待由监狱官员自由裁量、任意授予或取消。"但该国矫正部署长在 1998 年的年度报告中说："最近对犯人优待的压缩是出于保持监狱威慑性的需要"。[2] 看来，对这项制度的性质争论还会持续，而且理论与实践会有差距。

三、服刑人情感式矫正的有关认识误区

（一）民意对情感式矫正的扰动

民意往往是源于生活实践的直观经验，法律是源于生活经验又高于生活经验的理性规则系统，法律将囚犯视做权利残缺的人，而民众则从朴素的好恶情感出发认为他们是道德上有缺陷的人，两者评价的差异可能对司法实践产生不利。我国监狱管理工作中搁浅的同居会见制度遭遇的就是此种情形，有研究者证实："传媒对监狱的关注是前所未有的，且集中在监狱的人性化主题上，以监狱的'夫妻同居'、'监狱办超市'、'监狱开放日'、'服刑人员结婚'等举措为重点"，"人民网在一次关于特优会见的意见调查中，有 53% 的网友不赞成，41% 赞成，6% 不清楚"，赞成者认为此举措是改善人性待遇、激励罪犯改造、社会文明进步；反对者认为此举违反监狱惩罚本质和威慑性，违反监禁和改造本意，没有明确法律依据，更有人说，此举有悖民意，伤害群众、受害人及其亲属的感情。[3] 还有研究者流露出遗憾："特优会见室的理论探索，曾被社会舆论'说三道四'，引起许多公众的误解"，"因缺乏法律明确规定，为防止出现罪犯脱逃等意外，大多数监狱目前取消了这一制度"。[4] 其实该制度是在运行多年后因在实行中出现一些问题，如伤害、嫖娼才引起公众关注的，监狱系统因舆论压力才停止实施。实施中的问题在国外也曾出现过：2011 年 5 月，一名女子在墨西哥 Chetuma 监狱进行亲密探视时

---

〔1〕［南非］德克·凡·齐尔·斯密特、［德］弗里德·邓克尔·编著：《监禁的现状和未来：从国家视角看囚犯的权利和监狱条件》，张青译，法律出版社 2010 年版，第 89 页。

〔2〕［南非］德克·凡·齐尔·斯密特、［德］弗里德·邓克尔·编著：《监禁的现状和未来：从国家视角看囚犯的权利和监狱条件》，张青译，法律出版社 2010 年版，第 451、460 页。

〔3〕盛龙忠："突出舆论压力重围：中国监狱舆情分析"，载《犯罪与改造研究》2004 年第 6 期。

〔4〕肖月："论罪犯的婚姻权利"，载《中国监狱学刊》2011 年第 5 期。

用一个大皮箱将男友装进去准备偷运出去，结果被发现并遭逮捕。[1]2010年4月，德国的 Remscheid 监狱一名囚犯在亲密探视中杀害了自己的女友。后一事件引起了公众对监狱当局松懈的安全管理激烈的批评，并对相关安全措施细节进行了质询。但这些事件均未影响配偶探视制度本身。[2]一样的安全问题，处理结果却迥异，国外是从完善操作细节入手，我们则是因噎废食。这使人想起汉代朝野对复仇的态度，民众因孝复仇达到了"偏执"和"迷狂"的程度，"面对巨大的社会压力和舆论冲击，法律只能节节败退，一步步地承认复仇合法"[3]。看来，法律向民意让步的传统由来已久，只不过民众质疑的内容中外有别：我们质疑制度本身的正当性，国外民众质疑的是实施的过程。

（二）情感式矫正中的法律观念误区

先看刑罚理论上的误区。从世界刑罚理论的走势看，文明化、人道化、轻缓化是主流，但因刑罚理论要受一国经济、政治和文化等因素的影响，因此刑罚制度呈现不同形态。以美国为例，美国在20世纪受恢复主义刑罚理论影响致力于对囚犯人性的恢复，确保监狱在性格、态度和行为上影响囚犯，形成了各种富有特色的矫正实践，但20世纪六七十年代，由于美国犯罪率激增，原来的刑罚理论不得不向惩罚威慑的古典刑罚理论回转，在这种背景下，经过多年宽松试验，美国实行配偶探视制度的州由7个降为6个。其他实行该制度的国家也无不受到本国的刑罚理论和刑事政策的影响。此外，探视制度也受到民众权利观念和主体意识的影响。我国清末法律改革家沈家本曾说"觇其监狱之实况，可测其国程度之文野"，[4]同旨的表达就是"一个社会如何对待囚犯往往是其公众能够在多大程度上享有基本人权的一项有力指标"。[5]公众权利观念如果不彰，就会轻视自己的权利状况，囚犯的权利更会

---

〔1〕 "Conjugal visit lead to Mexico prison break", available at http://www.news.com.au/weird-true-freaky/conjugal-visit-lead-to-mexico-prison-break/story-e6frflri-1226087995488，访问时间：2012年6月12日。

〔2〕 "Prisoner murded girlfriend during conjugal visit", available at http://www.spiegel.de/international/germany/outrage-over-lax-security-prisoner-murders-girlfriend-during-conjugal-visit-a-688736.html，访问时间：2012年6月12日。

〔3〕 侯欣一："孝与汉代法制"，载《法学研究》1998年第4期。

〔4〕 沈家本："奏实行改良监狱宜注意四事折"，载故宫博物院明清档案部编：《清末筹备立宪档案史料》（下册），中华书局1979年版，第831页。

〔5〕 ［南非］德克·凡·齐尔·斯密特、［德］弗里德·邓克尔编著：《监禁的现状和未来：从国家视角看囚犯的权利和监狱条件》，张青译，法律出版社2010年版，第593页。

受到漠视；公众的主体意识不昌，对囚犯的身份歧视就会高涨，中国古代对出狱后的囚犯打入另册，"其能改者，返于中国，不齿三年"[1]，类似今天的前科制度。可见，今日的认识有深刻的历史根源。

（三）情感式矫正中的道德制动

中国古代伦理和法律是互为表里的关系，法律的道德化影响极为深远，假如两者产生张力，也往往是法律向伦理让步。通常情况下，作为上层建筑的伦理价值观是由官方主导的，但其一旦在民间发挥作用，就具有了自我能动性。近代以后，法律和道德相对分离，法律对囚犯的评价是以其权利义务范围为评价标准的，囚犯虽然欠缺某些权利，但只要未被明确剥夺的仍依法享有。而公众是以道德评价囚犯的，囚犯在他们眼中就是坏人，坏人怎能有资格在监狱正常享受家庭亲伦、男女之爱？所以，公众对同居会见制度不理解也在情理之中，但司法机关不能轻易为这些观念所动。

四、服刑人情感式矫正的改进之方

作为情感式矫正措施之一的同居会见制度是通向囚犯"心灵再塑"的特殊途径，若不将蒙于其上的理论迷雾予以发覆，就难以为司法实践提供参考。只有明确了努力的方向，才有坚定前行的信心。

（一）法律实施应强调自主性

中国追求的是建设社会主义法治国家目标，司法工作中特重公众舆论。但已如前述，民意往往是从朴素的好恶情感评价法律运作，而法律是自足的理性规则系统，法律运作的效果有时并不能立竿见影。以同居会见为例，该制度的实行维系了多少家庭的亲情，稳定了多少家庭关系，给予了多少囚犯重新做人的精神力量，有些可以量化有些则不行，社会效果更不易测评。然而一旦出现类似云南晋宁的事件就不是小事情，这种"投入"与"产出"的"成本效益"分析，怎能用暂时的结果测评？作为情感式矫正措施之一同居会见制度不仅可以使囚犯心灵改造的效果明显增强，而且囚犯重返社会之后还有巩固作用，因为家庭是囚犯的责任和希望所在。

（二）现实条件制约的适当克服

各地经济水平相差悬殊，监狱的物质条件也会不同，清代监狱中实行"听妻入狱"时的"家信房"是监号外面低矮的小屋，洪都拉斯监狱中拥挤的囚室中躺着囚犯和妻儿的是那张狭窄的小床，美国一些监狱中提供的是容

---

〔1〕 孙诒让：《周礼正义》，王文锦、陈玉霞点校，中华书局1987年版，第2747页。

纳两人的拖车式小活动房(Trailer),[1] 它们所需条件均相当简单。因此，物质条件并不是最大制约因素，结合本地经济条件提供力所能及的设施还是不太困难的。至于普遍受关注的安全问题，一是要将事前批准和事中监管结合，人身危险性高者、夫妻有矛盾者等情况可暂不批准，对入狱探视者携带物品进行检查；二是将提高安全监管水平与完善安全制度细节相结合。总之，通过努力还是可以探索出一条可行之道的。

（三）条件放宽与加强管理的协调进行

第一，在一些实行配偶探视的国家，"配偶"内涵较中国为宽，不仅包括在法定机关登记的合法婚姻，也包括未婚同居者，国外称之为"家庭伴侣"，甚至一些地方还承认同性恋伴侣为亲密探视者（如美国纽约州），这与当地的婚姻制度密切相关。由于我国排除了原来曾经承认过的事实婚姻，所以对同居会见的对象很难接受"家庭伴侣"的概念，但是若从社会现实角度看，将婚姻形式要件绝对化也会使一些囚犯无法获得同居会见的机会。实践中可以将有婚姻意向（乡村中就有不结婚而生育的实例）却因故不能结婚者纳入"配偶"范围，可以让双方父母或邻居证实，当然也可以设定其他形式要件。现实中有些即将结婚因某种原因犯罪者，主观恶性不大，刑期也不太长，纳入同居会见的范围是可行的。

第二，在实施同居会见制度过程中，可依不同刑种区别对待，将人身危险性作为重要考察标准，并可分成不同梯级，再结合处遇等级进行考核。对于同居会见本身也可依会见的时间长短、监管程度等分为不同梯级，不同的处遇等级对应不同的同居会见等级。这种办法可以使更多囚犯获得同居会见机会，不至于使制度运行名存实"僵"。

（四）功能替代途径的多样化

世界上实行同居会见制度的国家不算多，因为更多国家充分运用了离监假、减刑、假释、社区矫正等制度形式。当然，只要监狱存在，同居会见的独立价值就不容否定，因为各制度的适用条件不同。我国《监狱法》第57条规定了探亲假制度，但在实践中各地监狱实施情况难尽人意，没有充分发挥出其效力。国外一些监狱的离监假批准条件相对宽松，只要符合法定条件，申请者就可以获准离监。瑞典曾经发生过囚犯在离监假期间再犯罪的情况，引起民众反感，但该制度的正价值仍然大于负价值，离监假仍得以坚持实行。

---

〔1〕 "Budget calls for conjugal visit trailers at local prison", available at http://www.cnycentral.com/news/story.aspx?id=432243，访问时间：2012年6月12日。

我国新的《刑事诉讼法》修正案增加了"社区矫正"一条，随着这种新行刑方式的推广，更多符合条件的犯罪人可以在社区服刑，同居会见的功能也可被部分替代。因此，随着行刑方式的社会化、刑罚理念的现代化，罪犯只要努力改造，争取机会，会有更多机会享有在监狱所不具备的待遇。

（五）文化教育与法制教育的结合

无论如何，即使放宽批准条件，仍会有大多数罪犯无法享受到同居会见的机会，如未婚罪犯就无法享受此项待遇，这也是同居会见制度遭人诟病之处，认为该制度无法在所有罪犯中间平等实行。其实这一点并不难廓清，监狱机构设定的法定条件对每一个罪犯都是平等的，只要已婚均可提出，能否达到此条件就看个人的情况了，这就如同民事权利能力和民事行为能力之区别一样。我国有悠久的传统文化，其中不乏直达人心灵的精华，如"仁义礼智信"五德。地处孔孟之乡的鲁西监狱引入传统儒家文化矫正罪犯恶习，修其身养其性，通过亲情电话、共餐、家访、同居等方式强化人伦情结，产生了十分显著的改造效果。[1]对于未婚罪犯和已婚但暂时不符合同居会见条件者，可通过传统思想提高他们的道德素养，促其正确对待情感欲求，通过读书学习、思考人生道理而将精力分散转移。我们不提倡古代那种禁欲思想，但对欲望和需求也不能作不合理奢望。

物质可以满足身体需求，精神可以撼动心灵。若欲让囚犯在监狱真正实现"脱胎换骨"，"重新做人"，就必须从情感途径入手，尤其是人身危险性较高者，必须先复苏其隐藏的人性，用真情融化其心中的"坚冰"，没有谁天生就是做罪犯的料，龙勃罗梭所说的犯罪是"代代相传"[2]的论断是荒诞的，后天环境才决定人的行为。当然，要真正感化人的心灵并非易事，若能恰当运用同居会见这一情感式矫治措施，无疑让监狱多掌握了一把打开囚犯"心锁"的钥匙。欧洲禁止酷刑和不人道或有辱人格的待遇或处罚委员会（ECPT）对配偶探视的做法表示赞赏，并指出该制度"应该在尊重囚犯人格的环境下进行，探视室应被布置得像家一样，这样才有助于维系囚犯与父母、配偶或伴侣及孩子之间的稳定关系"，[3]这一具有国际前瞻性的认识让我们对同居会见制度充满信心。

---

〔1〕 马志冰等：《中国监狱文化的传统与现代文明》，法律出版社2006年版，第3～4页。

〔2〕 ［意］切萨雷·龙勃罗梭：《犯罪人论》，黄风译，中国法制出版社2000年版，第313页。

〔3〕 ［南非］德克·凡·齐尔·斯密特、［德］弗里德·邓克尔编著：《监禁的现状和未来：从国家视角看囚犯的权利和监狱条件》，张青译，法律出版社2010年版，第562页。

侦查程序的法治化进程的历史考察

何邦武*

国内学界有关侦查制度历史的研究，从对史料的考订，到对具体侦查行为的流变，乃至对整个侦查制度演进的梳理，不乏论证详备、视界开阔的力作。但遗憾的是，由于研究方法的先在约束，见诸书刊的这些著述，在立足于侦查制度自身以究明其发展历史上，尚嫌不足。原因主要在于，20 世纪 50年代之后，在废除"六法全书"，斩断伪法统的运动之下，伴随着对苏联法学的引进，"中国法学一直把阶级性作为法学的基调或者说基石，阶级性几乎成为人们观察、认识、评价法律现象的唯一视角和超稳定的定势。法学的言论、推论、结论、结构、体系，对法律资料和法律文献的收集、分析、使用，以致法学的引文方式和语言，无不围绕着阶级性这一中轴旋转，法学实际上成了阶级斗争学"。[1] 与此对应的则是一种"历史决定论"的观点，这种历史观假定"历史预测是社会科学的主要目的，并且规定可以通过发现隐藏在历史演变下面的'规律'或'模式'或'倾向'来达到这个目的"。[2] 其结果是，削弱乃至拒绝人在社会历史中的主体性地位，而听从"进化规律"或"历史连续规律"的必然性的、宿命论的摆布。在对侦查制度史的研究中，这种泛阶级主义的、决定论的研究范式，则将侦查制度演变的原因解释为经济基础与上层建筑之间相辅相成的互动性的结果，对作为侦查制度主体的人在其中的能动作用关注不足，对人类社会不同时空中侦查制度的共同特质强调

---

* 浙江理工大学法政学院副教授，南京师范大学法学院博士后研究人员，杭州师范大学法治中国化研究中心兼职研究员。

〔1〕 张文显："改革开放新时期的中国法理学"，载 http://bbs.jlu.edu.cn/cgi - bin/bbstcon? board = Law&root = 1069590463，访问时间：2011 年 9 月 21 日。

〔2〕［英］卡尔·波普尔："历史决定论的贫困"，转引自王晓林：《证伪之维——重读波普尔》，四川人民出版社 1998 年版，第 279 页。

不足，没有有效地揭示出侦查制度自身演变的逻辑。

研究方法的局限导致了在侦查制度演进原因解释中的随大流，成了没有解释的解释。如"犯罪侦查制度是一种社会制度，是人类社会发展到一定历史阶段的产物。因此，它也是由具体的经济基础决定的，而且是为经济基础服务的。换言之，犯罪侦查制度必须适应社会经济发展的需要，必须随着社会经济基础的发展变化而进行相应的调整和改革"[1]又如，"在不同国体的国家中，犯罪侦查制度的服务对象不同，其特点也自然不同。资本主义国家的犯罪侦查制度和社会主义国家的犯罪侦查制度之间必然存在差异……"[2]

笔者以为，在对犯罪行为进行侦查的过程中，如何有效地规范侦查权的运作，始终是侦查制度面临的核心问题。随着国家权力对侦查活动的介入，[3]侦查活动又表现为公民的日常生活越来越多地受到国家权力以追诉犯罪为名的干预和侵犯。于是，为了防止国家权力的肆意扩张和滥用，设置一定的程序来规范侦查权，是立法者理所当然的选择。[4]而这一程序的选择必须同时考虑以下两方面的因素：一方面，出于维护社会秩序和安全的需要，国家应当且必须启动侦查程序；另一方面，在国家权力和公民权利之间，后者的优位性决定了侦查权的行使不仅不能无视公民的基本人权，相反，还要以承认其享有某些基本人权为前提，使国家权力与公民权利之间保持一种必要的张力。换言之，侦查活动同样"不仅仅是一种以恢复过去发生的事实真相为目标的认识活动，而且也包含着一种程序道德价值目标的选择和实现过程"[5]。故尔，侦查程序的正当化与否即程序的法治化水平决定了一个国家侦查制度的法治文明化程度。因此，有关侦查制度史的研究，在研究方法上，笔者将立足于侦查制度自身的发展逻辑，以其程序法治状况为考量视角，以迄今为止人类历史上几大文明样态之一的中国和两大法系主要国家的侦查程序为考察对象，梳理既有的侦查史料，厘清程序法治在侦查制度中的发展脉

---

〔1〕 何家弘编著：《外国犯罪侦查制度》，中国人民大学出版社1995年版，第7页。

〔2〕 何家弘编著：《外国犯罪侦查制度》，中国人民大学出版社1995年版，第7页。

〔3〕 一般来说，初民社会，国家权力对诉讼的参与仅限于法庭审判（虽然审判中有对犯罪的侦查），此前的有关活动，如犯罪事实的调查、证据的收集、犯罪行为责任人的追捕等，国家权力并不介入。

〔4〕 在西方，在旧的身份共同体关系的解体与资本主义新秩序的确立这一历史过程中，有两项制度起到了神奇的作用。一个是社会或私法领域里的契约，另一个是国家或公法领域里的程序。参见季卫东：《法治秩序的建构》，中国政法大学出版社1999年版，第39页。

〔5〕 陈瑞华：《刑事审判原理论》，北京大学出版社1997年版，第51页。

络，以此折射出整个侦查制度的发展轨迹。

一、侦查权的专业化与集中化：走向程序法治

马克思·韦伯论述了合法统治的三种理想类型：合法型统治、传统型统治和魅力型统治。合法型统治是建立在相信统治者的章程所规定的制度和指令权利的合法性之上的统治，其基本范畴是：①一种官职事务的持续的、受规则约束的运作。②这种运作是在一种权限（管辖范围）之内，而权限意味着：一种根据劳动效益分工实际划定的承担劳动效益义务的领域；赋予大致为此所需要的命令的权力；明确划定可能允许的强制手段和使用强制手段的前提条件。③任何机构都有固定的监督和监察制度，下级机构都有权向上级机构投诉或提出异议，上级机构相关的处理办法。④包含技术性规则和其他准则的议事规则。⑤行政管理档案制度等。传统型统治是建立在一般地相信历来适用的传统的神圣性和由传统授命实施权威的统治者的合法性之上的统治。在纯粹的类型中，传统型统治的行政管理班子缺乏按照事务规则确立的、固定的权限，固定的、合理的等级制度，通过自由契约并按照规定任命官员和按规定晋升以及专业业务培训等。传统型统治的原始类型是统治者没有个人的行政管理班子，表现为老年人政治或原始家长制，而随着统治者纯粹个人的行政管理（和军事参谋）班子的产生，任何传统型的统治都倾向于走向世袭制度。魅力型统治则是建立在非凡的献身于一个人以及由他所默示和制定的制度神圣性，或者英雄气概，或者楷模样板之上的统治。三种理想类型中，韦伯认为，官僚体制的行政管理意味着根据知识进行统治，而纯粹的官僚体制的行政管理，因其精确、稳定、有规律、严肃紧张和可靠等特征，是实施统治形式上最合理的形式。并且韦伯指出，他所讨论的三种理想类型，在历史上没有任何一个真正以"纯粹"的形式出现过。[1]但笔者以为，这不能否认韦伯这一理论的方法论意义。

大致说来，西方主要法治国家和中国，在前近代时期，主要表现为传统型统治和魅力型统治。近代以后（分别以英国光荣革命、法国大革命和中国戊戌变法所导致的制度的变更和大规模制度移植为标志），则表现为以官僚体制为表征的合法型统治（不排除其中出现的反复）。不难看出，与整个社会制度的变革相适应，侦查制度在由传统型和魅力型统治社会向合法型统治社会

---

〔1〕 参见〔德〕马克思·韦伯：《经济与社会》（上卷），林荣远译，商务印书馆1998年版，第238～269页。

过渡的过程中，逐步地理性化，其程序的正义即法治化水平不断提高。这首先表现在，从外部来看，犯罪侦查实现了和其他职能的分立，使附属于军事、行政、审判、检察、治安等职能发展成为由专门主体负责的活动，具有专业性、独立性职能，其主体则从分散在行政官、法官、陪审员、检察官、治安官员身上发展到集中于警察机关、司法警察身上。

在前近代的中国，据《史记·五帝本纪》和《尚书·舜典》记载，舜时，设立了9种官职，其中皋陶任"士"，掌管兵刑，既要对付外族的入侵，又要惩罚内部成员的暴乱不轨，集军事职能、警察职能和审判职能于一身，在案件调查审判方法上，"其罪疑者，令羊触之，有罪则触，无罪则不触"。[1]

自夏至周，兵刑分职，犯罪侦查职能开始专业化。夏王朝设六卿，即后稷、司徒、秩宗、士、共工。其中，司马为军事长官，士则专管刑狱。后来，士又称"理"或"大理"。商时，开始了中央和地方的两级侦查制度。西周时，中央的司法长官是"司寇"，"掌邦禁，诘奸慝，刑暴乱"[2]。其下设士师数人，负责王畿之内刑事案件的审问裁断。此外还设有司刑、司刺、司圜、掌囚、掌戮等职，分别负责刑罚、察举、监狱、囚犯、司法行政等职责。在基层的"乡"、"遂"，分别设有乡士和遂士，负责地方狱讼的查断，遇到重大案件才"弊其讼于朝"，听司寇审查。

春秋战国时期，各诸侯国中出现了专司缉盗的"司隶"，有些诸侯国还出现了专门维护社会治安的"司圜"，主管巡察市井并拘捕犯禁者和盗贼者的"司稽"，负责执行宵禁的"司悟氏"，负责诛杀、拒捕等的"禁杀戮"等。

秦统一六国，"平定天下，海内为郡县，法令由一统"。此后直到清末，以皇权主义为核心的专制集权制政治体制，历代相沿不改，其司法活动的基本特征是，行政兼理司法，司法本身是行政管理方式的一种。[3]就侦查而言，一方面，独立的犯罪侦查主体开始出现；另一方面，侦查职能又附属于审判职能，断狱官同时负责查获证据，捉拿嫌疑。关于独立的侦查主体，以秦为例，在京师、朝廷任命管理京师治安和缉捕盗贼的官员是中尉，其下设丞、侯、司马、千人等属官。在地方的郡、县、乡、里四级行政机构中，郡尉、

---

〔1〕（汉）王充：《论衡·是应篇》。

〔2〕《尚书·周官》。

〔3〕与西欧不同，古代中国在向集权制政治转变时，并未伴随着类似于后封建时期欧洲社会那种专业的法院、律师和法律理论那样的东西（由此产生了后来不同的变革契机），这是中西文明的差异所在。参见〔美〕昂格尔：《现代社会中的法律》，吴玉章、周汉华译，译林出版社2001年版，第83~100页。

县尉、游缴和里典分别负责各级的治安和捕盗。此外，秦朝还设有专门的"警察"机构——亭（原是一种军事机构，后来才转化为具有警察性质的机构），一般设在驿道、关津等交通要道和街道、市场等人群集中的场所，其主要职责是查禁盗贼和维护治安。亭大概是我国历史上最早建立的军事化专门警察机构。此后，历代根据社会治安形势的变化，因革损益，于称谓上也有所不同，兹不赘述。值得一提的是，宋时建立的类似今天的独立的"警察"系统——巡检司，负责全国各地及河道、驿道、边境等的巡逻、捕盗、缉私等工作，巡检司是"警察"，他们对犯罪只有缉捕权，没有审判权。

需要注意的是，这一时期，独立侦查主体的出现也是与巩固专制皇权、加强社会控制的要求相一致的。如从秦开始，代表皇帝纠弹百官不法以维护皇权专制的御史，就有负责调查职务犯罪的职能。明时，皇帝通过两大特务系统——由宦官组成的东厂、西厂、内行厂和由皇家卫队组成的锦衣卫——来实行专制统治，"厂卫"成为凌驾于司法和治安机构之上的秘密警察组织，已是侦查主体的非常态发展。

以1840年鸦片战争为标志，东西文明的交汇使中国开始经历"三千年未有之大变局"，1898年的"戊戌变法"则是中国追求制度现代化、向韦伯所说的官僚体制的合法型统治过渡的开始（虽然其后有多次反复）。其中，现代警察制度的确立，则是中国近代以来侦查职能专业化和集中化的标志。1898年，湖南成立了近代中国第一个警察机构——湖南保卫局。该局效仿日本东京警察厅和上海等地租界巡捕房的体制，分设机构和职能。从其内部体制来看，侦查不仅与审判而且也与治安开始分离了。1905年，清政府在中央设巡警部，下辖警政、警法、警保、警学、警务五司。与此同时，京师工巡局改为京师内、外巡警总厅。此后，京师内、外城巡警总厅分别组建了侦缉队，以侦破杀人案、盗窃案及其他刑事案件和缉捕要犯逃犯。此外，检察官和预审推事还可以抽调经验丰富的警员担任司法警察，负责案件调查、证据收集、现场勘验、逮捕押送人犯和取保传人等。天津警巡局是清政府建立的第一个地方警察机构。1907年，清政府统一地方警察机构，各省设巡警道，各州县设巡警署，犯罪侦查都由警察部门负责。

在西方，前近代时期，古希腊和古罗马由贵族（长老）会议或民众大会负责调查案情和裁决诉讼，侦查职能从属于审判职能。另一方面，负责维持治安和缉捕罪犯的警察部队开始出现，行使一部分侦查职能，其警察由穷人、奴隶或异邦人担任，地位低于军人。进入中世纪以后，在法国，公元8世纪末，法兰克王国的查理大帝建立了旨在加强中央权力的王室法院。公元813

年，法兰克王国分裂为三个独立的王国，其中的法兰西王国逐渐成为西欧封建制度的中心和代表。法兰西王国的法院系统比较发达，包括国王法院、领主法院、教会法院和城市法院等。受纠问式诉讼方式的影响，法院不必经过当事人起诉便可主动调查案情并进行审判。这时的犯罪侦查已成为诉讼程序的重要组成部分，法官是侦查的主要角色。"在纠问制度之立法例，审判机关兼摄追诉之权，并无侦查与审判之分。"[1] 12 世纪初，法兰西设立了国王代理人，负责监督地方法院的审判工作。13 世纪路易九世的司法改革之后，国王代理人被正式命名为检察官，具有监督侦查、起诉的职责。1539 年，法兰西斯一世颁布敕令，首次明确规定了检察官的职责和权力。此后，检察官的权力迅速扩大。1808 年，《重罪审理法典》确定了职权分开原则，即起诉职权、预审职权与审判职权分别交由不同的机关与司法官行使。1809 年，《刑事预审法典》废除了此前由《刑法典草案》规定的控告陪审团制度，全面恢复了检察官公诉制度，检察官负责几乎全部刑事案件的侦查和起诉。不过，检察官的犯罪侦查职能已在一定程度上分给了预审法官和司法警察。

关于警察制度，公元 6 世纪，巴黎地区建立了巡夜队，负责夜间巡逻和追捕罪犯，后来发展成巡警队。14 世纪，巡警队成为常设警察机构，负责某市治安并在法官的领导下搜集犯罪情报和缉捕罪犯。12 世纪时，法国还建立了直属中央的皇家宪兵队，负责全国各地主要是乡村的执法和治安工作。1699 年，国王下令组建全国的警察部队，自此，现代的警察体制逐渐建立。20 世纪初，巴黎市警察局的犯罪侦查体制经历了从集中型向分散集中结合型转化的趋势，强化了犯罪侦查的力度。与此同时，各省的地方警察组织也得到了相应的发展。1959 年，《法国刑事诉讼法典》确立了司法系统内部的"三权分立"原则，即侦查权、起诉权和审判权分属三个不同的司法机关。按规定，巡警或其他司法人员接到有关犯罪报案之后便通知司法警察，后者则报告检察官并开始工作。检察官要监督警方的侦查活动，必要时可直接领导侦查工作并参加现场勘验、搜查和审讯等活动，司法警察在抓到罪犯后便将案件交给预审法官，后者负责证据和讯问被告人、在必要时也可以重新勘查现场和询问证人，然后将案件移送检察官决定是否起诉。实践中，检察官和预审法官很少直接染指具体的案件侦破工作，司法警察已成为最主要的犯罪侦查力量。

值得一提的还有大陆法系的预审法官制度。预审法官制度最早产生于

---

〔1〕 陈朴生：《刑事诉讼法实务》（增订版），台湾中正书局 1979 年版，第 267 页。

1808 年法国的《重罪审理法典》，是纠问式诉讼制度的残余在现代刑事诉讼制度中的一种体现。法国大革命期间，民众迫切要求废除纠问式诉讼制度，采用英国的弹劾式诉讼制度。经过 1789 年 10 月的法令和 1791 年 9 月的法令，法国抛弃了传统的纠问式诉讼制度，全面引进英国的诉讼制度，设立大小陪审团，实现审判程序和审判前程序的分离，审判法官和小陪审团负责案件的实体审理，治安法官和大陪审团负责审前调查。其中，治安法官有权收集犯罪证据，查获犯罪嫌疑人，但逮捕犯罪嫌疑人必须经大陪审团批准。至此，控诉、审判、侦查及审前裁判开始分离。由于诉讼传统的差异，再加上法国大革命后社会一直动荡不安，犯罪率大幅上升，因此，法国 1801 年修正刑事诉讼法时，转而向纠问式诉讼制度复归。1808 年的《重罪审理法典》形成了法国现代刑事诉讼制度的雏形。法典关于审前阶段基本上恢复了纠问式诉讼制度，由检察官和预审法官共同负责。二者之间，预审法官既有权进行侦查，又有权决定是否实施逮捕、拘留、搜查、扣押等强制性措施，集侦查权与裁判权于一身，在实践中极易滥用权力，使犯罪嫌疑人处于十分不利的地位。其后，预审法官制度逐渐在大陆法系国家传散开来。

进入 20 世纪后，许多国家都对预审法官制度进行了改革。1926 年 12 月，德国在修正羁押法时，对预审法官的调查权进行了限制。在其后的法律修改中，又进一步废除了原《刑事诉讼法典》第 126 条关于预审法官审前调查权的规定，规定刑事案件的任务转由检察官和警察担任。在 1974 年修改刑事诉讼法时，德国又进一步规定，检察官是刑事诉讼的侦查主体，警察是检察官的辅助人员，从而最终确立了德国现行侦查制度。

在法国，早在 1879 年，就有全面修正 1808 年《重罪审理法典》的呼声，但直到 1938 年，才成立修正委员会，提出了修正草案。二战后法国立法机关授权巴黎大学再次成立刑事诉讼法修改委员会。这次修正的基本思路是，将原《重罪审理法典》中"公诉官请求"与"预审法官审理"的权力分立模式变革为"司法警察权"与"裁判权"的权力分立模式。草案建议将侦查权交由检察官和司法警察行使，检察官为侦查权的顶点，指挥警察进行侦查活动，预审法官则全面退居监督地位，只负责审查是否应对犯罪嫌疑人适用强制侦查措施。但草案一提出，就受到激烈的批评，最后不得不将其撤回。1958 年刑事诉讼法修改中，预审法官的双重身份还是被保留下来，只是加强了对其的监督和制约。在 1993 年 1 月 4 日的修正中，改革派略占上风，通过的法律取消了预审法官批准临时羁押的权力，改由委托法官行使该项权力。但在其后 8 月 24 日的修改中，随着国民议会组成结构的变更，保守派又占据上风。

1月4日的修改被否定,在预审制度上恢复了以前的做法,预审法官又集侦查权和裁判权于一身,只是扩大了律师对诉讼活动的参与权,强化了预审阶段的对抗性。1997年,新任司法部长伊丽莎白·基古夫人发表了关于司法改革的宣言。经过激烈争论,最终在2000年6月15日通过《关于加强保障无罪推定和被害人权利的法律》,其中,对预审法官制度进行了改革,决定设立自由和羁押法官,目的是削弱预审法官有时看似过大的权力,实行双重监督,进一步保障当事人的自由。自由和羁押法官负责决定或延长先行羁押,并就要求释放的请求作出决定。但预审法官已就释放被羁押人作出决定的除外,因为决定羁押需要预审法官及自由和羁押法官两名法官的同意,而释放被羁押人则只需要其中一名法官决定即可。此外,法律还赋予了自由和羁押法官一些其他权力。[1]预审法官在其他国家的情况是,日本于1948年、葡萄牙于1987年、意大利于1988年先后废除了预审制度(目前,只有欧洲大陆尚有少数国家,如比利时、荷兰、西班牙等还保留着预审法官领导侦查的制度)。

预审法官制度的产生、发展乃至逐步萎缩,从另一个侧面印证了侦查权的专业化和集中化的发展趋势。在英国,1066年诺曼底公爵威廉率军征服了不列颠群岛并建立了统一的英吉利王国。"普通法是在英格兰被诺曼人征服后的几个世纪里,英格兰政府逐渐走向中央集权和特殊化的进程中,行政权力全面胜利的一种副产品。"[2]"征服者威廉"决定用英国的法律来统治英国人,因此,欧洲大陆上的法律制度与英国法律传统的结合是以英国的普通法为基础的。就侦查制度来看,概略言之,有三条发展演变的规律,一是从民众侦查发展到官方侦查。如早期的"十户联邦制"和大陪审团都属于民众的"自侦自查";警务官和验尸官也只是半官方的侦查;治安法官、检察官和近代正规警察才属于官方侦查。二是从业余侦查发展到专业侦查。早期的十户长、百户长、警务官、郡长、大陪审团乃至治安法官等都具有业余侦查人员的性质。1750年,被誉为"英国小说之父"的亨利·菲尔丁创建了英国历史上第一个专业侦查机构——鲍街侦缉队,其队员经常化装到盗贼聚集的地方去侦查和搜集情报,罪犯抓到后,送交菲尔丁进行审讯。鲍街侦缉队的建立,标志着专业侦查的开始,而正规警察机构的建立则是专业侦查发展的保障。三是从职能分散的侦查发展到职能集中的侦查。古代的警务官、大陪审团、

---

〔1〕 赵海峰主编:《欧洲法通讯》(第1辑),法律出版社2001年版,第156~177页。

〔2〕 [英] S. F. C. 密尔松:《普通法的历史基础》,李显冬等译,中国大百科全书出版社1999年版,第3页。

验尸官、治安法官、检察官都曾具有一定的犯罪侦查职能，但是，随着社会的发展，警务官和大陪审团已退出历史舞台。18 世纪，大陪审团在刑事诉讼中扮演了很重要的角色，其职能实际上包括现在的侦查、预审和起诉。19 世纪以后，大陪审团只剩下预审职能。20 世纪初，治安法官又逐渐接替了大陪审团的预审职能。1948 年，大陪审团彻底退出了历史舞台。治安法官和检察官不再参与侦查而分别负担预审和起诉，验尸官和私人侦探也仅在某些领域内辅助侦查，于是侦查职能便集中于警察一身。[1]

两大法系的其他国家在侦查职能的专业化和集中化上，也有着相同的发展历程，限于篇幅，略而不论。回到韦伯关于社会统治的理想类型中，侦查职能的专业化和集中化，从控权的角度看，则是使侦查权的运作在"一种权限（管辖范围）之内"（韦伯），这种"事归于一"的运作方式，确保了只有相应的主体才有相应的权限。也就是说，对侦查权的控制有了初始意义上的程序保障。这既保证了侦查权的权威性，促成社会公众对其权威性的认同，也使规范和监督侦查行为有了确定的对象，为实现更高程度的程序正义打下了基础。

二、侦查权规范化与内部监督机制：程序法治进一步彰显

规范侦查权及对其实行内部监督，在前近代时期即已开始。在中国，周朝时就规定了五声听狱讼，即"辞听（观其出言，不直则烦），色听（观其颜色，不直则赧），气听（观其气息，不直则喘），耳听（观其听聆，不直则惑），目听（观其眸子，不直则眊）"[2]。在对待口供的问题上，要求"听狱之两辞"。关于刑讯逼供（不仅拷讯被告，也包括证人），则要求"仲春之月……毋肆掠，止狱讼"[3]，以不妨碍农业生产。在监督制约机制上，有自商朝即有的审转（而非审级）制度。以中央为例，"成狱辞，史以狱成告于正，正听之；正以狱成告于大司寇。大司寇听之棘木之下；大司寇以狱之成告于王，王命三公参听之；三公以狱之成告于王，王三又，然后制刑"。[4]还有对法官法律责任的规定："五罚不服，正于五过；五过之疵，惟官，惟反、惟内，惟

---

〔1〕 需要说明的是，英国没有全国统一的警察机关，但所有的警察必须遵守统一的法律，如《1984 年警察与刑事证据法》等。警察机关内部亦有不同的职司。参见孙长永：《侦查程序与人权》，中国方正出版社 2000 年版，第 51～54 页。

〔2〕《周礼·秋官·小司寇》。

〔3〕《礼记·月令》。

〔4〕《礼记·王制》。

货、惟来。"犯者，"其罪惟钧"〔1〕。上述制度在以后的王朝中都延续下来。例如，根据《唐律·断狱律》，对反复审问和验证而不供认者，可进行拷囚，但拷囚不得超过 3 次，每次应间隔 20 天，总数不能超过 200 杖；杖罪以下不得过所犯笞、杖之数，拷满上述标准犯人仍不招供认罪，则须取保放免。如拷过三度，虽然总杖数未超过 200，主司也要受到杖 100 的处分。如刑讯杖数超过 200 或超过本罪，依律主司应"反坐所剩"，即以超过之数反坐；若致罪囚死亡，主司要判处徒刑 2 年。此外，对于有特定身份的人或者老幼笃疾及怀孕期间和产后不满百日的妇女，都不得进行拷问。值得一提的是，中国古代很早就有了有关查证和勘验查封等的规定。根据秦《封诊式》，案件发生后，当地的里典要把司法机关决定受理案件的被告人的姓名、身份、籍贯、有无前科、是否判刑或赦免等事项写成书面报告。县司法机关接受案件以后，通常是县丞"即令令史"前往调查或勘验，作出笔录，叫"爱书"。需要查封的还要查封，叫"封守"，封守要有详细记录。宋时，官府设有专门的勘验官并制有详细的勘验模式，南宋时还颁布了《检验条目》，重视对犯罪现场的勘验和取证。这在客观上推动了如宋慈的《洗冤集录》等法医学著作的出现。

在西方的前近代中，对于侦查权也作了规范。如英国，对大小陪审团职责逐渐有了分工，使大陪审团专司调查与起诉。1194 年，治安法院法令明确规定各郡设立验尸官一职，以负责保卫国王财产和调查暴力死亡、非自然死亡和狱中死亡等。在法国，案件调查分为一般侦查和特殊侦查两个阶段，由法官亲自主持。前者是收集证据和确定被告人，后者是审查证据和讯问被告人。在检察官制度上，13 世纪路易九世的司法改革之后，检察官的职责得到明确，即代表国王监督地方的行政和司法官员，代表国王对犯罪进行侦查和起诉，包括收集犯罪情报、批准起诉和参与对被告人的审讯。14 世纪后期，国王还设立了检察长的职务，以便协调各检察官的工作。在实践中，只要法官或检察官认为某行为属于犯罪，即可开始对之进行调查，具体的调查由检察官负责。调查结束之后，检察官要提出调查结论。如果认定被告人有罪，还要制作控告书，控告书中应包括量刑建议。在德国，1532 年德意志帝国国会通过了著名的《加洛林法典》，在有关犯罪侦查制度上规定，以职业法官代替业余的陪审官，使犯罪侦查的主体由业余审判人员转化为专职审判人员。法典用纠问式诉讼代替控告式诉讼，法官在案件调查和审判中扮演了积极主动的角色，他们主动追查犯罪行为，在讯问被告人时广泛使用刑讯逼供。不

---

〔1〕《尚书·吕刑》。

过，法典对刑讯的条件和程序作了明确规定，使其有规则可依。

近代以后的中国，随着清代修律的启动，中华法系开始解体，包括侦查制度在内的法律制度进入了以西方主要是大陆法系法制为模板的全面模仿和移植阶段，其侦查制度的变化可以存而不论。

在西方，近代以后，经过启蒙运动，天赋人权思想、社会契约理论、人道主义观念等的深入人心，法治国家原则、人权保障思想等被广泛接受，并体现在立法中。在刑事法中，1764 年意大利刑事古典学派创始人贝卡里亚的名著《论犯罪与刑罚》出版。贝氏在书中深刻揭露了旧的刑事制度的蒙昧主义本质，鼓吹人道主义的刑事法律，对刑讯逼供和死刑进行了愤怒的谴责。指出："在法官判决之前，一个人是不能被称为罪犯的。只要还不能断定他已经侵犯了给予他公共保护的契约，社会就不能取消对他的公共保护。"刑讯必然造成这样一种奇怪的后果："无辜者处于比罪犯更坏的境地。尽管二者都受到折磨，前者却是进退维谷；他或者承认犯罪，接受惩罚，或者在屈受刑讯后，被宣布无罪。但罪犯的情况则对自己有利，当他强忍痛苦而最终被无罪释放时，他就把较重的刑罚改变成较轻的刑罚。所以，无辜者只有倒霉，罪犯则能占便宜。"[1]此后，刑事程序法治思想和保护犯罪嫌疑人、被告人的诉讼权利的思想和原则逐渐深入人心。[2]

在大陆法系国家，自法国 1808 年《重罪审理法典》以后，侦查程序就一直是刑事诉讼法典的重要组成部分，对侦查权行使的规范和监督逐渐加强。以法国为例，1897 年 12 月 8 日法律确认，被告人自第一次至预审法官前到案开始即可得到诉讼辅佐人的协助。预审不再是在被告人不知情的情况下进行。诉讼辅佐人则可以按照规定接触诉讼案卷中的所有材料，可以提出建议，在对质时，可以要求向证人提出问题。1957 年，《刑事诉讼法典》颁布，法典在前三编对有关司法警察组织、初步调查、拘留以及在现行犯情况下的权力作了规定，目的是避免警察的过火行为。法典生效至今，一直都在作修改，

---

〔1〕［意］贝卡里亚：《论犯罪与刑罚》，黄风译，中国大百科全书出版社 1993 年版，第 31、33 页。在法国，孟德斯鸠和当时的总检察长塞尔万都起来严词抨击刑讯拷打以及诉讼程序所导致的不平等，尤其是对专断行为提出了有力的批判。

〔2〕英美法系向以强调"程序正当"著称，并以改良主义为其变革之路。在英国，1215 年的《自由大宪章》作出规定，非经合法判决，或依据英国法律，不得逮捕、拘禁英国之任何自由人民或剥夺其所有的土地、或取消其所享有的自由权利等。1627 年的《权利请愿书》重申了这一规定。这些制度及思想也对大陆法系国家产生了影响。孟德斯鸠即赞赏以英国法律制度作为法院组织法及刑事诉讼程序的模范。

目标之一就是更好地保护公民的权利，其中很多是有关侦查措施的改革。在英美法系国家，随着诉讼实践的发展，自 20 世纪中后期开始，逐渐将警察侦查活动纳入刑事诉讼的研究范围，并加强了对警察侦查活动的程序控制。英国《1984 年警察与刑事证据法》以及据此制定的《实践法典》，第一次为警察权力和犯罪嫌疑人权利提供了一个详细的法律框架。《1985 年犯罪起诉法》则改变了长期由警察负责刑事案件起诉工作的传统，成立了国家起诉机关 CPS（Crown Prosecution Service），负责英格兰和威尔士的大部分起诉工作。在美国，有关警察侦查活动的规则主要是由联邦最高法院因强调保障犯罪嫌疑人的宪法性权利，通过判例确立起来的。1961 年，联邦最高法院通过 Mapp v. Ohio 案[1]正式确立了非法侦查、扣押所得的证据不得采纳的非法证据排除规则，从而以排除非法搜查、扣押的证据这一惩罚性手段，强制要求各州的侦查活动遵守宪法第四修正案。1966 年，在 Miranda v. Arizona 一案中，联邦最高法院进一步对警察讯问犯罪嫌疑人及犯罪嫌疑人在侦查阶段所享有的宪法性权利作出明确规定。此后，通过判例，逐步构筑了美国刑事审前活动所必须遵守的最低标准。

由于刑事诉讼内在规律的作用，两大法系刑事审判前程序（包括侦查程序）呈现出某些相互吸收与融合的趋势。目前，两大法系共同遵守以下 5 条规范侦查权的原则：①任意侦查原则。凡侦查活动应当尽可能采取任意侦查的方式，强制侦查只有在法律规定的例外情形下才能使用。其最主要的表现是彻底否定嫌疑人的"供述义务"，禁止以物理强制和精神强制的方法对嫌疑人进行讯问，以逼取口供。②强制侦查法定原则。只有符合法律规定的实体要件和程序要件，并且一般应当经法官事先批准才能进行侦查。在英美法及日本法中，表现为"令状原则"（下文将进一步述及）。在大陆法系国家，传统上对于强制侦查的控制主要是通过成文法对侦查行为的实体要件、程序要件及实施程序作出规定，对涉及人身自由的强制措施还设有一定的期限限制。③必要性原则（又称比例原则或相应性原则）。不论是强制侦查，还是任意侦查，都必须与案件的情况相适应，控制在必要限度内。④秘密原则。侦查机关不得以违反侦查目的的方式把侦查的情况向嫌疑人泄露，侦查机关及有关知情人也不得对外泄露侦查情况以及侦查过程中了解到的情况，除非法律另有规定或经权利人同意或者法官批准。⑤被动侦查为主、主动侦查为辅的

---

〔1〕 367 U. S. 643（1961）.

原则。[1]

在侦查权的内部监督上，目前，英美法系主要是建立了对侦查主体——警察机关（英）或警察与检察机关（美）——的内部惩戒机制，如警察惩戒委员会。在大陆法系国家，除了有警察机关内部的监督，还有检察机关对警察的指挥和监督。以法国为例，刑法典规定司法警察在实施司法行为时可能的犯罪种类，如非法拘禁罪、暴力罪等。司法警察的某一成员不按规定办案，受到这种行为损害的人，还可以向民事法院提出诉讼。法律准许检察长依据其监视权对不履行义务的司法警察成员自行宣告制裁，并收回其原来给予该成员的职权与资格。也可以提请其行政长官或上诉法院起诉庭给予纪律处分等。日本法律明确规定了检察官对于司法警察职员的三种权力，即一般指示权、一般指挥权和具体指挥权。[2]司法警察职员对于检察官的上述指示指挥，必须服从；无正当理由不服从的，各级检察长认为必要时，可以要求公安委员会或（特别司法警察职员）主管部门提出处分或罢免的追诉，上述有关部门则根据规定对受追诉人进行惩戒或罢免。

侦查权的规范化及其内部监督制约机制的建立，目的就在于防止因侦查权的恣意行使而造成的滥用。通过将侦查权的权威性转化为程序上的正当性，不仅可以实现前文所说的社会公众对侦查权权威性的认同，也在国家权力与公民权益之间划定了界限，维持了二者之间必须保有的张力。同时也要看到，这种规范和监督的有效性取决于侦查权主体的自律，否则形同虚设。纵然是大陆法系国家的检察监督，也因侦诉目的的一致性而很难保证监督的有效性。世界各国出现的司法警察滥用侦查权的事实足以说明这一点。因此，侦查权的规范及内部监督机制的建立，对实现侦查程序的正义仅具有有限的意义，是侦查程序法治化进程中迈出的有限的一大步。

三、司法权介入与犯罪嫌疑人防御权赋予：程序法治的基本实现

从侦查权的专业化与集中化，到对侦查权的规范及内部监督机制的建立，侦查程序的正义在一定程度上得到实现，符合侦查制度法治化的发展逻辑。但如前文所述，这种"体制内"的程序正义保障机制所发挥的作用是有限的。要想进一步实现侦查制度的程序正义，必须借助分权理论，从外部寻求制度支持和制约因素。司法权的介入以及与此紧密相关的犯罪嫌疑人防御权的赋

---

〔1〕 参见孙长永：《侦查程序与人权》，中国方正出版社 2000 年版，第 23～44 页。

〔2〕 详见孙长永：《侦查程序与人权》，中国方正出版社 2000 年版，第 23～44 页。

予，正是应实现侦查程序法治化的需要而产生的。

前近代时期，由于侦查、起诉和审判合为一体，犯罪嫌疑人或被告人仅是国家治罪活动的客体，所以，并无司法审查制度及犯罪嫌疑人防御权等项制度的存在。[1]近现代以来，随着现代法治思想、人权保障及程序正义理论研究的深入，尤其是随着侦查构造理论研究的深化，[2]侦查程序中的司法审查制度开始建立并逐渐完备，与此相关的犯罪嫌疑人防御权也逐步充实。

在司法审查上，凡是进行强制侦查的，一般应当得到法官的批准。但大陆法系国家对于侦查行为的干预主要表现为事先的批准，而不是事后的审查，属于一种"静态抑制"。不过，20世纪中期以后，大陆法系开始借鉴英美法的一些做法（如扩大保释适用范围、对羁押实行定期复查等），加强了对强制侦查的事后审查。英美法系国家对强制侦查的控制则是以"动态抑制"的方式，不仅原则上必须事先经过法官批准，要求令状本身必须具备"特定性"（即具体指明令状适用的人或物、时间、根据等，以区别于"一般令状"），而且在执行令状后仍要受到法官审查。事后审查包括职权复查、上诉复查、审判复查、申诉复查和人权申诉复查等不同层次，反映了对侦查程序司法审查的广泛性。其中，上诉复查、申诉复查和人权申诉复查又与犯罪嫌疑人防御权的行使关系密切。犯罪嫌疑人在侦查阶段的防御权主要有：沉默权、辩护权、会见权、开示逮捕理由请求权、取消追捕请求权、保全证据请求权、不服申诉权等。限于篇幅和资料，以下试就人身保护令制度和沉默权制度的发展沿革作一评述。

人身保护令是一种法官要求政府说明拘禁某一公民的理由，以对其是否合法进行审查的一种命令。其英文"Habeas Corpus"是一个拉丁术语，意思是"要有身体"。历史上的令状曾被用来强迫一个人到法院出庭。首例囚犯运用令状要求法院审查监禁原因的案件发生于1340年。17世纪，英国法律的发展使人身保护令状的运用作为审查非法拘禁的正当程序的一部分得到法律的

---

〔1〕 虽然，如中国古代，有案件在州、府、县之间流转的审转制度，定期审查羁押罪人以决定是否减刑或释放的录囚制度，以及犯人要求复审的乞鞫制度等，都能对当时的刑事司法起到一定的制衡作用，但与这里所说的司法审查、救济等有本质的区别。不过，存在于英国法中的令状制度却是人身保护令制度形成的直接渊源，这是普通法改良主义特征使然。

〔2〕 "侦查构造论"是借用诉讼构造的原理把侦查置于整个刑事程序中，对侦查程序中的相互关系加以系统考察的理论。从理论上看，关于侦查构造比较定型化的学说有三种，即纠问式侦查观、弹劾式侦查观和诉讼式侦查观。参见孙长永：《侦查程序与人权》，中国方正出版社2000年版，第10~14页；［日］田口守一：《刑事诉讼法》，刘迪等译，法律出版社2000年版，第24~26页。

确认，成为一种保护个人自由的工具。1679年的英国《人身保护修正法》对人身保护令制度从程序上进行了完善。该法规定：人身保护令可以向王座法院、高等法院、大法官法院或理财法院提出申请；根据刑事诉讼中被告人或其辩护人的申请，大法官或任何上级法院法官都应发布人身保护令从而将被告交保释放；实施监禁的机关必须在20天内将该被告移交法庭；对被释放的人不得以同样的罪行加以监禁；任何人都不得被送到苏格兰、爱尔兰或海外殖民地进行监禁。现在，人身保护令已成为刑事诉讼中被非法剥夺个人自由的犯罪嫌疑人、被告人以及罪犯的一项重要救济手段。按照英国现行法律的规定，在侦查程序中，如果犯罪嫌疑人认为警察和治安法官对自己采取的羁押措施是非法的，他有权向高等法院申请人身保护令。高等法院接受申请后，将举行由控辩双方同时参加的法庭审判，经过辩论，对羁押的合法性作出裁决。

美国在独立战争前，人身保护令就作为普通法的一项重要制度移植到了美洲殖民地，而且在司法实践中经常被援引为进行人身保护的法律依据。独立战争胜利后，这一制度作为保护公民自由的一项重要制度得以保留。根据美国宪法，只有叛乱或侵略时人身保护令状才可能被中止。1789年的相关法律是美国第一部准许运用人身保护令状的制定法，该法不时被修改。在19世纪60年代以前，一直只有被联邦当局处置的个人才可能获得联邦人身保护令。另外，被宣告有罪的被告人发现令状并无多大帮助，即不管审判法院的程序产生了多大的错误和多么的不公平，只要被告人已被正式审判和判决，令状就不能起到救济的作用。

但1867年开始，这种情况得以改变。当时，国会担忧以前结盟的一些州内存在歧视性地运用刑事司法制度反对获得自由的奴隶的潜在可能，并于1867年制定了经过修改的人身保护令状制定法，为州囚犯寻求反对处理他们的当局提供了救济。尽管1867年的法案次年就被修改，再一次规定了联邦人身保护令状的范围，但最高法院仍旧对人身保护令状的能否获得加以限制。到1915年，联邦保护令状作为间接攻击的工具，被用来反对以侵犯宪法权利为由对囚犯的关押。人身保护令状的运用逐渐演变发展，以至于触犯美国宪法规定被羁押的任何人都能通过人身保护令状而对拘押提出异议。其后，大约30个州也制定了人身保护令状法律，通过州法院并以此表示不服拘押。[1]

---

〔1〕 参见［美］爱伦·豪坦斯泰勒·斯黛丽、南布·弗兰克：《美国刑事法院诉讼程序》，陈卫东、徐美君译，中国人民大学出版社2002年版，第612~613页。

　　沉默权是指犯罪嫌疑人和刑事被告人在整个刑事诉讼过程中对来自官方的提问有拒绝回答或完全保持沉默的权利，沉默以及对于具体问题的拒绝回答，原则上不得作为认定嫌疑人和被告人有罪的根据，以物理强制或者精神强制等方法侵害这一权利所获得的陈述，不得作为指控陈述人有罪的证据使用。[1]沉默权与"反对自我归罪的特权"既有密切联系，又有一定的区别，后者系指任何人对可能使自己受到刑事追究的事项有权不向当局陈述，不得以强制程序或者强制方法迫使任何人供认自己的罪行或者接受刑事审判时充当不利于自己的证人。二者的区别在于：沉默权是以否定一切陈述义务为前提的，它意味着知情人、犯罪嫌疑人和被告人可以拒绝回答一切提问，也可以决定不为自己作证或辩解，而且无需说明理由。反对自我归罪的特权则是以有陈述或作证义务为前提的，只有对可能使自己受到刑事追究的问题才能拒绝回答，因而必须针对具体问题分别主张权利，并附具理由予以说明。

　　现代刑事诉讼中的沉默权产生于英国，其起源可溯及17世纪的李尔本案件。在该案中，李尔本被控走私煽动叛乱的书籍，但他否认被认定的犯罪，同时以自己不伤害自己为由，在法院审讯时拒绝宣誓和供述，因而被法院定罪处刑。英国议会两院均认为对李尔本的判决违法并予以撤销，同时禁止在刑事案件中要求被告宣誓作证。1848年的《约翰杰维斯法》规定，嫌疑人必须被告知在审判前的调查程序中有权拒绝回答问题，并且得到警告，嫌疑人于审前侦讯中所作的回答可以在审判中用作不利于他的证据。1912年首次制定并经后来多次修改的"法官规则"，再次确认警察审讯嫌疑人之前必须事先告知沉默权的规定。值得注意的是，1988年为打击北爱尔兰恐怖犯罪，英国在《刑事证据令》中，对沉默权作出具体限制。1994年的《刑事审判与公共秩序法》则将有关北爱尔兰的规定略加修改后推广适用于不列颠本土。1998年在《刑事审判（恐怖与密谋）法》中，对于恐怖犯罪中的沉默权作了进一步限制。但是，可以肯定，由于受"欧洲人权公约的限制，再加上英国法注重情理的衡平传统和尊重个人权利强调正当程序的法律精神，以及其他条件

---

　　〔1〕　广义上讲，沉默权包括以下六项内容：①任何人有权拒绝回答其他人或机构的提问，不受强制；②任何人有权拒绝回答可能自陷于罪的问题，不受强制；③任何人因受到犯罪嫌疑而被警察或者其他有同等管辖权的官员讯问时，有权拒绝回答任何问题不受强制；④任何刑事被告人在接受审判时不得被强制作证或者在被告人席上回答提问；⑤任何人一旦受到刑事指控，警察或者其他有同等管辖权的官员不得再就有关被控犯罪的重要事项对他进行讯问；⑥被告人不得因在审判前没有回答有关官员的提问或者在审判中没有提供证据而受到不利评论和推论（至少原则上是这样）。参见孙长永：《侦查程序与人权》，中国方正出版社2000年版，第278页。

的制约，对沉默权的限制不致走向极端"。[1]

在美国，出于清教徒的反叛精神以及对殖民地英国法院反抗的态度，殖民地时期即在有关的人权宣言中宣扬沉默权，并基于同样的原因，把沉默权上升为宪法权利，到1780年代，已经在9个州的宪法规定了"反对自我归罪的特权"，作为各自以弗吉尼亚《人权宣言》为蓝本制定的人权法案的固有组成部分。第一届国会根据麦迪逊的提议把这一特权写入《人权法案》第五修正案，规定："任何人……在刑事案件中，都不得被迫成为不利于自己的证人"。1966年，美国联邦最高法院作出判决，将第五修正案的反对自我归罪的特权延伸到警察讯问犯罪嫌疑人的过程中，形成了著名的"米兰达规则"。

在大陆法系国家，现代法国刑事诉讼法中，任何人都没有义务自证其罪或提供不利于自己的证据已经成为一项基本原则。除有关身份事项外，被追诉者没有必须回答警察、检察官或者预审法官提问的义务，在审判中也可以根据本人意愿保持沉默，无需担心会因此而受到处罚。1993年修改后的《法国刑事诉讼法》第116条规定："预审法官应当告知被审查人，未经其本人同意，不得对他进行讯问。"德国在1848年之后导入法国式的"经过改革的刑事诉讼法"，规定被告人是当事人，因而在法律上不再有"供述的义务"。然而，在司法实务中，通过"讯问技术"施加"精神上的拷问"的做法并没有绝迹。1950年，基于纳粹统治的沉痛教训，按照《联邦基本法》关于保障人格尊严的要求，增设《刑事诉讼法》第136条，使沉默权在德国真正成为一项有宪法基础和实际效果的制度。

司法审查的程序性结果是，[2]在英美法中，有非法证据排除规则、撤销起诉制度以及推翻原审有罪裁决制度等，使得警察违法所得的证据不具有可采性。大陆法系则确立了诉讼行为的无效制度，对警察、检察官等的违反法律程序的行为，经过利害关系人的申请，由法院宣告为无效行为，不产生任何法律效果。《意大利刑事诉讼法》对可被宣告无效的诉讼行为的规定采取的是明确列举的方式。在意大利，共有近40种诉讼行为，如果当事人认为违反了法律的规定，可以申请法院宣告无效。在美国，辩护方在审前阶段可以申

---

[1] 参见龙宗智：《相对合理主义》，中国政法大学出版社1999年版，第423页；孙长永：《沉默权制度研究》，法律出版社2001年版，第11~65页。

[2] 侦查程序中警检方的违法行为，还需承担相应的实体责任，如警察在刑事侦查中采取了刑讯逼供行为，造成犯罪嫌疑人的人身伤亡后果的，就可能构成刑讯逼供罪，受到刑事处分，而"超期羁押"，则可能受到行政纪律处分。可参见陈瑞华：《问题与主义之间——刑事诉讼基本问题研究》，中国人民大学出版社2003年版。

请法院对控方被认为非法的证据予以排除。这一申请通常在审前动议程序中提出，法院在接受辩护方的申请后，将确定一个日期举行听审，听审是开庭进行的，法官在听取控辩双方的辩论后作出是否予以排除的裁决。

总之，"对于国家权力，必须进行划分和限制，同时，对于公民，必须给予他可以要求法院审查的权利；以这种双重方式，使公民不仅在国家权力的强制性侵犯面前得到保护，而且还在任何的，也就是说包括国家权力对其权利的非强制性侵犯面前得到保护"[1]。由于国家掌握着强大的追诉权，并拥有雄厚的司法资源，因此，控辩双方的力量天然不对等，而司法权的介入和犯罪嫌疑人防御权的赋予，则使侦查程序走向了诉讼模式，改变了被追诉讼方和追诉机关之间不对等的法律地位，有利于遏制侦查权的滥用，弥补被追诉方在诉讼能力上的天然不足。这样，从侦查权行使的专业化和集中化，到侦查权的规范化乃至内部监督制约机制的建立，再到司法权的介入和犯罪嫌疑人防御权的赋予，侦查程序正义得以最终实现：一方面，作为侦查权行使主体的国家追诉机关的权限不断受到抑制和监督，并最终走向规范化；另一方面，犯罪嫌疑人由作为追诉对象的纯然客体地位而走向作为对立的一极，成为侦查程序中与国家权力相抗衡的一方主体，尽管其客体的属性依然存在，但其所具有的主体地位已不可否认。

四、刑事诉讼原则的宪法化和国际化：侦查程序法治的不断完善

"刑事程序的历史，清楚地反映出国家观念从封建国家经过专制国家直到宪政国家的发展转变过程。"[2]英国学者斯蒂戍说："刑事诉讼体制具有某种宪法法意义；该体制的实际运作，为检验一个社会内部的公正程度和个人与国家之间关系的公正程度提供了标准"；"刑事诉讼程序不但事关当事人之间的公正——它还是法律不仅约束着个人，而且也约束着国家这一（法治）理想的直接体现"[3]。换一个角度来说则是，宪法制度中法律秩序、司法制度、政治体制等的法治化程度也将影响到刑事诉讼的法治化水平。正是由于刑事诉讼与宪法有着如此紧密的关系，涉及限制、剥夺公民的自由、财产甚至生命等公民的基本权利，因此，各国无不从宪法的高度对刑事程序及其相关制

---

〔1〕 〔德〕约阿希姆·赫尔曼：《德国刑事诉讼法典》，李昌珂译，中国政法大学出版社1995年版，中译本引言，第6页。

〔2〕 〔德〕拉德布鲁赫：《法学导论》，米健、朱林译，中国大百科全书出版社1997年版，第120页。

〔3〕 Steve Uglow, *Criminal Justice*, Sweet & Maxwell Limited, 1995, pp. 25 ~ 27.

度作出规定。其中，最为典型的是美国联邦宪法，在其前 10 条修正案组成的权利法案中，前 4 条（第 4~6、8 条）直接与刑事诉讼程序有关。其中第五修正案规定的"非经正当程序，任何人不得被剥夺生命、自由或财产"，确立了"正当法律程序"的基本原则，成为程序法的精髓。1868 年，第十四修正案规定："没有正当程序，任何州都不能剥夺任何人的生命、自由或财产"。至此，如果最高法院在联邦诉讼中实施一定的宪法规定的程序，那么各州也须按相同的标准。二战以后，德国宪法（《德意志联邦共和国基本法》）强调了对于公民基本权利的保护，第 93 条规定，任何个人只要声称他的基本权利受到公共权力的侵犯都可以提出违宪的申诉。宪法第 1~19 条明示的一般人权和宪法第 101、103、104 条包括的特定的即所谓司法上的基本权利，界定了一个人道而公正的刑事诉讼程序。作为可直接适用的法律，基本法第 1 条第 3 款约束所有州当局不得侵犯这些基本权利。对以上权利的侵犯，可以上诉到联邦宪法法院，该法院的许多判决都对刑事诉讼产生了影响。刑事法院必须对基本权利进行维护，并根据基本法解释刑事诉讼法典里的个别条款。[1]在日本，明治宪法中关于刑事程序的条目只有 3 条。二战结束后，根据有关国际协议，日本重新制定了宪法。现行宪法中，关于刑事程序的条目有 10 条之多（宪法第 31~40 条）。而且，刑事诉讼法必须根据最高法规的宪法规范解释、运用。刑事诉讼法被称为"应用性宪法"，是"宪法性的刑事诉讼法"。"它表示了这样一种价值判断，即在保障人权与必罚主义相互冲突时，宪法要求的保障人权应该优先。"[2]

刑事诉讼的宪法化，增强了刑事诉讼制度的刚性，使诉讼过程包括侦查程序中的人权保障有了坚实的基础，是对已有的诉讼法治化水平的进一步完善，而促成刑事诉讼保障人权价值目标的实现的，还有国际性刑事司法准则。

1955 年 8 月，第一届联合国预防犯罪和罪犯待遇大会召开，这是联合国在预防犯罪和刑事司法领域中发挥主导作用的开端。目前，联合国涉及刑事诉讼程序的规范性文件主要有：由《联合国宪章》、《世界人权宣言》及《公民权利和政治权利国际公约》等构成的关于刑事司法的根本性规则体系；关于囚犯待遇、非拘禁措施、刑罚和少年待遇的联合国准则体系，主要有《囚犯待遇最低限度标准准则》、"禁止酷刑的公约和宣言"、《联合国非拘禁措施

---

〔1〕 参见宋冰编：《读本：美国与德国的司法制度及司法程序》，中国政法大学出版社 1998 年版，第 364 页。

〔2〕 ［日］田口守一：《刑事诉讼法》，刘迪等译，法律出版社 2000 年版，第 3 页。

最低限度标准准则》、《联合国少年司法最低限度标准准则》；关于执法、司法机关和官员及律师守则的联合国准则体系，包括《执法人员行为准则》、《执法人员行为守则的有效执行准则》、《执法人员使用武力和火器的基本原则》、《关于检察官作用的准则》、《关于律师作用的基本原则》、《保护所有遭受任何形式拘留或监禁的人的原则》等，形成了相当发达的刑事司法准则体系，为促使世界各国在刑事司法中保障司法公正、维护人权提供了"最低限度标准规则"。据联合国公布的统计数字，截至 1995 年 6 月底，已经有 132 个国家加入了《经济、社会、文化权利国际公约》，有 131 个国家加入了《公民权利和政治权利国际公约》。

在联合国刑事司法准则体系中，与侦查程序相关的，主要是关于审前羁押和刑事辩护制度等准则。审前羁押的准则包括审前羁押中的程序和待遇两方面内容。其中，程序内容有：①禁止任意和非法的羁押。逮捕和羁押不得任意进行，实施逮捕和羁押必须有理由并且按照法律规定的程序进行。羁押必须在某种司法机关的监督下进行，羁押必须被一个司法机关或有权机关授权或在其有效的控制之下。②享有被通知羁押理由的权利。任何被逮捕和羁押的人都有权在逮捕后的短时间内被告知原因。通知被羁押者被逮捕和拘留的原因不应是简单的，而应该告知其作出这种决定的法律及事实的根据。③被及时带到司法机关的权利。④被暂时释放等待审判的权利，对受到刑事犯罪指控的人进行审前的羁押应是例外而不是常规做法。⑤在合理的时间内接受审判或被释放的权利。⑥对羁押提出异议的权利。《担保羁押或监禁人的原则》第 32 条规定：被羁押者在被拘禁的任何时间内都可以提起对拘禁的异议的程序。⑦对非法羁押得到赔偿的权利。

待遇内容有：①反对断绝与外界接触的拘禁。②享有律师的帮助。《关于律师作用的基本原则》第 7 条规定：任何被逮捕和羁押的人，无论是否受到刑事指控，都应该迅速接触律师，在任何案件中，从逮捕或拘留的时间起，不得晚于 48 小时。③享有接触家庭成员和其他人的权利。④禁止刑讯和非法待遇。[1]

在刑事辩护权方面，大体包括以下内容：①被指控人享有自行辩护权和经律师协助辩护权。②各国应制定保障被指控人辩护权的程序和机制。③指定律师对贫穷者进行法律援助。④被指控人选任律师的时间，不管在何种情

---

〔1〕 参见陈光中、〔加〕丹尼尔·普瑞方廷主编：《联合国刑事司法准则与中国刑事法制》，法律出版社 1998 年版，第 188～211 页。

况下至迟不得超过"自逮捕或拘留之时"起的 48 小时。⑤被指控人与律师联络、会见权。⑥保障律师能有效辩护。如赋予律师民事和刑事豁免权，保障律师的阅卷权，确立律师保守职务秘密的原则等。[1]此外，还有反对强迫自证其罪和非法证据排除法则。

毫无疑问，联合国刑事司法准则作为刑事司法领域人权保障的"最低限度标准"，反映了人类社会对刑事司法法治化的共同追求，具有无可争议的普适性，已经和正在成为推动世界绝大多数国家改革刑事司法制度，完善刑事法治的参照系和推动力。

一些地区性的人权公约因其可对成员国政府作出有约束力的裁决，也对其成员国产生了深刻的影响。目前，可以直接受理成员国公民申诉的公约主要有两个：《欧洲人权公约》和《美洲人权公约》。《欧洲人权公约》第25条规定："委员会得受理由于缔约一方破坏本公约所规定的权利而受害的任何个人、非政府组织或个别团体向欧洲理事会秘书长提出的申诉。"从实际运作来看，欧洲人权委员会和欧洲人权法院应刑事诉讼被追诉方的申请作出了裁决，欧洲许多国家都曾受到欧洲人权法院的指责和制裁。如法国多次因使用窃听电话和听证程序不合法，或者羁押条件恶劣而被欧洲人权法院宣布原判决或裁定无效。荷兰刑事诉讼制度也因欧洲人权法院的判决而发生变革，特别是有关羁押、法庭的公正性、证人的作证、电话窃听和引渡的判决。[2]

结　语

"一切都是程序，21 世纪是程序世纪。"[3]侦查程序的法治化正是与现代社会对程序法治的诉求相一致的。而追溯其本源，则是坚持"以人为本"的现代社会强调人的主体性地位，从而对人权的尊重日益凸显的必然结果。正如黑格尔所说，在现代社会，"法的命令是：成为一个人，并尊重他人为人"[4]。因此，"法律应实践出这个人文理想、每一个人都应该得到尊重和关怀，无论

---

〔1〕　参见陈光中、[加] 丹尼尔·普瑞方廷主编：《联合国刑事司法准则与中国刑事法制》，法律出版社 1998 年版，第 212～233 页。

〔2〕　汪建成、黄伟明：《欧盟成员国刑事诉讼概论》，中国人民大学出版社 2000 年版，第 358～359 页。

〔3〕　[法] 让·文森、寒尔日·金沙尔编著：《法国民事诉讼法要义》，罗结珍译，中国法制出版社 2001 年版，第 3 页。

〔4〕　[德] 黑格尔：《法哲学原理》，范杨、张企泰译，商务印书馆 1961 年版，第 46 页。

他是谁，无论他做过什么，不分种族、肤色……和其他特点。一个人应受到尊重，不为什么，只因为他是一个人，有独特的历史、性别和机构，以保障每个人的利益，防止它受到政府或其他人的侵犯，使每一个人都有机会过一种合乎人的尊严的生活[1]"。尊重被指控犯有罪行的人，而不是将他作为惩罚的对象和单纯的客体，是现代刑事司法（包括侦查程序）的铁律。但是，另一方面，第一次世界大战以后，随着经济社会环境的变化，面对人口膨胀和资源供给紧张的压力，以及社会贫富差距的扩大，犯罪率攀升，毒品犯罪、有组织犯罪、恐怖活动猖獗，犯罪的方法和手段日益智能化、高科技化……所有这些社会矛盾，导致了各国在立法上以"社会本位"为基础的法律社会化倾向。在刑事司法领域，素有重视个人权利与自由传统的英美等国家转而强调打击犯罪的重要性。在英国，政府认为"刑事司法制度存在的目的在于打击和减少犯罪，代表被害人、被告人和社会实现公平有效的公正"。"刑事司法制度在保障侦查、定罪和惩罚方面是协同一致的。"[2]为此，其司法改革报告建议赋予警察权力，可以就犯罪嫌疑人被指控前的保释附加条件，限制法官同意给予那些在保释期间又犯监禁罪的被告以保释的自由裁量权，延长预审期以确保诸如贩毒及复杂案件等重案得到适当准备，如果出现引人注目的新证据的话，就取消重罪中的双重危险规则等。前文所说的英国对沉默权使用的限制即例证。在美国，是通过有关规则的例外保证其刑事司法打击犯罪的功能。主要有"米兰达警告的例外"，包括"公共安全"的例外，即如果为了保护公共利益或为了防止紧急损害，允许逮捕时作简要的讯问，如为防止无辜者受伤害，直接讯问嫌疑人的枪在哪里；以及"抢救之例外"，即绑架案件中，警察逮捕嫌疑人时发现被害人不在现场，为了保全被害人的生命而就被害人的下落立即讯问嫌疑人时，无需事先根据"米兰达规则"作出警告。还有非法证据排除规则的例外，传闻证据的例外等。此外，在没有明显被害人的犯罪、白领犯罪（尤其是公共官员的渎职犯罪）、网络犯罪的侦查中，侦查机关不得不对重点场所或特定嫌疑人进行预防性的监控或者同步监控，如利用耳目进行跟踪监视、电子监控、监听通讯、开拆邮件等。诱惑侦查的广泛使用是二战以后各国加强犯罪控制职能的又一例证。可以说，现代侦查手段的广泛运用，已对人权的保护构成一种潜在的威胁。然而，必须明

---

[1] 陈光中主编：《刑事诉讼修正全书》，中国检察出版社1997年版，第620页。

[2] 最高人民检察院研究室编：《所有人的正义——英国司法改革报告》，中国检察出版社2003年版，第16页。

确的是，这些权力的行使始终不得逸出程序法治原则的范围，否则，在侵害公民个人权利的同时，也破坏了现代刑事司法制度，危殆整个社会的法治秩序。从刑事司法内部来说，"整个刑事诉讼程序犹如一座大厦，而侦查程序的构造不合理，不坚固，那么整个刑事诉讼程序就有可能发生偏差，甚至导致出入人罪。中外刑事诉讼的历史已经反复证明，错误的审判之恶果从来都是结在错误的侦查之病枝上"。[1] 毕竟，侦查权的行使犹如一把双刃剑，操割不当，必将伤及权力行使者自身。

---

[1] 李心鉴：《刑事诉讼构造论》，中国政法大学出版社 1997 年版，第 179 页。

社会本位司法理念的中国化
——民国时期的理论与实践

李文军[*]

民国时期，受法律社会化潮流影响，中国法律人力图超越概念法学，以社会法学来构建中国的司法方法论，社会本位司法理念应运而生。其理论主张及在当时法律体制中的安排，笔者已有专文论述。[1]社会本位司法理念的理论资源来自西方社会法学及自由法说，它体现了中国法律人在法治现代化进程中"迎头赶上一切最先进法理"（胡汉民语）的决心。不过，在贯穿整个近代的法律移植背景下，西方"最新法理"与中国社会可能的扞格与调适始终不容忽视，由此产生了社会本位司法理念中国化的问题。

一、中国化何以可能

社会本位司法理念中国化的可能性问题，实质即当时中国社会对社会本位司法理念的需求性问题。这就有必要对民国法律人推崇社会本位司法理念的理由加以检视。在民国法律人看来，社会本位司法理念之所以应当推崇，理由有二：首先是人类社会的法律进入社会本位时代的必然要求。就法律人关于这一必然趋势的论述来看，则大抵以西方法制先发国家的实践作为依据，

---

[*] 四川大学法学院博士后研究人员，成都理工大学文法学院讲师。

[1] 概括而言，社会本位司法理念的技术特征包括：首先，承认法官自由运用法律的正当性。其次，主张法官在司法中可弥补法律之不足。最后，认为裁判的最终目的并非成文法的严格适用，而是个案的衡平。从价值内涵来说，它以立法社会化为基础，要求法官树立社会利益最大化的理念指导裁判过程。在当时，法律人还将三民主义与社会本位加以勾连。参见李文军："民国时期的社会本位司法理念研究"，载《法律方法》2013年卷。社会本位司法理念在个案中的适用，参见李文军："社会本位司法理念与妇女权利保护——以民国一起妇女诉请别居案为例"，载《妇女研究论丛》2012年第5期。

其在逻辑上的不能自洽之处甚为明显。因为，在西方出现这一趋势，并不能证明中国亦被这种"历史必然性"所规定。故此，这一论断若要成立，必然隐含着一个前提：西方的实践对中国具有示范性，在西方法律实践之后亦步亦趋是中国法律的必然选择。事实上，这是西学东渐以来法律人的一贯认识。自清末修律始，法律人即认识到"瀛海交通，于今为盛"，不能再以闭关锁国的姿态来决定法律制度，以免"彼执大同之成规，我守拘墟之旧习"[1]。"六法全书"制定之时，立法院亦以"近世交通频繁，国内的社会生活俨成国际的社会生活"作为立法背景。[2]这些表明，法律人已经意识到，中外交往使中国法律的秩序依据发生了变化，再不单纯是国内的农业社会生活，而是超出国界、作为国际秩序之一环所面临的复杂生活，这种生活带有资本主义色彩，它要求中国必须将西方列强的金融资本主义作为秩序依据，法律样态也必须与此相适应。[3]在法律秩序依据超出国界的情况下，中国法律的发展不能自外于世界，法律方法同样也不能缺少世界主义或国际化的关怀，必须时刻保持对外部世界的敏感。如此一来，将目光投向西方社会法学司法观势所必然，它出于法律方法上对西方的衷心服膺。在民国法律人看来，法律方法属科学方法之一种，中国古代虽有律学，然而其并非法学，"而且注定不能够成为一门科学"，主要是因其没有科学的法学方法。[4]从发生学意义而言，"科学方法——至少是完全的成熟的科学方法也是中国所无，西洋独有的东西"。在西法东渐背景下，国人接受西方法律方法论，"量的方面必须取其全体，质的方面必须取其最正确的。假使自知我们的能力还不够将西洋的方法论作任何有益的修正和改造，惟一的要义便是把方法论之世界的水准当做我们的标准"。[5]故此，在西方社会法学兴盛之时，中国的法律方法论立即有了直接映照。此即蔡枢衡先生所言的"次殖民地风景图"："在法哲学方面，留美学成回国者，例有一套 Pound（庞德）学说之转播；出身法国者，必对 Duguit（狄骥）之学说服膺拳拳；德国回来者，则于新康德派之 Stammler（施塔

---

〔1〕 故宫博物院编：《清末筹备立宪档案史料汇编》，中华书局1979年版，第912页。

〔2〕 立法院第三次全国代表大会"立法计划"，转引自俞江：《近代中国民法学中的私权理论》，北京大学出版社2003年版，第3页。

〔3〕 参见蔡枢衡：《中国法律之批判》，正中书局1942年版，第28页。

〔4〕 参见梁治平：《寻求自然秩序中的和谐》，中国政法大学出版社1997年版，第319页；杨仁寿：《法学方法论》，中国政法大学出版社1999年版，序言。

〔5〕 蔡枢衡：《中国法理自觉的发展》，清华大学出版社2005年版，第14页。

姆勒）法哲学五体投地。"[1]由于这种承认人有我无的谦虚（自卑？）心态，西方的最新理论使中国法律人几乎失去了对抗的能力，法律方法上向社会本位的改弦更张成为必然结果。

法律人推崇社会本位司法理念的另一个理由是中国社会的现实需求。关于此点可能引起的疑问在于，社会本位司法理念乃适应金融资本主义的法律方法，与农业社会色彩浓厚的中国是否合拍？民国法律人并未忽视对这一问题的思考。吴学义先生认为，中国的社会现实是新旧因素交错并存，"断不能阻挠一部分之长足进步，而强使驻足相待，以近合于他部分之墨守成规者；再由国家政策着眼，又不能因城市与乡村，而为各异之立法与判决，则舍彼就此，亦属不得以之事"。[2]居正则指出，司法机关当运用法律之冲，因农业生活和都市生活的差别，既不能一味舍新而图旧，又不能完全抑旧以从新，"处矛盾之环境，为一贯之裁判，其事至难。势非有普遍的协调精神妥慎应付，即无以全法律之用，而济事实之穷"[3]。从社会发展的角度看，中国社会的新旧并存，主要肇因于传统社会解体和西方文明进入的双重作用下，逐渐由一元社会向多元化社会的转型。这一进程的特殊性使民国社会对社会本位司法理念呈现出特殊的需求。一方面，由于传统社会的解体主要肇因于外力，并非自发而生，多元主体利益的实现虽在不断推进，却始终受到限制，这使中国社会不能像西方那样自发形成利益主体在高度分化下相互冲突却相互均衡的态势，需要公权力有所作为加以促成；另一方面，与新旧并存的社会转型相伴随，社会意识呈现保守与激进共存的局面，维护传统社会与崇尚权利自由的理念呈现出两极分化的形态，因此急需以社会利益最大化的理念去平衡协调，解决社会意识的两极分化给司法造成的困境。

二、国家主义与司法党化

社会本位司法理念在20世纪20年代的中国，尚是一种新颖的学说，到南京国民政府建立之后，则成为法律方法领域的主流话语。这体现了政治架构对法律理论的影响。法律家和政府共享三民主义意识形态，且认同三民主

---

[1]　蔡枢衡："中国法学及法学教育"，载许章润主编：《清华法学》（第4辑），清华大学出版社2004年版，第14页。

[2]　吴学义："夫妻财产之立法问题"，载《法律评论》第7卷第44期（总第356期），1930年8月10日印行。

[3]　居正："全国司法会议开会辞"，载居正：《为什么要重建中国法系》，中国政法大学出版社2009年版，第249～250页。

义为社会本位在中国的最高表现形式。[1]这种政治意识造成了社会本位司法理念在中国的两个特殊面向：国家主义与司法党化。

按照西方社会法学的观点，司法的重心在社会本身，应当从国家主义中解放出来。[2]而民国的社会本位司法理念带有强烈的国家主义印记，强调国家意志在司法中的作用，甚至直接将社会本位与国家主义等同。如谢振民先生认为，社会本位即法律"有由个人主义进入国家主义之倾向，并渐由权利本位而代以义务本位，即不仅保护个人利益，尤在注重社会公益"。[3]这种定位既与中国缺少市民社会传统、从而无法确定"社会"的实态有关，也直接来源于孙中山的政治理论。孙中山认为："民国之主人者，实等于初生之婴儿；革命党者即产生此婴儿之母也，既产生之矣，则宜保养之，教育之，方尽革命之责也，此革命方略之所以有训政时期，为保养教育此主人成年而后还之政也。"[4]国家权力至上是这一逻辑的必然结果。因人民如初生之婴儿，对于社会利益——在国民党看来，同时也是人民自己的利益——识别能力不足，往往不顾整体利益和长远利益，人人各自为谋，最终必会损害到自身利益。因此作为保育人的国民党必须通过法律全方位介入民众生活，教育民众重视整体利益。为此，需要在法律领域贯彻"党国体制"。"党国体制"在理论上来源于卢梭的人民主权原理，为了实现卢梭的"道德理想国"，产生了一种自信掌握着人类社会发展的必然规律并试图以此改造社会的总体党，总体党按照自己认定的理想模式行使国家权力，塑造社会。[5]司法领域的国家主义，体现了国民党作为自信掌握了社会发展规律的"总体党"，力图以包括司法权在内的公权力设计和塑造社会公共生活的强烈愿望。如此一来，国家（政府）成为社会的"总管"，司法活动就必须致力于贯彻执行政府的纲领与政策，遂有"司法党化"之兴。

司法党化是"党国体制"在司法领域的集中体现，也可谓社会本位司法理念的中国版本。在国民党统一全国的过程中，曾任国民政府司法总长的徐谦认为："旧时司法观念，认为天经地义者，曰'司法独立'，曰'司法官不党'，此皆今日认为违反党义及革命精神之大端也。如司法独立，则司法可与

---

〔1〕　参见［法］路易·约思兰：《权利相对论》，王伯琦译，中华书局1944年版，"译序"。

〔2〕　参见严存生："社会法学的司法观"，载《华东政法大学学报》2011年第2期。

〔3〕　转引自张丽清："20世纪西方社会法学在中国本土的变革"，载《华东师范大学学报》（哲学社会科学版）2005年第4期。

〔4〕　《孙中山选集》（上册），人民出版社1956年版，第156页。

〔5〕　参见付春杨：《民国时期政体研究（1925～1947）》，法律出版社2007年版，第1页。

政治方针相背而驰。甚至政治提倡革命，而司法反对革命，势必互相抵触。故司法非受政治统一不可。"[1]为此，必须"以革命的手段澄清法官吏治"、去芜存菁，[2]这就要实现司法党化。长期担任司法院长的居正，对司法党化进行了系统的理论阐述。他认为，"司法党化"包含两方面的涵义：一是"司法干部人员一律党化——主观方面"，即司法人员要由从"灵魂深处"信奉党义、具有强烈的三民主义社会意识的人担任，以便能理解和信奉三民主义及其在法律适用中的作用；[3]二是"适用法律之际必须注意于党义之运用——客观方面"。这就要求所有司法人员应当努力研究三民主义法律哲学，并能运用于裁判。[4]在司法党化语境下，裁判中的价值取向即居正所谓"中心法理"亦因之而确定。居正认为，"革命民权"、"国家自由"、"平均地权"、"节制资本"等理论，"就是适合于殖民地革命客观的环境而由国民党扶植生长之主观的法理"，"一切法律、一切裁判都应该拿它做根据，才能与客观的环境相适应而合于人民生活之要求"。[5]

具有独立地位的司法权在中国的出现，是伴随清末变法修律的进程而来的。国人对司法权的认识和定位，从一开始就受西方三权分立政治哲学的影响，故遵从"司法独立"与"司法官不党"等信条，且有法律加以明文规定。[6]南京国民政府建立，实行五权分立，从形式上讲也未直接颠覆这种定位（五权分立实为三权分立之变种）。然而，在其"党国体制"的确立中，司法权的方向已悄然偏移，成为一种服务于政治、与行政权并无实质差别的公权力。[7]只是相对于行政权，它仍然保有法律的形式与技术特征。究其实质，一方面，南京国民政府时期，司法界对清末以来法律形式化造成的司法

---

〔1〕《民国日报》1926 年 9 月 20 日，引自张国福：《中华民国法制简史》，北京大学出版社 1986 年版，第 221 页。

〔2〕 时人认为，对于改良司法而言，这是比制定法典和改革法院制度、审判制度更加切要的事。参见陈之迈："为司法会议进一言"，载《独立评论》第 145 号，1935 年 4 月 7 日印行。

〔3〕 参见居正："司法党化问题"，载居正：《为什么要重建中国法系——居正法政文选》，中国政法大学出版社 2009 年版，第 168～169 页。

〔4〕 参见居正："司法党化问题"，载居正：《为什么要重建中国法系——居正法政文选》，中国政法大学出版社 2009 年版，第 185 页。

〔5〕 居正："司法党化问题"，载居正：《为什么要重建中国法系——居正法政文选》，中国政法大学出版社 2009 年版，第 175 页。

〔6〕 北洋政府《政府公报分类汇编》（第 36 卷），第 9～10 页。

〔7〕 如时任司法行政部部长的谢冠生在听取了庞德关于法律发展史的报告后认为："法律社会化时期，目的是调和社会关系，使之均衡发展。因一般认为国家之存在，是为了对人们的服务，故行政与行政效率较前四个时期，更为人重视。"

与社会、政治的疏离有了更加深刻的体会："我国之行此制（司法独立），亦
既经年，乃颂声不闻，而怨吁纷起……人民不感司法独立之利，而对于从前陋
制，或觉彼善于此"，"法庭之信用日坠，而国家之威信随之，非细故也"。[1]
故试图结合以主流意识形态来挽救社会对司法的信任危机。另一方面，国民
党在资本主义经济原则的支配下，[2] 已将司法权由三权分立的政治哲学立场
转向经济自由主义。经济自由主义司法观将司法制度的正当性建立在促进一
国经济力量（从而促进军事、政治力量）的增强上，为达此目的，它较为强
调法律的技术特征和信用特征，而忽视其与民主、宪政之内在精神的共生关
系。换言之，中国即使没有成熟的民主宪政，也可以有适应市场经济的司法
制度存在。[3] "党国体制"与司法党化正是藉此与形式上合乎现代法治的司
法制度并存。不过，透过从三权分立的政治哲学到"党国体制"和司法党化
的转变，我们仍可以发现二者背后的逻辑是一贯的。三权分立本是在清末
"救亡图存"的主题下引入中国，这一事实背后暗含的逻辑是，当发现三权分
立的政治理论和制度对提高中国的政治、军事和经济实力可能并没有帮助的
时候，随时都可以将其抛弃。而南京国民政府建立之前的实践恰恰让国人觉
得，三权分立及出自这一立场的司法独立只不过是政客借权力来争夺私利、
掣肘国事的幌子，这种司法观缺乏应有的"国家意识"，[4] 它已经阻碍了对于
中国而言极为必需的一个有足够权威和动员能力的中央政府的出现。既不能
完成救亡的使命，被国民党的政治架构及司法党化取代势所必然。司法党化
试图调节法律与民族感情，并力图有效地促使司法承担起整合法律与政治的
功能，为彰显政治主权与力量助力，它象征着一种民族主义的强硬表达。[5]
可以说，在近代中国，两种司法观的确立皆是为救亡图存，立基于民族主义

---

〔1〕 丁文江、赵丰田编：《梁启超年谱长编》，上海人民出版社 1983 年版，第 685～686 页。

〔2〕 关于资本主义经济原则对国民党法律立场的支配，参见黄宗智：《法典、习俗与司法实践：
清代与民国的比较》，上海书店 2003 年版，第 53～55 页。

〔3〕 经济自由主义司法观来自黄仁宇先生的理论，参见黄仁宇：《资本主义与二十一世纪》，三
联书店 1997 年版，第 25～32 页。对黄仁宇理论的概括与批评，参见程春明、泮伟江："现代社会中的
司法权"，载《中国司法》2005 年第 9 期。

〔4〕 居正认为："过去司法界常蒙有国家意识极淡薄之讥，意者以为司法乃独立体，可超然于一
般政治形态以外。此其臆说，固为妄诞，而过去司法人员之未能发挥国家意识，忽视国家整体，亦属
事实。"见陈三井、居蜜合编：《居正先生全集》，台北"中央研究院近代史研究所"1998 年版，第
582 页。

〔5〕 参见江照信：《中国法律"看不见中国"——居正司法时期（1932～1948）研究》，清华大
学出版社 2010 年版，第 80 页。

这一相同的逻辑。

三、貌合神离的传统司法

社会本位司法理念要在 20 世纪上半叶的中国落地生根，需要面临的另一个特殊性问题在于，它必须认真处理与传统司法的关系。这种必要性来自两个方面：首先是中国社会发展进程的特殊性所致。对此，蔡枢衡先生精辟地论述道："中国本身之历史特征在于省略 19 世纪初期欧洲式的产业资本主义及民主政治阶段，由专制政治农业社会一跃而为现代的权威政治及工商业社会。法律与法官之关系史中，法官当作适用三段论法机械之阶段，亦因之省略。司法虽与立法分掌，法官虽与法律相互独立，二者间之内的关联则从未切断。司法之专制的擅断与权威的解释及裁量二阶段互相连接，未有间隔"。[1]就法制先发国家的经验来看，传统司法——概念法学司法观——社会本位司法理念是与特定社会结构相适应、循次递进的发展阶段。[2]而中国因产业资本主义阶段的缺席，使概念法学失去了繁盛的可能性，从而导致传统司法与社会本位司法理念"短兵相接"，后者的确立自然不能不受到前者的影响。

需要认真对待传统司法的另一个原因在于，社会本位司法理念与传统司法存在多方面的耦合。在中国传统司法中，由于追求以伦理秩序为终极目标的实质正义，成文法的权威向来有限，更谈不上法典至上；概念逻辑的严谨自洽，也并非司法过程措意的重点。故此到 20 世纪初，国人看到源自西方的社会本位司法理念"要打倒成文法至上观念，要排斥概念逻辑于法学之外，乃不禁喜形于色，曰：此非吾国行之数千年之老办法乎？于是认为西洋的最新法律思想，恰恰与我们的传统观念接了轨"。[3]就价值取向而言，传统家族主义与社会本位追求团体利益、反对个人权利至上的主张也颇多重合。如此一来，传统司法与社会本位司法理念，虽然一属传统，一属最新，却存在剪不断、理还乱的关系。如何处理二者关系，成为社会本位司法理念中国化的先决问题。事实上，对这一问题，民国法律人出现的分歧耐人寻味。

蔡枢衡先生在论及中国传统司法对现代司法的影响时曾警告说："自正面

〔1〕 蔡枢衡：《中国法理自觉的发展》，清华大学出版社 2005 年版，第 181～182 页。
〔2〕 据学者研究，传统司法为集权制社会结构下的实质正义，概念法学司法观为分散型社会结构下的形式正义，社会本位司法理念则适应于利益多元化社会。参见曹燕、吴亚琳："试论社会本位的司法理念"，载《政法论丛》2004 年第 5 期，第 70 页。
〔3〕 王伯琦：《近代法律思潮与中国固有文化》，清华大学出版社 2005 年版，第 175 页。

观察，权威固有充分发挥之可能；自反面观察，传统的擅断精神亦大有其借尸还魂之余地。"[1]事实证明，这并非杞人忧天。有的法律人强调中国社会的传统色彩，在他们看来，社会本位司法理念只是传统司法的重生，故应当结合以立法礼教化，方合于当前社会。[2]有的法律人虽未如此极端，但以传统司法来阐发社会本位司法理念，其要点亦与传统司法相去不远。如居正认为，司法官在裁判时，不但可以用党义来补充法律、赋予法律具体含义，并且"法律与实际社会生活明显地表现矛盾，而又没有别的法律可据用时，可以根据一定之党义宣布该法律无效"。[3]可以看到，在追求自由裁量、实现实质正义这一点上，他比社会法学司法观走得更远。它所倡导的理念落实到司法中，也成了有些法学家所忧心的"传统精神的借尸还魂"。例如，受到当时法学家关注的最高法院民国二十九年（1940 年）上字第 1306 号判例，法官为了实现保护弱势的债务人的目的，不但不允许债权人倚仗强势地位违法多取，连其应合法取得的利息也一并勾销，成了一种"民刑不分"的处罚。"这简直是把当事人的意思，法律的适用解释等问题，一概置之度外，只求达到目的，根本不择手段。"在法学家眼中，这是一种原始的司法观念，它和传统时期清官名臣断案异曲同工，而在有了进步的民法典的现代社会，实属难以理解。[4]若其弥漫开去，将使法律秩序无法建立，法治制度难以实现。

故而，在更多法律人那里，虽然从反对概念法学的角度而言，他们对社会本位司法理念与传统司法的暗合表现出的是赞赏："我国所称陶侃用法，恒得法外意者，即此意也"[5]但基于法学的理论自觉与中国缺乏法治传统的现实，它就值得警惕了。有的法学家指出，中国的法官是"不患其不能自由，惟恐其不知科学，不患其拘泥逻辑，惟恐其没有概念"。正是缘于这种警惕性，这部分法律人对社会本位司法理念与传统司法的分野保持较为清醒的认识。认为二者只是外表的耦合，不是观念的沟通，属于貌合神离。将二者混

---

〔1〕 蔡枢衡：《中国法理自觉的发展》，清华大学出版社 2005 年版，第 182 页。

〔2〕 参见陶希圣："司法社会化"，载《建设杂志》第 5 卷第 3 期。

〔3〕 居正以古代的"春秋折狱"为自己倡导的方法论证成，认为"义理与学说往往有优于现行法之效力"。参见居正："司法党化问题"，载居正：《为什么要重建中国法系——居正法政文选》，中国政法大学出版社 2009 年版，第 184、186 页。对"春秋决狱"与司法党化的系统比较研究，参见江照信：《中国法律"看不见中国"——居正司法时期（1932～1948）研究》，清华大学出版社 2010 年版，第 92 页。

〔4〕 王伯琦先生以该案和清末名臣端午桥所判的一件势利赖婚案相比拟。参见王伯琦：《近代法律思潮与中国固有文化》，清华大学出版社 2005 年版，第 168～170 页。

〔5〕 黄右昌：《民法诠解·总则编》，商务印书馆 1944 年版，第 52 页。

同极为危险。[1]出于这种清醒，他们一方面以西方自由法说作为理论奥援，将根据社会结构变迁而生的实质正义之追求注入概念法学司法观，以求得司法有效因应社会；另一方面，又试图维护其与概念法学相一致的"法治"追求，而与传统司法的擅断式实质正义划清界限。故此，不但不遗余力地宣扬"法治"，否定"人治"作为新司法理念的前提，[2]且通过立法技术上的内化与外在制约，防止擅断，使其保持在法治秩序的框架内。[3]

法律制度的安排更多是对后一派法律人立场的采纳。民国民法关于法源的规定系仿瑞士民法而来。瑞士民法产生于概念法学受到严厉批判的时候，立法者希望对这一时代性的质疑有所回应。于是明确承认了法典的不完美，而赋予法官在发现法律漏洞时可立于立法者地位造法的正当性；同时也明确法官造法仅具有补充性，力图在法典主义和自由法说之间找出一个适当的平衡点。[4]民国民法的选择，虽系借鉴瑞士民法，实则与瑞士民法稍有区别。与瑞士民法明确认可法官可自处立法者地位不同，民国民法仅规定法官可适用法理，法理由法律推演而来，以法律为前提，故难谓存在于法律之外。有学者甚至认为，民国民法并未于法律与习惯外设定独立法源，只不过承认法官可依立法目的进行组织体解释而已。[5]瑞士民法的立法例系对自由法说有保留的接受而来，民国民法则从其立场上又后退了一步，从而与自由法说保持了相当的距离。这样的处置，反映的仍然是立法者注重法治秩序，而对法官擅断有所警惕。

四、立法、司法与社会

社会本位司法理念以立法社会化或曰社会本位的立法为基础。作为一种新的法律理念，社会本位无论贯彻到立法还是司法中，从功能上讲，都是为

---

〔1〕　王伯琦：《近代法律思潮与中国固有文化》，清华大学出版社 2005 年版，第 168、176 页。

〔2〕　参见燕树棠："法治与人治"，载燕树棠：《公道、自由与法》，清华大学出版社 2006 年版，第 90 页以下；陈茹玄："'人治主义'与'法治主义'"，载《时代公论》第 88 号，见何勤华、李秀清主编：《民国法学论文精萃》（基础法律篇），法律出版社 2003 年版，第 237 页以下；蔡枢衡：《中国法理自觉的发展》，清华大学出版社 2005 年版，第 146 页以下；等等。

〔3〕　关于社会本位司法理念在民国法律中的内化与外在制约，参见李文军："民国时期的社会本位司法理念研究"，载《法律方法》2013 年卷。

〔4〕　参见苏永钦："民法第一条的规范意义"，载苏永钦：《跨越自治与管制》，台湾五南图书公司 1999 年版，第 298~299 页。

〔5〕　金兰荪："裁判官与立法"，载《法轨》第 1 期，1933 年 7 月印行。需要说明的是，作者在确认两种立法例不同之时，仍然属意瑞士民法的做法。

了使法律更好地应对社会现实，此点并无不同。不过，立法对于司法毕竟具有先在性，故而立法与社会的关系对司法自然会产生影响。若立法因应社会现实的程度较高，则对司法之能动性需求较小，反之则需求较大。社会本位在立法中确立后，不可避免地，司法的特性要受立法与中国社会之关系的制约，因之形成了社会本位司法理念中国化的一个重要问题。

社会本位司法理念之所以在民国广受推崇，是因为它反对机械性而以社会现实作为法律适用的着眼点，这符合民国学者对法律与社会关系的认识："法律之保有真理性，常以能与社会现实间保有密切关系为前提，否则一经僵化，结果必至表现正义、维护正义的法律，常易成为违反正义、破坏正义的存在"。为避免僵化，法律必须保持完全与生动，并与社会价值共识相符合。[1] 社会价值共识随时代不断变迁，法律原有的内涵往往不能适应其要求，在此种情况下，与其削足适履将新出现的社会现象生硬地纳入原有的法律涵义，毋宁越出法律原有的体系而赋予其全新的内涵来因应社会的变化。这是司法尤其是社会本位司法理念适用的一般情况。但在中国，情况有所不同。因为民国民法"原非自身社会之产物，其中所含社会事物之理，既非现实社会真理之反映，更非过去社会真理之陈迹。于今视之，毋宁为将来社会真理追求之目标"。[2] 也即是说，民国的立法是超前于社会的，法律所体现的是立法者对理想社会的设想，而非对当下社会事物的总结。故学者认为，中国民法在当时并没有落后于社会价值共识的可能与事实。法官在解释和适用法律的过程中，也就没有在现有法律之外探求社会真理的必要，而"亟应就其原则本身之内涵，确切予以阐发，期能启发诱导现时之社会，适应法律原则中所含之真理"。[3]

既然立法超前于社会，是否表明社会本位司法理念在中国就无必要性呢？笔者认为并非如此。相较于概念法学司法观，社会本位司法理念将适应社会

---

〔1〕 蔡枢衡：《中国法理自觉的发展》，清华大学出版社 2005 年版，第 165 ~ 166 页。

〔2〕 王伯琦：《民法总则》，台北编译馆 1963 年版，第 10 页。

〔3〕 王伯琦：《民法总则》，台北编译馆 1963 年版，第 10 页。对于民国立法超前于社会，王伯琦先生直到民法颁行后二十余年仍感触颇深，他说："惟法律之规定为一事，社会之进步为一事。超前之立法，虽足以启迪社会之意识，究不能变更社会于一旦。新民法之施行迄今二十余年，默察社会情况，与新民法之精神，仍有甚大之距离。在正常情形，社会前进，法律终须落后，如何使法律紧随社会而不致脱节，原为立法司法及法学方面最重要之任务。吾国情形，适得其反，法律超前，社会落后。立法者之任务固已完毕，司法及法学方面，应如何致力于发扬现行法律之精神，启迪社会之意识，使社会之意识能融合于法律之精神，实为当务之急"。见王伯琦：《民法总则》，台北编译馆 1963 年版，第 18 页。

价值共识的实质正义放在重要位置；实质正义的标准则是开放的，即使能够将其在以立法形式固定下来的规则中加以体现，这种体现也注定是不完全的。[1]在民国法律尤其是民法中，对社会利益的界定并未（也不可能）明确到司法官无需权衡、仅需将作为小前提的事实加入即可得到合理结论的地步。因之，将民法中具体的规则与私权形态在个案中按照社会利益最大化的正义标准进行权衡，仍然需要法官有所作为。另外，民国立法面临的是一个新旧因素交织，传统、现代并存的社会，新的社会关系与立法相契合固不必论，如何将旧的社会关系形态纳入立法的规范，缓解法律与社会的张力，并启迪和诱导社会关系的现代性转化，也需要司法中高超的智慧和技巧。只不过，考虑到立法超前于社会及中国并无严格法律主义传统，如何在应对急剧社会转型、有效解决社会纠纷的同时，保证司法通过（而不是绕过）普遍正义去实现个案正义、促进法治秩序的形成，这需要司法官认识到法的安定性、确定性和稳定性亦是基本的社会利益，从而深刻领会社会本位司法理念中的"法治"内涵。

社会本位司法理念中国化这一课题，从民国开始至今，可以说仍未停止。在此过程中，法律人的探索是值得后人珍视和尊敬的。他们不但以国际化的视野思考了西方法律发展趋势与中国的关系，而且力图构建新的法律方法在中国法律和法学中的本土形态，探寻"调和人民法律与人民感情的方法"以挽救当时中国的司法危机。[2]同时，出自对固有文化的珍视，法律人还对社会转型中传统的司法理念有无现代化的可能性等问题进行了追问。可以肯定，这些问题，不仅在民国存在，也需要当前的改革者和研究者深刻体察。

---

〔1〕 参见［美］米尔伊安·R. 达玛什卡：《司法和国家权力的多种面孔》，郑戈译，中国政法大学出版社 2004 年版，第 42 页。

〔2〕 参见阮毅成："怎样调节法律与国民感情"，载何勤华、李秀清编：《民国法学论文精萃》（基础法律篇），法律出版社 2003 年版，第 335 页。

新中国夫妻财产制的历史演进与未来走向[*]

吴　欢[**]　咸鸿昌[***]

　　婚姻家庭法律关系是兼具财产属性与身份属性的特殊民事法律关系。婚姻家庭法在内容上由亲属身份法和亲属财产法构成，前者源于婚姻家庭的人伦秩序，是严格意义上的身份法；后者由前者派生，但更贴近于财产法的范畴。[1]但二者之间并非泾渭分明，截然对立。中国古代既有"昏礼者，将和二姓之好，上以事宗庙而下以继后世"[2]的婚姻伦常观，亦有"彩礼"、"奁产"、"同居共财"、"别籍异财"、"承继"等典型的财产归属与流转现象。[3]在德日等国民法法典化运动中，规制婚姻家庭关系的亲属继承编相较于物权债权编也较晚完成，且保留诸多民族伦常特色。[4]婚姻家庭法律体系中，夫妻财产是夫妻共同生活不可缺少的物质基础与保障，夫妻财产关系虽然具有明显的财产属性，近代以来更是经历了"从身份到契约"、从传统社会"家本位"到市民社会"人本位"的历史变革和重心转移，但是其中蕴含的人身、

---

　　* 本文系"法治中国化研究基金项目"课题（编号：丙 A 五 03）的阶段性研究成果。
　　** 浙江大学光华法学院 2012 级博士研究生，杭州师范大学法治中国化研究中心兼职研究员。
　　*** 南京大学法学院副教授，杭州师范大学法治中国化研究中心兼职研究员。
　　〔1〕 参见曹诗权等：《婚姻家庭继承法》，北京大学出版社 2006 年版，第 45 页。需要说明的是，"婚姻家庭法"是带有强烈社会主义特色的词汇，在传统大陆法系六法体系中其内容被归入亲属、继承编。这不仅仅是法律词汇和法典编排上的不同，也体现了重要的法治理念差异。本文暂遵中国大陆学界习惯用法，必要时指出相关概念背后不同的旨趣。
　　〔2〕《礼记·昏义》。
　　〔3〕 这些中国古代特有的财产归属与流转现象，是否可以称为"民事"法律现象进而"民事"法律关系，在学界存在争议。笔者倾向于将"民事"与"民法"做出相对宽泛理解，并不以近现代以来的"私权神圣"、"契约自由"与"过错责任"去苛责比附，或许所谓"民法"，就是一个民族日常生活的规则与逻辑，而已。
　　〔4〕 参见郑祝君主编：《外国法制史》，北京大学出版社 2007 年版，第 13、14 章。

亲族与伦理因素仍然不可忽视。立法如有偏废，则不利于和谐婚姻家庭关系的建构。

夫妻财产制，是指规范夫妻财产关系的法律制度，其内容包括夫妻财产制度的设立、变更与废止，夫妻财产所有权的归属与认定，夫妻财产的管理、使用、收益、处分，家庭生活费用的负担分配，夫妻之间债务的清偿责任，婚姻终止时夫妻共同财产的分割与清算等方面的问题。[1]为确保夫妻地位平等和婚姻生活的和睦，以及夫妻对外与第三人的交易安全，各国均设立了夫妻财产制来规范和调整夫妻财产关系。新中国夫妻财产制渊源于苏俄社会主义革命婚姻法，肇始于根据地时期的零星立法和司法实践，确立于1950年《婚姻法》，发展于1980年《婚姻法》，成熟于2001年《婚姻法》修正案及其解释（一）、（二），登峰造极于2011年《婚姻法解释（三）》。新中国的夫妻财产制具有典型的"革命"属性，体现在极端强调婚姻的情感意志因素而忽视家庭的社会经济职能，极端强调男女形式平等与婚姻自由而忽视男女实质能力差异，极端强调婚姻家庭关系的契约性质而忽视其伦理属性。尤其是《婚姻法解释（三）》，以极端化的司法实务工具理性考量压倒了对婚姻家庭关系的伦常关照，引起了社会各界的强烈反响。[2]究其根源，在于现行夫妻财产制既违背传统中国家制和家产制的基本精神，又背离现代法治国家夫妻财产制所蕴涵的普世价值。

因此，对现行夫妻财产关系法制进行伦理与法理反省，并指出其发展与完善方向就显得尤为重要。本文即试图在前人研究的基础上，[3]对此问题进行进一步的思考。本文首先将在前人有关研究成果的基础上，借助新中国夫妻财产法制史料，对现行夫妻财产关系法制的历史演进进行系统梳理，并对现行夫妻财产关系法制的规范内容进行深入考察。然后，总结出新中国夫妻财产制历史演进的若干基本特点，并基于传统法和比较法的视角，对其进行

---

〔1〕 曹诗权等：《婚姻家庭继承法》，北京大学出版社2006年版，第129页。

〔2〕 参见李樱："婚姻法解释三'四大争议'"，载《三月风》2011年第1期；刘竞超："婚姻法解释引争议，网友称鼓励养小三和离婚"，载《广州日报》2010年11月19日，第3版；程璞："婚姻法司法解释三引起网友争议，女性网友最激烈"，载《成都晚报》2011年8月14日，第11版。相关讨论甚多，不再列举。

〔3〕 相关反思文章参见曹诗权："现行夫妻财产制度的界定与修改"，载《律师世界》2001年第2期；朴成林："刍议我国夫妻财产公证制度"，载《延边党校学报》2009年第6期；范忠信："民族伦理传统与当代中国婚姻家庭法"，载法治中国化网，http://fzzgh.hznu.edu.cn/bluecms/fzzgh/zxhd/20111031/48416.html，访问时间：2013年4月4日；俞江："中国亟宜确立新型的家制和家产制"，载高鸿钧主编：《清华法治论衡》（第14辑），清华大学出版社2012年版；等等。

法理和伦理反省，指出现行夫妻财产制既违背了传统中国家制和家产制的基本精神，又背离了现代法治国家夫妻财产制所蕴涵的普世价值。最后，针对现行夫妻财产制的未来走向，提出实现人伦回归和亲情修复的若干建议。本文的研究有利于促进中国夫妻财产关系法制的中国化与普世化，有利于实现夫妻财产关系法制方面的人伦价值回归与民族传统复兴，有利于构建中国特色的和谐婚姻家庭关系。

一、新中国夫妻财产制的历史演进

在中国古代，婚姻家庭法律规范大多集中在诸法合体的基本法典中，如《唐律·户婚律》，但这些立法确立与维护的是传统"家制"与"家产制"，妻子的财产与人格完全被丈夫吸收，并无现代夫妻财产制的精神与内容。中国近代婚姻家庭法律的变革始于清末变法修律，1911 年《大清民律草案》效法大陆法系传统，设"亲属"、"继承"编，1930 年国民政府公布了民法典亲属编，标志着包括夫妻财产制在内的中国婚姻家庭法在形式上实现了近现代转型。[1]与此同时，中国共产党人领导的革命根据地也在苏俄社会主义革命婚姻家庭观的指导下，艰难地探索婚姻家庭法制的发展之道。由于共产主义和社会主义"消灭剥削和私有制"的革命信仰和主张，婚姻家庭关系被视为束缚劳苦大众的精神枷锁，[2]故中国共产党人自成立之初就坚决主张婚姻恋爱自由；又因革命根据地条件艰苦，财产关系简单而朴素，夫妻财产制的内容并没有在根据地婚姻家庭法制中占有较大比重。但在各根据地的零星立法中，已存在着夫妻财产制的萌芽。如 1931 年《中华苏维埃共和国婚姻条例》第 17 条规定："结婚满一年，男女共同经营所增加的财产，男女平分，如有小孩，则按人口平分。"这一规定体现的是将夫妻财产融入家庭财产之中的共同共有制原则。[3]1934 年《中华苏维埃共和国婚姻法》延续了这一规定，并进一步规定了对离婚后妇女及子女的特殊保护政策，"离婚后的男女双方应各自处理婚前属于各自的财产和债务；结婚满一年的共同财产包括土地，有男

〔1〕 参见陈小君、于宁杰："台湾亲属法评介"，载《中南政法学院学报》1990 年第 6 期。国民党 1930 年《民法》规定了法定财产制和约定财产制，法定财产制采用联合财产制；约定财产制有共同财产制、统一财产制和分别财产制。1985 年台湾当局修法，删除统一财产制。

〔2〕 毛泽东即认为，政权、族权、神权与夫权，"代表了全部封建宗法的思想和制度"，是束缚中国人民，特别是女子的"四条极大的绳索"。参见毛泽东："湖南农民运动考察报告"，载《毛泽东选集》（第 1 卷），人民出版社 1991 年版，第 33～34 页。

〔3〕 曹诗权等：《婚姻家庭继承法》，北京大学出版社 2006 年版，第 133 页。

女双方及子女按人口平分；婚后所负的共同债务由男子独自清偿；离婚后女子未再行结婚，并缺乏劳动力或没有固定职业，因而不能维持生活者，男子必须给予帮助"。这实际上是在规定夫妻共同共有的财产制之外，突出地强调了对弱势妇女的倾斜保护，体现了苏维埃政权的革命色彩和苏俄婚姻法的影响，且有利于调动妇女的革命积极性。抗日战争和解放战争时期各根据地婚姻立法主要侧重于保护革命军人婚姻，重申男女平等原则，有关夫妻财产制的规定同苏维埃时期差别不大，同样具有革命色彩，故不再赘述。新中国成立以后，我国夫妻财产制在 1950 年《婚姻法》、1980 年《婚姻法》和 2001 年《婚姻法》修正案三次大规模国家立法的基础上，结合配套的司法解释，形成了较为完善的体系。

（一）1950 年《婚姻法》中的夫妻财产制

早在新中国成立之前的 1948 年秋，为解放亿万受压迫妇女，进一步调动广大妇女的革命积极性，刘少奇就在解放区妇女工作会议上建议中央妇女委员会着手起草新中国第一部婚姻法。[1] 1950 年 5 月 1 日，经过各民主党派和各界群众广泛讨论，新中国第一部《婚姻法》由毛泽东签署、中央人民政府主席令颁布施行。它的颁布和实施，全面而彻底地废除了以男尊女卑、包办、强迫、无视子女利益为特征的封建主义婚姻家庭制度，全面而坚决地确立了以一夫一妻、婚姻自由、男女平等、保护妇女和子女合法权益为原则的社会主义婚姻家庭制度，标志着"一场观念与制度的革命"，对新中国婚姻家庭法制和社会生活影响深远。[2]

1. 1950 年《婚姻法》夫妻财产制的内容

1950 年《婚姻法》第 1 条开宗明义地宣布新中国"废除包办强迫、男尊女卑、漠视子女利益的封建主义婚姻制度"，并庄严宣告新中国"实行男女婚姻自由、一夫一妻、男女权利平等、保护妇女和子女合法利益的新民主主义婚姻制度"。在此指导思想下，其规定的有关夫妻财产制的内容主要有：①夫妻财产平等原则。该法第 10 条规定："夫妻双方对于家庭财产有平等的所有权与处理权。"这是新中国第一部《婚姻法》关于夫妻财产制的基本规定。②离婚财产分割规则。该法第 23 条第 1 款规定："离婚时，除女方婚前财产归女方所有外，其他家庭财产如何处理，由双方协议；协议不成时，由人民

---

〔1〕 参见黄传会：《天下婚姻：共和国三部婚姻法纪事》，文汇出版社 2004 年版，第 13 页。

〔2〕 黄薇："新中国第一部法律 1950 年《婚姻法》：一场观念与制度的革命"，载《文史参考》2011 年第 18 期。

法院根据家庭财产具体情况、照顾女方及子女利益和有利发展生产的原则判决。"③离婚债务偿还规则。该法第 24 条规定："离婚时，原为夫妻共同生活所负担的债务，以共同生活时所得财产偿还；如无共同生活时所得财产或共同生活时所得财产不足清偿时，由男方清偿。男女一方单独所负的债务，由本人偿还。"此外，该法第 8 条规定了夫妻抚养关系，第 12 条规定了夫妻间继承权，第 25 条还规定了离婚后对生活困难方的照顾义务，亦可看做广义的夫妻财产关系法制的内容。[1]

2. 1950 年《婚姻法》夫妻财产制的评析

由于年代久远，资料缺失，加之当时法制建设百废待兴，挂一漏万，立法相对粗疏，目前只能就 1950 年《婚姻法》立法之规定本身，结合相关法律文件和当代学者研究成果，对该法规定的夫妻财产制作出如下评析：

首先，1950 年《婚姻法》夫妻财产制继承了苏俄和革命根据地时期的传统，以婚姻自由、男女平等为基本原则。苏俄 1918 年的《婚姻、家庭和监护法典》是世界范围内第一部独立的婚姻和家庭法典，使婚姻和家庭关系脱离传统的民法体系而成为单独的法律部门，其所确立的婚姻自由原则和夫妻权利义务平等等原则成为社会主义国家调整婚姻家庭关系的基本原则。[2]如前所述，中国共产党人在各个时期领导的苏维埃政权、抗日民主政权和人民民主政权的婚姻家庭立法都效法苏俄社会主义革命婚姻家庭法传统，在包括夫妻财产制在内的各个婚姻家庭法律领域确立了婚姻自由、男女平等的原则。1950 年《婚姻法》也继承了这一革命传统，在其第 1 条就宣示了这一原则，并在关于夫妻财产制的基本法条（第 10 条）中重申："夫妻双方对于家庭财产有平等的所有权与处理权"。

其次，1950 年《婚姻法》所确立的夫妻财产制是一般共同财产制。根据1950 年中央人民政府法制委员会所作的立法解释，家庭财产包括下列三种：①男女婚前的个人财产；②夫妻共同生活时所取得的财产，包括双方或一方通过劳动所得的财产，双方或一方在此期间所获得的遗产或接受赠与所获得的财产；③未成年子女的财产（如土地改革中子女所得的土地及其他财产等）。这一立法解释还指出，夫妻能够真正平等地共同所有与共同处理第一和

---

〔1〕 广义的夫妻财产关系包括夫妻财产制、夫妻间的经济抚养和夫妻继承权三个方面的内容。参见曹诗权等：《婚姻家庭继承法》，北京大学出版社 2006 版，第 129 页。

〔2〕 参见郑祝君主编：《外国法制史》，北京大学出版社 2007 年版，第 371 页。

第二种家庭财产以及共同管理第三种家庭财产。[1]根据前列该法第 23 条的规定及有关司法解释的精神，[2]夫妻共同财产包括男方的婚前财产，婚后夫妻双方或一方所得的财产。由此可见，1950 年《婚姻法》所采纳的夫妻财产制是一般共同财产制。

（二）1980 年《婚姻法》中的夫妻财产制

1980 年秋，伴随着"文革"结束、改革开放和"以经济建设为中心"方针的提出，新中国第二部《婚姻法》颁布。它进一步重申了 1950 年《婚姻法》中的基本原则和行之有效的规定，同时又根据新时期调整婚姻家庭关系的实际需要，在内容上作了必要的修改与补充。[3]

1. 1980 年《婚姻法》夫妻财产制的内容

新的《婚姻法》扩大了对家庭关系的法律调整，在夫妻财产制、扶养和收养等方面，修订后的条款都比原规定有所变化。其有关夫妻财产制的规定如下：①夫妻财产制基本规定。该法第 13 条第 1 款规定了夫妻法定财产制和约定财产制，且约定财产制优先适用："夫妻在婚姻关系存续期间所得的财产，归夫妻共同所有，双方另有约定的除外"。第 2 款规定了夫妻共同财产平等处理权："夫妻对共同所有的财产，有平等的处理权。"②离婚财产分割规则。该法第 31 条规定："离婚时，夫妻的共同财产由双方协议处理；协议不成时，由人民法院根据财产的具体情况，照顾女方和子女权益的原则判决。"这一规定体现了尊重意思自治和照顾妇女和子女权益的原则。③离婚债务偿还规则。该法第 32 条规定："离婚时，原为夫妻共同生活所负的债务，以共同财产偿还。如该项财产不足清偿时，由双方协议清偿；协议不成时，由人民法院判决。男女一方单独所负债务，由本人偿还。"这一规定确立了共同债务共同偿还、个人债务个人偿还的规则。此外，该法第 9 条规定"夫妻在家庭中地位平等"，第 14 条规定了夫妻间相互抚养的义务，第 18 条规定了夫妻间相互继承的权利，第 33 条规定了离婚后对生活困难方经济帮助的义务等，亦属于广义的夫妻财产关系。

----

〔1〕 见 1950 年 4 月 14 日中央人民政府法制委员会《关于中华人民共和国婚姻法起草经过和起草理由的报告》。

〔2〕 参见最高人民法院 1963 年 8 月 28 日《关于贯彻执行民事政策几个问题的意见》及 1979 年 2 月 2 日《关于贯彻执行民事政策法律的意见》。

〔3〕 参见巫昌祯："婚姻家庭法学"，载张友渔编：《中国法学研究四十年》，上海人民出版社 1989 年版，第 403 页。

2. 1980 年《婚姻法》夫妻财产制的评析

1980 年《婚姻法》规定的夫妻财产制内容主要是确立了法定财产制和约定财产制并行的立法模式，并通过离婚财产分割和离婚债务偿还的有关条款进一步明确了法定财产制为共同财产制。与 1950 年《婚姻法》相比，1980 年《婚姻法》对夫妻财产制作了较大的补充与改动，主要体现在以下三个方面：[1]

（1）1980 年《婚姻法》将"家庭财产"的表述修改为"夫妻共同所有的财产"，明确了夫妻财产制的调整范围。这一变化一般不为学者所重视，却是此次修法的要害。将"家庭财产"修改为"夫妻共同财产"，不仅仅是提法的变化，而且意味着"夫妻财产制"更加名副其实地成为夫妻之间财产关系的法律制。其对于夫妻财产关系的调整可谓集中而明确，但是抛弃"家庭财产"的提法，已然说明这部婚姻法更加强调夫妻关系的独立性，而忽视家庭关系的整体性。

（2）1980 年《婚姻法》将夫妻双方婚前拥有的财产排斥在夫妻共同财产之外，缩小了夫妻共同财产的范围。随着改革开放、"以经济建设为中心"等基本国策的确立，公民开始拥有了合法个人财产，国家必须予以保护。因此，新的《婚姻法》将 1950 年《婚姻法》确立的一般共同财产制修改为婚后所得共同制，这也是新法确立的法定夫妻财产制。这一修改也突出了夫妻之间的财产独立性。

（3）1980 年《婚姻法》明确规定夫妻在法定财产制之外可另行约定，且优先适用，确立了约定财产制。这也是新婚姻法因应时代进步而做出的立法完善举措，进一步强调了夫妻之间的人格与财产独立，符合计划经济体制向有计划的商品经济转型的要求。只是由于立法过于粗疏，并没有进一步细化约定财产制的内容，没有规定禁止约定财产的范围。

总的来说，1980 年《婚姻法》对夫妻财产制的规定在一定程度上丰富和发展了我国夫妻财产关系立法，但是由于该法颁布之际我国仍处于计划经济体制之下，立法理念和具体规定多有局限。随着改革开放的不断深入，计划经济向市场经济的转轨，国民经济发展，个人收入增加，个体意识增强，权利意识兴起，使得夫妻财产的性质、形式、债权债务关系变得更加复杂。农村联产承包责任制的实行，城市生活的"去单位化"，也使得家庭职能由改革开放前单纯的消费变为生产与消费兼备。这些变化必然要求夫妻财产法制作

---

[1] 参见曹诗权等：《婚姻家庭继承法》，北京大学出版社 2006 版，第 134 页。

出回应，而 1980 年《婚姻法》的前述规定无疑显得苍白无力。[1]为此，最高人民法院于 1993 年发布了《关于人民法院审理离婚案件处理财产分割问题的若干具体意见》，对夫妻财产关系作了许多扩张性、具体性的解释，以适应新形势下审判工作的需要。主要内容包括：[2]①明确规避法律的夫妻财产约定无效（第 1 条）；②明确了夫妻共同财产的范围（第 2 条）；③明确了不同情况下财产性质的认定（第 3~6 条）；④明确了认定夫妻共同财产的举证责任（第 7 条）；⑤明确了夫妻财产分割的规则（第 9~16 条）；⑥明确了个人债务与共同债务的认定（第 17~18 条）；⑦明确了共同财产分割程序（第 20 条）；⑧明确了隐匿、转移、非法变卖夫妻财产等行为的处理办法（第 21 条）。但这一司法解释仍然无法满足司法实践的需要。

（三）2001 年《婚姻法》中的夫妻财产制

在 1980 年《婚姻法》颁行的 20 年中，一方面，涉及婚姻家庭关系的具体法律规则不断被推出，其渊源形式逐渐增多，体系内容日趋丰富，《婚姻法》陷入被超越、分解、替代的现实困境中；另一方面，法学界关于修改婚姻法的研究逐渐深入和成熟，法律界对修改婚姻法的期盼和呼声不断增强，社会现实生活对修改婚姻法的客观要求日趋迫切。[3]在此背景下，2001 年全国人大通过和颁行了《中华人民共和国婚姻法（修正案）》（以下简称"2001年《婚姻法》"或"现行婚姻法"）。此次修改幅度之大、涉及范围之广、增补内容之多、创新色彩之浓，堪称中国现代婚姻家庭立法的空前之举。[4]同年 12 月，最高人民法院公布了《关于适用〈中华人民共和国婚姻法〉若干问题的解释（一）》（以下简称《婚姻法解释（一）》），2003 年又出台了《关于适用〈中华人民共和国婚姻法〉若干问题的解释（二）》（以下简称《婚姻法解释（二）》），从而较为完整地构建起我国的婚姻家庭法制体系。

1. 2001 年《婚姻法》夫妻财产制的内容

2001 年《婚姻法》在家庭关系中，凸显了夫妻财产制的法律地位，提升了此前司法解释中行之有效的内容，加强了亲属财产关系的法律调整力度，修改和增补了包括许多重要内容。此后的《婚姻法解释（一）》和《婚姻法解释（二）》进一步完善了夫妻财产制的有关内容。现依据相关法律和司法解

---

〔1〕 曹诗权等：《婚姻家庭继承法》，北京大学出版社 2006 年版，第 134 页。

〔2〕 参见最高人民法院 1993 年 11 月 3 日《关于人民法院审理离婚案件处理财产分割问题的若干具体意见》。

〔3〕 曹诗权等：《婚姻家庭继承法》，北京大学出版社 2006 年版，第 41 页。

〔4〕 参见杨大文："两部婚姻法　三个里程碑"，载《中国人大》2011 年第 7 期。

释简述如下：

（1）夫妻共同财产制及其范围。[1]2001年《婚姻法》第17条明确规定："夫妻在婚姻关系存续期间所得的下列财产，归夫妻共同所有：①工资、奖金；②生产、经营的收益；③知识产权的收益；④继承或赠与所得的财产，但本法第18条第3项规定的除外；⑤其他应当归共同所有的财产。夫妻对共同所有的财产，有平等的处理权。"此外，《婚姻法解释（一）》第17条对"平等处理权"进一步明确，《婚姻法解释（二）》第11条进一步明确了"其他应当归共同所有的财产"的范围，第12条解释了"知识产权的收益"的含义。

（2）夫妻个人财产制及其范围。该法第18条明确规定："有下列情形之一的，为夫妻一方的财产：①一方的婚前财产；②一方因身体受到伤害获得的医疗费、残疾人生活补助费等费用；③遗嘱或赠与合同中确定只归夫或妻一方的财产；④一方专用的生活用品；⑤其他应当归一方的财产。"《婚姻法解释（二）》第13条进一步规定："军人的伤亡保险金、伤残补助金、医药生活补助费属于个人财产。"

（3）夫妻约定财产制及其效力。[2]该法第19条规定："夫妻可以约定婚姻关系存续期间所得的财产以及婚前财产归各自所有、共同所有或部分各自所有、部分共同所有。约定应当采用书面形式。没有约定或约定不明确的，适用本法第17条、第18条的规定。夫妻对婚姻关系存续期间所得的财产以及婚前财产的约定，对双方具有约束力。夫妻对婚姻关系存续期间所得的财产约定归各自所有的，夫或妻一方对外所负的债务，第三人知道该约定的，以夫或妻一方所有的财产清偿。"此后的《婚姻法解释（一）》第18条明确了约定财产制对外发生效力的举证责任，第19条再次肯定了夫妻约定财产制的效力。

（4）离婚财产分割规则。该法第39条规定："离婚时，夫妻的共同财产由双方协议处理；协议不成时，由人民法院根据财产的具体情况，照顾子女和女方权益的原则判决。夫或妻在家庭土地承包经营中享有的权益等，应当依法予以保护。"第47条还规定了对隐匿、转移、非法变卖夫妻财产等行为的处理办法。此后，《婚姻法解释（二）》第8条认可了财产分割协议的效力，《婚姻法解释（二）》第14～22条分别对复转军人复员费、一次性择业费，有

---

[1] 参见张珍：《离婚夫妻的财产分割问题研究》，西南政法大学2005年硕士学位论文。
[2] 参见王国峰：《论我国的夫妻财产制度》，云南大学2007年硕士学位论文。

价证券及未上市股份有限公司股份、有限责任公司出资额、合伙企业中的出资、独资企业财产、自购房屋所有权、受赠房屋所有权等财产的性质认定和分割规则作出了细致的规定。

（5）离婚债务偿还规则。该法第41条明确规定："离婚时，原为夫妻共同生活所负的债务，应当共同偿还。共同财产不足清偿的，或财产归各自所有的，由双方协议清偿；协议不成时，由人民法院判决。"此后，《婚姻法解释（二）》第23～26条详细规定了离婚时债务性质的认定、举证责任的承担和偿还规则。

2. 2001 年《婚姻法》夫妻财产制的评析

由上述法律和司法解释可以看出，2001 年《婚姻法》及相关司法解释确立的我国现行夫妻财产关系的制度模式已经较为成熟，较为明确地规定了夫妻共同财产制、夫妻个人财产制和约定财产制三类财产关系的静态构成和动态运行。[1]以下简要评述这三种夫妻财产制。

（1）2001 年《婚姻法》规定的夫妻共同财产制。依现行婚姻法规定，夫妻共同财产是指法律另有规定或当事人另有约定外，夫妻一方或双方在婚姻关系存续期间所取得的财产。其特征包括：[2]夫妻共同财产所有权的主体限于存在合法婚姻关系的夫妻；夫妻共同财产的范围限于婚姻关系存续期间所获得的财产；夫妻共同财产的来源为一方或双方婚后所得的收益，但法律另有规定或当事人另有约定的除外。现行《婚姻法》第17条规定了夫妻共同财产的范围。此后两个司法解释进一步明确了相关问题，包括：①知识产权收益的问题。此处"收益"是否应当包括"预期收益"，学术界存在不同看法，[3]后来的司法解释支持了"肯定说"，认为此处"收益"是指"婚姻关系存续期间，实际取得或者已经明确可以取得的财产性收益"。②明确了《婚姻法》第17条规定的"其他应当归共同所有的财产"的范围。③明确了军人的复员费、自主择业费等一次性费用应为夫妻一方的个人财产，但婚姻存续时间较长的，可以转化为夫妻共同财产，转化公式为：夫妻共同财产 = 婚姻存续年限 * [费用总额/（70 - 入伍年龄）]。④婚后父母出资为双方购置的房屋，为对双方的赠与，但明确赠与一方的除外。⑤夫妻分居两地分别管理、

---

[1] 曹诗权等：《婚姻家庭继承法》，北京大学出版社 2006 年版，第 42 页。

[2] 参见王国峰：《论我国的夫妻财产制度》，云南大学 2007 年硕士学位论文。

[3] "肯定说"参见陈苇主编：《婚姻家庭继承法学》，法律出版社 2002 年版，第 192 页。"否定说"参见巫昌祯、杨大文等主编：《中华人民共和国婚姻法释义与实证研究》，中国法制出版社 2001 年版，第 84 页。

使用的财产为共同财产。[1]夫妻对共同财产享有平等的处理权,包括:因日常生活需要而处理夫妻共同财产,任何一方都有权决定;夫妻非因日常生活需要对共同财产作重要处理决定,应平等协商,取得一致意见。夫妻共同财产制可因夫妻约定而终止、因离婚而终止、因夫妻一方死亡而终止。夫妻共同财产因上述原因而终止时,夫妻共同财产关系消灭,夫妻共同财产清算及财产分割开始。

(2) 2001 年《婚姻法》规定的夫妻个人财产制。夫妻个人财产是指依法或依当事人约定,夫妻婚后各自保留的一定范围内的个人所有财产。我国现行婚姻法第 18 条规定了夫妻个人财产的范围。其要点包括:[2]①一方的婚前财产问题。现行婚姻法将一方婚前财产明确规定为个人财产,因此前述1993 年《财产分割意见》的有关规定不再适用,除非当事人另有约定。但现行婚姻法没有"婚前财产的孳息,归夫妻共同所有"的规定,而依据1950 年、1980 年《婚姻法》所确立的"婚后所得共同制"之立法精神,似乎应当确定为夫妻共同财产。学界认为,对"孳息"问题应当区分孳息的取得是否需要夫妻双方共同经营、管理和投入劳动,如果是夫妻婚后共同经营、管理所生孳息,应确定为共同财产。《婚姻法解释(二)》第 11 条也支持了这一立场。②一方因身体受到伤害所获得的医疗费、残疾人生活补助费等费用问题。这些财产具有明显的人身性质,故只能归该方个人所有。③遗嘱或者赠与合同中确定只归一方所有的财产问题。基于意思自治原则,立法应尊重遗嘱人和赠与人的意愿,故这些财产应被认定为一方个人的财产。④夫妻个人财产中"一方专用的生活用品"的问题。依据现实生活习惯,价值较轻的小件物品一般为个人所有,但是婚后购置的贵重首饰及其他价值较大的生活资料,虽属一方个人使用,仍应认定为共同财产。⑤其他应当归夫妻一方的财产。这属于兜底性规定,包括夫妻约定的个人财产及其他具有人身性的财产等。

(3) 2001 年《婚姻法》规定的夫妻约定财产制。约定财产制是指夫妻以协议方式确定夫妻财产关系的夫妻财产制种类,是法定财产制的对称,并排除法定财产制的适用。夫妻对财产关系的约定,虽也注重意思自治,但与一般的物权、债权合同有诸多不同,体现在:①主体的特殊性,限制在合法夫妻之间;②适用法律的特殊性,不适用《合同法》相关规定;③内容上的特

---

〔1〕 参见冯昀:《试论我国法定夫妻财产制的完善》,复旦大学 2005 年硕士学位论文。
〔2〕 参见王国峰:《论我国的夫妻财产制度》,云南大学 2007 年硕士学位论文。

殊性，约定的内容较为复杂，包括现有财产和将来财产，还包括财产的归属、占有、收益和处分，家庭生活费用的负担，债务的清偿等。夫妻财产约定合法有效必须满足以下条件：一是夫妻双方须有缔约能力；二是约定须出自双方自愿；三是约定的内容必须合法；四是约定一般应采用书面形式。约定财产制的效力体现在三个方面：①优先适用效力，这是相对于法定财产制而言的；②对内效力，是指夫妻财产约定对夫妻双方的约束力，这是财产约定最直接、最基本的效力，夫妻财产约定成立并生效之后，夫妻间的财产关系依约定的内容处理，对约定的变更、撤销也须双方当事人同意，不得单方变更或撤销；③对外效力，是指夫妻财产约定对第三人的效力。[1]根据现行婚姻法第 19 条和《婚姻法解释（一）》的有关规定，夫妻如果约定实行分别财产制，对第三人有告知义务。没有履行告知义务的，其约定对第三人不发生效力，如果夫或妻一方对外所负的债务超出其个人财产清偿能力时，应以共同财产清偿。

（四）《婚姻法解释（三）》与夫妻财产制

2001 年《婚姻法》修正案和《婚姻法解释（一）》、《婚姻法解释（二）》颁布施行后，面对着日新月异的社会经济发展形势，人民群众不断高涨的权利意识，不断变革的婚恋观念，不断上升的离婚率，仍然显得有些应接不暇。这些问题都是影响婚姻家庭关系和社会稳定的重要问题，急需进一步明确法律适用标准，及时解决纠纷，统一法律适用尺度。[2]尤其是在新世纪中国房地产业泡沫化发展、房价高涨背景下，面对如何处理离婚财产分割问题，司法实务部门开始更加能动地将便利司法审判实践的财产分割规则引入夫妻财产法制体系内，于 2011 年公布实施了《最高人民法院关于适用〈中华人民共和国婚姻法〉若干问题的解释（三）》（以下简称《婚姻法解释（三）》）。《婚姻法解释（三）》重点在夫妻财产关系上，其 19 个条文中有关夫妻财产归属认定、夫妻共同财产分割、继承等的条文达 12 条之多，占全部条文的 63.15%。这一司法解释的颁布实施，将新中国夫妻财产法制的发展推进到了登峰造极的境地，值得认真加以总结和反思。

---

〔1〕 曹诗权等：《婚姻家庭继承法》，北京大学出版社 2006 年版，第 139~141 页。

〔2〕 吴晓明：《最高人民法院婚姻法司法解释（三）理解与适用》，人民法院出版社 2011 年版，第 7 页。

1. 《婚姻法解释（三）》有关夫妻财产制的主要规定

《婚姻法解释（三）》全文共 19 条，涉及夫妻财产制的规定主要包括：[1]

（1）婚内夫妻一方请求分割共同财产问题。《婚姻法解释（三）》第 4 条是关于夫妻一方在婚姻关系存续期间请求分割夫妻共同财产的必要条件问题的规定。现行夫妻财产制将婚后所得共有制作为法定夫妻财产制，除非婚姻关系终止或者夫妻一方死亡，否则不能终止这种共有关系。但依据《物权法》第 99 条规定的精神，在共同共有关系存续期间，共有人有重大理由的，可以请求分割共有财产。本条司法解释就是上述"重大理由"在夫妻共同财产制度中的具体化，并将"重大理由"限定为两种情形。

（2）夫妻一方财产在婚后的收益处理问题。《婚姻法解释（三）》第 5 条回应了夫妻一方财产婚后孳息和自然增值的归属问题。本条司法解释借鉴了其他国家的经验，采取了一般原则加例外规定的立法模式：其一，夫妻一方财产在婚后产生的收益，一般应认定为夫妻共同财产。其二，规定了孳息和自然增值两种除外类型。属于一方个人财产的原物产生的孳息亦归其所有，符合民法原理，但本条司法解释没有对孳息加以进一步类型化，一概认定为个人财产值得商榷。自然增值通常与夫妻双方的人为协作劳动、能力或者管理并无关联，将该部分增值认定为个人财产可以得到理论界和审判实务界的认同。

（3）夫妻间撤销赠与房产引发纠纷的处理。《婚姻法解释（三）》第 6 条就夫妻之间赠与房产法律适用问题作了规定，授予了人民法院"可以按照"合同法相关条款处理的自由裁量权。本解释涉及夫妻赠与房产约定的效力、房产权利的转让、任意撤销权的行使等问题。首先，婚姻法确认夫妻对婚姻财产约定的合法性，却又赋予赠与人任意撤销权。主要依据是现行《婚姻法》第 19 条第 2 款，《物权法》第 9 条第 1 款和《合同法》第 186 条的规定。其次，对经过房产转让登记和公证的夫妻间房产赠与合同，不得行使任意撤销权。

（4）离婚案件中父母出资购买房产的认定。《婚姻法解释（三）》第 7 条是关于离婚案件中，对一方或双方当事人之父母出资，为子女所购并登记于子女名下的不动产，如何定性处理问题的规定。对此《婚姻法解释（二）》

---

〔1〕 主要参考薛宁兰："《婚姻法司法解释（三）》财产性规定解读"，载《中国妇女报》2011年 8 月 19 日，第 3 版。

第 22 条曾有规定，本条司法解释专门对此情形进一步规范。本条第 1 款将父母出资为子女购买不动产的最终归属的认定简单化为主要以产权登记作为标准。本条第 2 款则明确了夫妻双方父母出资购买不动产之归属的问题。本条司法解释在一定程度上解决了《物权法》与《婚姻法》存在冲突的尴尬，确认了《物权法》上的不动产登记的效力要高于《婚姻法》上关于夫妻财产的效力。但单纯以产权登记作为财产归属的唯一标准，也为婚姻家庭关系的和谐埋下了隐患。

（5）离婚时一方婚前贷款所购房产的处理。《婚姻法解释（三）》第 10 条是离婚案件中一方当事人婚前出资支付首付款按揭贷款购置，婚后登记在自己名下并由夫妻双方共同还贷的不动产应当如何分割的规定。本条第 1 款没有直接明确该类不动产的权属，而是允许"双方协议处理"，第 2 款又规定，当事人不能达成协议的，法院"可以判决该不动产归产权登记一方"。此规定没有将取得房产证的时间作为认定归属的标准，而是以购房合同上记载的购房者为房屋所有权人，这样也保障了银行的权益。但是，这样的以出资人定归属的规定忽略了夫妻之间获取金钱能力的差异，也没有考虑到妇女家务劳动折算为个人收入的问题。

（6）夫妻一方擅自出卖共有房产的处理。《婚姻法解释（三）》第 11 条是关于夫妻一方擅自出卖共有房屋应如何处理问题的规定。夫妻双方对共同财产有平等的处理权，夫妻一方擅自出卖夫妻共有房屋的行为，是对另一方财产权的侵犯。本条对出卖房屋效力的认定，符合民法善意取得制度的要求；同时又规定人民法院对另一方赔偿损失的请求，应予以支持，体现了兼顾配偶权利保护和保障交易安全，保护第三人利益的现代法治精神。

此外，《婚姻法解释（三）》还针对购买以一方父母名义参加房改的房屋离婚时如何处理（第 12 条）、离婚时未退休一方养老保险金的处理（第 13 条）、附协议离婚条件的财产分割协议在条件未成就时是否发生法律效力（第 14 条）、离婚时尚未分割的遗产的处理（第 15 条）、夫妻间借款的性质认定与处理（第 16 条）、离婚损害赔偿请求权的认定（第 17 条）、离婚时未处理的夫妻共同财产（第 18 条）等问题等做出了规定，限于篇幅，不再一一详述。

2. 《婚姻法解释（三）》有关夫妻财产制规定的评价

尽管《婚姻法解释（三）》的出台引起了社会公众广泛的质疑，但实事求是地讲，这一司法解释对于完善婚姻家庭法律制度，构建和谐婚姻家庭关系还是具有一些积极意义。首先，该解释完善了《婚姻法》有关程序性问题，如第 1 条明确了因结婚登记程序瑕疵提起的婚姻无效宣告之诉的性质和处理问题，将其明确为行政诉讼；第 2 条明确了亲子关系确认争议中的亲子鉴定请求权及其举证责任问题。其次，该解释进一步照顾了婚姻家庭关系中弱势方的权益，如第 3 条规定未成年或不能独立生活的子女可以向不履行抚养义务的父母主张抚养费，而不论父母是否离婚；第 8 条规定了无民事行为能力人提起离婚诉讼的代理人资格问题。最后，该解释初步回应了司法实践中的一些新问题，如第 9 条明确了夫妻因生育权发生纠纷的处理问题，弥补了有关生育权法律规定的滞后，但仍需进一步完善和明确。以上积极因素主要体现在该解释的夫妻人身关系条款中，《婚姻法解释（三）》真正饱受公众批评的条文，恰恰是其中有关夫妻财产关系的条款。具体说来，《婚姻法解释（三）》有关夫妻财产制规定的缺失体现在：

首先，《婚姻法解释（三）》的有关规定呈现出"以城市为中心"的特征，忽视了对我国更为广大的农村婚姻家庭关系的重视与尊重。尽管不可否认中国城市化进程逐年加快，婚姻法应当具有现代性和超前性，以适应城市生活的需求。但是中国广大农村地区的婚姻家庭状况仍然是传统的，仍然存在着彩礼、"男方出房子，女方带嫁妆"等习俗，而且农村婚姻家庭关系中的人情色彩更为浓厚，单纯地以都市化的"财产关系明晰"为导向的夫妻财产关系规则，是无法适应农村婚姻家庭生活需要的，甚至会造成婚姻家庭关系的不和谐。

其次，《婚姻法解释（三）》的有关规定呈现出"以资本为中心"的特征，忽视了对婚姻家庭关系中弱势方权益的实质保护。与"以城市为中心"的特征相关，《婚姻法解释（三）》在夫妻一方婚前财产婚后受益的处理，离婚案件中父母出资所购房产的处理，离婚时一方婚前贷款所购房产的处理等问题上，坚持了"以资本为中心"的原则，谁出资多，谁受益，被指责为过分保护男方利益。这样的指责并非没有道理，按我国一般情况，夫妻中男方多在外挣钱，女方承担较多家务劳动，加上男女天生的或制度上的获取资本能力的差异，导致女方在这些问题上经常性地成为弱者。《婚姻法解释（三）》不仅没有采取措施化解这种不平衡，反而以制度性的方式肯定这种不平等，无疑令人遗憾和不满。

最后，《婚姻法解释（三）》的有关规定呈现出"以解纷为中心"的特征，忽视了对和谐婚姻家庭关系的重视与呵护。《婚姻法解释（三）》的有关财产分割等条款被部分研究者认为"兼具可操作性与公平性"，"有助于引导婚姻当事人理性对待婚姻关系，防范于未然"。[1]但笔者认为，这部司法解释

---

[1] 参见董兴利：《我国婚姻法司法解释（三）之评析》，中南财经政法大学 2012 年硕士学位论文。

更多地追求的是司法实务中的可操作性，便于司法实务操作的追求压倒了保障夫妻财产关系公平与和谐的追求。而更为严重的是，为了便于司法机关处理未来的离婚案件，不惜在司法解释中早早地规定夫妻财产分割与归属的细则，强烈地干预和介入了婚姻家庭生活内部，人为地制造了婚姻家庭生活的不稳定、不和谐因素。

二、新中国夫妻财产制历史发展的伦理法理反省

经过 1950 年《婚姻法》、1980 年《婚姻法》、2001 年《婚姻法》及其司法解释，尤其是《婚姻法解释（三）》的历史演进与积累，我国已经形成了较为系统和成熟的夫妻财产关系法制。对于现行夫妻财产制的正面评价，官方和部分学者已经进行了相当规模的论证与研究，而对其消极影响，尤其是《婚姻法解释（三）》出台后对我国夫妻财产法制和和谐婚姻家庭关系的冲击的学术讨论，在近年来更加显得引人瞩目。本节将在前文对新中国夫妻财产制历史演进的梳理的基础上，总结新中国夫妻财产制历史发展的若干特征，进而分别借助传统法和比较法的视角，对现行夫妻财产法制进行历史的、比较的反思，试图寻找出新中国夫妻财产制与中华法系人伦传统、西方国家法治文明之间可能存在的背离之处。

（一）新中国夫妻财产制历史演进的基本特征

新中国现行夫妻财产关系法制渊源于苏俄社会主义婚姻法，肇始于根据地时期的零星立法和司法实践，确立于 1950 年《婚姻法》，发展于 1980 年《婚姻法》，成熟于 2001 年《婚姻法》修正案及其解释（一）和（二），登峰造极于 2011 年《婚姻法解释（三）》，这是前述新中国夫妻财产制历史演进的基本线索。结合前人研究成果，可以进一步总结出新中国夫妻财产法制历史演进的一些基本特征：

1. 新中国夫妻财产制在立法起源上受前苏联模式影响巨大

如前所述，苏俄（包括后来的苏联）成立之初就将婚姻家庭关系从传统民法体系中剥离，制定单独的法典，形成独立的婚姻家庭法律体系。这样的立法模式基于独特的社会主义婚姻家庭观。[1]前苏联学者认为，[2]首先，因为民法的调整对象主要是民事主体之间的财产关系，而婚姻家庭法的调整对

---

〔1〕 参见余能斌等："试论亲属法的基本属性"，载《湖北社会科学》2007 年第 3 期。

〔2〕 ［苏〕斯维尔特洛夫：《苏维埃婚姻—家庭法》，方城译，作家书屋出版社 1954 年版，第 30 ~ 31 页。

象是由婚姻、血缘、收养及收留抚养儿童而发生的人身关系，所以婚姻家庭
法可以脱离民法而单独存在。其次，尤其重要的是，在社会主义社会中，虽
然财产关系对家庭生活仍然有一些促进作用，但它们不是最主要的和基本的；
虽然社会主义社会的家庭还保留有一些基本的经济职能，但它已经不再是基
本的社会生产单位，因此处理社会主义婚姻家庭关系需要适用一些与民法规
范不同的规范。最后，婚姻家庭法权关系突出地代表着人身法权关系与财产
法权关系的紧密结合，夫妻间的财产关系与婚姻关系密切相联系，子女、父
母间的血缘关系则与抚养关系密切相关，因此不能脱离人身关系来孤立地研
究这些法权关系。由于社会主义婚姻家庭关系具有如此的特殊性，因此不能
将其划入由民法所调整的人身非财产关系和财产关系。在新中国成立初期法
制建设"一边倒"地效法前苏联的历史背景下，这样的苏俄社会主义婚姻家
庭观和立法模式自然成为新中国婚姻家庭法的主导性观念和模式。

在此立法观念和立法模式影响下，家庭的经济职能被严重压缩乃至取消，
夫妻的结合仅仅是繁衍后代和人类本性的需要，因此夫妻之间财产关系也就
无需过多规定（事实上在社会主义公有制的社会中，夫妻之间也没有多少财
产可供法律规制），夫妻财产制也就规定得十分简略，仅仅象征性地规定"夫
妻平等处理权"即可。苏俄 1918 年《婚姻、家庭和监护法典》，前苏联 1926
年的《婚姻、家庭和监护法典》都是如此规定的。[1]中国共产党领导制定的
《中华苏维埃共和国婚姻法》以及后来各时期各根据地婚姻立法，1950 年
《婚姻法》，甚至 1980 年《婚姻法》也都是移植和延续了这样的做法。[2]尽
管在 1980 年代以来，中国婚姻法学者已经开始反思这种前苏联模式的影响，
试图将婚姻家庭关系纳入民法典的调整范围，但时至今日仍然没有明显的
成效。[3]

2. 新中国夫妻财产制在立法精神上的典型"革命"属性

与立法起源上的苏联模式影响相联系的另一个重要问题就是，新中国夫
妻财产制在立法精神上具有典型的"革命"属性。立法形式上的苏联模式或
许可以通过民法典加以整合消除，但是立法精神上的"革命"属性却是极其
难以消除的。

---

〔1〕 参见李秀清："新中国婚姻法的成长与苏联模式的影响"，载《法律科学》2002 年第 4 期。

〔2〕 参见郑长兴、上官绪智："中华苏维埃共和国婚姻法对我国婚姻家庭制度的影响"，载《黄
河科技大学学报》2000 年第 3 期。

〔3〕 参见余能斌等："试论亲属法的基本属性"，载《湖北社会科学》2007 年第 3 期。

　　新中国夫妻财产制立法精神上的"革命"属性，首先体现在极端强调婚姻的情感意志因素而忽视家庭的社会经济职能。由于新中国婚姻家庭法的社会主义性质，以及承担的反帝反封建任务，从 1934 年苏维埃《婚姻法》到 1950 年《婚姻法》再到今日婚姻立法，在立法原则上都极端强调恋爱自由、婚姻自由、一夫一妻，特别强调婚姻自由对于冲破封建枷锁和束缚、解放亿万劳动妇女的特殊意义；在离婚理由上，也极为超前地采用了"感情破裂主义"立法模式。[1] 这就导致婚姻家庭立法对于婚姻感情意志因素的极端强调，而忽视了家庭的社会经济职能的发挥。尤其是在建国后前 30 年的历史时期，家庭仅仅是社会机器中的一个零部件，夫妻仅作为个体化的细胞参与社会大生产，家庭作为整体没有生产功能，人民公社时期的"大食堂"甚至一度取消了家庭的消费功能。在这样一种"激进"的革命主义情怀之下，夫妻财产制立法自然带有明显的"革命"色彩，仅仅注重宣示婚姻自由的革命原则，而架空了家庭作为社会生产单位的物质基础。

　　其次，新中国夫妻财产制立法精神上的"革命"属性体现在极端强调男女形式平等与婚姻自由，而忽视男女实质能力差异。男女平等也是社会主义婚姻家庭观的重要原则，但是落实到我国夫妻财产制立法中的仅仅是宣称夫妻对财产的平等处理权，忽视了现实生活中男女经济地位的实际不平等。尽管 1934 年苏维埃《婚姻法》和 1950 年《婚姻法》中均有男方对女方在离婚后的经济照顾义务，但是这种规定的立法原意与其说是为了实现男女平等，不如说是为了调动妇女的"革命"积极性，让妇女投身"革命"的洪流而无后顾之忧。建国前 30 年，由于计划经济体制的束缚，政治意识形态的高涨，夫妻在财产关系上的平等权利还能基本上得到保障。但是随着改革开放的深入，男女之间在获取社会财富方面的能力差距越来越显现出来，现行婚姻法并没有充分重视这一问题，反而在其《婚姻法解释（三）》中变本加厉地在夫妻房产分割问题上将这一差距进一步凸显。

　　最后，新中国夫妻财产制立法精神上的"革命"属性还体现在极端强调婚姻家庭关系的契约性质而忽视其伦理属性。虽然新中国婚姻家庭立法没有采纳民法法系的体例，但是在夫妻关系上极其重视意志自由，将家庭关系物化成一种简单的契约关系，对于维系家庭和谐的伦常道德，反而视为封建余孽，必须扫之而后快。从身份到契约的转变固然符合人类法制文明的历史潮流，但是这种历史运动不能简单化地理解和处理成线性运动，其中必然存在

---

　　〔1〕　参见李秀清："新中国婚姻法的成长与苏联模式的影响"，载《法律科学》2002 年第 4 期。

着历史的惯性与反复，不可简单地用历史进化论的观点去评价孰优孰劣。[1]
但是，新中国的夫妻财产制立法恰恰就注重了婚姻家庭关系的契约性质，而
忽略了其背后的伦理道德。尤其是 2011 年出台的《婚姻法解释（三）》，其有
关夫妻财产制的规定，充斥着赤裸裸的理性计算和厉害考量，将夫妻财产分
割问题简单化为依据当事人意思自治的数字游戏，而忽视了家庭财产维系家
庭和睦和婚姻和谐的特殊意义。虽然这样的司法解释指向的是"感情确已破
裂的"离婚夫妇，但是依据法律规范的教育评价功能，现实生活中怀揣着美
好婚姻生活梦想的未婚男女或者已婚人士，目睹了这样的规定，都会对将来
的婚姻幸福产生疑虑，甚至已经出现了极端的因为无法解决房产登记户主问
题而导致的婚姻悲剧。

　　3. 新中国夫妻财产制在立法取向上的极端实用主义倾向

　　新中国的婚姻家庭立法，虽然在历部法典中均宣示了诸如婚姻自由、男
女平等、一夫一妻等价值理念，但是在夫妻财产制立法的问题上，却透露着
一种极端的实用主义倾向。1934 年的《中华苏维埃共和国婚姻法》规定的是
夫妻共同共有制，但为了调动和保护妇女参加"革命"的积极性，特别规定
了男方对于离婚后弱势妇女的照顾义务。1950 年《婚姻法》规定了男女平等
处理权下的共同财产制，但这部新中国第一部法律的立法初衷已经被公认为
是解放劳动妇女，鼓励他们走出家庭，参加国家的革命和社会主义建设，明
显体现了一种实用主义的态度。1980 年《婚姻法》顺应时代变化，规定了约
定财产制，开始真正尊重妇女财产权益。但是在随后的 1993 年《财产分割意
见》和 2001 年《婚姻法》及其解释一、二的立法过程和立法内容中，明显的
立法取向就是将司法实践中解决男女离婚问题，尤其是离婚财产分割问题的
实践操作规则上升为司法解释进而制定国家法律。这一点，从新婚姻法司法
解释一、二的主要内容均为夫妻财产分割和债务承担可以看出。尤其能够说
明问题的是 2011 年出台的《婚姻法解释（三）》。该司法解释以近 65% 的条
文规定了离婚财产分割和债务承担的具体规则。而这些规则都是从便于司法
实践操作，便于法官判决案件，便于夫妻分割财产的角度制定的，这些赤裸
裸的财产分割规则，几乎没有任何道德伦常关照。这是一部站在便于法官轻
松处理案件的角度制定的司法解释，而不是一部旨在促进和谐婚姻家庭关系
构建的司法解释。

―――――――

　　〔1〕 参见陆静："论大陆法系夫妻财产制历史变迁的特点"，载《金陵法律评论》2011 年春季
卷。

正如俞江教授所说,[1]《婚姻法解释（三）》中夫妻财产关系条款密集地出现，说明新时期的家庭财产矛盾已经发展到必须从整体上加以解决的地步，最高法院出台这一司法解释的本意，是希望通过细化财产分割规则去厘清夫妻财产的归属，使下级法院在审判实践中便于操作，但是这些过分"斤斤计较"的财产分割条款使社会民众受到强烈的暗示，他们认为国家立法从此提倡夫妻在家庭生活中把财产归属清楚，以便随时做好离婚和分割财产的准备。中国人对婚姻家庭生活的态度是非常慎重的，自古以来就避讳提及离婚，"宁拆十座庙，不毁一桩婚"，而"执子之手，与子偕老"则是对婚姻的最美好的期待。因此，《婚姻法解释（三）》中的这些条款，就有了触犯众怒的危险，这也就难怪有网民开玩笑说：《婚姻法》是"城里人的法"，是"鼓励离婚法"。正因为《婚姻法解释（三）》以极端化的司法实务工具理性考量压倒了对婚姻家庭关系的伦常关照，所以才引起了社会各界各阶层的对其的强烈反响。

综上所述，新中国夫妻财产制的历史演进，在立法起源上受苏联模式影响巨大，在立法精神上具有典型的"革命"属性，在立法取向上具有极端的实用主义倾向。这些特征，有的存在于新中国夫妻财产法制的历史当中，有的还顽固存在于新中国夫妻财产法制的现实当中，并且深刻地影响着当代中国和谐婚姻家庭关系的建构。对此，我们除了必须具有清醒的认识之外，还应当借助历史与比较的视角，从传统法和域外法中进一步反省新中国夫妻财产法制的人伦与法治缺失。

（二）基于传统法视角的反思

西方历史法学派认为，法是民族精神的体现，孟德斯鸠尤其指出了法律与民族性格、自然地理、风俗人情等方面的重要关系。[2]一个民族的法律文明演进历程，构成了这个民族的法律传统。中华法律传统就是华夏民族过去数千年来形成的显性及隐性的法制传承及其规律。[3]传统法就整体而言，它虽属于过去，但它并未终止，它给我们的感觉是动态的过去，并通过法传统的"不断更新"延及近代、现代以至将来；中国古代的传统法对当下社会生

---

〔1〕 俞江："中国亟宜确立新型的家制和家产制"，载高鸿钧主编：《清华法治论衡》（第14辑），清华大学出版社2012年版。

〔2〕 参见［法］孟德斯鸠：《论法的精神》（上册），张雁深译，商务印书馆1961年版。

〔3〕 参见范忠信、陈景良主编：《中国法制史》，北京大学出版社2007年版，导论，第2页。

活影响深远。[1]

婚姻家庭领域是最充分体现和最顽强保留一个民族法律心态和文化传统的法学领域。尽管传统婚姻家庭法制被视为封建糟粕和压迫妇女的枷锁而在近代以来法制变革中遭到了坚决的抛弃，但是就法律要符合民族性格和民族精神而言，苏联式的"革命"婚姻家庭观念恰恰是与传统婚姻家庭观念及其蕴含的传统民族性格相背离的。如果要在中国建构和谐婚姻家庭关系，婚姻家庭立法就必须尊重传统民族道德心理和伦常精神，否则只会造成移植法制"水土不服"的症状。在夫妻财产关系领域，对传统民族心理和民族精神的尊重，也要求我们以传统中国"家产制"为参照，对新中国夫妻财产制进行历史的反思。[2]

1. 传统中国家产制及其基本精神

我国古代社会的礼与法，以维护大家庭和睦为基本宗旨之一，所采取的主要方式是极力保持家庭财产的整体性与完整性，以便在"同居共财"的日常生活中实现"敦亲睦族"的教化目标。故唐律规定："祖父母、父母在，子孙不得别籍异财。"[3]因此，我国古代社会一般只有家庭财产而无独立的夫妻财产，也就没有夫妻财产制之规范。但是，同样基于对家的整体性与"敦亲睦族"的价值追求，传统中国发展出独特的"家产制"，作为维系家族和谐与稳定的纽带，国家立法则对这种家产制的自治性存在保持极大的谦抑与克制，甚至在一定程度上承认家的这种类似今日"法人"的经济和政治地位。[4]

事实上，自先秦以来，中国古代国家就把婚姻家庭视为重要的社会基础，关注家庭关系的和睦和家庭伦理的秩序，因为他们认识到只有家庭关系和谐才能保持国家和社会稳定，"家和万事兴"，至今都是民间信奉的良训。随着汉武帝"罢黜百家，独尊儒术"，儒家治国理论成为主导性、支配性的国家学说。在儒家学说的影响下，国家法确立了以谦抑的态度对待婚姻家庭问题的基本思路。具体而言，国家法律只对家庭内部的重大犯罪和逆伦行为作出禁

---

〔1〕 参见曾宪义、马小红："中国传统法研究中的几个问题"，载《法学研究》2003 年第 3 期；"中国传统法的基本结构和基本概念辩正——兼论古代礼与法的关系"，载《中国社会科学》2003 年第 5 期。

〔2〕 参考俞江："中国亟宜确立新型的家制和家产制"，载高鸿钧主编：《清华法治论衡》（第 14 辑），清华大学出版社 2012 年版。

〔3〕 《唐律·名例》。

〔4〕 有关"家产制"的详细论述，参见俞江："家产制视野下的遗嘱"，载《法学》2010 年第 7 期。

止性或惩罚性规定，在民事方面仅仅是被动地因应或承认家庭习惯、地方风俗，并对此作出适应性的规定，司法方面则克制与避免国家权力深度介入到家庭纠纷中，从而为家庭矛盾的自我化解留出充裕法律空间。"清官难断家务事"的俗谚，不仅仅是司法官员无奈的逃避，也是他们基于传统法律智慧作出的主动选择。据汉代以来的正史记载，那些被称为"循吏"的司法官员面对家庭争产案件时，并不主动去判定财产归属，而是试图努力激发亲情伦常，争取双方的谦让以平息纷争。虽然正史记载的案件处理方法不具备全面推广可能性，但正史记载发挥着重要的价值导向作用，因为它树立了处理家庭纠纷的理想办法和价值取向，它强调的是国家官吏应当重视道德感化和亲情教育，应当努力唤醒家庭成员间的亲情，应当尽量避免去算清楚家庭内部的经济账，应当尽量以调解的方法去平息家庭争端。从《名公书判清明集》到清代州县司法档案，不管是享有盛名的"名公"，还是寂寂无闻的小吏，面对家产争讼案件，官府方面总是尽可能去充分调动亲戚邻里来帮助调解，避免把国家权威强势强加到家庭争端中去，以至于过度伤害伦理亲情。传统法对待家庭财产和人身关系的谦抑态度，直到今天仍是一笔宝贵的法文化财富。

传统法对家庭的谦抑态度，根源于中国古人独特的婚姻家庭观念，其背后蕴含了中国法律传统的基本精神。俞江教授富有洞见地指出，[1]在中国传统法律文化中，家庭作为感情聚合的团体，其终极目标是生活的安宁、喜乐与祥和。婚姻家庭关系不能等同于一般陌生人之间的社会关系：婚姻家庭关系的特征是亲密性，一般社会关系的特征则是疏离性。如果婚姻家庭关系丧失了亲密性，家和家庭就失去了意义，就会为家庭中的成员带来不幸。家庭成员之间还存在感情和利益的紧密相关性，家庭成员退出家庭或遭遇不幸事故，都会对家庭的整体利益和幸福带来重大损害。因此，尽管作为物质基础的财产对家庭幸福生活很重要，但财产只是帮助实现家庭幸福的基本条件之一，而不是家庭的全部目的。在中国老百姓的生活哲学中，家庭是以欢乐与幸福为最高宗旨的，无论生活多么苦难和艰难，勤劳勇敢的中国人民总是要继续"过日子"，而且期待着"过好日子"，"有奔头儿"。在这一宗旨下，除非在极端恶劣的环境中，家庭成员间必须在财产利益方面坚持适度的容忍义务，甚至做出适度的牺牲。更重要的是，由于传统社会的公正性主要是指利益分配上的合理性，即实质上的公正，因此在家庭内部的利益分配达致基本

---

〔1〕　俞江："中国亟宜确立新型的家制和家产制"，载高鸿钧主编：《清华法治论衡》（第14辑），清华大学出版社2012年版。

均衡的时候，如过分强调形式上的公正，反而会削弱亲密性，从而无益于家庭和谐。社会关系则不具备这种亲密性，因为社会团结的基础在于维护成员的正当利益，所以社会秩序的最高价值在于实现公正，且更为注重形式上的公正。关于社会和家庭之间的具体差异，俞江教授进一步将其归纳为以下几点：[1] 其一，家庭以封闭性为客观约束条件，社会则以开放性为客观约束条件。其二，家庭看重成员之间的亲密关系，社会成员之间注重的是独立人格和个体权益。其三，家庭秩序的调整主要适用礼，国家的法律只是发挥陪衬和辅助礼的作用；社会关系的调整则以权责明晰为原则，国家的法律因此发挥着最重要的行为规则作用。总之，家庭秩序和社会秩序有着明确的分界，在家庭内提倡适当容忍，通过容忍来维持家庭成员的亲密性，才符合个人的最高利益。

2. 新中国夫妻财产制如何背离传统伦理

结合前述对新中国夫妻财产制历史演进和基本特征的梳理与归纳，并参酌传统家产制及其背后的家庭伦理观念与民族法律传统之基本精神，可以发现新中国夫妻财产制在如下方面背离了民族传统伦理：

（1）新中国夫妻财产法制对婚姻家庭关系采取的是积极干预的态度，缺乏谦抑精神。"法的谦抑性"问题一般在刑法学领域讨论较为常见，事实上，从法治国家的基础应当是健全的市民社会这一基本法理来看，任何法律规范都应当对社会生活保持克制与谦抑。因为一个健全的法治社会，必然是能够容忍和相信社会能够通过自治处理好自己问题的社会。中国传统婚姻家庭法制对家庭内部事务就保持了极大的谦抑与克制，这从"清官难断家务事"的俗语就可以看出。尤其是在家庭财产关系领域，传统中国采用的是"家产制"，赋予家庭较为独立的法律地位，依靠社会习惯和风俗人情，自主地处理家庭财产关系，国家并不介入家庭财产的分割与处理。虽然时至今日，社会经济、政治与文化条件已经有了巨大的变化，但是普通民众的社会心理仍然带有强烈的传统色彩，家庭财产关系尽量不过分地划分清楚，甚至是有意地采用一种模糊的状态。在这样的情况下，以《婚姻法解释（三）》为突出代表的现行夫妻财产关系法制，以一种便于法官处理离婚财产分割问题的立场，提前将家庭财产，尤其是房产的归属做出了归属安排，这就类似于用非正常婚姻状态的处理办法（离婚时）十分强烈地干预了正常婚姻家庭生活的自治状态，从而破坏了和谐婚姻家庭关系的自然生成。

---

[1]　参见俞江："家产制视野下的遗嘱"，载《法学》2010 年第 7 期。

（2）新中国夫妻财产制忽视了婚姻家庭关系和家庭财产的整体性，将其简单化为夫妻二人之间的财产分割关系。[1] 传统中国家产制认为，家和家庭的财产都是一个整体性的概念，家寄托着死去的祖先、现实的生者和未来的子孙三个不同时空的人群的想象与信念；家产也不是子孙个人财产或者随便由家长粗暴支配，家产的处置也需要考虑死去的祖先和未出世的后代的利益。[2] 这种家和家产的整体性观念，往往被近代以来的研究者所忽视，甚至被贴上"反动"和"落后"的标签。但是正是这种"整体性"观念，使得华夏民族世世代代和谐地生存于中国大地，保持了传统婚姻家庭的延续与发展。近代以来的婚姻家庭法制变革冲击了这种家和家产的整体性观念，而对此进行毁灭性打击的就是新中国夫妻财产法制。新中国婚姻法效法苏俄，设立单独"婚姻法"法律部门，而抛弃大陆法系民法之"亲属法"，已然显示着冲破家庭亲属关系的束缚之"革命"精神。在夫妻财产制立法上，1980年《婚姻法》将"家庭财产"改为"夫妻共同财产"，不仅仅是提法的变动，而且说明新中国夫妻财产制关注单纯的夫妻财产关系甚于家庭财产关系。此后的司法解释和2001年修正案，以及2011年《婚姻法解释（三）》，其内容侧重和立法精神上，也都是偏重于处理夫妻之间的财产分割与债务承担关系。这样的立法和司法解释释放的直接而强烈的信号就是，夫妻之间的财产关系就是夫妻财产分割关系，而家庭财产关系就是夫妻财产关系。这种以单纯的夫妻财产分割关系为立法和司法解释重心的做法，不仅忽略了家庭财产在其他方面的功能与属性，而且严重不利于家庭整体性和谐的构建。

（3）新中国夫妻财产制缺乏对亲情伦理的情感关照，不利于实现婚姻家庭关系的和谐美满。如前所述，家庭（在古代还扩大到家族、宗族）是绝大多数中国人精神或心灵的唯一安放处与庇护所，家庭的幸福与和睦对于个人而言，就有无与伦比的重要性。相反，家庭成员之间的对立与冲突，家庭生活的不睦与苦难，是对普通中国人最大的打击，甚至某个家庭成员的死亡事件，其严重程度也无法与之相比。在普通中国人眼中，老人在子孙环绕中死去，叫做"善终"，他的丧事被称为"喜丧"；他的死亡给亲人带来的是悲伤，但一般来说这种悲伤还不至于引起精神崩溃，而家庭成员之间的紧张关系引起的绝望，则可能摧毁家庭成员继续生活下去的信心。吴飞博士关于当

---

〔1〕 参见俞江："中国亟宜确立新型的家制和家产制"，载高鸿钧主编：《清华法治论衡》（第14辑），清华大学出版社2012年版。

〔2〕 参见俞江："家产制视野下的遗嘱"，载《法学》2010年第7期。

代中国华北地区自杀现象的调查和研究充分表明，[1]家庭成员间的猜忌、隔阂或争吵，亲人间的冷淡、对立或怀疑，以及这些事件或情绪带来的阴郁、窒息、绝望的气氛，都足以使中国人产生巨大的挫折感和自我否定感，引发精神崩溃或自杀事件。吴飞博士的调研显示，大多数选择轻生的普通中国人在自杀前想到的是："我死了，看你们怎么办？"正因此，不但在一般意义上，法律应当对家庭问题持谦抑的态度，而且，因家庭是普通中国人唯一的精神寄托，中国的法律还应特别考虑如何设置完善的制度，以细心呵护家庭的祥和与美满。[2]然而，现行婚姻法，尤其是《婚姻法解释（三）》却以密集的条文，去粗暴地规定夫妻存续期间的财产归属，其实际效果，只能是提醒中国夫妻在财产问题上要加倍小心，提醒人们随时与家人算清经济账。这种提醒将在夫妻间形成持续隔阂的力量，削弱家庭所需的温情、和睦和喜乐的氛围，消解夫妻间的亲密关系。虽然《婚姻法解释（三）》的本意绝非如此，但的确造成了这样的客观效果，也因此招致了公众极大的反感。

（三）基于比较法视角的反思

重视家庭的温馨、和睦与家庭成员的利益，不是中华民族的独家特色，也是世界各民族所共通的，这是人类文明的重大暗合与共同选择。重视亲情和家庭，在任何一个民族和社会中，都是文明和教养的表现。西方法治文明经过数千年的发展演变，不仅没有将家庭关系视为人类解放的枷锁，必须除之而后快，反而在一定程度上将家庭视为具有自治权利的"类法人主体"，赋予家庭处理家内事务的很大权限。在夫妻财产关系上，即使是契约精神的发源地欧洲大陆和性开放程度最高的美国，也不单纯将夫妻财产视为可以完全通过夫妻之间的契约就能决定的。下文将通过对主要大陆法系国家夫妻财产制历史发展的考察，揭示其中蕴含的现代法治精神，进而反思新中国夫妻财产法制在此问题上的可能缺失。

1. 域外夫妻财产制及其基本精神

大陆法系夫妻财产制有着深厚的历史渊源。它起源于古罗马的嫁资制和中世纪日耳曼法上的共同财产制，是世界范围内产生最早，也较为进步的夫妻财产制度。作为英美法系夫妻财产制发源地的英国，在11世纪诺曼征服、

---

〔1〕 参见吴飞：《浮生取义：对华北某县自杀现象的文化解读》，中国人民大学出版社2009年版。

〔2〕 参见俞江："中国亟宜确立新型的家制和家产制"，载高鸿钧主编：《清华法治论衡》（第14辑），清华大学出版社2012年版。

封建制确立以后，实行的是财产吞并制而不是严格意义上的夫妻财产制，直到 16 世纪末确立"特有财产制"以后，其夫妻财产制才开始朝着近代意义的分别财产制转变。[1]因此，考察梳理大陆法系夫妻财产制发展演变的历史特点，有助于我们历史地把握域外主要法治发达国家夫妻财产制的基本精神和全球化背景下夫妻财产制立法的大趋势，进而以此为参照反思我国夫妻财产制的未来走向。

古罗马时期的夫妻财产制的特点是"单一法定"，包括前期"有夫权婚姻"下的吸收财产制和后期"无夫权婚姻"下以分别财产制为基础的嫁资制。从制度形态上来看，古罗马的夫妻财产制是以国家法的单一形式存在的，体现了一种国家主义的倾向。中世纪夫妻财产制的特点是"多元芜杂"，在罗马帝国废墟上建立起来的各日耳曼王国，在夫妻财产制领域里主要是沿用其原来的部族习惯法。法兰克王国有向女方支付价金和新婚次晨夫对妻赠与的习惯，成为后世夫妻共同财产制的渊源。就制度类型而言，西欧中世纪夫妻财产制以日耳曼法上的共同财产制为指导；就形态而言，中世纪的夫妻财产制存在着法定与约定并存的二元形态，这加剧了财产制类型的复杂性。近代夫妻财产制的特点是"适度集中"。法国、德国民法典的先后制定，使夫妻财产制在民族国家范围内得到相对统一，并逐步趋于类型化，这种适度的集中和整合改变了西欧中世纪以来各地夫妻财产制立法林立的局面。在制度形态上，近代主要资本主义国家均采取法定财产制和约定财产制相结合的做法，即在确定一种财产制为法定财产制的同时，允许男女双方有条件地约定其他财产归属。在类型归属上，大陆法系主要国家的法定夫妻财产制逐渐集中在共同财产制（法国民法）、管理共同制（德国民法、瑞士民法、日本旧民法）、分别财产制（俄罗斯民法、意大利旧民法）等有限的财产种类上。现代夫妻财产制的特点是"融合统一"。20 世纪以来，尤其是二战以后，随着社会经济的发展、女性地位的提高，各国掀起了修改亲属法的热潮。在考察和借鉴各种夫妻财产制的基础上，各国重新设计了法定夫妻财产制的内容。法国最终确定了婚后所得共同制，德国确定了剩余共同制，瑞士确定了所得参与制，日本确定了分别所有制，俄罗斯和意大利则确定了分别所有制。因此，早在 20 世纪 80 年代，就有学者称，夫妻财产制正随着社会进化走向融合与统一。[2]

---

〔1〕 参见陆静："论大陆法系夫妻财产制历史变迁的特点"，载《金陵法律评论》2011 年春季卷。

〔2〕 参见林秀雄：《夫妻财产制之研究》，中国政法大学出版社 2001 年版，第 100 页。

夫妻财产制在不同社会形态下，呈现出不同典型特征，固然是社会进化的结果，但同样的财产制在不同历史时期往往有不同内涵。大陆法系夫妻财产制的历史演变还有一条更重要的线索，那就是理念的变迁。从更直观的角度看，夫妻财产制与特定社会对两性关系的认识有着最直接的互动关系。可以说，夫妻财产制的发展史，就是一部男女平权的斗争史，两性从不平等走向平等，从形式平等走向实质平等是贯穿于夫妻财产制历史变迁的一根红线。[1]古罗马时期，夫妻财产制的主导理念经历了从"夫权至上"到"夫妻别体"的转变，妻子地位得到很大提高。随着罗马帝国的衰亡，欧洲中世纪夫妻财产制的主导理念又回到了"夫妻一体，夫权至上"的局面，带有浓厚的夫权色彩，所有的权利义务都向男性倾斜。现代大陆法系夫妻财产制的立法理念是"两性平等、婚姻和谐和交易安全"。

总之，大陆法系夫妻财产制的理念经历了从夫妻一体到两性平等，从单一到多元的发展历程。可以说，大陆法系夫妻财产制从古至今发展变迁的直接动力都来自于女性地位的直接提高，而女性地位的提高又是社会经济发展及由此带来的社会文明进步的结果。随着妻子地位的上升，财产权在夫妻之间的配置逐渐趋于平衡；与此同时，也出现了两股制约夫妻财产制的力量，一是基于第三人交易安全的要求，二是基于婚姻和谐美满的要求。为此，又必须对作为整体的夫妻财产权利进行必要的限制。因为夫妻财产制不仅仅是夫妻相互间权利义务的分配，还有一个社会责任的问题。现代夫妻财产制不再单纯地在家庭内部发生作用，而日益与外部纷繁复杂的世界相联系，这决定了夫妻财产制立法理念的多元价值。[2]

2. 新中国夫妻财产制如何背离国际潮流

新中国的夫妻财产制立法，从总体上看是符合国际夫妻财产制发展历史潮流的，甚至因为新中国夫妻财产制强烈的"革命"属性，在某些方面甚至呈现出后发的优势，走在了世界夫妻财产制发展的前列，这一点无需赘言。但是，在某些具体制度及其背后的价值理念上，新中国的夫妻财产制仍然与国际夫妻财产制发展潮流存在相背离的地方。

首先，在男女平等问题上，新中国夫妻财产制强调了形式上的平等，却忽视了实质上的差异，造成财产权在夫妻之间的配置严重失衡。这一背离源

---

[1] 参见陆静："当代大陆法系夫妻财产制的发展趋势"，载《东方论坛》2011年第4期。

[2] 参见陆静："论大陆法系夫妻财产制历史变迁的特点"，载《金陵法律评论》2011年春季卷。

于前述新中国夫妻财产制的"革命"属性。随着国际人权运动和人权保障事业的发展，男女平等观念从近代资产阶级革命时期强调形式上的平等，转向认识到男女能力和社会地位方面实质的不平等，进而试图通过制度安排来弥补和缩小这种差距。在夫妻财产制领域，西方先进法治国家的立法，都开始注意到男女在经济财富获取方面的差异，以及男女社会分工的不同，已经开始引入离婚时家务劳动折算妇女收入、夫妻财产约定原则及其公证程序规则、离婚财产分割时妇女权益保障的原则与制度、婚姻期间夫妻共同财产查询制度与举证规则、夫妻单双方债务性质认定与偿还规则等手段，加强对妇女权益的实质性保护。[1]即使是在近代最早适用分别财产制的英国，也同样认可家务劳动的价值。丹宁法官认为，职业劳动和家事劳动均是社会分工的需要，二者的性质是一样的，这正是夫妻双方对家庭财产享有权利的基础。大陆法系的法国、俄罗斯、意大利则以确认共同财产制的方式承认家务劳动的价值。德国、瑞士是以兼具共同财产制因素的分别制为法定财产制，但也通过法律的某些规定或判例而承认了家务劳动的价值。当然，尽管承认家务劳动价值的初衷，是为了保护作为家庭主妇的妻子，也不排除对没有经济能力、在家从事家务的丈夫的保护。[2]但是新中国的夫妻财产制立法，虽然在价值观念上极端地强调男女平等，但是在具体的夫妻财产制问题上，不仅没有注意到男女的实质差异，反而在《婚姻法解释（三）》中，进一步扩大了这种差异，使社会经济地位较弱的妇女，在离婚财产分割时成为强势男权的牺牲品。

其次，在婚姻和谐问题上，新中国夫妻财产制强调了司法实务操作的便利，忽视了婚姻家庭和谐的价值取向。婚姻关系不同于一般的人与人之间的关系，它是以终生共同生活为目的的两性结合，实质上是一种伦理关系，因婚姻而产生的夫妻财产关系也必然需要体现婚姻的这一伦理特征。男女双方结婚后，即成为婚姻共同体的成员，彼此之间在身份方面产生同居、贞操、扶养义务及日常家务代理权等关系，而且在财产方面也产生密切关系。因此，在大陆法系夫妻财产制从罗马时代到中世纪乃至近现代的演变中，始终都把婚姻共同体的圆满和谐作为夫妻财产制立法的一个基本原则，所不同的是，中古时期的婚姻和谐是以服从家父长为标准的和谐稳定，而近现代以来的婚姻和谐强调的是男女平等前提下的和谐稳定。当代世界各国在设立夫妻财产

---

〔1〕　参见陆静："当代大陆法系夫妻财产制的发展趋势"，载《东方论坛》2011 年第 4 期。

〔2〕　［英］丹宁勋爵：《法律的正当程序》，李克强等译，法律出版社 1999 年版，第 250～255 页。

制时，都考虑到了夫妻关系的这一本质特征，使所采用的夫妻财产制既有助于促进夫妻关系的稳定、平等、和谐，也有助于保障扶弱育幼的家庭职能的实现。[1]但是，新中国的夫妻财产制立法，以其过分的司法实务考量和实用主义倾向，压倒了对于和谐婚姻家庭关系的价值追求，从而引起了社会各界广泛的批评与怀疑。

最后，在民族伦常问题上，新中国夫妻财产制强调了与国际接轨，却忽视了与本民族法律心理和法律传统的对接。在当今社会，各国经济走向统一，法律日趋相近，但在趋同的过程中都在一定程度上保留了传统。各国的地理、气候、种族、文化、习俗千差万别，这些综合形成了一个国家独特的民族特征，且在相当长时间内难以改变，当民族传统的差别消失时，民族也就不存在了。因为民族文化是一个民族区别于另一个民族而存在的方式。当今世界各国面临的问题是相同的，但各国解决的方式却是不同的。夫妻财产制始终是民族文化特征鲜明的领域，当代各国虽然形成了共同的夫妻财产制的立法理念，但不同的民族有不同的理解和行为方式，自然也就会有不同的立法模式和风格，所谓的"和而不同"就是当今乃至未来大陆法系夫妻财产制的发展态势。[2]当代法律全球化的趋势大多集中在除亲属法之外的民商法领域，亲属法领域则不然，这一领域的规则承载了一个国家和民族长期积淀的历史文化传统，其影响已经深入到人们的血脉和思想深处，成为一种固有意识，它独特而顽固，为民众们广泛认同、信仰、遵从和坚守，是一个国家和民族区别于其他民族的内在特征、固有个性，因而也是最难改变的。反观新中国的夫妻财产法制，在建立之初一边倒地效仿苏联模式，建立起了社会主义的、"革命"的夫妻财产关系法制；在改革开放以后，又开始住随着西方国家的脚步移植其特殊历史条件下形成的夫妻财产制。这样的做法是无视本民族法律传统和法律心理的表现，最终也将有害于和谐婚姻家庭关系的构建。

三、新中国夫妻财产制的未来走向

新中国夫妻财产制经历了"两部婚姻法，三个里程碑"式的历史发展，总体上是朝着尊重婚姻自由，保障妇女权益，促进婚姻家庭和谐的方向前进的。但是正如前文所指出的，由于新中国夫妻财产制在立法渊源上受到苏联

---

〔1〕 参见陆静："当代大陆法系夫妻财产制的发展趋势"，载《东方论坛》2011 年第 4 期。
〔2〕 参见陆静："论大陆法系夫妻财产制历史变迁的特点"，载《金陵法律评论》2011 年春季卷。

模式的巨大影响，在立法精神上具有的典型"革命"属性，以及立法取向上的极端实用主义倾向，导致了以《婚姻法解释（三）》为代表的现行夫妻财产法制与民族传统伦理和国际立法潮流相比，存在着诸多背离之处。通过对新中国夫妻财产制历史演进的梳理，以及基于传统法和比较法对其进行的反思，笔者认为，今后我国夫妻财产制的未来发展，需要以人伦回归和亲情修复为导向，构建起符合传统民族伦理和世界法治潮流所共同要求和指向的和谐的、中国化的婚姻家庭关系。

新中国夫妻财产制要实现新的历史发展，首先需要在立法指导思想上回归人伦，回归民族传统伦理，回归婚姻家庭的基本社会职能，回归构建和谐婚姻家庭关系的基本立法目的。其次，还应注重制度设计上的亲情修复。因为建国初期具有强烈"革命"属性的夫妻财产制立法已经将传统亲情伦常关系摧毁殆尽，而以《婚姻法解释（三）》为代表的现行夫妻财产制又借助市场经济的大潮将夫妻情感依靠蜕变为赤裸裸的利害计算。这样的夫妻财产法制是滋生夫妻间猜疑与矛盾的法律，而不是培养和谐夫妻关系的法律，更不是构建和谐婚姻家庭关系的法律。要实现这两个方面的超越，大致需要进行以下工作：

1. 开展夫妻财产民事习惯调研

婚姻法立法调研包括许多方面的内容，在此前的立法活动中也有所涉及。但今后的立法调研尤其应注重调查民间社会（特别是农村社会、基层社会、少数民族地区）在处理夫妻财产关系方面的风俗与习惯。按照历史法学的观点，在法学家法和法典法之前存在一个习惯法的历史阶段，德日民法典制定之前都进行了极其广泛的民事习惯调查。中国北洋政府时期也进行过大规模的民商事习惯调查，形成了对立法颇有助益的调研报告。现行夫妻财产制立法之前，未能采取广泛的、深入的调研，只是根据法官审判案件的便利制定了实用主义的规则（即《婚姻法解释（三）》），虽然也曾经向社会公开征求意见，但是引起民众反响极大的有关房产归属与分割的条文还是如期出现在了后来的司法解释中。尽管最高人民法院的司法解释在实践上有利于解决离婚问题中的一些争议，但不能忽略的是，在广大农村地区和少数民族地区仍保存着从古至今约定俗成的婚姻格局。中国农村和少数民族地区虽然也在现代化，但现代的程度及自身存在的特点与城市居民的婚姻问题是有差别的。《婚姻法解释（三）》是根据中国现代化的发展，以城市为基础来制定的，从其内容上很难看出对农村家庭特殊背景的顾及，也未体现对农村妇女权益的保护与关注，也较少关注少数民族婚俗习惯。这样的做法体现了司法实务部门的傲慢与自负，最终不利于制定出有利于和谐婚姻家庭关系的夫妻财产法制。[1]今后的夫妻财产制立法，应当克服建国初期的以某个外国模式为宗师的模式，也应当避免类似于《婚姻法解释（三）》所体现的极端司法实用主义倾向，而应当通过开展广泛深入的风俗习惯调查，发现符合本民族传统精神的、仍具有生命活力的有关夫妻财产关系的风俗习惯，并将其以适当的形式吸收到夫妻财产法制当中来。惟此，才能制定出符合民族传统精神和民众法律心态的良好的夫妻财产法制。

2. 全面反思并确立新型家产制

新中国夫妻财产关系法制在背离民族传统伦理和世界法治潮流方面最大的缺失就是以单纯的利害计算式的夫妻财产关系取代整体性的以和谐幸福为目标的家庭财产关系，将夫妻财产仅仅看做独立的夫妻双方之间的契约关系，将父母子女及其财产排除在外，割裂了家和家庭财产的整体性存在和价值。因此，针对这一缺失，笔者赞同俞江教授提出的"确立新型家产制"的弥补主张。[2]俞江教授指出，现行家庭法框架的根本问题在于用孤立的《婚姻法》取代一切家庭关系法，并由此导致用单一的夫妻财产制度取代家庭财产制度，这种框架性的失误，是让最高法院进退失据的根源所在。而要理解《婚姻法解释（三）》及其夫妻财产制所面临的困境，必须放在三个大历史背景之下：其一，近代以来家庭革命的大背景；其二，中国传统家庭伦理和家庭观念及其在当代社会的延续性的大背景；其三，家庭文化的普遍性和民族性的大背景。缺乏对这三大历史背景的充分体认和考量，包括夫妻财产制立法在内的任何婚姻家庭立法，终究都是缺乏现实生命力和说服力的。当下司法实践中，以孤立的《婚姻法》取代一切家庭关系法所带来的框架性陷阱，不但把最高法院置于两难困境中，而且已使亿万家庭生活陷入尴尬境地。要使法律涉及的当事者摆脱这种困境，除了创制适合中国社会的新型家庭法，已经别无出

[1] 1950年《婚姻法》颁布后，因与海南少数民族婚俗存在较大差异，导致了民族地区新旧婚姻规范的碰撞和婚姻关系的紊乱，当时的海南黎族苗族自治区曾着手在调查少数民族婚俗的基础上制定变通执行婚姻法的民族自治立法，可惜终被放弃。相关研究参见乔素玲："建国初期民族自治立法的实践与中掇——海南少数民族婚姻法制变革的个案研究"，载中国法律史学会2012年年会论文集，第1212～1220页。

[2] 参见俞江："中国亟宜确立新型的家制和家产制"，载高鸿钧主编：《清华法治论衡》（第14辑），清华大学出版社2012年版。有关新型"家制"和"家产制"的具体设计，笔者暂时尚未有充分认识，下引俞江教授的有关论述笔者深为赞同，故引用于此，他日当进一步完善。另，基于前文论述的国家法制应当对婚姻家庭关系采取谦抑与克制态度的原理，则亦无进一步叠加规则之重大必要，聊备一说，并感谢秦文博士对本文提出的中肯意见。

路。新型家庭法应该注意借鉴其他国家的亲属法或家庭法的内容，并充分考虑本国的家庭结构、家庭观念和家庭伦理，以使家庭法尽量与中国的家庭道德相契合。而其中的关键，则是承认整体性的家，确立"家"在民法中的地位，并让家能够成为财产的主体。实际上，确立家制和家产制，在世界民法典中不乏先例。如《瑞士民法典》第 87 条，确立了家庭和教会的民事主体地位。在它的亲属编中，除了规定夫妻共同财产外，特别用第 9 章规定"家庭的共同生活"，内容包括抚养义务、家长权和家产。《意大利民法典》第一编名为"人与家庭"，确立了家庭在民法中的重要地位，该编中并有专节规定家庭财产。法律确立家的合法地位，可以给家庭一个名分，强化成员的归属感。而设置家产，则具有蓄水池的功能，它既对内吸纳家庭成员的个人财富，以完成家庭日常所需承担的养老、抚幼等任务，又对外承担债务，为家庭的健康发展提供持续保障。在家产明晰的情况下，个人财产仍可作为一种有效的补充形式。不会因为家和家产的存在，湮没了个人在家庭中的独立地位。这就像在中国古代家产制中，允许嫁妆作为妻子个人的"私财"，而妻子常常用"私财"来帮助家庭走出困境，以获得美誉。[1]

3. 全面推进婚姻家庭法制中国化

虽然前文已经指出，新中国婚姻家庭法制存在种种背离传统伦理与普世价值的问题，但近年来在这一领域，事实上已经开始出现一些回归传统文化、重新重视家庭、重申伦理亲情、尊重传统权威、重申人性仁道等方面的立法、行政和司法改革、改良举措，出现了婚姻家庭法制"中国化"的可喜趋势。[2]这些趋势包括：

（1）重新承认家庭职能和家长权威。改革开放以来，家庭的经济功能在联产承包责任制中被发掘，家庭的政治功能则在基层自治选举制度中得到局部恢复，家庭的文化和道德教育作用也开始逐渐得到认可并试行保障，"家长"的身份与权威在实践中正逐渐从事实存在向法律角色转变。家庭开始在国家和集体之外，行使某种自治性权力。这既符合中国历史上家庭、家族有限自治的实践，也与西方法治国家"小政府、大社会"的格局趋近。

（2）维护家庭关系和谐与保护家庭成员利益。伴随着婚姻家庭法制"革

---

〔1〕 参见俞江："中国亟宜确立新型的家制和家产制"，载高鸿钧主编：《清华法治论衡》（第 14 辑），清华大学出版社 2012 年版。

〔2〕 参见范忠信、吴欢："法制中国化：新世纪十年争鸣与实践之反省"，载中国法律史学会 2012 年年会论文集，第 138～157 页。

命"的退场，新世纪以来的婚姻家庭法制开始力求维系婚姻家庭关系的稳定。婚姻家庭立法中在特定情况下将丧偶女婿、儿媳作为第一顺序继承人以鼓励孝养美德的规定，禁止家庭暴力的某些规定，保护离婚中的无过错方利益的规定等，都以各种试验性探索或多或少地回归中国文化"齐家先于治国"伦理和视婚姻为"人道肇始"的历史传统。即使在广受诟病的《婚姻法解释（三）》中，也有若干规定旨在注重维护婚姻家庭关系的稳定，维护婚姻中弱势者的权利，如支持未成年子女追索抚养费之诉，规定婚姻存续期间分割财产的例外情形，规定了监护权变更之诉等。

（3）继承与遗赠司法实务中的伦理回归。在近年遗产继承和遗赠的立法和司法实践中，也开始注意对绝对的遗产处置自由加以限制。继承法虽仅规定"必留份"制度，没有如西方民法那样规定"特留份"制度，但在司法实践中通过一系列争议案件将这一问题推向了引起社会高度关注的聚焦灯光下。司法实践中，针对遗赠第三者案、百万房产赠保姆等案件，人们重温了民法公序良俗原则，有法院以"违反公序良俗"为理由否定了"遗赠第三者"案中遗嘱的效力。[1]在此基础上，当前和今后一段时期内，婚姻家庭法制中国化的急务，首先应当是以"家庭法人化"为中心的婚姻家庭法制伦理化建设。这一工程包括：在财团法人、社团法人之外，正式确定家庭为人伦法人；确定家长（法人代表）的产生、权力和责任；确定家庭财产制以补充夫妻财产制的不足等。与此同时，要进行以"法定继承特留份"为中心的继承法制的伦理化建设。这一工程包括：正式确定遗嘱继承和遗赠情形下法定继承人应继份额的一部分为特留份，为立遗嘱人不得以遗嘱处分的部分，以保障家庭财产的时代传承更符合传统伦理道德；正式确定配偶与第二顺序继承人同为继承而不是排他继承等。虽然这些举措已经超出本文论述的夫妻财产法制的范围，但正是在婚姻家庭法制中国化的整体性进程中，夫妻财产关系法制中国化才能获得更为强大的生命力和更为广大的发展前途。

总之，构建和谐婚姻家庭关系是国家义不容辞的责任，也是国家和谐稳定的基础。国家应当尊重数千年来形成的民族传统伦理和民众法律心态，对传统家产制进行符合现代法治潮流的改造，并以此为枢纽，构建起既体现民族特色、民族风格、民族气派，又符合普世价值的新型的、和谐的、中国化的婚姻家庭关系。

---

〔1〕 参见范忠信："遗产赠与的伦理与法理——杭州'小保姆受遗赠'案的几点分析"，载《河南省政法管理干部学院学报》2002 年第 1 期。

结　语

　　法谚有云，在民法慈母般的眼睛里，每个个人都是国家。而在一个负责任的国家眼里，每个家庭的和谐都值得被呵护。国家呵护婚姻家庭和谐的重要手段就是制定符合民族传统和普世价值的夫妻财产关系法制。在这一问题上，新中国已经走过了 60 年的坎坷道路，最初的"革命"色彩已经逐渐消退，这是回归常识的第一步。但告别"革命"还只是一个开始，新中国夫妻财产关系法制的历史发展，还必须进一步朝着尊重民族传统伦常、尊重国际法治潮流的方向不断努力。只有这样，才能有利于促进中国夫妻财产关系法制的中国化与普世化，有利于实现夫妻财产关系法制方面的人伦价值回归与民族传统复兴，有利于构建中国特色的和谐婚姻家庭关系。

治安电子监视与公民隐私权
保护之界限的法理考察*

余钊飞**　吴仿昱***

一、问题的提出

电子监视，一般是指在公共场所安装摄像机并与室内监视中心的电视监视器连接，以对不特定的公众进行监视的行为。这种监视可以是即时的监控，也可以制成录像带，事后进行观看。其中的治安电子监视系统俗称"治安电子眼"，又被称为昼夜不休息的警察，时时监控大街小巷及治安复杂场所。近年来，随着社会矛盾和纠纷的日渐复杂化、多样化，各级政府的社会治安防控任务日益加重。为有效实现社会治安的"打、防、控一体化"建设，创造良好的社会治安环境，大规模运用电子监视系统已经成为各地的普遍做法。在"人防、物防、技防"一体化的指导下，构建系统、全面的网格化管理模式已经在广大城市、社区全面推行。治安电子监视系统的广泛运用是城市化、信息化时代的必然；一方面提高了社会治安管理水平，但是另一方面也给公民的隐私权保护带来了巨大的压力。如何辩证分析治安电子监视与公民隐私权保护的界限问题，不仅具有理论研究意义，更有实践参考价值。

世界各国关于电子眼监视尚未有明确的法律规定，但是欧美各国对于个人隐私、个人信息保护的立法已经基本完善，电子眼监视所带来的问题已经可以被相关立法所包容。而我国的隐私权保护体系尚未完善，尤其是国家赔

* 本文系"法治中国化研究基金项目"课题《治安电子监控与公民隐私权保护的界限》（编号：乙 A10）的阶段性成果。
** 杭州师范大学法治中国化研究中心研究员，法学博士，经济学博士后。
*** 中国人民大学法律硕士。

偿中对于精神损害不予赔偿造成隐私权保护的法律缺位。目前北京、重庆、成都等城市颁布的关于电子眼的规章多是从行政管理角度出发规范电子眼的设置，虽然各个规章中都强调对隐私权的保护，但是除北京市的规定外，其他规定都过于简单，可操作性不强；且各地规定具体要求各异，对隐私权的保护不够完善。在现行法律框架下，我们一方面需要加快隐私权的民事立法，明确隐私权的权利范围、权能、保护方式；另一方面也需要全国制定统一的行政法规，在更高的层面将电子眼监视予以规范化，从而为隐私利益与公共利益划定一个相对明确的界限；并在合适的时候在国家赔偿法中增加关于精神损害赔偿的相关规定，或者通过特别立法予以规定。这样就可以为隐私权提供一个完善的保护框架，较好地协调其与电子眼所代表的公共利益的冲突。

二、治安电子监视的一般概念

（一）治安电子监视的概念

当前，最为常见的电子监控是利用装在一些公共场所起监控作用的自动摄像机，被形象称为"电子眼"进行摄像监控。电子眼监控目标是除个人隐私以外的公共场所和区域的系统，根据监控主体和监控目的不同，可将其分为三类：其一，私权利内的视频监控，是指私人社会中为了保护监控主体自身权益而采取的自我保障措施，如超市、银行、社区、工厂等进行的电子监控。其二，政府为保障治安而进行的视频监控，这种监控是政府尤其是公安机关为履行其职责，由公权力投资、管理和维护的监视器和终端控制系统，设置于公共区域，为公权力运行提供安全服务的视频监控系统。它是政府尤其是公安机关在各类案件的预防或侦破中，交通管理部门在对道路上行使的车进行疏导和指挥中，城市管理部门在对街道、市场的监管中，利用高科技手段改进其服务手段的表现；一般安装在网吧、旅店业、歌舞娱乐场所等重点区域和市直单位，广场、商业街、车站乃至学校等治安复杂场所。[1]其三，国家为特殊安全利益而采取的高强度视频监控，比如英国在国内所进行的高密集度的监控。

治安电子监控属于上述的第二类，是针对公共场所由公权力为主体为维护公益之目的的行为。由此可知，治安电子监控是指政府为保障治安，尤其是公安机关为履行其职责，由公权力投资、管理和维护，在公共场所安装前

---

〔1〕 赵源："关于公共视频监控系统与公民隐私权问题立法对策研究"，载《中国安防》2008 年第 5 期。

端设备，运用传感技术、监控摄像通讯技术、计算机技术等先进电子监控系统，以安全技术防范为核心目标，为公权力运行提供安全服务，对不特定的公众进行监视的行为。根据上述对治安电子监控的概念界定可知，其主要特征为：其一，监控目标范围是公共场所，这是治安电子监控与私权利内的视频监控最主要的差别。这里的"公共场所"是指"公共区域"，即"公众可以任意逗留、集会、游览或利用的场所"。[1]其二，权利来源属性是公权力，目标是公共利益。这是治安电子监控与国家为特殊安全利益而采取的高强度视频监控的主要差别。

治安电子监控一旦与国家安全监控混淆起来，其后果十分严重，会直接导致公权力全面吞噬社会，全面危害公民的基本权利并导致社会窒息。这方面前苏联和民主德国的一些做法有着深刻的历史教训。冷战初期，即1950年2月，民主德国领导人拍板成立国安部门斯塔西。该机构自创立以来，专门负责搜集情报、监听监视、反情报等业务。全盛时期的斯塔西曾是华约集团最强大的特工机构，共有9万多名机关人员、1万多名谍报人员、1000名专职电话窃听员工、2000名私人邮件秘密检查员；平均180个东德人中，就有1人在国安部门工作。斯塔西通过广泛、细密、高效的组织工作，在总人口不过1800万的东德全境，招募数十万线人，全面渗透到社会方方面面。无论是教会、大学、医院、媒体，还是政府机关，乃至每一个普通东德家庭，都难逃魔掌。国内从上至下，无孔不入，层层布控，堪称登峰造极。作为世界上规模最庞大的对内情报组织与秘密警察机构，斯塔西秉持德国人的高效敬业精神，对全国1/3人口，即600余万公民展开日常监控。其执行效率之高，手段之毒辣诡谲，让人毛骨悚然，历史上也无出其右者。[2]该机构混淆了自身职能，从防止国内外国颠覆势力颠覆国家的国家安全部门转变成监控全民的特务机构，给民主德国人民的基本权利和正常生活造成了极其严重的侵害，使整个民主德国社会氛围极其压抑。著名影片《窃听风暴》就真实展现了当年斯塔西全民性监控的场景，使人不寒而栗。斯塔西的这种全民监控也是导致后来东德统一社会党失去政权的重要原因之一。所以在治安电子监视的职能上，必须同国家安全监控明确分开。国家安全和社会稳定之间虽然有所关联，但是两者之间还是有明确界限的。一旦这个界限被打破，宪法性基本原则随之受到冲击，最后带来的就是特务政治和集权专制。这也是治安电子监

---

〔1〕 宋占生主编：《中国公安百科全书》，吉林大学出版社1989年版，第340页。

〔2〕 参见俞飞："谍影重重的斯塔西"，载《法制日报》2011年12月6日，周末版。

视与国家安全监控之间必须明确区别的原因。

（二）治安电子监视的积极与消极影响

随着社会矛盾和纠纷的日渐复杂与多样，各级政府的社会治安防控任务日益加重，为有效实现社会治安的"打、防、控一体化"建设，创造良好的社会治安环境，大规模运用电子监视系统已成为各地普遍做法。电子眼大面积覆盖在加强社会管理、抓捕现行、侦查破案、打击和震慑预防各类违法犯罪活动、增强群众安全感等方面发挥了重要作用。有媒体报道兰州市从2007年启动社会治安视频监控系统以来，电子眼帮助公安部门提供破案线索1万余条，可以说是成绩斐然。但科技是把双刃剑。在大量电子眼的监控下，市民的生命财产安全得到了较好保障，但其与公民隐私保护的冲突也日益尖锐。如2008年，深圳市罗湖区雅园立交桥旁的电子眼就发生过"斜视"行为，透过窗户拍摄到居民在卧室或浴室的日常活动情况，更为严重的是，这些实时视频信息在政府部门信息网上直播；此事经媒体曝光后在当地引起轩然大波。而发生在四川绵阳的"高速路摸胸门"事件，再次使电子眼监控与个人隐私保护问题成为公众关注的焦点。尽管两起事件的涉案者均被有关部门查处，但我国关于电子眼的相关法治建设还是明显滞后。

首先，电子眼确实具有监管、预防、震慑违法犯罪和收集证据等多方面的功用，有利于优化社会治安，提升人民群众安全感；理论上大量安装电子眼的做法是主流，总体效果是积极的。在大量的电子眼的监控下，市民的生命财产安全得到了良好的保障。我国电子眼监视建设的主要目标是强化治安，服务群众。如2011年2月28日北京市科委发布的消息称：北京试图建设"北京市市民出行动态信息平台"，该平台主要以这些手机数据为基础，通过蜂窝位置技术获取用户活动的实时信息，从而建立起市民出行动态信息平台。该平台的创建将有效解决居民出行数据采集难、时效性差、准确性低的历史难题，为城市精细化管理提供强大的技术支撑。北京市的出发点是希望通过手机来锁定不同区域市民的出行状态，并发布实时动态信息以缓解交通拥堵，提高市民出行效率。[1]此外，在"平安城市"建设中，北京市公共安全图像信息系统设计目的是维护公共安全，尤其是反恐需要。据不完全统计，截至2009年，北京市街头巷尾安装的监视器共有26.3万个，时刻监控社会治安状况。这些安装在公共场所的电子眼，为许多案件的侦破提供了有力线索，对于社会治安的优化起到了明显的作用。

---

[1] 王建勋："隐私的'城堡'"，载《财经》2011年第6期。

其次，电子眼的普及的确会带来一些负面影响。电子监控时代使人们走出家门就几乎成为一个透明人，私人空间越来越小，大量电子摄像头或其他电子监控系统的存在与公民隐私的矛盾日益尖锐。在伦敦等城市，一个普通英国人平均每天会被拍摄可能高达 300 次。在我国，以"北京市市民出行动态信息平台"为例，一旦这样的信息平台建设完成，公民的个人隐私也将面临监控危险。因为手机用户的个人和行动信息是受到保护的，未经法定程序，根据基站发出的信号掌控个人的行动和生活信息，是对用户隐私权的侵犯，将会危及公民的基本权利。

三、"电子眼时代"公民隐私权的保护

当前，治安电子监控对个人隐私保护产生的负面影响已经引起广大专家学者的高度重视。如何处理公共权力行使的正当性与公民权利或基本权利保护的关系，是治安电子监控安装和使用时必须予以关注的问题。

（一）明确约束治安电子监视的法律原则

目前我国公共场所图像监控设备安装及管理方面存在的问题是：其一，没有安装备案程序，造成隐私权被侵害后难以找到相关责任人。其二，缺乏关于设置权的法律规定，有权在公共场所、半公共场所安装图像监控系统的主体不明。其三，缺乏关于监控图像采集、保管、利用的操作性法规，隐私权受害的案件时有发生。其四，缺乏统一的技术标准，图像监控系统的技术应用水平不适应强化社会面控制的需要。其五，特殊情况下需要接入单位内部图像监控系统或者直接使用相关单位的内部图像监控系统的法律授权缺失。这些问题急需通过法律来进行约束。

在这个问题上，可以参照发达国家的一些相关法律原则。首先，限制监控原则。在《德国联邦资料保护法》与《美国隐私权法》中都有关于限制收集或者说直接原则的明确规定，主要是指个人资料应在当事人知情的情况下向其直接收集，而不得秘密收集。具体到电子眼的监控上，要求对于摄像装置应安装警示标志，使当事人明确知道自己是处于电子眼监视之下。其次，目的拘束原则。即安装电子眼必须有合理、合法、明确的目的，而且监控所取得的信息不能用于此特定目的之外。比如，公安机关根据摄像监控取得的资料只能用于维护治安之目的，除法律有明确规定外，不能用于其他用途。再次，严格保密原则。电子眼监控不仅在于监视，更在于根据监视所得信息进行管理控制。而对隐私权侵犯最多的是监视所得信息的不正当传播，因此这一原则尤为重要。最后，责任原则。不具有强制性和保障性的制度其可执

行性明显降低，电子眼监控中出现侵犯隐私权的情形时，当事人如果不能得到有效保护，那么侵权现象将会大量出现。

约束治安电子监视的法律原则，还应包括公益原则、比例原则、正当程序原则。公益原则是对公共图像监视目的的拘束，即公共图像监视只能为公共利益、公共安全的需要而设置、运转和利用。比例原则要求在公共图像监视对公民权利产生影响时，要选择"最小侵害"方式来达至目的。正当程序原则要求公共图像监视的设置运转等需遵循参与、公正、公开的最低限度正当程序要求。当前，我国第一部《个人信息保护法》的立法程序已启动，一些地方性法规如辽宁、广东等省和北京、重庆、广州等市正在起草或出台了有关电子监控的管理办法，但我国目前在国家层面规范电子监控的法律和法规还是空白，更没有系统、具体、操作性强的程序规定。因此，我国应尽快从立法上完善对治安电子监视系统的规制，对监控的范围及所形成资料的使用范围进行严格的限制，对监控人员进行严格的规范和管理，从而实现安装电子监控系统的目的，即保障安全，同时降低治安电子监控的负面影响。[1]

（二）明确治安电子监视系统的设置权

明确基本法律原则之后，还需对其进一步细化。从德国实践来看，安装电子眼一般只有公务单位的申请方能得到准许；除此之外的私人安装要受到非常严格的限制。安装电子眼一般要有两个前提条件：其一，为社会公共安全和社会重大公共利益；其二，要求设置监视器所要取得之利益应优先于当事人值得保护之利益。[2]围绕上述原则，电子眼设置权的规范需要通过以下途径来实现。

第一，明确电子眼的设置主体并规范其法律责任。监控权力来源属性是公权力，目标是公共利益，这就决定了电子眼的设置主体必须是经过法律明确授权公权力部门。这个部门必须有明确的监控目的，而此目的必须符合法律法规的规定。法律应当要求安装主体只能在自己的区域范围内建立监控系统，不得超出主体的安装范围，也不得利用监控系统对他人信息或公共信息进行窥探，如有违反相关规定则应当承担相应的法律责任。设置主体不得将电子眼有关建设情况非法散播，也不得将公共视频监控系统挪作他用，不得监视、拍摄、录制他人隐私。同时，由于监控图像的信息资料关系到社会公共安全和个人隐私的维护，所以图像信息资料本身的安全也关系重大，必须

---

〔1〕 张友好："公共场所安装监视器行为的法学思考"，载《法商研究》2007 年第 1 期。

〔2〕 张友好："公共场所安装监视器行为的法学思考"，载《法商研究》2007 年第 1 期。

通过法规对其进行严格的管理，包括应当录制哪些公共视频监控所摄取的图像和禁止视频系统的管理者和操作者对信息资料进行擅自删改、破坏、随意传播、复制或用于其他目的。

第二，明确监控信息的归属权。公共视频监控系统实际上也是一个信息的采集系统，其中的一些重要信息会涉及国家安全和秘密，而有些图像通过计算机软件的分析还可以成为系统、翔实的数据信息，具有较高的商业价值。信息的归属问题也应当进一步在法律法规中明晰。一般来讲，谁出资建设，谁就应当拥有硬件和信息的所有权。由政府或公安机关出资建设的公共区域的视频监控系统所采集的信息也应当归属于政府。但这里可能存在着一些特殊情况，即硬件设备和图像信息的所有权归属不一致；面对这样的情况，应以保守国家秘密和维护社会稳定为根本出发点，在法律中应当明确规定其所采集信息的所有权归属于政府。

第三，规范监控信息的使用权。为了使电子眼的潜能得以发挥，使监控资源充分得到共享，公安机关、政府的其他部门，甚至其他组织或个人都有可能成为视频监控图像的使用主体；这就需要在法律中予以明确，在什么样的情况下，遵从什么样的程序和以什么样的方式，可以查看、调用、复制公共视频监控系统所采集的图像信息。电子眼是为公共管理服务的一种手段，公安机关或政府其他部门应当可以无偿地、免费地查看、调用、复制图像信息，但必须是出于行使公权力的需要和在程序上合法。因此，在法律中要规定行政执法人员查看、调用、复制公共视频监控系统图像信息和相关资料的条件和程序。其他组织或个人，在以合理、合法的目的查看、调用、复制公共视频监控图像信息时，也必须有严密的程序性规范。

结　语

治安电子监控与公民隐私权的冲突，其实是公权和私权的博弈。法律保护公民的合法权利，也保障公权力机关依法履行职责，但同时也要求权利人行使权利时不得损害社会及他人的利益或妨碍他人权利的行使。所以，在保护安全和隐私之间要注意把握一个"度"，不能因为电子监控存在一定的弊端就否定它；但也必须注意到其负面影响，将其全面限制在法律法规规定的范围之内。加强电子眼的相关法律规章制度建设，不仅有助于保护公民隐私权，也能使宪法关于人权和公民基本权利保护的精神更加落到实处。

遗嘱处分限制模式的法理伦理选择

——从特留份应否取代必留份出发[*]

魏小军[**]

　　我国《继承法》第 16 条对遗嘱处分作出了正面规定,[1] 第 19 条则对遗嘱处分的限制作出了规定。[2] 对该第 19 条,学界一般将其称为"必留份"。2001 年,受到广泛关注的泸州二奶遗赠案,法院援引《民法通则》中的原则性规定否定了遗嘱效力,[3] 使人们将目光投向遗嘱处分限制问题。在讨论中,不少观点虽然从个人情感上支持判决结论,却对援引原则性规定作为判决依据的做法提出质疑,并将批评的矛头引向我国现行继承法上的必留份立法

---

　　[*]　本文系"法治中国化研究基金项目"课题《特留份与遗嘱继承和遗赠的伦理限制思考》(编号:丙 B - 08)之阶段性成果。

　　[**]　杭州师范大学法学院副教授、法治中国化研究中心研究员,法学博士。

　　[1]　该条规定:"公民可以依照本法规定立遗嘱处分个人财产,并可以指定遗嘱执行人。公民可以立遗嘱将个人财产指定由法定继承人的一人或者数人继承。公民可以立遗嘱将个人财产赠给国家、集体或者法定继承人以外的人。"

　　[2]　该条规定:"遗嘱应当对缺乏劳动能力又没有生活来源的继承人保留必要的遗产份额。"

　　[3]　该案的大致情况为,蒋伦芳与黄永彬于 1963 年登记结婚,婚后感情不和。1996 年,黄永彬与张学英相识,不久便在外租房同居生活。2001 年初,黄永彬因患肝癌住院治疗,张学英一直在旁照料。黄永彬于 2001 年 4 月 18 日立下书面遗嘱,将其所得的住房补贴金、公积金、抚恤金和出售泸州市江阳区一处房产所获款的一半及自己所用的手机等财产遗赠给张学英。2001 年 4 月 20 日,泸州市纳溪区公证处对该遗嘱出具了公证书。同年 4 月 22 日,黄永彬因病去世。黄永彬的遗体火化前,张学英偕同律师当着蒋伦芳的面宣布了黄永彬的遗嘱。其索要遗产的要求遭到蒋伦芳拒绝。张学英于是以蒋伦芳侵害其财产权为由诉至泸州市纳溪区人民法院。法院受理该案后,组成合议庭两次开庭审理。最后,泸州市纳溪区法院以黄永彬的遗赠行为违反了《民法通则》第 7 条"民事行为不得违反公共秩序和社会公德"的规定为由,判定遗赠行为无效,驳回原告张学英的诉讼请求。张学英不服一审判决向泸州市中级法院提起上诉。二审法院维持原判。参见赵兴等:"全国首例'二奶'持遗嘱争夺遗产纪实",载《法制日报》,2001 年 11 月 5 日第 8 版。

模式。有学者提出，我国的必留份模式对权利人的要求过于严苛，应当借鉴大陆法系国家通行的特留份模式，以维护家庭伦理。[1]这一观点得到广泛响应，以特留份取代必留份迅速地成为了国内学界的主流观点。[2]笔者认为，这些观点有一定的价值，也存在较多不足，比如未考虑制度史中呈现的趋势，只关注特留份的优点和必留份的缺点等，所以有必要作进一步的研究。

一、从古罗马到现代：固定性遗嘱处分限制模式呈衰微趋势

一般认为，现代遗嘱制度起源于古罗马，成型于西方现代社会。故对遗嘱处分限制规则演进的研究，有必要着眼于罗马法及其后期的西方继承法。

（一）罗马法中的遗嘱处分限制

在古罗马早期，家族公有的观念盛行，只有法定继承，后来才渐渐地发展出遗嘱继承。[3]《十二表法》首先在成文法层面规定了遗嘱处分（公元前450年颁行），该法第5表第3条规定："凡以遗嘱处分自己的财产，或对其家属指定监护人的，具有法律上的效力。"[4]从而在法律上正式确立遗嘱自由原则。[5]一般认为，这是罗马人学习梭伦法律改革的结果，使民众可以在特定情形下进行遗嘱处分。其中没有关于遗嘱处分限制的明确规定，但并不表明遗嘱人有不受限制的自由，亲族对相当一部分遗产享有不可剥夺的特权。[6]

公元前200年（也有学者认为是公元前183年）颁布了《关于遗嘱的富里法》（*Lex Furia Testamentum*，又译作夫里亚法、福里亚法），该法规定，除某些人外，不允许其他人以遗赠的名义或者由于死亡原因获得超过1000阿斯（*assi*）的财物。30多年后，又颁布了《沃科尼法》（公元前169年），它规定

---

〔1〕 参见章礼强："对中国现行继承法遗嘱自由过度的反思"，载《现代法学》2004年第1期。

〔2〕 在国内影响最大的两部民法典草案学者建议稿都持此观点。参见梁慧星主编：《中国民法典草案建议稿附理由·侵权行为编、继承编》，法律出版社2004年版，第179~182页；王利明主编：《中国民法典学者建议稿及立法理由·人格权编、婚姻家庭编、继承编》，法律出版社2005年版，第540~551页。

〔3〕 参见陈棋炎：《亲属、继承法基本问题》，三民书局1980年版，第439页。

〔4〕 《十二表法》，周枏译，见周枏：《罗马法原论》，商务印书馆2001年版，第1006~1017页。

〔5〕 参见Inst. 2, 22pr. 转引自［古罗马］优士丁尼：《法学阶梯》，徐国栋译，中国政法大学出版社1999年版，第251页。

〔6〕 参见陈棋炎：《亲属、继承法基本问题》，三民书局1980年版，第439~440页。

任何人不得以遗赠的名义或者由于死亡原因获得比继承人多的财产。又过了100 多年，《法尔其第法》（Lex Voconia，又译作法尔奇迪亚法、法尔西地亚法，公元前 40 年）颁布，该法规定，不得向人遗赠超过 3/4 的财产，因而必须使继承人获得 1/4 的遗产。[1]优士丁尼在后期的新律中规定：如果遗嘱人明确拒绝接受"法尔其第法的 1/4"规则，继承人必须遵从此意愿；如果继承人拒绝接受继承，则继承的替补人、共同继承人、概括遗产信托的受托人、受遗赠人、遗产信托的受托人、在遗嘱中被解放的奴隶、无遗嘱继承人或最后实行继承的国库必须执行这些处分。另外，在扶养费遗赠、向妻子遗赠自用品、慈善遗赠中，禁止实行"法尔其第法的 1/4"规则。[2]至此，《法尔其第法》所确立的固定性份额限制实际上被取消。

（二）欧洲中世纪至近代的遗嘱处分限制

日尔曼习惯法在传统上不承认遗嘱，遗嘱处分限制自然无从说起。中世纪初期，罗马法中的义务份（前述"法尔其第法的 1/4"）经过改造后出现在一些蛮族王国的制定法中，后因社会动荡、王朝更迭等原因被废止。[3]然而，受此影响及教会的推动，遗嘱及特留份规范渐渐成为日尔曼习惯法的一部分。

公元 10 世纪左右，一些地区遗赠祖传土地须事先取得所有法定继承人的同意，同意一般通过在决定性文件上签名来表达，到公元 11 世纪后期已经在欧洲中部和西部的许多地区盛行。[4]到公元 12 世纪，法国中部和北部地区基本上都确立了此规则。[5]由于这种规则下可能出现部分近血亲因为捐赠过多而拒绝签名的情形，于是份额限制开始出现。公元 1200 年前后，法国中部和

---

〔1〕 参见 Gaio. 2, 224~227. 转引自 [古罗马] 盖尤斯：《法学阶梯》，黄风译，中国政法大学出版社 1996 年版，第 160 页；Inst. 2, 22pr. 转引自 [古罗马] 优士丁尼：《法学阶梯》，徐国栋译，中国政法大学出版社 1999 年版，第 251 页；[意] 彼得罗·彭梵得：《罗马法教科书》，黄风译，中国政法大学出版社 2005 年版，第 390 页。

〔2〕 参见 C. 6, 50；D. 39, 5, 20, 1；D. 33, 1, 21, 1；D. 35, 2, 25, 1；转引自 [意] 彼得罗·彭梵得：《罗马法教科书》，黄风译，中国政法大学出版社 2005 年版，第 390 页。

〔3〕 [英] 保罗·维诺格拉多夫：《中世纪欧洲的罗马法》，钟云龙译，中国政法大学出版社 2010 年版，第 1~26 页；李秀清：《日尔曼法研究》，商务印书馆 2005 年版，第 308~315 页。

〔4〕 Chénon, *Histoire générale du droit français public et privé des oringines à 1815*, vol. 2, pp. 276~279；Brissaud, *Histoire générale*, vol. 2, pp. 1185~1187. 转引自 John P. Dawson, *Gifts and Promises: Continental and American Law Compared*, Yale University Press, 1980, p. 30.

〔5〕 F. Olivier Martin, *Histoire de la coutume de la vicomté et prévoté de Paris*, 2：151~159, 304~305. 转引自 John P. Dawson, *Gifts and Promises: Continental and American Law Compared*, Yale University Press, 1980, p. 30.

北部地区产生可处分财产限额的习惯，其适用对象仅限于土地，而不及于其他财产。该限额在法国中部和北部的大多数地区为 1/5，少数地区为1/3。[1]在法国偏北的 2/3 区域又形成了另外一种习惯法：对向外人处分由该祖先遗留下来的土地的行为，土地主的任何源自同一祖先的族人都有撤销权。到 13 世纪前后，这类由卑血亲特权形成的对遗嘱处分的限制在欧洲已经较为常见。罗马法复兴运动的影响，使义务份的观念深入人心。16 世纪中期，巴黎最高法院宣布罗马法中的义务份被接受为地方惯例。[2]大约 30 年后，由巴黎地区三大阶层参加的大会将义务份收入巴黎习惯法汇编修订本（1580 年颁行），从而将其正式转化为当地习惯法。在差不多相同的时期，义务份被所有德语区域所接纳。各个地方规定的具体份额并不完全相同。通常来说，被继承人的子女为 3 个或 3 个以下时，他们可获得法定继承份的 1/3；如果超过 3 个，则可获得 1/2；被继承人的父母或祖父母被授予更小的份额权。[3]1804 年的《法国民法典》规定：所有人有一个婚生子女时，其赠与或遗赠数额不得超过全部财产的 1/2；有两个婚生子女时，其赠与或遗赠数额不得超过全部财产的 1/3；有 3 个或 3 个以上的婚生子女时，其赠与或遗赠数额不得超过全部财产的1/4。[4]以此为开端，后期德国等许多国家颁布了《民法典》——形成所谓民法法系，并在其中规定了以近亲属对遗产当然享有一定份额的固定性遗嘱处分限制规则。

在早期日尔曼法中，寡妇的财产权在很长时期内主要限于保留婚前或新婚后丈夫对自己的赠礼。随着时间的推移，赠礼的数额越来越多，寡妇的权利也越来越坚固，最终在 11 世纪前后演变成寡妇产。1215 年的《大宪章》要求：当没有拖欠国王债务的总佃户死亡时，"应当为死者的妻子和子女保留合理的动产份额"。到 13 世纪末，在英国和欧洲大陆的部分地区，没有得到丈夫明确赠与的寡妇，有权取得丈夫在婚姻存续期间所取得的土地的 1/3 做寡妇产。[5]但其

[1] 根据 Chénon 的记载，法国西部（包括诺曼底、布列塔尼、安茹、都兰）的限额为1/3，且同时适用于生前处分和遗嘱处分；在法国中北部地区，多遵循巴黎的习惯，限额为1/5，但只适用遗嘱处分。另据 Martin 的研究，巴黎在 13 世纪便形成了 1/5 的限额标准，适用于生前处分和遗嘱处分；到 14 世纪，限额标准未变，但仅适用于遗嘱处分，并一直持续到 1804 年《法国民法典》颁行。参见 John P. Dawson, *Gifts and Promises: Continental and American Law Compared*, Yale University Press, 1980, p. 31.

[2] 当时巴黎最高法院作为最主要的王室上诉法院管辖着法国北部。

[3] John P. Dawson, *Gifts and Promises: Continental and American Law Compared*, Yale University Press, 1980, pp. 41～42, 124～128.

[4] 《拿破仑民法典》第 913 条，李浩培译，商务印书馆 1979 年版，第 122 页。

[5] 俞金尧："中世纪欧洲寡妇产的起源和演变"，载《世界历史》2005 年第 5 期；John P. Dawson, *Gifts and Promises: Continental and American Law Compared*, Yale University Press, 1980, pp. 124～128.

后不久，该动产保留份额便从法律中消失。[1]到14世纪，英国普通法寡妇产才正式形成。[2]根据普通法，妻子在丈夫去世时可获得夫妻共同生活期间丈夫获得占有地产的1/3，且寡妇产权利优先于丈夫生前的转让权，如果丈夫生前转让行为损害了寡妇产，妻子有权索回。[3]这一关于寡妇保留份的规定直到1540年还在英国《遗嘱法令》中出现，[4]但未出现在1837年的英国《遗嘱法》中。由此，英国经历了一段成文法中无遗嘱处分限制规定的时期，最后于1938年随着《继承（家庭供养）法》的颁布，形成了供养为内容的非固定性遗嘱处分限制规则。1866年颁行的加拿大魁北克地区《民法典》，维持了1774年由英国传来的遗嘱自由理念，现行魁北克《民法典》将遗嘱处分限制命名为"支付扶养费义务的延长"，[5]与作为其母本的法国民法典中的相应规定完全不同。

综上可以发现，把古罗马的法律发展从十二表法颁行前到优士丁尼颁行新律作为一个周期，遗嘱处分限制经历了从无限大（不允许遗嘱处分）到固定性限制（法定继承人的固定数额或比例）再到取消固定份额的过程；把日耳曼民族的法律发展从中世纪之前到近代作为一个周期，遗嘱处分限制经历了从无限大（不允许遗嘱处分）到固定性限制（族人、晚辈的固定份额，寡妇产）再到部分地区取消固定份额的过程。整体上呈现出如下趋势：遗嘱处分自由化，固定份额限制衰微化。而这一趋势，与梅因所言的"所有进步社会的运动，到此处为止，是一个'从身份到契约'的运动"正好吻合。

二、当代两种模式：固定性特留份和非固定性遗属供养各有长短

当前世界上关于遗嘱处分限制的立法中，两大法系各形成了一套典型模式。其中，大陆法系的典型模式，以权利人和权利内容都相对固定为特征，在汉语法律文献中一般被称为特留份；英美法系的典型模式，以权利人和权利内容都不固定为特征，在汉语法律文献中一般被称为遗属供养。

---

　〔1〕 参见John P. Dawson, *Gifts and Promises: Continental and American Law Compared*, Yale University Press, 1980, pp. 35~36.

　〔2〕 W. S. Holdsworth, *A History of English Law*, Methuen & Co. Ltd., 1923, vol. 3, p. 194.

　〔3〕 T. F. T. Plucknett, *A Concise History of the Common Law*, Butterworth & Co. Ltd., 1940, p. 506.

　〔4〕 该法令第5、14条规定，寡妇份不得与国王的保留份相冲突，寡妇份应当由被继承人可遗赠的财产部分支付。

　〔5〕 孙建江等译：《魁北克民法典》，中国人民大学出版社2005年版，第90页。

　　特留份，即被继承人一定范围内的近亲属对遗产享有遗嘱不得剥夺或削减的期待份额。大陆法系区域的民法典中一般都规定了特留份规则。特留份又有法国版本和德国版本之分。在法国版本中，没有指定继承人制度，也不允许被继承人任意剥夺、废除法定继承人的资格，虽然允许概括遗赠，但继承人不因此丧失继承资格。法定继承人的特留份权利具有继承权的性质，为最低限度的法定应继份，可对损害其特留份权利的处分行使扣减权。在德国版本中，被继承人可以遗嘱指定继承人，一旦指定继承人，推定的法定继承人便不再有继承人资格，而由指定继承人担任唯一继承人，而且允许被继承人任意剥夺法定继承人的继承资格。其近亲属的特留份权利为对指定继承人的请求权，具有债权性质。此外，就特留份数额的计算而言，又有全体特留主义和个别特留主义两种方式，前者就遗产的全部确定特留数额，后者就各个继承人应继份计算特留份数额。

　　遗属供养，即遗产必须首先保证家庭成员的供养，这一供养不得由遗嘱加以剥夺或减少。遗属供养权利人除被继承人的近亲属外，通常还包括其他受养人，且没有固定份额，能否授予以及授予多少都由法官根据具体案情裁断。整体说来，英美法系其他国家（或司法管辖区）的遗属供养制度是英国模式的翻版，不同国家（或司法管辖区）虽然在细节上有差异，但其核心内容是一致的。

　　特留份和遗嘱供养的区别主要为：①从享有权利的条件来看：首先，前者不同身份类别的权利人相互间有明确的优次顺序，并且其顺序具有绝对性，有在先顺序的人在，在后顺序的人便不能享受特留份权利；后者的权利人相互间并没有确切的优次顺序，符合条件便可主张。其次，前者的范围明确，没有弹性；后者则在明确的亲属范围之外，还包括了其他受养人，因而弹性较大。最后，前者的核心条件是亲属身份；后者的核心条件是家庭成员身份和受养的现实需要。②从权利内容方面看：前者有固定份额标准，权利人的具体份额通常只受特留份权利人的数量影响；[1]后者没有确定份额，权利人

---

〔1〕　在法国，只有一个子女时，其份额为遗产的1/2，属于法国单个遗属说可能获得的特留份的最高额；然后每增加一个子女，个人分摊的份额随之减少，有3个子女时，每个人能拿到1/4，正好与配偶或者父母某一方的直系尊亲属的特留份额相同。在德国，特留份权利都为其法定应继份的1/2；配偶与子女共同继承的，配偶的法定应继份是全体子女的1/3；配偶与父母共同继承的，二者法定应继份相同。在瑞士，配偶与子女共同继承的两方应继份相等；配偶与父母共同继承的，前者的应继份是后者的应继份的3倍；其特留份占法定应继份的比例是：子女享有法定应继份的3/4，父母中任何一方享有其法定应继份的1/2，配偶享有其法定应继份的1/2。意大利民法规定，配偶或单个子女独立继承的情况下其特留份额都是1/2；直系尊亲属单独作为特留份权利人能得到1/3；配偶和1名子女的，二者份额相等；子女为数人的，全体子女的份额为配偶份额的2倍；配偶和直系尊亲属同时参加的，配偶份额是全体直系尊亲属的2倍。

的具体金额依赖于许多法定考虑因素，包括申请人的状况、遗嘱或无遗嘱继承受益人的状况、被继承人遗产状况、申请人与被继承人生前的各种具体关系状况等。

这样的区别也带来一系列实际效果的差异：特留份通过规定固定份额来给遗属提供经济保护，是一刀切式的固定标准，压缩了法官的自由裁量权，同时也给出了明确的标准，增强了法律的可预见性，有利于减少诉争，降低司法腐败的风险。而遗属供养则通过规定一系列审查条件来确定是否以及给谁提供经济保护，是具体情况具体对待的做法，标准相对模糊，法官获得了极大的自由裁量权，法律的可预见性因此减弱，容易诱发无谓的诉争，加大司法腐败的风险。从裁判或者程序的角度看，前者比后者更有利于社会安定。但特留份在很大程度上牺牲了法律的适应性，在将统一的标准适用于全体案件的过程中，个性基本上被忽略了。相比之下，遗属供养则较高程度地发挥了法律的适应性，其具体情况具体对待的处理方式容易照顾到个案的现实需要，从实体正义来说，后者无疑要优于前者。另外，特留份容易造成财产的分散，并大大压缩了遗嘱处分的空间；[1] 遗属供养则通常不存在这种问题，尤其对那些财产数量较大的被继承人来说，他们仍然可以较高程度地行使自己的遗嘱权利。

三、我国制度演进：从固定性完全限制到非固定性必留份

（一）遗嘱处分限制在我国法中的演进

我国古代律令关于遗嘱的明确规定仅见于唐宋时期。明清时期，遗嘱在律条中消失，但从流传下来的遗嘱案件资料来看，当时法律仍然承认遗嘱的效力。唐朝法律规定："诸身丧户绝者，所有部曲、奴婢、店宅、资财，并令近亲转易货卖，将营葬事及量营功德之外，余财并与女。无女均入已次近亲。无亲戚者，官为检校。若亡人在日，自有遗嘱处分，证验分明者，不用此

---

〔1〕 在法国，有子女3人或3人以上时特留份总额最高，为遗产的3/4；在意大利，配偶与2名或2名以上子女共同参加继承时，其特留份总额可达遗产的3/4（分别为子女1/2，配偶1/4），既有配偶又有直系尊亲属的情形也同样可达遗产的3/4（配偶1/2，直系尊亲属1/4），为其特留份总额的最高份额；在日本，只要不是直系尊亲属单独参加继承，特留份总额为遗产的1/2；在德国，只要没有出现抛弃特留份权利的情形，特留份总额通常为遗产的1/2；在瑞士，当只有直系卑亲属，而没有父母的情形下，特留份总额可达遗产的3/4。

令。"[1]宋朝沿用了唐朝关于户绝者财产继承问题的做法。[2]南宋的《户令》规定，"无承分人"的情况下可订立遗嘱处分财产，[3]而"有承分人不合遗嘱"。[4]可见，在唐宋时期，非户绝者的遗产必须留给承分人，也就是说后者形成了对遗嘱处分的封闭性限制，以至于取消了遗嘱权。而非户绝者虽然可以订立遗嘱，但也非完全自由。遗嘱可以指定的受益人限于本宗族成员（不论是否属五服之内）及五服之内的外族亲属。到南宋时期，能够从遗嘱中受益的人范围缩小为内外缌麻以上亲。[5]由于"承分人"和可以从户绝者遗嘱中受益的人，都是被继承人一定范围内的亲属，所以如果将他们作为整体来看，会发现亲属团体固定地对遗产的特权形成了对被继承人遗嘱处分的完全限制。

到了清末，我国开始步入漫长的法律改革时期。1949 年以前，各立法当局拟定的民法典草案和通过的民法典中，对遗嘱处分限制的规定基本上都移植了大陆法系的模式——特留份。1930 年《民法典》第 1223 条规定，直系血亲卑亲属之特留份，为其应继份的 1/2；父母之特留份，为其应继份的 1/2；配偶之特留份，为其应继份的 1/2；兄弟姊妹之特留份，为其应继份的 1/3；祖父母之特留份，为其应继份的 1/3。1949 年后，民国政府时期颁布的民法典被废止，特留份也随之被废止。

1950 年，最高人民法院以复函方式承认了遗嘱的地位，并规定女儿、未成年子女或子女中无劳动能力者，有权要求判决酌情变更遗嘱，获得相应遗

〔1〕　[日] 仁井田升编：《唐令拾遗》，栗劲等编译，长春出版社 1989 年版，第 771 页。

〔2〕　史凤仪：《中国古代的家族与身份》，社会科学文献出版社 1999 年版，第 268 页。

〔3〕　《宋会要辑稿·食货》六一之五八，转引自郭建：《中国财产法史稿》，中国政法大学出版社 2005 年版，第 182 页。郭建教授认为，由于女儿也有权获得财产，属于承分人，因此南宋的遗嘱人实际上还把有女户排除在外。

〔4〕　《名公书判清明集》卷五，"继母将养老田遗嘱与亲生女"，中国社会科学院历史研究所、宋辽金元史研究室点校，中华书局 1987 年版，第 141~142 页。

〔5〕　《名公书判清明集》卷九中的判语说："诸财产无承分人，愿遗嘱与内外缌麻以上者听自陈，官给公凭。"中国社会科学院历史研究所、宋辽金元史研究室点校，中华书局 1987 年版，第 108、119 页。

产。[1]其中没有将有劳动能力的儿子包括在内,说明当时儿子在继承中吃亏的情况极为少见,无需予以特别保护。到 1956 年,"女儿"不再单独作为需要受到特别保护的主体,从而确立了以未成年子女和依靠遗嘱人生活并无劳动能力的人为权利人的必留份模式。[2]

1958 年 3 月《继承法(草案)》的遗嘱规定中没有对遗嘱处分限制问题作出规定。国务院 1958 年 3 月发布的《关于农业生产合作社中"五保户"死后的私有财产处理问题的批复》中重申了承认遗嘱效力的态度。[3]1963 年 8 月最高人民法院《关于贯彻执行民事政策几个问题的意见》(修正稿)规定,遗嘱人不能剥夺未成年或其他无劳动能力的法定继承人的应继承份。[4]1979 年最高人民法院《关于贯彻执行民事政策法律的意见》关于遗嘱的规定中要求,不能取消未成年人、无劳动能力或生活有困难的法定继承人的继承权。1980 年《民法典草案》规定,遗嘱不得取消或减少法定继承人中的未成年人和无劳动能力人应得的继承份额。1981 年 4 月的《民法典草案》照搬了前述内容。1981 年 7 月的《民法典草案》规定,遗嘱内容取消或减少法定继承人中的未成年人和无劳动能力人以及胎儿应得的继承份额的,该遗嘱无效。[5]

----

〔1〕 最高人民法院 1950 年 3 月 9 日《关于继承问题的复函》指出:"新民主主义社会仍承认私有财产制度,关于处理私有财产的遗嘱,原则上应对其继承产生效力;如在政策观点上认为个别遗嘱有不合理之偏差,例如遗嘱将其财产悉予男子不给女儿或剥夺未成年子女的应继权或对子女中有劳动能力者分予甚多,而对无劳动能力者反而少给或不给等情形,仍许利害关系人请由裁判酌予变更。"引自何勤华、殷啸虎主编:《中华人民共和国民法史》,复旦大学出版社 1999 年版,第 102 页。最高人民法院 1950 年 9 月的一份文件中提到:"兄死嘱弟之本质即过继弟之子,仍是宗祧的遗迹。死者如有女而其家且贫或有养子女者,那种遗嘱即属封建制度的范畴,在反封建革命的今日不能承认其效力。不过由于宗祧继承是历史性群众性的问题,如死者之女其夫富裕而不需要继他人之财产而死者无养子女者,可由其弟继承之。但应按人口最多之弟继承之,人口相等则共同继承之,不必固守其遗嘱。"后来最高人民法院在给西北分院的一份答复中修改为:"独生女虽已出嫁,对其父母的遗产仍有继承权,其父虽立遗嘱将其全部遗产赠给他人,仍须照顾其女的继承权,如已嫁女本人无放弃继承的意思,应按具体情况就遗产酌留相当部分归女继承,其余部分仍由受赠者取得所有权。"详见何勤华、殷啸虎主编:《中华人民共和国民法史》,复旦大学出版社 1999 年版,第 102 页。

〔2〕 司法部 1956 年给天津市司法局和广州市人民委员会司法处《有关遗嘱继承问题的综合批复》中指出:"依遗嘱处理财产时,必须对未成年的子女保留一定数量的遗产作为教养费用,对依靠遗嘱人生活并无劳动能力的人,亦应酌留一部分遗产加以照顾。"见西南政法学院民法教研室选编:《婚姻法教学参考资料》,西南政法大学 1984 年编印,第 181 页。

〔3〕 何勤华、殷啸虎主编:《中华人民共和国民法史》,复旦大学出版社 1999 年版,第 158、196 页。

〔4〕 程维荣:《中国继承制度史》,东方出版中心 2006 年版,第 465 页。

〔5〕 何勤华等编:《新中国民法典草案总览》(下卷),法律出版社 2003 年版,第 372、433、434、490、550~551 页。

1982 年 5 月草案维持了 1981 年 7 月草案的内容。可以发现，这一时期对遗嘱处分限制实际上是采取了必留份和特留份的折中模式，也即当符合必留份的条件时——主要是无劳动能力，便要全额保留其应继份，可谓半固定性的必留份或特留份。

1985 年《继承法》颁布，其第 19 条规定："遗嘱应当对缺乏劳动能力又没有生活来源的继承人保留必要的遗产份额"。于是我国遗嘱处分限制规则重新回到非固定性的必留份模式，且至今定格于此。

（二）对我国遗嘱处分限制规则演进的分析

我国古代法中的遗嘱处分限制，深受传统文化的影响。"父子至亲，分形同气"、"父子一气，子分父之身而为身"之类的表述，实际上视子之身为父亲生命的延长，视父亲之身为儿子生命的本意，从而不加区分地视二者为一个生命的延续，并使之成为我国民众传统人生观的基本。[1]这样，可以通过子孙的繁衍来完成生命的延续，其谱系则存在于男性成员之间。而死亡并非意味着某个人的完全终结，其人格在子孙后代那里得到了延续。并把个人肉体的停止活动视为另一个世界生活的开端，而在该另一个世界里（神鬼世界）的生活则须依赖子孙以祭祀方式提供的供养。如此，"不孝有三，无后为大"自然成了基本的伦理。在这样的观念指引下，任何个人都不可能完全超脱于家庭和家族。而落后的生产力也使财产占有对维持生存具有重要意义，家产不可避免地要服从于家族相续的需要。所以，个人不能获得现代意义上的纯粹财产所有权，而只能获得一种共同所有权。如《明律集解》中所言"盖同居则共财矣。财虽为公共之物，但卑幼得用之，不得而自擅也；尊长得掌之，不得而自私也"。[2]因此我国古代法律中个人对财产的处分首先要受到直系男性卑血亲利益的根本性制约，这一制约使得对财产的遗嘱处分被限定于极少的情形：出现户绝，使共有关系的其他共有人都不存在，共有关系转化为单纯的个人所有；或者完全否认遗嘱效力会导致严重人伦毁坏。[3]而当户绝者要立遗嘱处分其财产时，对祖先的义务使其去向必须受限于同宗——他们或后代是祭祀者，亲情联系及其对死后获得纪念或供奉的欲求又会使其容易有将财产交给出嫁女等近血缘的亲人，这二者的合力便转化成户绝者遗嘱处分

---

〔1〕 参见 ［日］滋贺秀三：《中国家族法原理》，张建国、李力译，法律出版社 2003 年版，第 17 页。

〔2〕 转引自陶毅、明欣编著：《中国婚姻家庭制度史》，东方出版社 1994 年版，第 331 页。

〔3〕 魏道明："中国古代遗嘱继承制度质疑"，载《历史研究》2000 年第 6 期。

的限制规则。

清末的变法图强，选择德、日等大陆法系为学习对象，一来我国的成文法传统与大陆法系的法典模式有近似之处，二来亚洲强邻日本产生了强大的示范效应。[1]在这样的背景下，法律移植向大陆法系靠拢实属必然，现代遗嘱制度作为《民法典》的一部分被引入也是自然之事了。事实上，特留份所体现的，至亲[2]对被继承人财产的不可剥夺的期待权，与我国传统上的共财观念，以及特留份所维护的亲情伦理，与我国传统家庭伦理，都容易找到共同点。故此，清末以来，直至国民政府时期，成文法层面的遗嘱处分限制都选择了大陆法系的特留份。

1949 年之后，立法者秉承革命传统，破旧立新。破旧便要尽可能割裂与旧制度或习惯的联系，非但前国民政府颁布的"六法"被废弃，许多传统家庭伦理也遭到批判，故固定性地由至亲享有的特留份已然难以被接受为国家法的一部分。立新则要朝新的方向前进，以苏俄法为代表的社会主义国家立法成为了重要的学习对象。而那时的苏俄及东欧社会国家，实行了不同于大陆法系特留份的必继份。后者的核心特征是，权利人必须具有某种需要被扶助的情形——未成年或无劳动能力等。我国的立法者在将必继份进行了更进一步的去固定化之后，便产生了现行法中非固定性的必留份。[3]而这种非固定性的必留份极大地突出扶养取向——给需要受养之人留必要之财产。

四、回到现实：以特留份取代必留份未必可取

我国当前法律中的必留份，确实存在不足，比如标准过于模糊，给法官留下太大的自由裁量空间。但这并不意味应当废弃必留份，而以特留份取代之。

（一）特留份和必留份并无绝对的优劣之分

现有文献支持特留份或否定必留份的理由，实际上主要指向遗嘱处分限

---

〔1〕 在最初向国外聘请的变法修律顾问中，主要是来自日本的法律专家，他们难免首先会推崇日本法。参见范忠信、叶峰："中国法律近现代化与大陆法系的影响"，载《河北省政法干部管理学院学报》2003 年第 1 期。

〔2〕 这里的"至亲"，指父母子女、配偶和其他享有特留份权的亲属，下文同。

〔3〕 如前所述，期间立法者的立场一度摇摆，1958～1982 年间的有关政策和立法草案采取了苏联的半固定性必留份模式。

制对社会可能造成的影响。[1]这些影响整体上可分为对家庭观念的、对亲人生活的、对进取风气的、对资源配置的和对裁判效率的影响五个方面。以下一一分解：

（1）对家庭观念的影响。特留份通过规定部分家庭成员享有的强制性份额，将一定份额的被继承人遗产强制性地留在家庭内部，实际上在向社会弘扬一种关于家庭的价值观。对于家庭这个至今依然被认为具有诸多正面功能的社会单元，具有一定的维护作用。[2]相比之下，必留份因为不是强制性份额，只限于缺乏劳动能力又无生活来源的法定继承人（也是家庭成员），被继承人进行遗嘱时受到来自家庭的约束要小得多，所以对家庭（伦理）观念的维护相对要弱一些。[3]

（2）对亲人扶助的影响。特留份确定的身份性，且在不同类型的亲属之间划定了先后顺序，顺序在先者确定性地优于顺序在后者。这样，实行特留份规则便可能出现以下情形：财产留在家庭成员手中，但没有留给最需要的人。[4]此外，对相同地位的特留份权利人而言，特留份份额本身是一刀切的，没有考虑相互间的差异。因而可能造成最需要的人和最不需要的人都获得相同的份额。[5]相比之下，必留份则不存在这个问题，必留份的权利人为符合"缺乏劳动能力又无生活来源"条件的任何法定继承人。且必留份可随必留份权利人的具体情况进行调整，[6]从而能更贴切地照顾到穷困者的利益。所以，对弱者（缺乏劳动能力又无生活来源）扶助来说，必留份要优于特留份。

特留份是固定份额，所以特留份权利人所能保有的财产将随被继承人的财产状况自然波动，对财产较多的被继承人来说，享有特留份权利的继承人

---

[1] 河流："论遗嘱自由之限制"，载《河北法学》，2000年第2期；舒广："杭州百万遗赠案法律评析——兼论我国建立特留份制度的必要性"，载《法学》2001年第2期；章礼强："对中国现行继承法遗嘱自由过度的反思"，载《现代法学》2004年第1期；张华贵："关于设立'特留份'制度的立法构想"，载《现代法学》2004年第4期。

[2] 从经济角度看，特留给家庭成员留下强制性份额，使得家庭成员在参加对被继承人财产有利的劳动时能更有积极性，家庭成员的互信程度将更高，家庭内部合作会更紧密。

[3] 郭明瑞等：《继承法研究》，中国人民大学出版社2003年版，第147~149页。

[4] 参见 Edwin M. Epstein, "Testamentary Capacity, Reasonableness and Family Maintenance: A Proposal for Meaningful Reform", *Temple Law Quarterly*, vol. 35 (1962), p. 250.

[5] 参见 Paul G. Haskell, "The Power of Disinheritance: Proposal for Reform", *Georgia Law Review*, vol. 52 (1964), p. 518; Gerald Le Van, "Alternatives to Forced Heirship", *Tulane Law Review*, vol. 52 (1977), p. 45.

[6] 刘春茂主编：《中国民法学·财产继承》，中国人民公安大学出版社1990年版，第398页。

便不会因被继承人的去世而剧烈变化。所以，未成年子女、配偶等由被继承人负有共同生活保持义务的人便能获得较高程度的保障。反之，在必留份模式下，其仅能提供一般扶助义务水平的扶助，从而使被继承人生前负有的共同生活保持义务因其死亡而陡然中断。从人性的角度来看，过于剧烈的变化会带给人更多的痛苦，因而必留份在此方面的扶助功能劣于特留份。

（3）对进取风气的影响。特留份和必留份对进取精神的影响，在被继承人及其至亲身上都有所体现。就被继承人而言，在特留份模式下，特留份强制性地将遗嘱人可处分遗产的数额限定在一定限度内，对遗嘱处分限制较大，[1]因而对被继承人创造财富的积极性会产生消极影响；在必留份模式下，必留份则没有固定份额限制，对遗嘱处分的限制相对较小，因而对被继承人创造财富的积极性的消极影响相对较小。[2]就被继承人的至亲而言，至亲能够确定在被继承人死后获得一定数量的财产，所以可能使一些人丧失进取心；[3]相比之下，在必留份模式下，至亲也只有在生活困难的情形下才能获得对他人遗产的部分份额，对进取精神的影响较小。

（4）对资源配置效率的影响。一般而言，被继承人生前对自己的财产，会比他的至亲有更强烈的动机去发挥其效用，并且掌握更多的关于那些财产利用的信息。在特留份模式下，一部分财产必然地要交给被继承人的至亲，实际上降低了这部分财产的配置效率；而在必留份模式下，除了用于亲属扶养外，不存在这样的强行分配机制，因而能体现更高的资源配置效率。

（5）对裁判效率的影响。特留份是固定份额，且权利人范围明确，因而有利于提高裁判效率。必留份则由于其规定为必要份额，且权利人要求符合"没有缺乏劳动能力又无生活来源"的条件，相比之下，裁判者须付出更多努力去判断该条件是否得到满足，容易导致裁判效率相对低下。

从上述分析可以发现，特留份和必留份各有其长处和不足之处，很难就何者更优直接下结论。

---

〔1〕 Max Nathan, Jr., "An Assault on the Citadel: A Rejection of Forced Heirship", *Tulane Law Review*, vol. 52 (1977), p. 6.

〔2〕 这种影响与被继承人的财产状况及法定继承人的生活状况有关，如果遗产数量大，则特留份对遗嘱处分的限制会很明显；如果遗产数量小，则特留份与必留份的差异不大。

〔3〕 Ralph C. Brashier, "Protecting the Child From Disinheritance: Must Louisiana Stand Alone", *Louisiana Law Review*, vol. 57 (1996), p. 1.

（二）我国的现实情况更适合采用必留份模式

首先，如前所述，1949 年以来我国一直实行类似当前必留份的遗嘱处分限制规则。50 多年的法律实践必然从各方面影响我国社会，这一点应该属于我国的当前进行立法改革所须面对的国情。

其次，在当前激烈的全球竞争环境中，一个国家的经济竞争力主要依靠其民营经济。而企业规模在竞争中经常能扮演决定性角色。特留份模式可能影响企业正常的跨代交接，对企业家的遗产安排起破坏作用。我国改革开放之前一直实行计划经济，改革开放之后民营经济才得到发展。经过 30 多年的发展，尽管已经成长起一大批具有影响力的民营企业，但无论从规模还是从管理水平都同其他发达市场国家存在差距。随着我国融入世界经济中的程度越来越高，国内企业将越来越直接地面对来自国外的竞争。在这种情况下，同时出于国有经济效率低下、缺乏竞争力的现实，国家有必要从民族经济安全的高度来看待民营企业的发展问题。由于我国不具备像许多发达国家那样的经理人市场和社会诚信机制，再加上受传统文化的影响，当前的民营企业多数为家族式的，企业兴衰对企业家的依赖程度很高。一旦创业的企业家去世，由不同家庭成员分割股权会导致一些比较复杂的局面。正如一项研究表明的那样，家族企业的共同所有往往会导致冲突和权利斗争，进而导致企业的最终崩溃和损失所有的财产。[1] 所以一个切割式的股权分割，在很大程度上将意味着企业整体实力的下降。[2] 事实上，创业的企业家对自己奋斗多年创下的事业往往有很深的感情。在这样的情形下，他们通常会尽力促使自己所为之事业能在更长的时间内继续发展下去。他们会通过各种方式进行考察，以挑选合适的继承人，并做出相应安排。这时候的遗嘱具有较强的资源配置功能。正如市场经济是因为无数分散的个体从其各自立场出发，充分利用其

---

〔1〕 Jeffrey A. Barach, "Is There a Cure for the Paralyzed Family Board?", *Sloan Management Review*, vol. 25 (1984), pp. 3 ~ 12.

〔2〕 张玉敏教授主持的《中国继承法立法建议稿及立法理由》认为："特留份制度限制被继承人遗嘱处分的自由，而且不利于集中遗产发展经济，特别是对于私营企业主来说，在其死后，一个企业的股东因继承变为多人，难以统一意见，不利于经营活动的正常开展。特留份制度强制被继承人必须为每个继承人保留一定份额的遗产，如果考虑到被继承人不想给某个继承人遗产时，一般是因为关系不好，继承人之间的关系也往往受到影响，特留份制度对经营活动带来的消极影响更不容忽视。而且，作为社会主义国家，立法政策应当鼓励自强、自立，拼搏创业，除缺乏劳动能力的继承人应当给予照顾以外，法律没有理由强制被继承人给继承人保留一定数量的遗产。"张玉敏主编：《中国继承法立法建议稿及立法理由》，人民出版社 2006 年版，第 7 ~ 8 页。

掌握的信息，从而在更大程度上地达到物尽其用一样。[1]企业家本人的安排往往会比任何强制性规定更符合企业发展的现实需要。而与必留份模式相比，特留份模式明显更可能成为企业家作出合理遗产安排的障碍。因此，有必要重视特留份模式带来的可能破坏企业正常跨代交接的风险。

最后，在我国当前条件下，家庭扶养具有不可替代的地位。但如前所述，特留份模式下，财产与是否需要扶养之间没有必然联系。这样，对那些遗产不多的家庭来说，很可能出现的局面是，没有最需要扶养的继承人因为顺序靠后得不到遗产，或得到比他富裕得多的继承人相同的遗产，从而使遗产没有被用在最需要的地方，并使家庭扶养问题更多地被转移给社会。相比之下，必留份模式使遗产首先被用于满足继承人的受扶养需要，不会存在前述特留份模式可能带来的问题。

综上，我国当前国情，更适合保留已有的必留份，而非改弦易辙转用特留份。

结　论

对法律史的发展趋势、制度的现实效果及我国国情的研究都表明，学界关于我国应当移植大陆法系的特留份模式以替代现行的必留份模式的观点，不能成立。起码在近期的立法修订中，我国还应继续坚持既有的必留份模式。

---

〔1〕 市场经济的这种功能在现代社会得到了一致的公认。事实上，也只有在这种立场上才能够解释，为什么过去几千年发生的变化不如现在社会几十年的变化，为什么在同样一个地球、同样的外层空间的外部环境下，现在的人能够创造更为丰富的物质财富。